4

东方文库

程燎原 著

法治新论

重述两千年法治思想史

商务印书馆
创于1897
The Commercial Press

只有通过观念我们才能辨别现实，完全进入与它的关系之中。一个观念就是一种光亮。如果不是因为伟大的政治观念，我们的集体生活会湮没在黑暗之中。譬如，很明显，对于我们绝大多数人来说，纳粹主义从根本上是错误的。但是，如果不是因为诸如法律的尊严与独裁是邪恶的这样的观念，这一点就不是那么明显了。这些观念不是人的头脑中固有的，而是经由像亚里士多德、西塞罗（Cicero）和洛克这些哲学家形成的。

　　　　　　　　　　　　——[美]格伦·廷德：《政治思考：一些永久性的问题》

　　通过考察，我想最后得到的目标是：历史的现存价值之一就在于它已成为一种我们不再关注的价值储藏室，和我们不再追问的问题储藏室。对思想史家来说，与之相符的角色便是作为考古学家而行动，挖掘出已经埋葬的思想瑰宝，拂去尘埃，以便我们重新思考要去研究其什么。……我特别想要说，思想史家要去为他们的读者提供一些知识，这些知识有助于他们对现在的价值观念和信仰做出判断，并留给他们去反思。……所以，我的想法是，思想史家被期待去创造比只定点销售他们货物的文物收藏家有更多收益的成果，对思想史家来说，能够挖掘和展现常被我们遗忘的思想遗产的瑰宝就已经足够了。

　　　　　　　　　　　　——[英]昆廷·斯金纳：《自由主义之前的自由》

目　录

找回结构，抓住结构

法治说："我结构，故我存在。"（I structural，therefore I am.）
"找回结构，抓住结构"，这是中国法治理论的当代使命。

——题记

一

以古典政治哲学与法律哲学（法理学）为起始，迄至当下，思想家和学者们对于法治问题已有无数的思考与著述。在长达两千多年的历史中，西方政治哲学的经典作家，如柏拉图、亚里士多德、西塞罗、哈林顿、洛克、孟德斯鸠、休谟、康德、施米特、罗尔斯、哈耶克；法律哲学的著名理论家，如富勒、德沃金、拉兹、菲尼斯；以及宪法学家戴雪等，都是法治思想与理论的奠基性、基础性和开拓性的人物。而中国先秦时代的商鞅、慎到、申不害、韩非以及《管子》《黄帝四经》等思想家或典籍，早已成为中国法治思想与学术的古典遗产和现代资源。中国近代以来，康有为、梁启超、严复、孙中山、张东荪、萧公权等，以及邓小平、董必武、张友渔等，对近现代中国法治问题的探索，也汇成了中国法治思想与理论的丰富史迹。至于中外以"法治"为主题的论著与论文，更是汗牛充栋，不可胜数。

所有这些著述，对法治的概念、原理（根据、意义、价值等）、制

度结构与规范体系，以及法治事实（包括法治史）和方略谋划（法治建
设的"处方"），或阐幽发微，或探求真义，或描叙史实，或昌明学理，
或批评弊病，或倡言构想，真是好一派繁茂的法治思想学术景象。

但是，这并不意味着法治的思想发展与理论研究已到穷期。因为每
一个时代、每一个国家各有其不同的法治主题、重点和难题，而且其法
治思想、理论的状况也各不相同。与此同时，为法治文化建设与法学教
育计，已有的法治思想与理论也有重释、重整和重述的必要。所以，法
治的学术研究，永无止境。

而在当下种种法治理论与观点纷然杂陈，甚至纷乱如麻的语境下，
显然需要对法治进行解释性、反思性而非规范性的分析，亦即需要一
种分析的、科学的法治理论。面对规范性的法治理论几乎已经有点泛滥
的局面，或许更重要的不是另外提出一种规范性的话语，而是认清问题
的真实涵义、理论解释与建设方案。这当然也包括对各种规范性的法治
理论进行学术分析，以认识其本有的面相。无论如何，每一门学科都是
一门"专业"，正如德怀特·沃尔多（Dwight Waldo）所作的精妙阐述：
"科学认识世界，专业表达观点。"[1] 因此，避免独抒己见、谈吐感言、
倡导建议和畅想愿景式的表达，不会没有意义。

以此为基准，我们再来思考法治政体这一找回法治的结构之论题。

二

法治要规范、限制和约束政治权力。这确为不刊之论。但是，法治
在安排政治权力的同时，其真实性、可靠性和持续性往往又取决于对政
治权力的安排。这一看似两面的复杂问题，其实只是一面：法治如何安
顿政治权力，即是如何安顿自身。

因此，如果没有理解政体与法治的关系及其构成性结构，那么，无
论是对政体还是法治，我们就都不能提供完整的理论解释。基于此种看
法，近十多年来，我的研究与思考，集中于"法治政体"问题，包括对

中外的思想史、制度结构与基本理论等方面进行阐释和证成。这一阐释与证成的核心问题在于：是否在任何类型的政体之下都需要且能够施行法治？或者说，法治对于哪些政体是可欲且可行的，对于哪些政体既不可欲亦不可行？进而，何种法治与哪些政体相关联、相契合？

敝人以为，对法治政体问题的这一研究，是我在《法治论》（与王人博合著）之后关于法治问题的一点"新论"。

通过这一研究，我试图说明与论证的核心观点是：任何种类或形态的法治，都是内生、内存于某种政体之中的；就此而论，法治（也）属于政体科学，而不（仅）是治理术（governmentality）。

一种完整的法治理论，当然既要回答何谓法治以及何种法治，又要追问法治意欲何为，更要探究如何法治和法治实际如何等基本问题。而"法治与政体"的关系，尤其是政体对于法治的极端重要性，无可置疑乃是法治理论研究的关键问题。法治的品性构造与实施过程，是一个系统工程。简略而言，它需要多方面的元素来共同铸就法治的理念与体制，共同维护法治的秩序与状态，如以法律体系为前提，法治文化（法治的共识与信念）为支撑，社会（包括政治、经济）结构为基础，法律解释学的方法与技术为条件，以及政体构造为基本（宏观）的架构性和组织性的框架与力量，等等。法治不仅具有功能性要素（意义与规诫），而且具有结构性（组织性、制度性）要素。只有首先具有这两个方面的基本要素，法治之"法"才能拥有必要的法律品性，法治才能具备必要的制度体系，也才能使这些法律与制度具有至高无上的权威，进而成为行为事实和秩序状态。而政体主要就是一种结构性的要素和力量，作为对于任何形态的法治都至关重要的变量，我们丝毫不能怠慢或者轻易放过它。

毫无疑问，政体应当成为法治理论研究的基本出发点与结构性约束。"政体是我们能够通过审慎的人类活动提供的最深层的人类结构"，因为诸如"行政安排、党派制度甚至经济制度不是孤立存在的，而是存在于政体之中的。政体比任何其他这类制度更重要"。

职是之故，社会科学的学术理论研究者应该"从政体出发来研究其他的社会单位"：

> 只有在"检验了"政体问题并且断定了它是如何（或者是否）影响所面临问题之后才能正确地研究这些别的问题。如果脱离政体而去考虑别的问题，就是使这些问题脱离它们最重要的环境。[2]

不论这一论断是否意味着对政体的重要性有夸大之嫌，甚至落入一些学者所批评的"政体决定论"，其真实的启示就在于，不能脱离政体这个"最重要的"政治环境去思考与解决法治问题。

在当代中国的政治学著述中，政体的地位和重要性不断得到阐述与强调。人们或者认为，"国体和政体共同构成了一个国家的根本政治制度"[3]；或者指出，人民代表大会政体形式（人民代表大会制度）是社会主义中国的"根本政治制度"[4]。而宪法理论的主流看法，同样将人民代表大会制度视为中国的"根本政治制度"。[5]什么叫"根本政治制度"？有的宪法学教科书解释说："既然人民代表大会制度直接全面地表现了我国的阶级本质，是我国国家机构得以建立健全和国家政治生活得以全面开展的基础，是其他政治制度的核心，而且反映了我国政治生活的全貌，那么毫无疑问，人民代表大会制度是我国的根本政治制度。"[6]将人民代表大会制度视为中国的根本政治制度，早已成为我们的政治常识。

何谓"根本"？中国近代宪法学家费巩先生在对宪法作为"根本法"之"根本"一词进行定义时指出："根本者，限制事物之变迁，使能有恒，易无定为有定，而成稳固坚确之典则，政治乃有轨道，人权庶有保障。"他又说：

> 根本一词有基础、固定、坚确之意，恒人称宪法为根本法者，以其为政治组织之基础，而较任何其他法律为固定坚确也。根本一词又有宪法较其他法律为重要之意，故亦望其独最固定坚确。诸政

治制度若立法、若行政、若司法等机关，甚为重要，当较教会、工会、学校、家庭等团体为甚，故一则载列宪法，一则可以不必。身体、言论之自由，当较其他自由为尤重要，故凡宪法，无不特予保障，借此致于稳固，轻易不受剥夺。[7]

按照费先生的解释，"根本"的东西不仅具有基础性，而且是最重要、最主要的，同时也是最固定（稳固）、最坚确的。因此，指称政体为"根本政治制度"，就是指政体不仅是一切政治制度的基础性制度，而且在一切政治制度中最重要、最固定，因而能对其他制度产生极其重大乃至决定性的影响。

由此，一国的法治体系，怎么可能与该国的"根本政治制度"（政体）没有至关紧要而复杂的关系呢？即使人们从外在的视角将政体视为法治的政治环境，那么，这个环境也必定是一种"战略性环境"，而不是无足轻重的"技术性环境"。

根据上述观点，在法治问题上，我们需要追问：某种政体是否可能或实际上是法治的？而某种法治是否通过一定的政体来表达与受保护？或者在某些政体的制度逻辑之下，其所宣称的法治原则，如法律至上、法律面前人人平等，可能会归于语词化、口号化、空虚化？仅从法治这一面来观察，法治必然关联着政体的一个根本基点，这是因为，法治至少要求整个政治权力由法律予以安排，由法律加以限制，并服从法律的统治。现代法治的核心，并不是公民个人守法，而是国家、政治权力、政府受到法律的统治。一国政府服从法律，即使不断有公民个人违法犯罪，亦为法治国。反之，一国政府不服从法律，哪怕公民个人全都安分守法，亦不为法治国。因此，法治问题才应被视为政体问题。特别是当法治成为治国的原则与制度体系，以及法治成为现代国家的基本形态时，法治与政体的关系就更加紧密也更加重要了。

质言之，某种法治的特质和限度，必定与某一种类的政体紧密相关。当一种法治试图规范与限制一个国家的政治权力时，与之相连接的那种政体的价值和构造，也限定着这种法治的内涵、意义、形态与成效（或者法治的保障力量）。一种政体犹如一间房屋，有其价值、制度上的范围和空间（包括上限与下限），因而也就有从底部到顶端的制度弹性与运行空间。所以，由该种政体决定并与之相适应的法治，其内涵、意义、形态与成效也必定且只能受限于该种政体所能容许的范围和空间。这当然使其法治在该种政体之内具有调整、改革、改良的可能性，从而不断接近其"上限"——该政体所能容许或塑造的法治的最佳形态。但是，该种政体对其法治的基本设定与控制，是法治自身无法予以突破的。一旦其法治突破了原有政体的控制与限定，则这种法治显然已经进入另一个"房间"。这其实就意味着出现了政体转型，而这种法治其实也已经换了一种"类型"。因此，一方面，某种政体的基本精神、原则、制度结构及其运行背后的社会政治力量，必定对与该种政体相关联的那种法治起着决定性的作用；另一方面，该种政体对其法治也具有根本的限定与限制作用，包括无法突破的价值、制度与权力结构及其组织的顶层天花板。

从而，法治政体问题有五个核心要点：

1. 法治对于政治权力如何安排、约束与限制？这是法治与政体的基本契合点。

2. 何种法治关联于何种政体？

3. 某种法治在某种政体构造上怎样得以体现与表达？

4. 某种政体对某种法治又如何加以维护与保卫？

5. 哪些政体在何种意义上属于法治政体，以及哪些政体在何种意义上属于非法治政体？

对这些核心要点的研究，应当"用政体去阐明法治，用法治去阐明政体"[8]，从而在法治与政体之间建立理论联系，实现法治理论的跨学科重述。

三

我为什么会生发出研究法治政体问题的想法？应当说，从个人的学术经历来说，"法治政体"浮出脑际并成为我试图予以解释的法治理论主题，是一个不断积累、逐步明晰与反复确认的过程——几乎是 40 年的过程。其间包括 20 世纪 80 年代末以来的阅读经历，对近几十年来各种法治观念与理念进行的反思性观察，以及对当下中国法治发展的期待，尤其是对所谓"商鞅难题"——"法之不行，自上犯之"，"无使法必行之法"——及其破解之道的把捉。

首先，对"法治政体"的初步感知，出自 20 世纪 80 年代末的一次阅读经历。当时，为撰写《法治论》，我曾系统阅读柏拉图、亚里士多德、西塞罗、哈林顿、洛克、孟德斯鸠、卢梭、潘恩等人的著作，从而略略了解他们的政体思想。在梳理其法治思想时，虽则主要受限于纯粹的法学视野，而未能自觉地跨入政治哲学或政体学说；但是，对他们关于法治与政体的思想，也有所理解和释义。比如，我在《法治论》中谈到亚里士多德的观点时认为："没有树立法律最高权威和维持法律威信的城邦，实质上是缺乏政体的城邦，也就是无以成为一个城邦。这样，法律至上成了亚里士多德理想国家的标志和应有部分。"以及，"良法必须能够维护合理的城邦政体为久远"。谈到西塞罗时，我们认为，"从国家作为法人团体的实质性因素方面言之，共和政体就是重法主义，就是以'服从法律为美德'，而如果共和政体的权力是基于强暴和专横，就没有国家和共和政体。在这里，西塞罗又引导我们回到了原来的出发点：为求法治，必须建立共和政体。共和政体本身就是法治政府"。对哈林顿、洛克、孟德斯鸠等人的解读，亦有类似的把握。

与此同时，在阅读 1980 年前后那场"法治与人治问题大讨论"的文献资料时，我注意到母校（西南政法学院，今西南政法大学）的张警教授和北京学者林欣在其论文中所阐发的基本见解。张警先生一生著述不多，但都是嘉惠学林之作。其中《社会主义法治是真正的法治》是其重要的一篇论文。在该文中，先生精辟地指出，真正的法治思维，是把法治问题作为政体问题加以思考，以解决"统治权力基于什么这样一个根本问题"。先生认为："人治和法治之所以值得讨论，就因为它牵涉到统治权力基于什么这样一个根本问题。我们认为人治和法治不能并存，理由也就在这里。"⁹ 如果纠缠于"人"与"法"的关系，则人治与法治似乎是可以并存和结合的；但从政体类型学上看，人治的政体与法治的政体怎么可能并存或结合呢？而林欣先生的论文题目直接就是《论政体与法治》，该文说："要阐明法治问题，必须首先考察政体问题。""法治与人治的问题，是统治的形式问题，也就是政体问题。如果不从政体问题去考察法治与人治的问题，那是肯定找不到正确的答案的。"¹⁰ 这些观点，在"以法治国""依法治国"话语广为流行的语境下，确实是空谷足音。

可惜的是，在与王人博兄合作完成的《法治论》以及《赢得神圣——权利及其救济通论》出版之后，我并没有沿着这两本书已经开启的道路和奠定的方向深入发展下去。此后的十余年，作为民主党派人士，我主要投入"参政议政"活动，而非专心致志于学术人生。这虽然从一个较为边缘处和极小的窗口拥有了观察现实政治生活的机会，并对政体问题有一点切实的感觉，却在很大程度上浪费了一生中读书和思考的最好时光。

1997年至1998年，为编著《从法制到法治》，我又重新经历了十年前的那种阅读。在该书中，我特别写道，在1980年前后关于法治与人治问题的讨论过程中，张警和林欣等法治论者初步切入了法治的一个核心问题——国家权力的合法性以及相关的政体问题。这显然不仅仅是治国的方法和法律的权威问题：

> 林欣还从法治与政体的关系入手，说明"法治与人治的问题，是统治的形式问题，也就是政体问题。如果不从政体问题去考察法治与人治的问题，那是肯定找不到正确的答案的"。反观世界各

国政体演变史，大凡共和（民主）政体是法治的政体，而君主（专制）政体是人治的政体。这也正是法治和人治不可调和的政治上的根源。尽管早在亚里士多德的《政治学》中，就已讨论过法律（法治）与政体的关系，但是，中国法治论者在 20 世纪 80 年代对这一关系发表的见解，仍然是值得肯定的。至少，它开启了不久之后从政治体制的角度探讨中国法治问题的思路。[11]

然而，回想起来，由于学术上的敏锐性和坚定性不够，当时我尚未形成关于"政体与法治"之关系的明确的问题意识，随后也不过是对此问题略有所感，或者偶尔在脑际中闪烁一下而已。也就是说，有时候，张警先生和林欣先生的真知灼见，在我脑海中挥之不去，并在不经意间拨动我的思绪。这是一种问题的反复重现，但其意识依然有些模糊。

这样的思绪与模糊的意识，一定程度上体现在我和江山合著的《法治与政治权威》（2001 年）中。这本书的中心问题，其实就是法治与政治、法治与政体的问题。该书提到柏拉图的《政治家篇》曾论及，"开始根据'有法律统治'（法治）与'无法律统治'（非法治）之间的区别把一种政体分而为二，并且认为'有法律统治'的君主制是最好的政体"。对于亚里士多德的"法律统治论"，该书也说："在追求法治的政体中，法律对政治权威的约束是极其重要的。"但是，该书的确没有提供一个起核心贯通作用的关键概念。现在来看，它不正是"法治政体"吗？然而，18 年前的这本书，还没有提炼出这样的概念。不过，该书已接近这个概念——"政治权威"正是政体需要安排的关键因素。

进入 21 世纪初，我想尝试全盘整体性地厘清自晚清到当代百余年的中国法治史，重中之重当然是法治思想史。尽管对于当代，我已编写过《从法制到法治》，但仍然觉得需要将这一段当代史置于百年史程中，重新予以解读。而这就不仅仅是百年的问题，而是必须进入中国古代的思想学术世界。更重要的是，这一厘清还要求寻出一个具有规范意义的主题线索和梳解视角。至 2008 年，经过反复思考，我确定了一个基本的研究策略：以中国知识分子对法治的思考与追寻及其与中国法治历史进程的相互关系作为主题和主脉，观察和解释这两个方面的起伏、兴衰与成败，并挖掘其背后的思想理论与社会政治上的原因。这并非意味着，只注重对中国法治思想的社会政治学与意识形态分析，恰恰相反，我更偏向于关注中国法治思想的内部生长、积累和变创，例如语词的转换、概念的阐释、理论命题的论证、思想涵义的铺陈及其具有思想学术流变意义的传承与创新。这是因为，一方面，这应当是中国法治思想史研究的基本使命；另一方面，这一侧重于内部问题的探讨，可以被视为透析思想理论与法治实践进程相互关系的一个极其重要的前提。在没有弄清那些理论内部问题的情况下，难以想象如何认识它们对法治实践进程的真正影响，以及如何论说它们真实的外部意义。当然，针对不同历史时期的境况以及由此而生的问题意识，上述研究策略也可相应地显示出不同的重点。

但是，这样的研究显然不是一件轻而易举的事情，也不是短时间内就可以一次性完成的。有鉴于此，我设想重点关切四个单元及其中心问题：

一个时代

把"近代"（从清末到 1949 年）作为一个单元，梳理近代思想家和学者的法治思想。可以用"法治与主义"的相契性这一中心线索，展现中国近代（个别方面延伸到当代）法治思想的多元的宏大气象，并考察这些思想的历史命运。

一个事件

选定的是 1957 年的那场"反右"运动，主题是"法治之殇"。这个"殇"是什么？为什么有这个"殇"？这个"殇"的后果又是什么？这些问题都是需要揭示和解释的东西。

一个人

通过探讨一个人的法治思想，去透视和呈现一个时代的法治思想，或者观察一个中国人的"法治梦"，如何与一个国家、一个时代的"法治梦"重合、互动，甚或错置、逆反，此所谓"见微知著"或"知著识微"。

一个主题

关于中国法治的核心论题或命题的生长与演变，可以分别做各种主题的研究，如法治的概念史、法治之意义的阐释史等，以此彰显中国法治理论家在这些主题上的学术成就及其对公共政治与法律意识的影响。

在这个构思与设想的过程中，为上溯中国古代先贤"治国平天下"的思想，并与近现代中国的法治思想进行贯通，我阅读过诸子（主要是儒家、墨家、法家、黄老道家）的基本经典以及秦汉至清代一些重要思想家的典籍，思考了一些法家思想与"新法家"的问题，也系统涉猎了康有为、梁启超、严复、孙中山、萧公权以及一些中国近代法学家的著作。由此，我认为，一方面可以对近现代中国的法治观念与法治理论提供一个历史性的解释；另一方面，我对《商君书》及梁启超就一些重大法治问题所作的阐述，尤其是"商鞅难题"以及与此相连接的"梁启超方案"，心有戚戚焉，从而再一次激发我对张警、林欣两位先生之论断与洞见的追寻。毫无疑问，对"商鞅难题"的注视，特别是对解决这一难题的"梁启超方案"的发现与领悟，是促使我近些年系统思考"法治政体"问题的最直接也最重要的契机与推动力。鉴于本论题主要是从"梁启超方案"出发，并且深切认同这一解决方案，故而可以说，本论题沿着梁启超开启的思路展开，并予以进一步的理论分析与论证。甚至不妨讲，本论题就是对"梁启超方案"的理论探讨。

对法治政体问题的追问，当然也不可能脱离当代世界以及中国的法治理论与实践的总体背景。

我们知道，在世界范围内，特别是 1990 年以来的世界，人类经历了巨大的历史变迁。这一变迁充满了各种各样的偶然性和不确定性，但是，让人惊奇的是，人类在"法治"问题上则形成了世界性的共识。正如美国圣约翰大学法学院教授布雷恩·Z. 塔玛纳哈所归结的："面对诸多新的不确定性，在一点且只在一点中出现了一种超越所有裂痕的普遍共识：'法治'有益于所有人。"[12] 而 20 世纪末以来，在国际社会，"法治"更是受到广泛的赞美与追捧，成为一个声誉鹊起、名声大噪的"时髦词语"（buzzword）。也就是说，自 20 世纪中后期开始，世界上出现了全球性的民主化与法治化的强大潮流：全世界都在追随"法治"，全世界都在对"法治"高唱赞歌，从而使"法治"成为具有高度普适性的概念和共同拥戴的理想。西方自近代以来，一个普遍性的观念，就是将"法治"视为人的尊严、人权以及可持续的自由经济发展的不可缺少的根本保障。在苏联、东欧以及一些南欧国家，伴随着政治、社会制度的根本转变，"法治"成为战斗口号与政治理想。因此，很自然的一个态势是，这些国家转型后的宪法，纷纷确立了"法治的民主国家"的基本原则与发展目标。不仅如此，据塔玛纳哈所述，一些在国际社会声名不佳的领导人也都在赞赏法治。[13]

真正的问题在于，具有各种不同历史传统、政治社会制度以及意识形态的党派或国家，或者无论什么样的政治领袖，都确认法治不可或缺，那么，这个人人热捧的"法治"到底是什么？意蕴何在？

透过仔细的观察，不难发现，真实的情形往往是，几乎一致使用"法治"这个语词的人们，其实是在用各自怀揣着的价值、理念与见解，去填充这个语词、使用这个语词、宣传这个语词，并且在实践中加以落实。其结果是"法治"成为人们一致赞同的伟大名词。即便他们在立国之本、政治理想和治国主张上拥有不同乃至根本分歧的理想，也是如此。易言之，"法治"这个语词本身就是人们都力求高举的旗帜和唱响的口号，甚至只有这个语词才是普适的。在这种情况下，"法治"也许会成为一种政治"修辞"。因此，当法治成为世界各国追求的共同理想时，人们对法治的涵义与标准反而变得更加没有共识了。"法治现在处于一种奇怪的状况，它是当今世界最突出的合法化政治理想，但对它的意义为何却没有共识。"[14]

观察和思考这个全球性"法治化运动"所引出的一个基本问题是，法治在任何政体之下都是可欲的并且都能够实现吗？是否有些政体或政治制度在价值理念与制度逻辑上就不可能是法治的？进而，各种对法治具有可欲性的政体是否都应遵循一样的法治？以及不同政体可欲且能够实践的法治又是什么？回答这些问题也许意味着，"法治政体"可能会开拓出另外一个观察法治的角度和理解法治的方式。

此外，中国法治发展的现实也提出了探究"政体与法治"之关系的要求。当代中国的法治经过 30 多年的艰难发展，其关键不在于继续对其意义进行宣示，更不在于其口号的标明，以及种种新提法的出世，而在于其品性的提升和实施机制的完善。换言之，在宣示法治的意义与标明法治的口号之后，紧要的是不断增厚法治的内涵，不断改善法治的品性，并不断在制度构造上确保法治真实可行与持续巩固。这些方面，无一不深切关联于政体。例如，法治的组织性、结构性、体制性的支持力量，主要就取决于政体的构成与结构。因此，我在《中国法治政体问题初探》的"代自序"中曾谈道：

> 大家都了解，许多经济学家认为，中国的经济改革已经进入"深水区"，从而面临更加尖锐和棘手的深层次矛盾与利益冲突，尤其是较为严重的体制障碍。同样，我们也可以说，中国的法治建设，已经开始逐渐突进核心地带，因而开始遭遇瓶颈问题，也就是说，"体制性弊端"或"政体障碍"的问题日益突显出来。为了在这些问题上有所突破，也必须在这些问题上有所突破，法治思想与理论需要更着力于对"法治政体"问题进行整体性的探索。[15]

众所周知，法治研究的主题与论域是多方面的。但对不同的学者来讲，则有侧重点的不同。美国的政治理论家史珂拉就提到了在她看来很重要的一个方面："如果它通常被当成立宪政府，尤其是代议制民主政治的一个基本要素，那么，它在政治理论中就起着明显的作用……如果我们以害怕暴力、专制政府的不安全感以及不公正的歧视作为开始，那么人们可能会兢兢业业地为法治确定一个重要的空间。"[16] 人们拥有安全感，不仅仅在于可靠的社会秩序，每个人不会面临被偷窃、抢劫、强奸以及杀害的危险与威胁，而且在于政治和政体上提供的平安与自由的环境。简而言之，每个人的安全与自由，亦来自优良的政体。而这一方面自然关切到法治，也恰好切合"法治政体"问题。

至此，我在法治政体方面的问题意识，几经起伏沉浮之后，正式浮出水面，标志就是我于 2011 年底发表的《中国法治政体的始创——辛亥政治革命的法治论剖析与省思》(《法学研究》2011 年第 5 期)，以及 2012 年出版的《中国法治政体问题初探》。《初探》的"后记"这样写道：

> 这些文稿虽然成文的时间与契机不一，看似关联不大，实际上却无意间呈现出一个相对明晰、集中的主题，即中国的法治问题，尤其是中国的"法治政体"问题。这个主题的聚焦，显然不是来自于某项事先设想的研究计划，而是问题意识及其核心概念逐渐清晰的结果。概略而言，近些年对中国古代"法治"思想及其近现代"突破"的探讨，让我一步一步逼近"法治政体"这个关键概念，并尝试着在理论上对其进行分析和论证。而本书的几篇主要文稿，正是着眼于从传统观念到现代思想的这一巨大变迁过程，讨论中国法治思想的历史演变（包括"突破"）以及"法治政体"构造的相关问题，并对"法治政体"概念进行简要阐释。当然，由于对中国"法治政体"问题的研究，在这些文稿中并没有充分展开，故本书名之曰"初探"，也是名副其实。

同时，《初探》题为《"法治政体"之思：对当代中国法治理论"第三波"的展望》的"代自序"认为，当代中国法治理论应有"三波"的发展：

"第一波"的标志是1980年前后"要法治不要人治"的大讨论，"法治论"得到初步认同；

"第二波"的标志是1997年迄今的"依法治国基本方略"与"法治体系"理论；

"第三波"的重点则应是"法治政体"问题的探索与解决。

从历史的连续性而论，前两波正是"法治政体"之思得以生发出来的重要背景与理论基础。在这个意义上，"第三波"是前两波的一种深化、提炼与升华。我们应当把前两波的相关思考与实践，予以系统性的整合，进而形成"法治政体"的完整理论：

> 总归而言，我们的法治理论研究及其实践，十分有必要甚至必须在"法治政体"问题上竭思尽力。在学术探讨上，既要关注"法治政体"的基本原理、原则，也要关注那些构成"法治政体"的无数个运行程序与运转规则。任何一种"法治政体"，都是由许多具体的制度、规则乃至操作技术叠床架屋而成的。有时候，一个小小的程序，恰恰可以撑起大价值；一种不起眼的法律技术，恰恰可以撬动大架构。所以，积小功为大功的改良式发展，也不失为一种有效的进化之路。在这个过程中，不仅要发挥已有的政体优势，而且还要多做"增量"和"转型"的工作。只要在我们的政体中不断累积民主的因素，不断融纳人权的价值，不断增长法律至上的力量，长此以往，"法治政体"也就会水到渠成。而"法治政体"的理论，应当为此而思、而虑、而谋。

不过，在此过程中，我对法治政体问题的理论分析，也不时陷入"欲说还休"又"欲罢不能"的困扰。之所以困惑不前、徘徊不进，一个重要原因，是下列纠结和疑问：在 20 世纪 90 年代以来的 20 多年中，"依法治国""法治经济""法治社会""法治政府""法治政治""法治中国"等提法，都曾经或正在中国盛为流行，广被天下知晓。在此之际，"法治政体"一说，又意欲何为？它是否会沦为一种纯粹的口号或标签？或者是否有可能将"法治与政体"的探讨，整理成为一种相对完整的法治观点以及具有解释力的法治理论？

我最终相信，这一理论建构有其可能性，亦即避免"法治政体"口号化与标签化的可能性。

四

既然法治政体的问题意识已经清晰而坚牢，那么，如何来展开对法治政体问题的研究，就是紧接着必须加以规划的工作。应当说，不仅法治实践（包括法治政体的建构与运行）是一个系统工程，而且法治政体的理论研究也是一个系统工程。要对法治政体的所有问题展开论述，无疑需要好多本大部头的著作，而这就不是本人的几本书所能完成的。

本项研究的基本立场，在当下主要注重于经验性（事实性）、分析性（结构性）与逻辑性的描述和探讨，其重点在于尽可能客观地寻绎政体与法治之间的关联性、契合性，以及确立法治政体的类型学，而不追问"应当是什么"的问题，即不从事规范性、价值论上的评判与想望，尤其不从事法治政体之理想（蓝图、愿景）的描绘及其对策的寻究，这颇类似于解剖学、药理学，而非"动手术""开处方"。易言之，我对法治政体的种种观点与制度不诉诸意识形态上的评论或规范性的判断与价值论上的推许，而是立足于认知性的（知识学上的）学理解剖与分析。

对于学术研究来说，"理解的努力需要对道德评判作某种超越。今天的科学家几乎没人真正相信他们的工作可以绝对地价值中立。但是保持价值中立的理想仍然重要，因为价值妨碍人看见事实。……在谴责某种人类现象的同时来理解它是困难的，甚至根本不可能"。而且，按照正常的理论思维逻辑，人们总是只有在"理解之后"，才能进一步思考"怎么办"的问题。[17]

在这样的用意之下，我既不颂扬和拥抱某些种类的法治与政体，也不批评和指责某些种类的法治与政体。虽然，从个人的价值立场来判断，某些法治或政体无疑是无法让人认同的，甚至是可憎的。在政治法律问题上，如果有人标榜纯粹、绝对客观性的立场，那不是一种自欺，就是一种矫情。"一个有信念的人一般不会因理性的分析和经验的检测而改变。"[18] 故而，在字里行间显露出一点点偏好和倾向，在所难免；但是，我的确不解决规范性目标的问题。

与此同时，我不对中国法治与政体问题进行政策性、方案性研究，涉及此类问题的，也基本上属于解释性的分析。因此，我也不考察何种法治以及与之相契合的政体类型适合于什么样的社会和国家，包括当下的中国。

总之，本书不能视作我个人的法治信条与主张的宣告和论证，更不能视作我对当代中国政体改革与法治发展的未来方向的思考。

谈到"处方式"研究，可以说在中外的法政学术界早已呈漫天飞舞的态势，甚至不妨说是许多政治哲学家与法律理论家的宗旨和追求。"天下师"与"国师"常常就出在政治法律思想领域。思考政治权力问题的思想家和哲学家所遵循的一个基本信条，就是《琅琊榜》中的一句话："问题出自朝堂，答案却在江湖。"开处方是一门极为难得的高深功夫，所以医生并不那么好当，更不用说当一名好医生。此外，诊疗社会弊病，不免有风险："为国家的弊病把脉，是一件动辄得咎的事。若不能得其情伪，人们就以为他无能，好空想；假如找到了真病因，又不免牵涉大人物，从而使自己落于危境，因为这些人总是恼怒于人们指出他的错误，而不是庆幸有改正的机缘。假如出于必须而责备民众的宠儿，人们就说他是权力的工具；如果批评当权者，又被看作党派的爪牙。"但是，思想家们又不得不履行其义务，"若有幸找到弊病的根源，并提出铲除弊病的可行之道，这或一时触怒统治者，但对于政权的事业，则无疑是有助益的"。[19]

而药方也有种种，大而观之，至少有两大类：一类是强身健体之方（保健）；另一类是治病救人之法（救治）。再细分下来，更是种类繁多：颇见强健功效的妙方；对症下药，药到病除；虽非灵验之方，却也小有保健效能，或者可以减轻病痛；胡乱开方，药不对症，是否强身治病，在所不计；明知是绝症，但医生照样开出处方，给病人以希望或安慰，以尽其本分（这并非处方不好，只是病人已病入膏肓，无药可救）；病人或者其家属指示医生只能开某一处方，而不能开其他方子，否则就会惹上种种麻烦；最后一种，"乌托邦"式药方。更进一步，药方是否有效，还得透视病人表里虚实的差异。

康有为尝以治国譬如治病，他评论18世纪的法国人，欲施以美国之政而革命，因不审两国国情之表里虚实，结果酿成大祸：

> 于是在美行之而治，在法行之而乱也。是犹医者治病，不审表里虚实，而以验方施之，其病在实在表者而效，则病在里在虚者，必反而不效矣。夫苟但执验方而可以治病，不待审夫病者之老幼强弱、表里虚实，则天下执一《验方新编》，人人可以为名医矣。有是理乎？医一身既无是理，况诊一国之病，得其表里虚实，其理尤难。而谓可妄执他国之验方，以望瘳己国之痼疾，其可行哉？[20]

即便是良方，也还得审视其时势。时移势异，药方再好，也会无济于事。再者，有时处方虽好，病人就是不吃那包药，医生也只能徒唤奈何。凡此种种情形，都可在法政学界一一寻访、考察。这也是思想学术上的一大景观。

然而，我们也不应当否认，相对客观性的学术研究的确会有助于对一种理想的理解和支持。美国学者科恩在《民主概论》中讲到民主原理的探讨时指出："事实上，对民主及民主进程的充分理解才会奠立持久不变的效忠和理直气壮的尊重。……对民主进行客观的研究时当然不应以强化对民主的支持为目的，但这种支持可能是这一研究的自然产物。"[21] 这一看法，对处理法治政体的客观研究与对某一法治政体的偏爱的关系，也是适用的。而且，通过逻辑分析和事实证据来把握事物的真相，尤其"了解事物是其所是的方式和理由，是使其改善的第一步和至关重要的一步"[22]。就像一个医生，只有在正确诊断病情而又熟悉病理、药理的情况下，才能对症下药，开出妙手回春、药到病除的良方。同样的道理，人们在思考如何改良法治与政体之前，首先必须考察它们之所是，包括它们之间的真实关系，以及探究它们为什么是其所是的基本原理。

而作为一种完整的理论研究，在进行了这样的考察之后，应当进行如何"改善"法治与政体的研讨，也就是说，"怎么办"应是紧随"理解之后"思考的问题。这当然不是说必须在一个主题性研究或者一本书中同时完成"理解"和"怎么办"的探索。此外，正如东汉王充所云："放象事类以见祸，推原往验以处来事。"[23] 在法治与政体问题上，探索各种各样的历史经验，以及当下一些国家的种种模式与道路，也提供了让中国法治更好地通往未来的动力和借鉴。

作为一项系统研究工程，如果说"商鞅难题"及其破解之法的"梁启超方案"构成了法治政体研究的原初问题之源以及一种规划图景，那么，这项研究显然不仅需要进入商鞅与梁启超，而且更需要跳出商鞅与梁启超，进入更为广阔的历史、制度与理论视域之中。这一方面有助于洞悉"商鞅难题"的思想史意义，澄清"梁启超方案"的思想渊源；另一方面则能够展开久远而广博的法治政体史，例如西方法治政体的思想史与理论史、制度史与实践史，中国近现代法治政体的思想史与理论史、制度史及其实践史。更重要的是，这项研究还意味着必须在理论上建构和阐明法治政体的一般原理，包括法治政体的概念界说、类型学和比较分析等等。总之，该项研究必须是一项严肃的法治学术探究，而不是一种法治立场的表达，更不是一种法治标签的张贴。

那么，法治政体的学术探究应该包含哪些方面的问题以及从哪些方面来展开？

其一是"问题域"。简单地说，法治政体问题涉及"法治"与"政体"及其整合，它既不是法学上纯粹的"法治"问题，也不是政治理论中纯粹的"政体"问题，而是试图将"法治"与"政体"整合起来，从而在一种新的概念平台上，运用不同于当下流行的分析框架，来重述或者重构法治理论。因此，这是一项跨法学（主要是法理学、法史学和宪法学）与政治理论（尤其是政体学说和立宪科学）的研究。所谓"跨"，并非指法学与政治理论的并列阐释和简单相加，其关键在于对两者的汇合与融通。

其二是基本的研究框架，即法治政体理论探讨的内在结构或基本内容。广义言之，法治政体的理论问题，包括"述事"和"明理"两大论域。这一判断源自中国古代的学术意识。例如，汉代的王充就提出"论事"与"证论"的要求和标准。他曾言道："事莫明于有效，论莫定于有证。空言虚语，虽得道心，人犹不言。"[26] 他又云："凡论事者，违实不引效验，则虽甘义繁说，众不见信。……事有证验，以效实然。"[27] 而清代学者章学诚更明确地将其归结为"明理""述事"两个方面。章学诚指出：

> 《易》曰："神以知来，智以藏往。"知来，阳也。藏往，阴也。一阴一阳，道也。文章之用，或以述事，或以明理。事溯以往，阴也。理阐方来，阳也。其至焉者，则述事而理以昭焉，言理而事以范焉，则主适不偏，而文乃衷于道矣。[28]

章学诚所说的"明理"，是要探究、表述、论证事物的道理或原理。这个"理"，按中国传统哲学的理解，既有"必然之理"，即客观必然性或规律性的东西，如生、老、病、死；也有"当然之理"，即理应如此，应当如此，例如应当遵循的价值与道德准则。而"述事"，则是整理、叙述、解释历史实践，包括历史人物、历史事件、历史运动。章学诚又强调，学术研究的最高境界，则在于"理"与"事"互相阐释和证成，即"述事而理以昭焉，言理而事以范焉"，而不是"理"与"事"的判然裂解。

大体而言，天下学问不过尔尔。但针对不同的研究对象，其论域的具体形态则各有不同。在法治政体问题上，"述事"和"明理"这两大论域实际上可以从一般原理、制度结构、历史透视与实践经验四个层面展开。法治政体的研究无疑涉及一系列基本而重大的问题，如法治政体的思想与制度是怎样生成和演变的？为什么法治是（或关键是）一个政体问题？法治为什么可以成为划分政体包括其变种的一个基本标准？"法治政体"的涵义是什么？"政体型法治"与"治法型法治"的区别何在？进而，法治是什么政体的问题？在什么政体之下，法治才是可欲求的且可能的？即什么政体才需要法治，又在什么政体之中才有可能实行法治？或者说，何种政体欲求何种法治？什么法治依托什么政体？这种政体法治化与法治政体化的关系如何？当发生违反法治的严重事件或法治危机时，在政体上应有怎样的应对机制？等等。所有这些问题，大略可以包含在下列七个方面的研究专题之中：

（1）法治政体的思想史、理论史（属于"理"之史论）的梳理与解读。任何当下的问题意识与理论思考，都既有思想史、学术史上的资源支持，也必须得到前贤先辈的思想润养。法治政体的思想、理论，在西方，从古希腊时代就已萌生，经过17、18世纪启蒙思想家们的阐扬，以及20世纪以来施米特、哈耶克、哈贝马斯等人的探讨，成为西方法治理论的内核和基石。在中国，从晚清以来的一百多年间，也有一些政治理论家和法治学者关注法治政体问题，并屡屡论说这一问题。这些都是当下法治政体理论研究的宝贵遗产。对此，很值得我们进行专门、系统的发掘。

（2）法治政体史论，旨在分析法治政体生长史与变迁史、转型史，主要是"述事"，属于"事"之史论。对此，应当重点关注法治政体的发生学问题，如它的起源问题，以及其社会、政治、经济、文化等方面的基础与条件问题。还有，它与政体革命或者政体改良的关系问题。其中，有一些历史时期特别需要探讨，一个是近代西方的法治政体构筑时期，另一个是中国的辛亥革命及民初法治政体的始创时期。这些方面的探讨，将会使我们真正了解和把握法治政体生成、演化、变迁的历史轨迹及其内外的原因。尤其是，中外在法治政体的生长与变迁上，无论是其成功经验，还是失败的教训，以及种种的曲折，都有不容低估的借鉴或参考价值。

（3）法治政体的制度结构，重点在于宪制中的法治政体，这既是一种"述事"，也是一种"明理"。这一研究当然要关注那些构成法治政体的无数个运行程序与运转规则。任何一种法治政体，都是由许多具体的制度、规则乃至操作技术叠床架屋而成的。有时候，一个小小的程序，恰恰可以撑起大价值；一种不起眼的法律技术，恰恰可以撬动大架构。但从政体科学的层面上说，一个国家的宪制，乃是其法治政体的重中之重与关键性的元素。考察和解释法治政体问题的一个基本立足点或理论预设，是将法治理解为一套制度（广义上包括体制）结构和组织结构。制度结构的核心是宪制、政制，如民主、人权和公民权利制度，立法、执法和司法制度等。组织结构本身也是一种制度结构，它由一些制度所设定，而且其显示出来的力量即是制度结构运行的结果。按照新制度主义的观点：在社会政治生活中，组织至关重要。"官僚机构、立法委员会和上诉法庭不仅是社会力量角逐的场所，而且它们也是明确和捍卫其利益的结构和标准执行程序的集合体。它们本身就是政治行动者。"[29]以此观之，一国宪制设计和塑造的组织自主性及其行动能力，以及其强大的结构性力量，正是该国法治得以实行和维持的十分关键的一部分因素。虽然没有人会否认，法治常常被宣布为一种价值和理想、一项原则和要求，有时甚至是高调的声明和承诺；然而，法治又不仅限于此，或者说在根本上绝不能限于此。例如，人们总是强调，法治必须包含一个完备的法律体系。无论是宪法，还是各种法律，都是举足轻重的制度形式。但是，我所指的制度结构和组织力量，重点并不在于通常所说的法律体系，而在于能够落实和捍卫法治价值以及创制法律（"生法"）、执行法律（"行法"）和护卫法律（"护法"）的制度与机构，亦即"使法成为法治之法"以及"使法成为必行之法"的那套制度框架和组织结构。所以，我们必须考察"宪制中的法治"或"法治的宪制结构"，从而揭示法治与宪制（特别是政体）的耦合关系：法治与宪制在宪法中是怎样共生与同存的？也就是说，其核心问题在于，一方面，法治是如何宪制化的：法治具有怎样的宪制结构与形态？另一方面，宪制又是如何法治化的：宪制的法治精神、结构与力量是什么？

（4）对法治政体运行状况包括其过程与结局的考察，即对法治政体的社会学研究，是"述事"与"明理"的结合。瞿同祖先生指出："研究法律自离不开条文的分析，这是研究的根据。"所以对法律条文进行分析，很有必要。但是，"仅仅研究条文是不够的，我们也应该注意法律的实效问题。条文的规定是一回事，法律的实施又是一回事。某一法律不一定能被执行，成为具文。社会现实与法律条文之间，往往存在着一定的差距。如果只注重条文，而不注意实施情况，只能说是条文的、形式的、表面的研究，而不是活动的、功能的研究。我们应该知道法律在社会上的实施情况，是否有效，推行的程度如何，对人民的生活有什么影响等等"。[30]这涉及一系列复杂的因素，如护法机制的完善程度，法治价值观与法治文化的培育状态，等等。我们亦不难观察到，在这个世界上，不少国家的宪法与民主、法治往往具有高度的脆弱性。或者说，世界上到处充斥着对民主、法治承诺和法律规范包括宪法规范的背叛。所以，人们不应对这些问题及其原因置之不理。例如，在实际的政治法律生活中，"谁是行动者"，或者"谁是有力的行动者"？这些行动者及其所展开的行动，与宪制结构、社会政治结构的关系是怎样的？若没有这样的"行动者"，宪法或制度结构的权威性和有效性又何以保障？"行动者"的缺失，使得宪法或制度结构往往轻则打盹，重则处于冬眠状态，从而导致一些至关重要的法条成为"死"条款（或梁启超所说的

"僵石"条款）。这些条款之所以"死"了、"僵"了，并非因为这些条款不合"理"或在出台时没有达成所谓广泛的"共识"，而是由于所有的相关者几乎都没有任何动机与动力去实施这些条款，更严重的是还有一些社会政治力量或明或暗地阻碍这些条款的实施。但是，倘若在严重践踏法治或者违反宪制与法律、挑战宪法与法律权威的情形出现时，有一些"行动者"（如社会及司法力量）及时予以反对乃至追究，则法治、宪制与政体法即可得到延续和护持。对这类问题进行探索，显然要避免故事性的叙述，而重在透视制度结构与行动结构的出场及其成败得失。

（5）法治政体的比较研究，亦是"述事"与"明理"的结合。对法治政体进行比较研究，将有助于把握种种法治在政体上的共性与差异，尤其是认识法治政体的变量关系及其不同的模型。人们常常说，有比较才有鉴别，进而才能认识事物。所以，比较研究往往被视为认识事物的极其基本、极其重要的方法。18 世纪德国早期浪漫主义诗人诺瓦利斯甚至断言："一切认识、知识均可溯源于比较。"[31] 从比较法研究上看，比较分析法治政体的目的与意义也是多方面的，至少从比较法学研究者的希望来看是如此：①它旨在通过广泛的比较认识，在理论上"寻求一种普遍的法治或科学真理的基础"[32]。②它致力于打开我们的眼界与视野，让我们了解世界各国的法治政体，从而使之能够成为"扩展我们思想边界的一种手段"[33]。③它是法治与宪制、政体改革的"实验室"。在各国解决其法律缺陷、完善其宪法制度与政体时，比较法恰好能够提供"一个世界规模的'各种解决办法的仓库'"[34]。这些解决办法，原本是各国政体与法律实践中曾经试行或者当下正在实验的，一国的法学家完全可以通过比较法研究，来发现和认识它们，并在此基础上对它们进行甄别、选择、借鉴或者淘汰。但对法治政体的比较研究，又不同于一般的比较法学。其最显著的区别，在于比较"单位"的不同。众所周知，一般的比较法学，乃以"法系"作为其基本的比较"单位"。如法国比较法学家勒内·达维德的《当代主要法律体系》，就奠基于对罗马-日耳曼法系、普通法法系、社会主义法系以及伊斯兰法、印度法和远东法等法系的划分基础之上；茨威格特和克茨的《比较法总论》，也确立了罗马法系、德意志法系、英美法系、北欧法系、社会主义法系和其他法系（远东法系、伊斯兰法、印度教法）的分析框架。此外，比较法研究往往还以不同法系和不同国家之下的"法律部门""法律制度""法律文化"或者"法律概念"等作为比较的"单位"。而法治政体比较分析的单位，则是不同类型的"法治政体"。这是本项研究在逻辑上的必然要求。虽然法治政体与法系、国家、法律部门、法律制度、法律文化、法律概念等都具有十分紧密的联系，但是，法治政体的类别，显然有别于法系、国家以及不同法系和国家的法律部门、法律制度、法律文化、法律概念的区分。既然"单位"是比较研究的基石和底盘，那么，比较"单位"的更换与转移，就理所当然地会导致其比较视角、分析框架、理论关注点及叙述方式的改变。因此，在认识和理解法治时，对不同类别的法治政体进行比较分析，无疑能够也应当是独具特色的。

（6）法治政体的基本概念与理论研究（"明理"）。如何界定"法治政体"概念？为什么要从政体的高度上认识和解决法治问题？法治政体包括哪些普遍性要素？这些要素之间的逻辑关系是怎样的？法政政体有哪些具体模式？非法治政体是什么？这一系列问题，都是法治政体的基本理论问题。如果从类型学上来看，那么当然需要探讨民主的法治政体、立宪君主的法治政体、人民民主的法治政体等等。

（7）对中国法治政体问题的探讨（"理"与"事"的综合）。回观1978年以来的当代中国史，应当说法治政体问题一直或明或暗、或显或隐地出现于当代中国的法治学说与法治建设之中。前者包括1980年前后一些法治论者阐明的法治政体观，20世纪90年代之后的法治国家理论以及法治与民主之关系的论说，直至21世纪初期开始的对"法治政体"概念的逐渐使用以及其进一步的理论探索。后者则是对人民民主政体的"法治化"改革，如执政党的依法执政、人民代表大会制度的完善、法治政府的建设、持续有年的司法体制改革以及新近构建的监察体制。因此，站在当下，既有必要对这些进展给予总结和重整，也有基础和条件在理论上回答什么是中国式的法治政体，以及怎样建设和完备中国式的法治政体等现实问题。

总归而论，这是一个从历史——包括思想史与政体史——到制度结构再到基本理论，最后又总归于中国法治政体的问题框架和展开程序。正如福山所说："将理论放在历史之后，我认为是正确的分析方法。应从事实推论出理论，而不是相反。当然，没有预先的理论构思，完全坦白面对事实，这也是没有的事。有人认为这样做是客观实证，那是在自欺欺人。社会科学往往以高雅理论出发，再搜寻可确认该理论的实例，我希望这不是我的态度。"[35] 对本项研究而言，从历史出发，旨在了解法治政体在思想与实践上的渊源和流变，从而揭示出当下思考所凭借的思想资源和历史事实。对政体的宪制构造进行归纳和分析，是为了把握法治政体的各种不同的制度逻辑或制度组合，以提供基本的制度事实。而概念证成与理论建构，则关乎"法治政体"这一论题的学术生命和意义。至于最终落座于对中国法治问题作政体视角的探讨，就更是天经地义、不言而喻的。

其三是研究路径与方法论。王充所说"证验"与"证论"和章学诚所论"明理"与"述事"两途的展开，在现代学术上已经发展或者表现为严格、精密的研究方式、方法。在政治科学中，就有不同的研究类型：应用型研究和基础型研究；经验研究和非经验研究。其中，每一种类型又可以进一步划分更具体的研究类别，如应用型研究包括应当是什么的"规范哲学"，以及基于经验性立场且解决实际问题的"政策导向研究"；基础型研究有解释性的"规范理论"以及经验性的"理论导向研究"。这些研究类型都会锁定"理"与"事"两大元素。例如理论导向研究"专注于扩展我们对于政治事件的发生及为何发生的知识。与政策导向的研究一样，它是经验性的，主要关注的是发现政治事实，但是它又与政策导向的研究有所不同：政策导向的研究主要处理对于特定政治问题有用的事实，而它主要是发展新的理论或者是改变或证实旧有理论。相应地，这类研究中的最重要的活动是发展出与观测到的政治现实相联系的理论。在政策导向的研究里面是为解决问题的需要而去寻求事实，在这里则是为发展理论而寻求事实"[36]。而在法学研究中，也可有同样的分类。同时，价值分析、实证主义分析和社会学分析等等，也是法学研究者众所周知且广为运用的。

对法治政体的研究，需要选择或确定一些恰当的研究路径。从政体的研究上看，意大利著名的政治思想家诺伯特·波比奥对于其研究路径的归纳，对法治政体问题的探讨颇具参考意义。波比奥在《民主与独裁：国家权力的性质和限度》一书中，区分了研究民主概念和政体问题的基本路径。他指出：这种研究路径，"一般有以下三种：描述性的（系统性的）、评价性的（道德伦理学的）、历史性的"。[37] 我们可以来了解一下这些研究路径。

（1）描述性路径。按照波比奥的解释，"在描述性或者说在系统性路径中，政体理论由历史上存在的各种政体分类和类型组成，这些分类基于政体的共性和特性，类似于植物学中对植物的分类以及动物学中对动物的分类"。可见，描述性路径研究的是政体的一般特性与分类学（"政体类型学"），从而划分或区分不同的政体。这一路径要求注重于分类学的基本立场，注重于理论的逻辑的分析、归纳与综合，还需要运用比较的方法。

（2）评价性路径。这是一种价值性、规范性研究路径，它要求作出价值判断或优劣评价，并据此进行取舍。波比奥说："在评价性或者说在道德伦理学路径中，政体理论由一系列价值判断组成，不仅要对各种政体进行比较，还要分出高下。例如，这个好，那个不好；这个无与伦比，那个糟糕之极；这个还可以，那个不那么坏，等等。"他以民主政体为例，"像其他政体一样，民主是可以被评价的：要么是饱受夸赞和备受推荐的好政体，要么是遭人谴责的坏政体。整部政治思想史充满了关于优良政体的争辩，在这些争辩中，一个反复出现的主题就是为民主辩护或者反对民主"。民主是个好东西？民主是个坏东西？是不是该选择民主？选择哪种民主？或者放弃民主？而且，"在描述性路径中，政体的分类标准既包括绝对的判断也包括相对的判断。从这点来看，关于民主的争议不仅是关于民主是好是坏的问题，而是民主相较其他政体是好是坏的问题"。更一般性地说，什么政体才是优良的政体？什么政体又是坏劣的政体？这就是评价性路径要回答的一些规范性、判断性问题。从方法上而言，评价性路径主要依靠伦理学的、价值的方法来展开。但是，这一展开无疑也包含着比较的思路。此外，也可以借助社会学的方法，如最近一些年来，有不少学者对民主与经济增长的关系进行历史的、社会学的分析，以观察民主是否有助于经济增长。那么，民主是否也有助于法治的生长、成熟与巩固呢？这不仅是一个理论逻辑的问题，也可以运用比较与社会学的方法来予以探究。

（3）历史性路径。它作为对政体史的探讨，是"描述政体从一种形态向另一种形态转型的历史发展过程"，亦即政体的更替与转型。它也可以被理解为描述一种政体自身的变化、变迁过程。用历史性路径研究法治政体，主要是分析非法治政体向法治政体的转型（也可以包括法治政体向非法治政体的倒退），此种法治政体向彼种法治政体的变换，以及历史上各种不同的法治政体的生成、演变、巩固、改革的条件与过程。这一路径总体上属于历史学的研究。但历史研究包含了许多方法，如文本、文献的整理与诠释，比较历史学方法，历史社会学方法，转型学研究，等等。

以上这三种研究路径，不仅在法治政体理论的宏观架构上具有引导作用，而且对具体问题的探讨也有启发价值。同时，在研究法治政体问题，尤其是某一种法治政体时，上述三种路径是可以同时采用的。这有助于对法治政体的全方位的、立体的探讨与阐释。不过，以上三种路径往往针对不同的问题，并有其逻辑性的进程和各自方向的展开，所以不能胡乱地搅和、混杂在一起。

学术研究的路径往往包含了一些具体研究方法，甚至要求必须采用某些研究方法，如上文已经提及的历史的、比较的、社会学的和价值论的方法。而其最重要的根基性方法论，则为类型学（分类学）与结构论

（结构功能主义）。一切学术知识与思想理论，最具有意义的东西，首先在于区别、区分。没有区别、区分，人们就无法认清和判断任何事物与行动，甚至连某个人也无法辨识清楚。譬如说作为言说和论证基石的概念的定义，"一方面，定义以区别为前提，另一方面，通过不同的定义说明了区别"。以区别、区分为基础，理所当然地产生了分类学（划分）这一古老而又常青的方法论。进而，比较研究就成为必要和可能。而分类学与比较，又更能够或有助于区别、区分。[38]这些观念与做法，无疑是研究法治政体问题的基础性方法论。与此同时，政体科学着眼于且着力于思考如何安排政体的结构性构造，尤其是对其所追求的价值的结构性表达与组织性保障，而非某个个人的伟大壮大、超凡作为与非凡气势。因此，法治政体研究应当全程贯彻的最有效的方法论，将是结构论或结构功能主义的方法论。

五

"法治政体"吸引着我个人多年的兴趣并耗费了我多年的精力，但它并非很容易完成的课题。英国哲学家维特根斯坦曾经指出：

> 洞见或透识隐藏于深处的棘手问题是艰难的，因为如果只是把握这一棘手问题的表层，它就会维持原状，仍然得不到解决。因此，必须把它"连根拔起"，使它彻底暴露出来；这就要求我们开始以一种新的方式来思考。这一变化具有着决定意义，打个比方说，这就像从炼金术的思维方式过渡到化学的思维方式一样。难以确立的正是这种新的思维方式。一旦新的思维方式得以确立，旧的问题就会消失；实际上人们会很难再意识到这些旧的问题。因为这些问题是与我们的表达方式相伴随的，一旦我们用一种新的形式来表达自己的观点，旧的问题就会连同旧的语言外套一起被抛弃。[39]

维特根斯坦的这段话非常切合本书的研究：它不仅可以用来说明

法治政体的理论研究所具有的意义，而且也为法治政体问题的理论研究指明了真正的困难。通过"从政体出发研究法治，从法治出发探讨政体"这样的思考方式，将隐藏在政体深处的、棘手的法治问题，以及隐藏在法治背后的、棘手的政体问题揭示出来，并形成相应的理论表达方式，这无疑是值得我们追求的。当然，维特根斯坦所描述的理论境界和学术目标太过高远，限于学识水平，本人自然达不到这样的境界和目标。

不过，"一个新词好比一粒刚刚播在讨论园地里的种子"[40]。在维特根斯坦这一话语的激励下，我亦有这样一个奢望和期待：无论"法治政体"的概念及其问题是否得以证成，是否解释得合理，它都能够成为引发大家批评和讨论的新种子；也无论关于"法治政体"的概念界说以及分类学的讨论是否存在严重缺陷，甚至失败，也不应导致人们放过或轻视其真实的问题——毕竟，真实的问题才是第一位的。

因此，即使这一当下的研究工作显得有些顾此失彼、支离破碎乃至千疮百孔，我亦在所不计。或许，我只是勉强抛出了一块"引玉"的砖头。[41]

注释

1　[美]罗伯特·古丁、汉斯-迪特尔·克林格曼主编：《政治科学新手册》（上册），钟开斌等译，生活·读书·新知三联书店 2006 年版，第 6 页。

2　[美]詹姆斯·W.凯塞：《重建政治科学》，载[美]斯蒂芬·L.埃尔金、卡罗尔·爱德华·索乌坦编：《新宪政论》，周叶谦译，生活·读书·新知三联书店 1997 年版，第 78—79 页。

3　参见王惠岩主编：《政治学原理》，高等教育出版社 1999 年版，第 108 页。

4　参见王浦劬等：《政治学基础》，北京大学出版社 2006 年版，第 200 页。

5　参见林来梵：《宪法学讲义》，法律出版社 2011 年版，第 176—177 页。

6　参见周叶中主编：《宪法》（第二版），高等教育出版社 2005 年版，第 228 页。

7　费巩：《比较宪法》，载《费巩文集》，浙江大学出版社 2005 年版，第 159、160 页。

8　孟德斯鸠曾说："我们应当用法律去阐明历史，用历史去阐明法律。"参见《论法的精神》（上册），张雁深译，商务印书馆 1961 年版，第 363 页。延续这个立场，梁治平提出："用法律去阐明文化，用文化去阐明法律。"参见梁治平：《比较法与比较文化》，载《法辨：法律文化论集》，广西师范大学出版社 2015 年版，第 12 页。仿效这些说法，就是"我们应当用政体去阐明法治，用法治去阐明政体"。

9　张警：《社会主义法治是真正的法治》，载《法治与人治问题讨论集》编辑组：《法治与人治问题讨论集》，群众出版社 1980 年版，第 172 页。

10　林欣：《论政体与法治》，载《法治与人治问题讨论集》编辑组：《法治与人治问题讨论集》，第 199、210 页。

11　程燎原：《从法制到法治》，法律出版社 1999 年版，第 44 页。

12　[美] 布雷恩·Z.塔玛纳哈：《论法治——历史政治和理论》，李桂林译，武汉大学出版社 2010 年版，第 2 页。

13　[美] 布雷恩·Z.塔玛纳哈：《论法治——历史政治和理论》，第 3 页。

14　[美] 布雷恩·Z.塔玛纳哈：《论法治——历史政治和理论》，第 5 页。

15　程燎原：《"法治政体"之思：对当代中国法治理论"第三波"的展望》（代自序），载《中国法治政体问题初探》，重庆大学出版社 2012 年版。

16　[美] 茱迪·史珂拉：《政治思想与政治思想家》，左高山等译，上海人民出版社 2009 年版，第 23、38—39 页。

17　参见 [美] 罗伊·F.鲍迈斯特尔：《恶——在人类暴力与残酷之中》，崔洪建等译，东方出版社 1998 年版，第 501 页。

18　[新加坡] 许通美：《美国与东亚：冲突与合作》，李小刚译，中央编译出版社 1999 年版，第 109 页。

19　[英] 爱德蒙·柏克：《论当前之不满情绪的根源》，载《美洲三书》，缪哲选译，商务印书馆 2003 年版，第 212—213 页。

20　康有为：《法兰西游记》，载《康有为全集》第 8 集，姜义华、张荣华编校，中国人民大学出版社 2007 年版，第 182 页。

21　[美] 卡尔·科恩：《民主概论》，聂崇信、朱秀贤译，商务印书馆（香港）有限公司 1989 年版，"序"。

22　[美] 布鲁斯·布尔诺·德·梅斯奎塔、阿拉斯泰尔·史密斯：《独裁者手册：为什么坏行为几乎总是好政治》，骆伟阳译，江苏文艺出版社 2014 年版，第 4—5 页。

23　〔东汉〕王充：《论衡·实知篇》，载黄晖：《论衡校释》（四），中华书局 1990 年版，第 1073 页。

24　"明理""述事"的区分来自清代学者章学诚，他曾指出："《易》曰：'神以知来，智以藏往。'知来，阳也。藏往，阴也。一阴一阳，道也。文章之用，或以述事，或以明理。事溯以往，阴也。理阐方来，阳也。其至焉者，则述事而理以昭焉，言理而事以范焉，则主适不偏，而文乃衷于道矣。"（〔清〕章学诚：《内篇二·原道下》，载章学诚著，叶瑛校注：《文史通义校注》，中华书局 1985 年版，第 139 页）章学诚虽然说的是"文章"的宗旨与功用，但也可以理解为学术研究的思路与方向。"明理"，是要探究、表述、论证事物的道理或原理。这个"理"，按中国传统哲学的理解，既有"必然之理"，即客观必然性或规律性的东西，如生、老、病、死；也有"当然之理"，即理应如此，应当如此，例如应当遵循的价值与道德准则。而"述事"，则是整理、叙述、解释历史人物、历史事件、历史运动，甚至历史形态、历史进程。章学诚又强调，其最高境界则在于"理"与"事"互相阐释和证成，即"述事而理以昭焉，言理而事以范焉"，而不是"理"与"事"两分。

25　[美]福山：《政治秩序的起源：从前人类时代到法国大革命》，毛俊杰译，广西师范大学出版社 2012 年版，第 24 页。

26　〔东汉〕王充：《论衡·薄葬篇》，载黄晖：《论衡校释》（三），中华书局 1990 年版，第 962 页。

27　〔东汉〕王充：《论衡·知实篇》，载黄晖：《论衡校释》（四），中华书局 1990 年版，第 1086 页。

28　〔清〕章学诚：《内篇二·原道下》，载章学诚著，叶瑛校注：《文史通义校注》，中华书局 1985 年版，第 139 页。

29　[美]詹姆斯·G. 马奇、[挪威]约翰·P. 奥尔森：《新制度主义：政治生活中组织因素》，载《新制度主义政治学译文精选》，何俊志等编译，天津人民出版社 2007 年版，第 26 页。

30　参见瞿同祖：《中国法律与中国社会》，中华书局 1981 年版，"导论"。

31　转见 [德]K. 茨威格特、H. 克茨：《比较法总论》，潘汉典等译，法律出版社 2003 年版，"德文第二版序"。

32　[美]格伦顿等：《比较法律传统》，米健等译，中国政法大学出版社 1993 年版，第 2 页。

33　[德]伯恩哈德·格罗斯菲尔德：《比较法的力量与弱点》，孙世彦、姚建宗译，清华大学出版社 2002 年版，第 3 页。

34　[德]K. 茨威格特、H. 克茨：《比较法总论》，潘汉典等译，法律出版社 2003 年版，第 30 页。他们认为："如果我们所理解的法学不仅是关于本国的法律、法律原则、'规则'和'准则'的解释学，而且还包括有关防止和解决社会冲突的模式的探索的话，那么很清楚，比较法作为一种方法比那种面向一国国内的法学家能够提供范围更广阔的解决模式。这是因为：世界上种种法律体系能够提供更多的、在它们分别发展中形成的丰富多彩的解决办法，不是那种局本国法律体系的界限之内即使是最富有想象力的法学家在他们短促的一生能够想到的。比较法作为一所'真理的学校'（école de vérite）扩充并充实了'解决办法的仓库'（Vorrat an Lösungen，齐特尔曼语），并且向那些有批判能力的观察家提供机会，使他们能够认识在其时其地'更好的解决办法'。"（同上书，第 22 页）

35　[美]福山：《政治秩序的起源：从前人类时代到法国大革命》，第 24 页。

36　[美]W. 菲利普斯·夏夫利：《政治科学研究方法》，新知译，上海人民出版社 2006 年版，第 5—9 页。

37 参见 [意] 诺伯特·波比奥：《民主与独裁：国家权力的性质和限度》，梁晓君译，吉林人民出版社 2011 年版，第 116—127 页。也有学者指出："所谓'政体'总是与政府的理想形态或何谓理想政府的问题连在一起。其实，这个问题中含有两个问题。一是描述性的问题，即一个政府实际上如何区别于其他政府？二是评价问题，政府可以进行排序，一个政府比另一个政府好，一种政体可以是所有政体中最理想的政体吗？" [美] 莫提默·J. 艾德勒：《大观念：如何思考西方思想的基本主题》，安佳、李业慧译，花城出版社 2008 年版，第 375 页。

38 参见 [德] 阿·迈纳：《方法论导论》，王路译，生活·读书·新知三联书店 1991 年版，第 63—159 页。

39 [英] 路德维希·维特根斯坦：《札记》，转见 [法] 皮埃尔·布迪厄、[美] 华康德：《实践与反思——反思社会学导引》，李猛、李康译，邓正来校，中央编译出版社 1998 年版，第 1—2 页。

40 [英] 路德维希·维特根斯坦：《杂评》(1914—1951)，载涂纪亮主编：《维特根斯坦全集》第 11 卷，涂纪亮译，河北教育出版社 2002 年版，第 4 页。

41 需要说明的是，围绕该项主题，有一些材料和观点，曾于 2012 年至 2017 年陆续在研究生课程中作过讲授，故而得益于不少学生尤其是博士生的提问与讨论。也正因为这一缘由，所成各书，一方面难免出于授课之需而包含较多的材料介述，主要是对法治政体之思想史、学术史或某一论题的历史材料的展示；另一方面，其表述亦时有讲义的格调。对此，虽然在统稿时尽量予以整修，但是仍然难以完全脱其痕迹。对于被引证的一些经典著作的材料和相关评述，则有意保留，并置于注释之中，由读者根据自己的兴趣和需要决定是否阅读。

引言

从政体出发重写法治思想史

　　思想史比其他任何学科都更能揭示真理之多面性。诚然，几个世纪以来，解决某几类问题的努力，颇有进展，而一度被视为某些问题之最终答案的，后来也纷纷被证明为片面、过度简化，甚至错误。然而，人也很容易忘记与忽略前人以许多思虑、勇气与辛苦换取的看法与洞见。思想史使过去这些看法得以再度为现代人所理解，让他可以在自己追求真理的路途中衡量它们的轻重……

　　为什么要回到被如今许多人认为已死亡而且一去不返的过去呢？我们这么做，是因为过去打开了一个内容丰富的宝藏，其中充满了与前述伟大问题有关的诸多观念。拜思想史之赐，我们才得以观取前人异时异地的这些观念，冀有功于真理。……这样，它在我们心目中活起来，犹如它在它的创造者心目中是活生生的。

　　——[美] 富兰克林·包默：《西方近代思想史：1600—1950》

　　本书旨在从政体的角度重述（西方）两千多年的法治思想史，亦即法治政体的思想史。所谓"重述"，一方面是针对国内已有的一些法治思想史著述而言，另一方面则意味着本书注重于梳理和阐释，而非反思性、批评性评论；所谓"两千多年"，大致是指从古典时代的公元前 5 世纪到 18 世纪的启蒙时代的历史时段。

　　法治政体的思想史，一方面是指有关法治与政体相关联的思想或理论，另一方面是指明确使用"法治政体"概念来讨论政体问题或法治问题的思想和学说。无论如何，法治政体的思想，是包含在整个国家理论与政体学说以及相关的法治理论之中的。不过，这显然不是要研究国家学说史与政体学说史，而是从这些学说的内容中考察、抽检与整理出关于"法治政体"的思想。同时，它也不是要梳理一般的法治思想史。对历史上法治政体的思想、理论进行考察，并无必要全面涉及法治思想史、理论史的全部内容，因此需要从法治政体的角度对法治思想史、理论史进行重释，或者说，在整个法治思想史、理论史上，侧重于挖掘和梳理关于法治政体的那一脉思想与理论。[1]

法治政体的思想史与理论史研究，具有重要的意义。在法治政体理论研究的初起阶段，就更是如此。抛开其史学意义不论，任何当下的理论探讨，不仅要有思想史和理论史上的资源基础，也必须得到前贤先辈的思想润养与理论支持。对于当下而言，思想史和理论史不仅构成基本的传统之根，而且构成重要的灵感之源。因而，我们需要追随历史上的那些真知灼见和卓绝思想。这也正是许多人对思想与思想史研究给予高度评价和关注的一个主要原因。正如美国的罗兰德·斯特罗姆伯格指出：

> 有些思想家直接"创造历史"，比如路德。另外一些思想家虽然没有直接"创造历史"，但他们对那些直接"创造了历史"的人们的重大影响使我们不能忽视他们：罗伯斯庇尔（Robospierre）接受了卢梭的思想，列宁（Lenin）的先驱是马克思。费吉斯（J. N. Figgis）曾经指出："假若思想在政治领域中比在其他领域中更突出地表现为实际需要的产物；现实世界是人的思想的产物的观点也同样正确。现行政治力量的配置至少在同样程度上取决于人的思想和人对自身利益的认识。"……思想的力量无与伦比；在"时机到来"时，即当思想与社会进化的方向一致时，思想的力量最为伟大，它一直是指导一切有意义的行动所不可缺少的成分；即使那些与社会进化主流相抵触的思想也同样不容忽视。[2]

　　譬如，亚里士多德就是这样一位典型的思想家，其法治思想对推进法治政体问题的研究，无疑具有不可忽视的导向性和重大参考意义。在中世纪一直到当代的西方法治思想、理论的演变过程中，亚里士多德从来都是人们研究、挖掘和推崇的经典人物。不仅如此，在当代中国的法治理论史上，亚里士多德也是一位"在场"的重要思想家。这既是指当代中国的法治理论研究不断在亚里士多德那里寻找智慧和灵感，也是说亚里士多德的法治思想实际上进入了当代中国的法治理论叙事之中，使得一个"他者"的法治思想成为"我者"法治理论的组成部分甚至核心的构件。不仅如此，所谓"在场"，也包括将这位"他者"作为传统中国法家法治思想的一个重要参照物，从而让"我者"来把握这份本土的思想传统及其现代意义。此外，"在场"还可能表现为"我者"对"他者"进行反思与检讨，从而发展"我者"的法治理论。一个"他者"的法治思想要成为"我者"，基本的前提条件是"我者"对"他者"法治思想的认识与理解。这意味着，怎样认识与理解"他者"的法治思想，必然会影响和制约"我者"的建构与阐释。不论是对"他者"正确的认知与解读，还是对"他者"的偏见和某种程度上的误读，都是如此。因此，重新认识与阐释"他者"不仅能促使我们更真实地理解亚里士多德的法治思想，而且还可能会给"我者"的法治理论研究带来新的启发，或者出现一种新的"在场"。

　　在欧洲的哲学与思想史上，法治与政体的关系受到不少哲学家和思想家的重视，正如有学者总结说："政体与法律的关系，贯穿了人类的思想史，是政治思想史和法律思想史永恒的课题。"[3] 我们看到，法治与政体或者法治政体的思想、理论，在古希腊的柏拉图与亚里士多德，古罗马的西塞罗，中世纪的托马斯·阿奎那，近代的洛克与孟德斯鸠、卢梭、休谟、霍尔巴赫、康德，以及现代的托克维尔、哈耶克和哈贝马斯等思想家的著作中，已经有不同程度的表述与阐发。对此，中国的"西学史"——为叙述方便，姑且将中国学者对西方哲学史、法政思想史等方面的研究称为中国的"西学史"——学者理所当然地要予以阐释。这一阐释，显然构成了"法治政体"概念的思想渊源和语词来源，也成为本书的一个先在基础。

上述研究主要在 20 世纪 90 年代开始展开。在 20 世纪 80 年代，中国学者研究西方哲学与思想的那些学科，如西方哲学史、西方政治思想史、西方法律思想史等，逐步得以恢复或重建。但是，这些学科可能因其对西方哲学与思想原典的问题意识和思想主题的关注与把握存在一些差异或缺失，故而其研究几乎都没有涉及法治政体问题。而进入 20 世纪 90 年代，中国学者在研究柏拉图、亚里士多德、西塞罗、托马斯·阿奎那、孟德斯鸠、卢梭、休谟与康德等人以及美国开国时代的思想家的哲学、政治思想、政体学说以及法律思想时，更加注重其系统性与整体性，从而逐步注意到他们的法治政体思想，甚至将其作为重要的思想主题凸显出来，既分析了他们的国家与政体思想，也讨论了他们的法治思想，这就很自然地涉及法治政体问题的一些理论观点。[4]

当代中国的"西学史"著述对上列思想家的法治政体思想的解说，主要涉及三个层次的内容。一是对西方法治政体思想论域和主题的认知，包括：（1）法治与政体的关系；（2）法治的重要性；（3）法治政体与非法治政体的划分；（4）法治政体的特征与形态；（5）提出法治政体的动机与宗旨（反对"非法治政体"）。二是对西方法治政体思想地位的认定与判断。三是对西方法治政体思想意义的挖掘与阐扬。其中，尤其以第一个层次的内容展开较为系统。这里并无意且没有必要对这一研究史作系统的回观与反思，而只选择性地提示"西学史"著述对西方法治政体思想的重点理解和论述，从而帮助我们了解本书的学术背景和问题意识。

"西学史"著述首先注意到法治与政体的关系，如亚里士多德对法治与政体关系的论述，是"西学史"著述关注的重中之重。有学者指出："在亚里士多德关于政体的学说中贯穿着主张法治，反对人治的观点。"亚里士多德把"法治"还是"人治"的问题与政体的分类和正义与否联系起来，并将在这一问题上的主张融汇到自己的整个政治理论之

中。⁵特别是在亚里士多德看来，法治与政体的关系十分密切：一方面，
"一个城邦的法律是否合乎正义，在根本上决定于城邦的政体，也就是
说，一个城邦要树立法律的最高权威，首先必须建立符合正义的政体，
然后才有可能实行法治"；另一方面，"各种政体所制定的法律无一不是
为了维持或保全现行的政体"。因此，"无论是在什么样的政体下，只要
没有法律的最高权威，统治者不遵循法律的基本精神治理国家，这样的
国家就不会有好的政治，甚至不能说已经建立起了政体"。⁶这就意味着，
"在法律失去其权威的地方，政体也就不复存在了"。一个真正的政体必
须是一个奉行法治的政体，而不管其最高治权是由一人、少数人或多数
人掌管。⁷

　　对于托马斯·阿奎那的法治与政体思想，王彩波主编的《西方政治
思想史》给予了特别的讨论。该书将阿奎那的政体学说归纳为对"最好
的制度与法治"这一问题的解答。该书指出，在阿奎那心目中，君主政
体是最好的政体，但要保证君主政体的良性运行，最保险的办法就是实
行法治。法治在绝大部分情况下是一种实践的需要，因为人治会不可避
免地滥用权力。而"法律的好坏是制度设计的结果，能否实现法治只是
一个结构问题而不是一个愿望问题"。因此，实际上，依阿奎那的观念，
法治所要求的是在制度结构上提供和保障统治活动的公正性和合法性。
这样，法治当然就成为防范政体变质、堕落的最有力的工具。把法治理
解为政治制度的结构性问题，的确揭示了法治政体的真正意蕴。

　　近代的孟德斯鸠也是"西学史"著作重点探讨的思想家。人们认
为，在影响法律的各种因素中，孟德斯鸠最重视政体和政体原则。他把
政体看作一种客观事物，认为一个社会如果没有一个政府是不能存在
的。各种政体都有自己的原则，政体的原则对法律有最大的影响，所以
他在《论法的精神》里，着重考察了政体的性质和政体的原则同法律的
关系。⁸休谟也不例外。高全喜指出："与政体相关的是法治问题，休谟
一直认为法治对于一个国家的政府体制起着举足轻重的作用，法治原则
是他的政治科学的重要环节，离开法治谈政体，其结果只会导致政治上

的野蛮与专横。"而英国的立宪君主制其实就是一种"法治政体"。[9] 同样，在休谟看来，政治哲学也不能离开政体论法治。

法治政体与非法治政体的划分，是"西学史"著述的重要篇章。这些著述主要阐述了柏拉图、亚里士多德、孟德斯鸠和康德对法治政体与非法治政体所作的划分。在《政治家篇》中，柏拉图最早明确提出了划分政体的法治标准。对此，"西学史"著作大多没有放过这一内容。如汪子嵩等人的《希腊哲学史》第2卷指出：在柏拉图那里，政体有守法的与不守法的两大类，前者包括王制、贤人制和民主制，后者包括僭主制、寡头制和民主制。[10] 另据哲学史家姚介厚解读，在《政治家篇》中，"柏拉图还以是否遵循法治区别了两个系列由优到劣的六种政制：守法的为君主制→贤人制→民主制，不守法的为民主制→寡头制→僭主制。实行法治已成为判断政制优劣的重要标准，守法的君主制是理想的个人'哲学王'，在当时的希腊城邦难以出现；守法的贤人制是柏拉图的现实期盼；民主制如实行法治，也被排在仅次于贤人制的地位了"[11]。徐祥民和陈冬则要而言之："思想家们用来划分政体类型的标准也有多种，其中之一就是法治。最先把法治用为政体划分标准的是柏拉图。"[12] 关于亚里士多德的政体分类学与法治的关系，方江山指出："亚里士多德在划分政体类型时又不自觉地运用法治充当了进行判断的辅助工具。也就是说，法治是亚里士多德《政治学》中划分政体的第三个标准。"因而，"亚里士多德对法治寄予很高的期望，而在法治与政体的关系中则赋予法治决定性的作用"。[13] 而严存生主编的《西方法律思想史》认为，亚里士多德在政体与法治上的理想在于建立法治的共和政体："共和政体是法律的依据，而法律是共和政体的保障，它可以限制和制约执政官员企图假公济私。反过来共和政体不蜕变，则必然使法律的作用实现，法治进一步强化。"[14] 徐祥民等人所著的《政体学说史》更是详尽地列举了亚里士多德对法治政体与非法治政体的区分。

再看孟德斯鸠。他对法治政体与非法治政体的划分，在"西学史"著述中也占有不少的篇幅与不小的分量。早在20世纪80年代初，林欣的《论政体与法治》一文就指出，正如孟德斯鸠所说的，"在专制国家里，法律仅仅是君主的意志而已。即使君主是英明的，官吏们也没法遵从一个他们所不知道的意志！那么官吏当然遵从自己的意志了"。所以林欣得出结论："君主政体只能是人治的政体，不能是法治的政体。"[15]更明确的阐释来自 21 世纪初的徐祥明和陈冬。他们认为，在孟德斯鸠的政体分类中，"更为重要的划分标准是有无法治。他按照权力是否守法即'有无法治'，把一个人统治的政体区分为依法律统治的君主国和不依法律而依任性统治的专制国。这种以有无法治为标准的政体类型划分法在他所处的那个以专制为特征的时代里，对政府和学界都具有巨大的震撼性。因为在孟德斯鸠用有无法治把君主政体与专制政体区分为两种政体形式的同时，实际上也就把法治与专制放在了对立的位置上"。他们还进一步说，孟德斯鸠认为，"评价政体优劣的标准是'有无法治'，而不是统治者是一人还是多人。有法治的便是优良的政体，没有法治的便是不良的政体"。所以，"法治标准是孟德斯鸠区分政体的最具有本质意义的标准。也是他最在意的政体分类标准"。

另据顾肃的《西方政治法律思想史》[16]，康德也谈到法治政体的种类及其与非法治政体的分类问题。康德"根据国家是否采取分权原则而把国家划分为共和政体和专制政体，共和政体是以分权为基础的法律统治，专制政体则是一种独裁制度"。康德"认为共和制不等于民主制，也不是没有君主，而是意味着分权、法治和政治公开"。总之，在康德那里，共和政体是法治的，而专制政体则是人治的。

对于法治政体的特征与形态，"西学史"著述同样作了一些阐释。如严存生主编的《西方法律思想史》讲述了西塞罗对"法律与政体、法律与执政官等方面的关系"的探讨，从而勾画出西塞罗心目中法治政体的基本图景：一个执政官的职责就是依照法律对人民进行统治，并给予人民正当的和有益的指导。因为法律统治执政官，所以执政官统治人民；执政官乃是会说话的法律，而法律乃是不会说话的执政官。也就是说，执政官的权力来自法律，法律限制权力，法律也高于权力。如果没有限制，权力就会成为一种僭窃和对人民的专政。同时，法律也是执政官行使权力的保障。西塞罗还设计了"共和政体"的法律制度，主张民主选举产生最高执政官和各级官吏，元老院为立法机关，但是主持元老院的保民官则必须由平民大会选举产生；最高执政官是国家行政首脑，任期一年，不得连任；公民有权控告违法者；监察官根据国家法律监督执政官工作；司法机关要严格执法，不允许任何人享有法律之外的特权，全体公民包括执政官在法律面前是平等的。西塞罗认为，"权力从属于法律"，权力不是神授，也不先于法律而存在，它由法律加以确认；国家在本质上"乃是一个法人团体"，它的权威来自人民的力量，来自符合正义的法律。因此，要维护其权威，就必须要有一套"均衡模式"的共和政府的法律制度。这是西方法律文化史上精辟的法治论。洛克对法治也有自己的设计。徐大同主编的《西方政治思想史》在谈及洛克时，将洛克的法治原则与分权原则联系起来："为了能最有效地保护人们的生命、自由、财产，实现法治原则，洛克提出分权学说。"在人权、法治与分权制衡体制之间建立联系，这至少是近现代西方法治政体思想的一条主线。因此，"西学史"著作理所当然地予以解读。不仅对洛克是如此，对孟德斯鸠更是如此。徐大同主编的《西方政治思想史》也论述了孟德斯鸠说的这一思想："经过阐述三种权力分开掌握与分开行使，以及彼此相互合作又相互制约的理论，孟德斯鸠得出了一个结论：无分权就无自由，因为公民感到安全，就在于不必惧怕一个大权在握的人。一旦立法权和行政权结合，一旦司法权同立法权或行政权结合，一旦三权同时集中在一个人或同一机关之手，自由就不存在了，因为专制权力会毁灭每一个公民，蹂躏全国。"此外，王彩波主编的《西方政治思想史》也指出："孟德斯鸠把三权分立和相互制衡看成是政治自由得以实现的根本条件。政治自由不仅要求三权分立，而且要求三权以某种方式构成。"而政治自由是内在于孟德斯鸠所设想的法治。不妨说，在孟德斯鸠那里，法律自由、政治自由与法治和分权制衡政体是一种三位一体的理念与架构。

　　"西学史"著述认为，西方思想家、哲学家提出法治政体的主要动机与宗旨，就是反对"非法治政体"或"专制政体"（"人治政体"）。柏拉图对僭主政治的憎恶，亚里士多德将非法治的政体都摒弃在理想政体之外，即意在此。而这一动机与宗旨，在近代启蒙思想中得到了最为突出的表达。例如，洛克从法治思想出发，极力反对君主专制制度。他指出，在君主专制政体中，君主只是用心血来潮或毫无拘束的意志代替法律，而没有任何准绳和规定约束君主的行为。在专制君主下，人们若受到君主的侵害，不仅没有申诉的权利，而且失去了自己的生命和财产的自由。他认为，人们若把财产交给专制君主来保护，就好比人们为了防止狐狸的可能干扰而甘愿为狮子所吞食。对于君主专制制度，洛克不仅反对暴君的专制，而且反对"贤君"的专制，因为如果贤君的继承人不具备超人的智慧和善良的品德，就会将贤君所有的权力变为残害人民的特权，"贤君"同样可以导致"暴政"。他指出，在任何情况下，君主专制政体"完全不可能是公民政府的一种形式"，它是"一切人痛苦的原因"。[17]孟德斯鸠也早已清醒地看到当时的法国君主制正在败坏、蜕变为专制制度，并且认为这种危险不仅总是在威胁着法国君主制，而且也威胁着欧洲其他国家的君主制，因此，选择一个既能防止封建专制，又能保障新兴资产阶级利益的理想政体，成了他思想的一个重要问题。因此，孟德斯鸠认为，选择一个好的政体是立国的关键。他在其妥协的总倾向下，彻底否定了专制制度，选择了法治的君主立宪政体。[18]也就是说，孟德斯鸠的政体分类学说直接继承并发挥了亚里士多德的政体理论。他用是否守法来划分君主政体和专制政体，明确否认封建专制主义，提倡君主应受到法律的制约与统治。[19]由此，法治政体与非法治政体的二元划分及其二元性对立的思想方式，在洛克和孟德斯鸠的著作中进一步强化。

　　歌德曾经指出："历史所以必须不断重写，不是因为发现了许多新事实，而是因为新的面貌呈现出来，因为一时代进步的参与者被引向一些观点，根据它们可用一种新方式来看待和判断过去。"[20]歌德所言，指明了重写历史的一个重要原因，即历史研究者运用新的观点和新的方式重新考察与审视历史。这一论断尤其适合于思想史的重写：虽然经典文本的考古发现与确认会改写已有的思想史，但新的视角、新的主题与思路、新的研究方法以及新的"概念工具"的引入，也必将导致思想史的重写。对于本项研究来说，法治思想史也必须重写，原因是我们将根据政体论与法治论相贯通的观点，特别是类型学的方法，重新解读过去已经被包括我自己在内的人们多次写过的法治思想史，从而分疏出法治政体的思想史、理论史。

从其内涵上讲，什么是法治政体的思想史？列宁说："思想史就是思想更替史，因此，也就是思想的斗争史。"[21]"斗争"二字不一定就是你死我活的"阶级斗争"，也可以理解为观点和主张的"争论""论战""辩难""商榷"。据此，法治政体的思想史就是一部法治政体的思想不断争鸣、论战与更替的历史。这一部历史，既与时代和历史的语境相关联，又围绕其核心的概念和主题而展开。

任何一种思想，并非在真空中生长和演变，而总是处于历史之中。

> 这些思想出现、为人接受、流行并成为富有影响的思想的原因在于思想的永恒规律之外的其他因素。或许可以说这些因素包括历史因素和社会因素。历史因素意指思想的发展表现在一代人把思想传给下一代人，新一代接受了这些思想并把这些思想作为自己的出发点——这就是思想史无穷无尽的辩证法。社会因素意指选择哪些思想加以强调或讨论与当时社会现实的结构诸如当时的社会争端、社会环境和重大的事件有关。即使是天才创立思想也必须考虑他所生活的客观世界的情况。思想是不能在真空中创造出来的。[22]

那么，这些思想、理论是如何进入历史的？英国学者梅尔茨说过，"思想以两种方式进入历史"：一是思想怎样受到外部世界的影响，二是思想怎样影响外部世界。[23]这是思想与时代之间的双向运动。正因为如此，"真正的思想史研究绝不只是重述前人的观点，而是要将这些思想和观点放在当时和后来的社会与历史语境中来考察，既指出它们产生的条件、原因和动机，又揭示它们与其他思想和社会、经济、政治、文化等复杂的互动关系，以及其对于后世的'效果历史'——影响史——意义"[24]。这可以说是对思想史的知识社会学研究。具体到法治政体的思想史，就不能不重点关切各个时代的思想、理论与其政体及法治实践之间的关系。这不仅是指理解法治政体的思想史需要有政体史与法治史的切入，而且意味着探究政体史与法治史必须有法治政体思想史的视角。

但是，法治政体的思想，如同一切思想，有其内部的问题意识、基本概念、思想主题甚至理论结构。

> 任何一个理论，都是对某一个或某一组问题的解答，因此，当我们想了解一个已成的理论时，我们必须先弄清楚立论者所要面对的是什么问题。又因为建立理论的人，并不常常很清楚地说明他要解决的问题是一、二、三等等，因此，我们就得从代表这个理论的著作（或文件）中清理出它所关涉的问题；更重要的是，一个理论每每牵涉多层的问题，而立论者又不一定提纲列目地摆出来，因此，我们每每在努力了解一个理论的时候，发现它所关涉的问题竟有许多，于是我们须作进一步的功夫，从这些问题的"理论关联"着眼，将它们组织起来，看看是否大部或全部问题，可以一步步地系归某一个或某几个最根本的问题。这样，我们就是在揭示这个理论的内部结构。[25]

在这种意识之下，法治政体的思想史显然不能仅仅限于那种知识社会学上的研究，而必须进入经典文本之中，对关于法治政体的概念、思想主题甚至理论结构进行重述、解释或释义。不重视这样的研究，那种知识社会学上的分析，就容易失之于空泛和庸俗化。譬如，我们需要对

"政体""法治"和"法治政体"等基本概念及其思想观念与理论命题，进行细致、深入的梳解与诠释。尤其是要注意在历史的过程中，"思想变化积淀在时代的改变了的语言和文体之中"。一个研究者"必须洞幽入微地深究一个语词一个短语所包含的意义或隐含的思想"，由此，人们将会"发现不同语言的异同之处以及它们所表达的思想"。[26] 这种"关键词"或"概念史"研究，就是很基础也很重要的工作。

本书注重于法治政体思想的主题框架、理论结构及其论证逻辑，因而，更进一步，我们需要在全部的思想命题及其理论观点之中，紧紧抓住那些最为关键也最为重要的内容。如同施特劳斯所阐明的：

> 根据我们的原则，翻开一本书时首先会提这样的问题：它的主题思想是什么？就是说，作者如何构思、理解其主题？他要处理自己主题的动机是什么？关于这个主题他提出什么问题？或者说，他唯一地或主要地关心主题的哪个方面？只有在这些和类似的问题找到自己的答案之后，我们甚至才会思考作者对自己著作所讨论或涉及各种话题的编辑和安排。因为，只有回答了上述问题，我们才能判断哪些特别的主题含义重大或者处于中心位置。[27]

而这就意味着，本书将以思想家的经典著作或文本为中心。

从政体哲学和法治理论的经典著作来看，在西方，特别是欧洲的政治、法律思想史中，政体及其相关于法治的思想和理论，无疑是一个非常丰富和深邃的论域。如果从内容结构上进行分疏，那么，法治政体的思想或理论主要有两大主题，一是对法治政体的"原理探讨"，一是对法治政体的"框架设计"或"制度构想"。

这两个主题，具体包括八个问题：

1. 为什么要实行法治？
2. 法治与政体具有怎样的联系？
3. 哪些政体才有可能成为法治政体，或者哪些政体必然是法治政体？以及哪些政体不是或不可能是法治政体？

4. 法治政体的基本特质是什么？非法治政体的特质又是什么？

5. 思想家和学者们怎样评价、选择法治政体？

6. 法治政体的基本制度构成与结构是怎样的？其法律原则是什么？有什么样的制度方案？

7. 法治政体如何创建、巩固与改革？

8. 思想家和学者们对法治政体的历史例证作了哪些考察？

当然，在许多思想家与学者那里，不大可能在法治政体问题上具有如此系统性和条理化的论述，从而完全呈现出这些基本的问题结构。他们对于法治政体问题的思考，或者各自有其侧重点，或者只论及其中的部分问题，有些人甚至只有零散的见识与判断。因此，我们需要根据不同的思想认识和理论形态来加以个别化的处理。

从法学的角度来看，本书对法治思想史的重新探讨，将重点突出"政体法"这一概念及其学说。在柏拉图、亚里士多德、西塞罗、哈林顿、孟德斯鸠和休谟那里，"政体法"一直是其政治哲学与法治思想的一个中心论题。透过他们的著作，不难发现，"政体法"的意义在于：一方面，对于政体来说，"政体法"是对政体的一种安排和保障；另一方面，对于法治而言，"政体法"则是对法治的一种建构和巩固。

法治政体的思想理论，作为西方政体学说史与法治思想史的一根主脉，从古希腊开始一直传承到当代，已经有几千年的历史。在这部悠久的历史中，探索者和思考者不断涌现，思想家和政治设计师接踵而至。

　　亘古及今，思想大军在前进，有些人走在前面，有些人在后，形成一支蜿蜒不断的队伍。这支大军稳步在超越一个又一个里程碑，放弃某些思想，创造某些新思想，又改造某些旧思想。我们不知道这漫长的征途的终点何在，也许根本就没有。但是，我们经过了哪些地方，学到些什么，这些都值得搞清楚。因为我们每个人都是这个大军中的一员，都急于寻找路标，都想在这无穷无尽的混乱之中辨别自己的方位。历史可以引导我们。[28]

　　然而，思想的历史总会有高潮期、平缓期与低谷期。而某些历史时期又以某个伟大事件或伟大运动来冠称："某些历史时期以一个伟大的中心运动为表征，这个运动吸收一切积极力量以及一切理智的和想象力丰富的力量，或者使它们服务于一个目标和目的，致力于阐发一种思想；或者迫使它们站到对立方面，而它们在那里也证明这个中心运动的重要性。举例说来，这种时期有犹太史上的好多世纪、基督教的早期、教权鼎盛时期、宗教改革和法国大革命。"不过，人类也会碰到"历史上漫长的平静发展时期。那时，人的心智大都沿同一方向行进，显示出一种普遍的思想倾向，一种明确思想习惯和一些简单方法广为流传，少数几条原理在应用着"。[29]在历史过程上，可重点关注法治政体思想的三个时段："古典时代"的源发，主要是柏拉图、亚里士多德和西塞罗的探讨；17世纪和"启蒙时代"的成型，其核心是立宪科学与政体科学，这也是一种排斥人治的法治科学；到了现代，虽然出现了行为主义的转向，但政体、宪法与法治及其相互之间的关系，仍然是政治科学与法律科学的一大核心。

　　当然，我们不可能也没有必要对历史上的法治政体思想史作全盘的考察和透视，最切实可行的一种处理策略，就是选择重点的人物、文本、时代以及论题，亦即"抓典型"——抓住典型人物、经典著作与核心论题。因此，本书的重点，在于研究欧洲从古典社会到启蒙时代的一些重要的思想家、法学家对法治政体问题的思索与探析。

注释

1　之所以使用"思想"或"理论"这一说法，则是试图既包括思想家的思想，也包括法学家的理论研究。这两者无疑是有所区别的。这当然主要是针对19世纪至当代的思想、理论形态而作这样的处理。如果仅仅用"思想"或者仅仅用"理论"范畴，大概都不足以涵盖"思想"与"理论"这两部分内容。但如果是指古典时代到18世纪关于法治政体问题的思考，以及 19 世纪以来的一些思想家与政治哲学家在法治政体问题上的见识，则可仅用"思想"一词予以标示。

2　[美]罗兰德·斯特罗姆伯格：《西洋思想史》，李小群、宋绍远译，台湾五南图书出版公司 1990 年版，第 3—4 页。该书还引录了一些相关的名言，如阿诺德·豪汀格说："人生在世不能没有思想，人的每一个行动都受思想支配。"H. G. 威尔斯曰："从根本上看，人类的整个历史就是一个思想史。"伏尔泰（Voltaire）云："了解前人是怎样想的要比了解他们是怎样做的高明。"

3　参见徐爱国：《政体与法治：一个思想史的检讨》，《法学研究》2006 年第 2 期。

4　可以作为重点例证的是，在哲学史方面，有汪子嵩、范明生等著的《希腊哲学史》（第 2、3 卷），姚介厚著的《古代希腊与罗马哲学》（《西方哲学史》学术版，第 2 卷）；在政治思想史方面，有徐大同主编的《西方政治思想史》（2000），唐士其的《西方政治思想史》（2002），王彩波主编的《西方政治思想史——从柏拉图到约翰·密尔》（2004），徐大同总主编、王乐理主编的《西方政治思想史》第 1 卷"古希腊、罗马"（2005），徐大同总主编、丛日云主编的《西方政治思想史》第 2 卷"中世纪"（2005），徐大同总主编、高建主编的《西方政治思想史》第 3 卷"16—18 世纪"（2005）；在法律思想史方面，有顾肃的《西方政治法律思想史》（1994），严存生主编的《西方法律思想史》（2004），谷春德主编的《西方法律思想史》（2000、2006），等等；在专题性著作方面，有蔡拓的《西方政治思想史上的政体学说》（1991），程燎原和江山的《法治与政治权威》（2001），汪太贤的《西方法治主义的源与流》（2001），徐祥民等人的《政体学说史》（2002），高全喜的《休谟的政治哲学》（2004），等等。此外，还有近百篇相关论文。所有这些著述，都选择性地并且以或详或略的方式介绍和评述了西方思想家的法治政体思想。

5　参见蔡拓：《西方政治思想史上的政体学说》，中国城市出版社 1991 年版，第 74、76 页。

6　参见王彩波主编：《西方政治思想史——从柏拉图到约翰·密尔》，中国社会科学出版社 2004 年版，第 76 页。

7　参见王乐理主编：《西方政治思想史》，天津人民出版社 2005 年版，第 298、329 页。

8　参见徐大同主编：《西方政治思想史》，天津教育出版社 2000 年版，第 178 页。

9　参见高全喜：《休谟的政治哲学》，北京大学出版社 2004 年版，第 226、243 页。

10　参见汪子嵩等：《希腊哲学史》第 2 卷，人民出版社 1993 年版，第 1103—1106 页。

11　姚介厚：《古代希腊与罗马哲学》（《西方哲学史》学术版，第 2 卷），江苏人民出版社 2005 年版，第 636 页。

12　参见徐祥明、陈冬：《法治——孟德斯鸠政体思想的基本精神》，《中国海洋大学学报》（社会科学版）2004 年第 6 期。

13　参见方江山：《试论亚里士多德划分政体类型的第三个标准》，《政治学研究》1998 年第 3 期。

14　参见严存生主编：《西方法律思想史》，法律出版社 2004 年版，第 48 页。

15　参见林欣：《论政体与法治》，第 207 页。

16　南京大学出版社 1994 年版，第 419 页。

17　参见徐大同主编：《西方政治思想史》，第 162 页。

18　参见王彩波主编：《西方政治思想史 —— 从柏拉图到约翰·密尔》，第 320 页。

19　参见徐大同主编：《西方政治思想史》，第 178—179 页。

20　转见 [英] 梅尔茨：《十九世纪欧洲思想史》(第 1 卷)，周昌忠译，商务印书馆 1999 年版，第 8 页。

21　《列宁全集》(第 20 卷)，人民出版社 1958 年版，第 255 页。

22　[美] 罗兰德·斯特罗姆伯格：《西洋思想史》，第 5 页。

23　参见 [英] 梅尔茨：《十九世纪欧洲思想史》(第 1 卷)，第 5 页。

24　张汝伦：《现代中国思想研究》，上海人民出版社 2001 年版，"自序"，第 29 页。

25　参见劳思光：《新编中国哲学史》(卷二)，广西师范大学出版社 2005 年版，第 283—284 页。

26　参见 [英] 梅尔茨：《十九世纪欧洲思想史》(第 1 卷)，第 19—20 页。

27　[美] 施特劳斯：《如何研读斯宾诺莎的〈神学-政治论〉》，张宪译，载刘小枫、陈少明主编：《经典与解释（12）·阅读的德性》，华夏出版社 2006 年版，第 31 页。

28　[美] 罗兰德·斯特罗姆伯格：《西洋思想史》，第 8 页。

29　参见 [英] 梅尔茨：《十九世纪欧洲思想史》(第 1 卷)，第 52—53 页。

第一章 古希腊

通过政体定义法律和法治

因为城邦精神只体现在其制度中，制度掌控城邦就像思想支配身体一样。制度会仔细考虑各方面的问题，力求保存好的事物，避免不幸的事情。法律、公共演说家、公民都必然参与其中，城邦所有成员生活的好坏取决于他们是否采取了适宜的制度。

——[古希腊]伊索克拉底:《演说辞七·战神山议事会辞》

当人们提出一个问题:为什么现行法律就一定要得到遵守? 从这一刻开始,希腊的政治哲学就诞生了。是否有一个自古以来就普遍适用的"自然法律"? 所有由人类颁布的"人为的法律",都会随着地点和时间的变化而相应地改变吗? 怎样证明一个国家的法治统治是"合法的"? 在希腊哲学的古典时期,这些问题都与建立"最好的国家形式"紧密地联系在一起。应该由国王独裁统治,还是把权力交给所有贵族? 或者像雅典一样,建立一个民主模式? 应该怎样使国家中不同社会等级之间的关系变得井井有条?

——[德]马丁·摩根史特恩、罗伯特·齐默尔:

《哲学史思路:穿越两千年的欧洲思想史》

古希腊城邦和古罗马是伦理、政治与法律综合构成的共同体，这是古希腊人和古罗马人产生政体与法律思想，包括法治政体思想的客观基础。

对法律问题的思考，无疑是政治哲学的一大起因。不仅如此，在任何一个文明体系与制度、思想传统中，"每一种制度在一定程度上都有过长时间独自登台的机会，所以人们就可以对它加以全面的考虑，从它的最初的原则一直考虑到它终极的后果，把它的理论充分展示出来"[1]。而各种制度尤其是政制的嬗变与竞艳，正是政治哲学和法治思想诞生与成长的基本土壤。

欧洲的古典时代也不例外，古希腊人和古罗马人不仅发明了政治与各种政体，而且也创造了政治哲学、政体学说以及法治思想。

我们先来考察古希腊。

一　古希腊城邦：各种政体与法律的试验

苏格拉底的学生色诺芬（Xenophon），在《居鲁士的教育》开篇就说，"我们一直都在思考这样的问题"：为什么民主政体、君主政体、寡头政体和僭主政体都会垮台？[2]

这里透露出三重信息，一是古希腊城邦出现过各种政体，色诺芬至少提到有四种政体：民主政体、君主政体、寡头政体和僭主政体；二是这些政体无一例外地都遭遇了失败或垮台；三是政治哲学透视和剖析那些政体为什么会失败，进而应当思考和探索优良的政体，从而防止和避免政体的垮台。

各种政体的垮台是一个令人迷惑、沮丧和揪心的问题，但正是这一问题，激发了古典政治哲学家们对各种政体的比较研究，以及进而对优良政体的找寻。无独有偶，柏拉图和亚里士多德正是在古希腊城邦已近晚期而非鼎盛之时建立起政治哲学尤其是政体学说的。可以说，各种政体的失败，乃是政体哲学诞生之母。

从较为普遍性的发展来观察，古代希腊一些城邦——也许斯巴达是一个例外——的政体是由君主制（王制，monarchy）过渡到贵族制

（aristocracy），然后又过渡到僭主制（tyrannis）与民主制（democracy）的交替出现，其间亦有寡头制（oligarchy），最后，有的城邦，如雅典，完全过渡到了民主制。在这个过程中，法治的观念逐渐生成和增进，以法律约束统治者与治邦者的体制逐渐创设和完备，从而为后世欧洲法治观念及其政体与制度的发展，提供了重要的历史资源。英国学者维尔从分权学说史的角度对此总结道："古典思想的最大贡献在于它强调了法治，强调了法律对于统治者的至高无上。它强调必须要有确定的法律规则，这些确立的规则将统管国家的生活，使国家生活稳定并保证'对同等人实行正义'。……这种对法律、对确立的规则之重要性的强调是古希腊人思想的精髓，因为他们深深信服对国家应当如何运行的方式作出恰当安排的重要性。"[3]这些制度、思想及其贡献，不仅可以通过古希腊的城邦政体和法律的各种试验得到展现，而且还可以从柏拉图和亚里士多德的伟大著作中加以发掘。

希腊文明早期的迈锡尼时代实行的是"王者统治"。君王"瓦纳卡"（Anax）享有极大的权力，这种权力无限制地覆盖和控制着社会生活的所有领域。但是，毁灭迈锡尼的一场大火，也使得"一种王国制度被永远摧毁，一种以王宫为中心的社会生活形态被彻底废除，神王这个人物从希腊的地平线上消失了"。其后，希腊文明开始进入一个动荡多变的新时代。在政治、法律的制度和思想上，摆脱了王权观念的希腊人逐步形成一种新的治道，即政治理性和政制的独特品性。"瓦纳卡"从纯政治词汇中消失，其技术性含义——指称国王的职能——被荷马时代的不具有集所有权力于一身的"王权"含义的"巴赛勒斯"（Basileus）所代替。而城邦的兴起，则促进了关于治理方面的智慧的产生。"最早的智慧，即希腊七贤的智慧，是一种伦理和政治的思考，它试图确立一种人类新秩序的基础，这个基础应该以一种适用于所有人的平等法律来代替君主、贵族和强者的绝对权力。"[4]这就在古希腊政治观念和法律思想的黎明时期，把法律置于依赖功德、武力和其他因素而生成的政治权力之上，从而为其后的法治演进奠定了基础。

雅典城邦安排和约束政治权力的政制的进化与变迁，包括其民主制的全盛时期所存在的弊端，以及其法治观念，堪称一个样板。"雅典政制史的模式只不过是希腊政治史迷宫中的一盏指路明灯。"[5]也就是说，"雅典的政体（government）有着特别重要的意义，这部分是因为雅典的政体是最为著名的，但主要却是因为它是一些最伟大的希腊哲学家所特别关注的对象"[6]。所以，雅典城邦的法政制度及其演变，在所有的希腊城邦中是最具有代表性的，因而也是最重要的。

根据亚里士多德的记载，雅典一共经历了 11 次宪法改革或政制变更。[7]但从政体类型的变迁来看，较为重要的是几个主要阶段。首先，雅典人同整个希腊城邦一样，起初曾经有一个"王者政府"。但是大约在公元前 8 世纪的科德罗斯当政时期，雅典就创立了执政官制度，即以"执政官"代替"王"来行使政治权力，这使"王"的观念逐渐消失："'执政官'（archè）概念脱离了巴赛勒斯职权的概念，获得了独立性，界定出一个严格意义上的政治领域。"[8]到了公元前 7 世纪中叶，执政官由一人增加至九人，包括首席执政官、司祭执政官、军事执政官和六位司法官，以进一步分散其政治和法律方面的权力。执政官的任期，先在公元前 752 年由终身制改为十年一任，继而又在公元前 683 年改为一年一任，以防他们在位过久而难以抗拒权力的腐蚀。也正在公元前 683 年，雅典的君主制被贵族政体取而代之，其结果是执政官的选举制度使公民有权决定和选择执政官，这亦是限制统治者与治邦者的重要方式，因为公民们不大可能让那些曾使执政行为凌驾于法律之上或者贪赃枉法的执政官再次当选。与此同时，贵族会议——阿勒俄琶菊斯议会——也逐渐对执政官进行制约。它管理最大多数和最重要的国事，职掌保护法律的权力，并监督和裁判现任执政官。这些重要的变化和安排，标志着统治者与治邦者的权力从集中到分散、从个人化到体制化发展的萌芽。

公元前 621 年，实际上很少参与政治事务的平民展开的对贵族的政治斗争，促使身为司法执政官之一的德拉科不仅制定了宪法规则，而且公布了成文法。其宪法制度的主要内容是：由有公民权利的人选举执政官；议事会讨论决定重大的国事和政务；贵族阶层成为法律的守护者，亦即"阿勒俄琶菊斯议会是法律的保护人，它监督各长官，使之按照法律执行职务。一个人如受到不公正的待遇，便可向阿勒俄琶菊斯议会提出申诉，说明他所遭受的这种不公正待遇所违反的法律"[9]。这也体现了政治权力相互制约和法律高于执政者的精神。而法律的公布对于约束统治者与治邦者也十分重要："把法律写出来，这不仅保证了法律的永久性和稳定性，还使法律摆脱了以'言说'法律为职能的巴赛勒斯的个人权威，变成了公共财产和对所有人都一视同仁的普遍规则。"同时，"法律是一种适用于所有人但又高于所有人的规则，是一种理性的规范，它可以讨论，可以通过决定来修改"[10]。这些都是雅典政治制度与法治的显著进步。

梭伦的政制改革和法律制度，使雅典人在制约统治者与治邦者的道路上又迈进了重要的一步。他曾用英雄体的风格阐明其崇尚法律的观念：

> 雅典人乞求大能的朱庇特，
> 好让法律获得赞誉和至德。[11]

这一观念在其政治改革中得以体现。公元前 6 世纪初，相互对抗的平民和贵族共同选择梭伦作为调停人和执政官，以治理政事并达成对抗双方的政治平衡。梭伦出身贵族，但倾向平民，"他坚信国内冲突的原因是世袭的上层阶级握有不受限制的与不受监督的权力"。所以必须按照"不让任何一方不公正地占据优势""无贵无贱一视同仁制定法律"的基本原则，改革政制和法律。而这个时代，雅典人对法律的崇敬为这种改革提供了重要条件："在公元前 6 世纪的雅典，就像在维多利亚时代的英国，要是没有某种对社会法律与规则的信仰，社会与政治改革就是不可想象的。自觉的制度改革需要对于可以依赖某些变革以产生规范结果的信仰。"[12] 梭伦改革及其宪法的主导精神，用梭伦自己的话说，就是执政者服从于法，亦即"人民服从治理的人，而治理的人服从法律"[13]。这一契约性的法治精神，在欧洲的政治契约思想史中不断得到回忆和重释。

梭伦认为，执政者服从法律是一个有秩序而组织良好的国家的基础，其基本原则仍然是统治者与治邦者相互之间的牵制和法律至上。这种精神和原则体现在下列具有民主性质的宪法制度之中：民主的选举法，主要是九个执政官通过差额的和抽签式的选举产生，使对统治者与治邦者的授权过程民主化和程序化，而且"因为人民有了投票权利，就成为政府的主宰了"；削减贵族会议的职权，把原属贵族会议的重要官员的选举权和为公民大会准备提案的权力，分别交给公民大会及其创立的四百人大会行使；设立每个公民都有权以陪审员身份参加的民众法庭，任何人都有向该法庭申诉的权利，该法庭因之成为一切公私事情的公断人；贵族会议保留维护法律的职责，如亚里士多德所记载，梭伦"仍旧把保卫法律的职责授予阿勒俄巴菊斯议会，这个议会仍旧是宪法的监察人，它监督最大多数的和最重要的国家大事"，并按照梭伦定下的法律审讯阴谋推翻国家之人。其后，梭伦的宪法和法律写在立于巴西勒斯柱廊（首席执政官的宫廷）里的牌子上。所有的雅典人都发重誓，在十年间遵守这些宪法和法律。而九个执政官通常对着或许是宙斯的神坛的那块石头宣誓，"说他们如果违反任何一条法律，就得奉献一个黄金人像"。[14] 梭伦有成为僭主的可能，但他为了维护他优良的立法而加以拒绝，并且外出异邦。

梭伦的宪法及其所作所为，都在于通过民主的政治制度和法律约束机制，使法律能够居于统治者与治邦者之上。在这个意义上讲，尽管梭伦并非民主派，但他为雅典民主政治和法治奠立了重要的基础。"梭伦所完成的一切，都是以共同体的名义并借助法律的力量完成的，他把强制性和正义性结合在了一起。权力之神克拉托斯（Kratos）和暴力之神庇亚（Bia）是宙斯的两个帮凶，以前他们一刻也不离开宙斯的王位，因为他们体现了圣王权力所包含的绝对性、非理性和不可抵抗性；现在他们却为法律服务，变成法律的奴仆，因为法律已经替代国王在城邦的中心执政了。"[15] 这就是所谓"梭伦革命"之实质的一部分。也正是因为如此，据亚里士多德《雅典政制》记载，即使是不久后成为僭主的庇西特拉图也愿意接受梭伦的宪法，愿意一切按照梭伦的法律行事，甚至在因被控犯杀人罪而被传到阿勒俄琶菊斯受审时，他也亲自出庭，并自行辩护。虽然梭伦晚年曾目睹自己创制的宪法被独裁制度所毁弃，但随后雅典的民主改革又恢复了他的某些政制和法治精神。在柏拉图与亚里士多德的政治哲学著作中，也留下了他的治道与政制的巨大影响。

其后，经过著名政治家克利斯提尼和伯里克利领导的政治改革，雅典的民主政治最终确立下来，并拥有较为成型的体制，包括民主运作的各种程序。雅典的民主政治如同当时世界其他地方的君主政治、贵族政治，核心问题都是如何安排政治权力或统治者与治邦者。区别只是在于，雅典的民主政治解决这个问题的原则是主权在民、统治者与治邦者相互之间的制约以及法律至上。由杰出的历史学家修昔底德记录下来的伯里克利最享盛名的演讲告诉人们：

> 我们的制度之所以被称为民主政治，因为政权是在全体公民手中，而不是在少数人手中。解决私人争执的时候，每个人在法律上都是平等的；……在我们的私人生活中，我们是自由的和宽恕的；但是在公家的事务中，我们遵守法律。这是因为这种法律深使我们心悦诚服。对于那些我们放在当权地位的人，我们服从；我们服从法律本身，特别是那些保护被压迫者的法律，那些虽未写成文字，但是违反了就算是公认的耻辱的法律。[16]

雅典民主政治的这些原则和法治精神也都是对统治者与治邦者进行约束的基准和架构。

由于雅典实行直接民主制，享有最高权力的公民其实就是最高的统治者。或者说，由全体男性成年公民组成的公民大会，由选举出来的公民组成并以全体人民的名义裁决的陪审法庭，具有最高统治者的地位，握有一系列的立法、行政和司法方面的巨大权力。同时，雅典公民或公民大会和陪审法庭，不仅享有主权，而且享有治权。亚里士多德就曾指出："当然，人们可以争辩说，审判员和会员并未参加统治的职务，不能看作治权机构的官吏。但公众法庭和公民大会实际上是城邦最高权力所寄托的地方，如果说参加这些机构的人并没有治权，这就不免可笑了。"（1275a，26—29）[17] 在现代的代议制民主之下，政府的一切权力源自人民；而在雅典，人民本身就是一切权力。对这类统治者的制约，显然是困难和复杂的。某些方面的限制当然是存在的，如对公民大会的立法限制：在程序上，公民大会不能讨论和通过未经其常设机构——议事会——准备和未经主席团事先书面公布的任何法案；或者七位法律监护官在公民大会或议事会开会时坐在主席身旁，如有提案或决议违反法律和政制，监护官即席加以否决。[18] 在实体上，根据《违宪法案惩治法》，雅典公民可以让立法案的提议人对新法案通过施行的后果负责。也就是任何人提议的法律通过之后，如果该法律实施的结果不公正或有害于公众，公民可在法案通过后一年内向陪审法庭提出"违宪法案申诉"，要求对提案人进行弹劾，陪审法庭可对被诉属实的提案人科以罚金、取消选举权或判处死刑，以期对立法行为有所约束。而且，陪审法庭也可以对一项法律进行审查，以确定该法律是否违背宪制。此外，雅典城邦素有重视旧典和成规的传统，有些人利用公民大会通过有违旧典的法律，常常被指责为僭越。[19] 这也能在一定程度上限制立法活动。

雅典宪制对议事会的审判活动也有所限制：原先议事会有通过罚金、监禁和死刑判决案等方面的最高权力，但后来被剥夺了。因为人民制定出法律，规定"凡议事会所通过的罪和罚的判决案必须由法官送交陪审法庭，而陪审官的任何投票都应当具有最高权力。……议事会并审查将于次年任职的议员的资格以及九个执政官的资格。从前议事会如认为他们不合格，本有加以拒绝的最高权力，但是现在他们可以向陪审法庭上诉"。议事会对一些官吏的审判，也可被上诉至陪审法庭。[20] 然而，随着人民大众的权力不断增长，对公民大会和陪审法庭的制约往往难以实现。"人民使自己成为一切的主人，用命令，用人民当权的陪审法庭来处理任何事情，甚至议事会所审判的案件也落到人民手里了。"[21] 特别是陪审法庭，在许多情况下，成了决定立法和司法事务的最高权威。

陪审法庭并非现代专司司法职能的机构，而主要是雅典民主的独特形式，它同公民大会一样，具有公众特性而不是专业特性，也实行多数决定原则。因而，正像公民大会的决定易受领袖人物的左右，陪审法庭的判决也往往有较大的随意性，导致冤案错案频生。因为陪审员大多数缺乏必要的法律知识，虽在投票判决前要宣誓"有法可据者当依法投票；法律所未详者，当本法意，尽我诚心，作合乎正义的投票"，但偏见、大众舆论、个人恩怨和政治派别的影响，也就藏在所谓"法意"和"正义"之中了。更为严重的是，绝对的多数决定，必然造成多数人的专制，毁灭言论自由和信仰自由，从而最终为多数的专制政治开辟了道路。科学家阿那萨哥拉因"渎神罪"先被投入监狱后又被驱逐出境，哲学家普罗泰戈拉也因被指控为无神论者而被逐出雅典，以及著名的"苏格拉底案"，都体现出几乎是极端的雅典民主制的专制倾向。所以，许多主张法治的政治思想家和评论家们，如柏拉图、亚里士多德、西塞罗、休谟、杰斐逊等，都曾批评过这种"极端民主"的形式。

而在高级官吏这个层次上，政制和法律的约束则更加完备而有效。从选任到离职，官吏们都要受到严格的审查和监督。尤其是对九个执政官，在就职前，其任职资格必须先经议事会审查，而后再在陪审法庭中审查。陪审员们可以取消他们的资格，从而使陪审法庭得以控制这些治邦者。他们就职时必须宣誓"将公正地和依法地从政"。在任职期间，必要时他们应向公民大会和陪审法庭述职。他们需要每年九次获得公民大会的信任投票，而任何公民也都有权控告他们的不法行为。还有对位高权重的十大将军（军事官吏）的约束，"在每一主席团期中都举行一次信任投票，看他们是否称职；如果这种投票反对其中任何一个官吏，他便应在陪审法庭中受审，如有罪，则决定对他的刑罚或罚金，但是如果无罪，他即复职"。[22] 最后，执政官离职时也要受到审查，严重失职或有罪者可处以重刑，包括死刑。

执政官和将军们也可能面临被放逐的处罚。创制于公元前 500 年的"贝壳放逐法"（或"陶片放逐法"），其宗旨就是制约那些在政治、军事方面居于显赫地位的人物。亚里士多德对此作了有意义的分析，他说，假如城邦有一个人德行巍然，才能卓异，"对于这样的人物，就不是律例所能约束的了。他们本身自成其为律例。谁要是企图以法制来笼络这样的人物，可说是愚蠢的，他们尽可以用安蒂叙尼寓言中那一雄狮的语言来作答：当群兽集会，野兔们登台演说，要求兽界群众一律享有平等权利，[雄狮就说，'你可也有爪牙么？'] 这些情况实际说明了平民政体各城邦所以要创制'陶片放逐律'的理由"。根据平等的要义和至高无上的民意，如果城邦中的某些人"特别富有资财，或朋从过多，或其他势力，凡是政治影响足以掀动社会的"，就可运用此法律将其驱逐出境，限定若干年内不得归返本城邦。虽然这个法律经常被滥用，借以排挤优异人物或排除异己，但为了防止某些人倾覆城邦政制，或高居于法律之上，"这仍然是一种不得已而求其次的可取的手段"。（参见 1284a，5—1284b，20）因而，"贝壳放逐法"有其独特的意义。在民主政体下，政治层面的大人物，特别是他们的个人野心，总是令人担忧和警惕的。由此，"贝壳放逐法"具有其独特的意义。现代的弹劾制度显然也隐含着同样的道理、心态和情形。

民主的政制和对统治者与治邦者进行制约的种种制度、程序，都是以法治为基础的。

城邦公民集团"轮番为治"的原则，也使得它必须发展出一套国家法和私法来。换句话说，城邦必定是"宪政国家"或"法治国家"。城邦既然是"轮番为治"的公民团体，城邦当然高于它的每一个个别公民，也高于它的一切统治者，这是城邦的"民主集体主义"——一种以公民最高主权为基础的民主集体主义，所以，它必须有规章，要按规章治理。同时，城邦既然是自给的和闭关的，它也必须有各种法律来保障这种自给的和闭关的生活。这就是说，城邦要有关于公民资格、公民的权利与义务的法律，要有行政机构、议事机构和法庭的选任、组织、权限、责任的法律，这些是国家法，即宪法。还要有关于财产、继承、契约等等的私法，以及把血族复仇的古代惯例，转化为国家负责惩处犯罪行为的刑法。[23]

毫无疑问，雅典的民主政体标志着人类的历史上"首次出现法的政府，而非人的政府"[24]伯里克利的演说已将这一点昭然于世。公元前352年德谟叙尼的演讲词，再次重述了伯里克利的看法："平民政体是为了公民的共同利益而建立起来的，它不同于寡头政体，它是凭法律进行治理的。"[25]一方面，上文所述的屡次通过修改宪制来启动政治改革，"法律监护官"和陪审法庭对宪法的维护，执政官宣誓效忠法律，雅典青年关于遵守和捍卫法律的誓言以及法律面前人人平等的原则，都无一例外地表征着雅典的法治精神和法治体制，包括对统治者与治邦者的约束意识和制度安排。另一方面，雅典人对无视宪法的僭主政治的厌恶、敌意和憎恨，也宣示了他们对宪制和法律的景仰与尊重之情。梭伦之后的僭主政治，促使雅典人民为了防止这种僭越的统治明确宣布："这是雅典的法令和祖宗原则：任何人为了达到僭主统治的目的而起来作乱者，或任何人帮助建立僭主政治者，他自己和他的家族都应被剥夺公民权利。"[26]后来公民大会开会时，首项程序就是宣读咒语，诅咒那些企图成为僭主或恢复僭主政治的人及其家族痛苦地毁灭。柏拉图和亚里士多德也都把僭主定义为非法取得绝对权力的暴君。如柏拉图认为，僭主"掌握这个权力时间越长，暴君的性质就越强"。（参见《理想国》，576B）[27]由此可见，一种僭越的治邦者，是无法从雅典人民那里获得其统治的合法性和正当性的。

然而，雅典的民主制也藏匿着践踏法律与破坏法治的重大隐患：民众及其领袖都可能滥用权力。埃斯基涅斯就强调指出："在这期间，法律崩溃了，民主政体坍塌了，滥权行为大行其道。"[28]亚里士多德也总结说，在民主制之下，"平民领袖"（德谟咯葛）们常常凭借其演说和煽动的才能，"把一切事情招揽到公民大会，于是用群众的决议发布命令以代替法律的权威"。由于"德谟咯葛只产生在不以法律为最高权威的城邦中"，所以该类城邦的政事的最后裁断，决定于群众的意见而非决定于法律。"可是，这样的平民，他们为政既不以'法律'为依归，就包含着专制君主的性质。这就会渐趋于专制……"（参见《政治学》1292a，4—16）[29]由此，维护民主政治的法治原则的种种努力，或者切实施行法律的种种机会，都有可能因公民大会、陪审法庭无意的轻视和恶意的规避而破坏了。这意味着，"靠遵守法律维持存在的民主政体，也要对人们拥有法律时却蔑视法律的行为负点责任；因为民主政体的原则本身就导致纵容"[30]。所以，后世的一些重要的法治理论家主张，民主政治应纳入法治的框架，由法治来驾驭民主，特别是必须约束现代代议机关的立法活动，使民主型的统治者与治邦者乃至"多数决定"不至于损害公正和随意制定、修改法律。这也是雅典的极端民主政治为法治的发展所作出的另一种"贡献"：教训有时比经验更有教益。

二 通过政体定义法律和法治的政法哲学

由上可知，以雅典为代表，在古希腊城邦的历史上，各个城邦都有多种不同政体的复杂实践。从而，政治与政体问题，一直是各个城邦关注的一个中心问题。

"政治"（politics）的词根为"城邦"，说明古希腊人"发明"了政治。这种政治至少包括作为公民根本权利的选举权及在立法、司法机构的投票权，政治决策过程中的自由与公开的公共辩论等。[31]更进一步，政治在城邦中是一个首要问题："在古代史领域，曾有一场关于'政治的首要性'的争论（Rahe）——到底希腊文化和文明的政治层面是不是基础性的、占据统治地位的及主导性的。就政治和'政治之事务'（Meier）的由希腊人所激发出来的现代定义——政治是集体讨论和决策的公共领域或空间——而言，答案显然是肯定的。……若从知识的角度来强调政治的首要性，那么再怎么都不为过：正如希腊政治是以一种特定的国家形式即所谓 polis（城邦）的存在为前提一样，所以政治理论（抽象的、理论上的反思）的发明也是以实践政治，尤其可以说是民主政治为前提的。"[32]

政治的首要性，也就意味着政体的首要性。因为政治必须通过政体的构造才能呈现，政治活动也就是政体的运行。没有一定的政体结构，政治是无法生存和展开的。政体既是政治的中心，也是城邦的主宰。如在雅典城邦，离开了民主政体，其政治与法律、演讲和悲剧乃至政治哲学，都将难以理解和解释。"对古人来说，城邦的灵魂是政体……城邦是由它的政体来定义的。"[33] 正是古希腊复杂而丰富的政治史与政体史，才使得希腊人思考政体包括法治政体的问题，尤其是对其进行比较分析，并进而探寻其理想类型，成为可能。希腊各城邦丰富多样的政体变迁史，"为研究积累了许多材料。历史提供的不只是某个单一的政体形式，相反，是一系列；沉思的心灵在单个形式面前也许无话可说，一系列形式则必定意味着比较和讨论"[34]。政制的多样性，推动了政体的比较研究和优良政体的哲学思考。施特劳斯指出：

> 政制具有多样性。每种政制都或明或暗地提出一个主张，这种主张会超出任何特定社会的边界。因此，这些主张彼此冲突。相互冲突的政制也具有多样性。因而，政制本身而非纯粹旁观者的成见迫使我们思考，在相互冲突的政制中，哪种更好或最终哪种政制是最佳政制。最佳政制的问题引导着古典政治哲学。[35]

更重要的是，至少按照雅典人的理解，自由（主要是公共自由或政治自由）和法治是良好政体的双翼，缺一不可。"由于原则上政治自由是和法律联系在一起的，所以一旦与法律分离，政治自由也就踪迹全无了。"[36] 因而，政治哲学和法理学上对法治政体问题——包括优良法治政体——的探讨，就成为十分必要的课题。既然古希腊城邦是各种政体的实验场和比赛场，那么很自然地产生了比较、判断和选择的需要：哪种（些）政体好？哪种（些）政体不好？何种问题——各种政体的缺陷、败坏与解体——迫使哲学家们思考最佳、优良的政体和法治政体？以及如何使之稳固与持续？这些问题，催生了古典政治哲学和古典法治思想。

与此相伴随，古希腊形成了自己的法治传统与法治思想。在"尊重法律"这一法治的核心观念上，"在公元前 5 世纪开始的时候，法律在实际上曾被称作'王'（basileus）、'君王'（despotes）、'僭主'（turannos）、'霸主'（hegemon）以及'统治者'（archon）"[37]。或者说，法律就是"主人"和"国王"。古希腊的许多贤士、哲学家与政治家都推崇法律与法治。例如，"七贤"之一的毕达库斯就明确说，"人治不如法治"[38]。赫拉克利特倡导维护城邦法律，要求"人民应当为法律而战斗，就像为自己的城垣而战斗一样"[39]。他把城邦的法律看作城邦中的理性秩序，是宇宙规律所孕育的结果。所以，当城邦遵守它自己的法律时，它也就是最好地遵守了宇宙规律，实现了理性秩序。智者学派之中，普罗泰戈拉主张保卫法律、风尚和传统道德，而希庇亚则称法律是统治人类的暴君。伯里克利之后的雅典政治领袖克里昂，在一次演讲中对法律统治给予更明确的支持："一般说来，普通人治理国家比有智慧的人还要好些。这些有智慧的人常想表示自己比法律还要聪明些……结果，往往引导国家走到毁灭的路上去。"而普通人"对于自己的智慧没有那么自信，承认法律比自己聪明些……所以在他们当权的时候，事务的进行通常是很顺利的"[40]。德谟克里特既告诫人们要遵守法律，又认为"优秀的人是本性命定了来发号施令的"。所以，"尊敬法律、官长和最贤明的人，是适宜的"[41]。还有著名政治家德摩斯梯尼为法律所作的热情洋溢的赞颂：法律保全和巩固民主制，带来秩序和安全感，维护财产和自由以及正义，总之，法律是城邦和所有人的力量。[42] 此外，古希腊还有不少著名的历史学家、哲学家都阐述过"法律至上"或"法律即王"的观念。正如英国政治学家巴克所总结的：

> 对品达（Pindar）来说，它就是"国王"；对希罗多德来说，它就是"主人"；对柏拉图来说，公民是法律的"奴隶"。法律不仅是国家的内聚力，正因为它是那种内聚力，它就也是最高统治者。"所有的道德，不仅公民的道德，而且人类的道德——文明的所有益处——都是作为法律的馈赠而出现的，于是社会就认它是主人。"希腊没有哪部著作像《克力同篇》中的一段文字那样鲜明地表现过法律根本的至高无上性。在这一段里，当苏格拉底躺在监狱里等死的时候，柏拉图让他和法律进行对话，让他承认它们有权要求得到他最终的、至高的忠诚。尽管苏格拉底的精神是自由的，他还是承认自己是法律的奴隶。而苏格拉底的这种状态同样也适用于希腊人民。在公民大会上，他们也许像天底下的至高者。但他们也认可法律的无上性。[43]

以上这些观点极其充分地表明，法律在古希腊具有何等重要的意义。在古希腊人看来，城邦作为拥有公民权的人类生活共同体的本性，决定了法律凌驾于社会和权力之上的崇高而神圣的地位。古希腊人认为："法律就是一个社会共有的精神本质，它以具体的形式表达出来，因此便成为社会的内聚力和最高权威。"[44] 正是依凭这一看法，古希腊的法治传统才得以开创而出。

在上述政体背景和法治传统下，也就不难理解，为什么古希腊盛产伦理、政治、法律的著述。[45] 而在所有这些著述中，政体与法治问题成为一个关键性的中心议题。

最具有代表性和权威性的思想理论，出自柏拉图和亚里士多德。"最主要的一个问题是确定哪种政治制度能造就最好的社会和社会成员"，如《法篇》（又译为《法律篇》《法义》等）通过比较斯巴达和克里特的宪法阐述的一个中心观点就是，"一流的法律制定者能够保护社会免受恶政府部分规则的错误、糟糕的裁决、腐败之害，这一点只能通过某种一定制度安排才能够做到"[46]。在古希腊，政治和法律"甚至在某种程度上是同义语——柏拉图的主要政治著作之一题为《法律篇》，亚里士多德同样性质的著作题为《政治学》"[47]。柏拉图的《理想国》可直译为《城邦体制》或《城邦的类型》（"各种城邦体制"）。[48] 在内容上，"《理想国》和《政治家》以各自的方式揭示了城邦的本质局限和本质特征。因此它们为回答最好的政治制度——与人类本性相一致的最好的城邦制度——问题奠定了基础。但它们并未阐明这种最可能好的制度。这一任务留给了《法律篇》，因而可以说《法律篇》是柏拉图唯一地道的政治学著作"[49]。亚里士多德的《雅典政制》，尤其是《政治学》，更是其政体与法治思想的代表性作品，甚至《尼各马可伦理学》《修辞术》等著作，也屡次论及政治、法律问题。

那么，在古希腊的政法哲学中，政体与法律、法治两者的关系到底是怎样的？从词义上看，政体（politeia）的含义相当广泛。

广义地说，政制指的是一种政府形式，要么是由一人、少数或者多数人统治，要么就是上述三种统治要素的某种混合或结合。首先，政制是通过下面这些东西而得到界定的：人民如何受到治理，公共职务是如何分配的（根据选举、出生、财产还是突出的个人品质），以及个人的权利和责任是由什么构成的。政制首先关涉的是政府形式。政治世界并不呈现出一种无限的多样性，而是被组织和归类为几种基本政制类型：君主制、贵族制、民主制、僭主制。这是政治科学最重要的命题之一。但是，一种政制不仅仅是一套形式化的政治体系。它包含着整个生活方式：道德和宗教实践、习惯、风俗和情感，而正是这些东西使一个民族成其所是。[50]

所以，在古典希腊，政体绝非仅指政权形式。而古希腊政治哲学家所理解和定义的政体，又并非任何社会都具有的任何意义上的生活方式，而是奠基于公民团体，拥有公民概念、公民身份、公民权利这类基本要素。"我们今天译为'政体'的古希腊语词是波利特亚（*politeia*），同时也表示公民权。……与今天相反，组成城邦的不是某种抽象的概念，而是人，是有公民权的人。因此，波利特亚并不仅仅意味着被动地拥有一个公民形式上的'权利'，它既意味着积极参与意义上的公民资格，也是城邦的生命本身和灵魂（这两个比喻在古代都应用过）。"[51] 对于柏拉图尤其是亚里士多德来说，没有"公民"而讨论政体问题，是不可想象的。

在这样的概念之下，法律是被涵盖和决定的。简略而言，政体是根本性和主宰性的，而法律、法治则是派生性、附属性和从属性的。与此相适应，其法律、法治也由其政体来定义。在古希腊，城邦的一切都取决于政体。恰如施特劳斯所论断：

> 人类立法者的类型具有多样性：立法者在民主制、寡头制和君主制中的特性各不相同。立法者是统治群体（governing body），统治群体的特性取决于整个社会秩序和政治秩序，取决于 politeia——政制（regime）。法律的起因是政制。因此，政治哲学的指导性主题是政制，而不是法律。一旦人们认识到法律的派生的或成问题的特性，政制就成了政治思想的指导性主题。[52]

例如，柏拉图的《法篇》又称为《论立法》[53]，而讨论立法问题，则必然涉及政体问题：立法是由政体安排和主宰的问题。

一方面，立法的首要问题在于谁是立法者。立法者不是普通的法律专家，而是立政创制的政治家，亦即掌握统治权和治理权的政治人物。或者说，他是政治家与立法者（Statesman-Lawgiver）的合一。"城邦的建立者都是'立法者'。这很关键，因为只有理解了什么是立法功能，我们才能理解《法义》的地位和它所研究的对象。所谓立法者，他是塑造城邦的政体、建立城邦的人。所以他和现代立法机构的官员不一样，他所做的远不只是创设法律，他还同时是城邦与城邦体制的创设者。在《法义》设定的情景中（要从零开始建设一片殖民地），立法者就是城邦的建立者：他设立了许多规则来规范公民，这意味着他统治着这个城邦。"[54] 因此，根本的制度问题在于，一个人如何成为立法者，如何安顿立法者，又如何约束立法者。可以说，古希腊开创了欧洲政治哲学十分重视"立法者"的传统。在这个意义上，至少到卢梭的《社会契约论》，只要论及"立法者"，其政治哲学就多少具有一点古典的特质。

另一方面，立法的目的是什么？《法篇》尤其追问立法的目的。这是一种由立法的目的而上升至优良政体的理论逻辑。不妨说，政治科学包含着"一种对法律的根本的追问"，即对法律的目的的追问。《法篇》的"主导性话题与其说是法理学，还不如说是政治科学"。其区别在于，"法理学事先假定立法者业已制定了法律。按照阿尔法拉比的观点，柏拉图的目标是更深远的，而不是仅仅从立法者的先前存在的目的基础上推理出法律来。依靠对法律目的的探究，政治科学能够使人类正确地修改并卫护法律"[55]。哲学家只要探究立法的目的，就必然进入政体问题。立法的目的取决于政体的类型及其性质：有何种政体，就有何种立法。而没有优良的政体，也就不可能有优良的立法。因而，哲学家对立法目的的根本追问，其实是对政体类型的追问，这就不再是法理学，而是政治哲学了。

亚里士多德对政治哲学的创发，亦紧紧抓住立法问题。他在《尼各马可伦理学》中认为，政治学"制定着人们该做什么和不该做什么的法律"，所以是"最权威的科学"（1094b，13—22）。[56] 他强调，所谓立法学，不仅是政治学的一部分，而且是政治学的前导与引论。所以，该书的结尾，特别提出要通过立法学来研究政体问题：

> 由于以前的思想家们没有谈到过立法学的问题，我们最好自己

把它与政制问题一起来考察，从而尽可能地完成对人的智慧之爱的研究。首先，我们将对前人的努力作一番回顾。然后，我们将根据所搜集的政制汇编，考察哪些因素保存或毁灭城邦，哪些因素保存或毁灭每种具体的政体；什么原因使有些城邦治理良好，使另一些城邦治理糟糕。因为在研究了这些之后，我们才能较好地理解何种政体是最好的，每种政体在各种政体的优劣排序中的位置，以及它有着何种法律与风俗。(《尼各马可伦理学》，1181b，13—22）

这样，亚里士多德就将主题引入到了《政治学》。顺理成章的是，亚里士多德在《政治学》第二卷第十二章中同样讨论了"立法家"。他把"立法家"分为两类，一类是只为城邦制定法典（律例），如札琉科斯（他同时也可能是创立政制的立法家）、嘉隆达斯、菲洛劳斯、德拉科、毕达库斯、安德洛达马等；另一类则既制定法典又兼创定政制，如莱喀古斯和梭伦等"优良的立法家"就完成了这"两项大业"。不论是探讨立法的目的，还是研究立法家，政治哲学必然要求继续追问优良政体的问题，或者说它们本身就是优良政体问题的核心部分。

职是之故，苏格拉底、柏拉图、色诺芬和亚里士多德等哲学家，都把研究最佳政体（最佳政制）或优良政体，视为古典政治哲学的主题。柏拉图自己在《法篇》中说过："我们要描述最好的、次好的、第三等的体制。"（739B，2—3）亚里士多德的《政治学》亦有同样的抱负。而法律或法治问题只是这一政体问题之下、之内的问题，是从属于这一政体问题的。

亚里士多德在《政治学》中对政体与法律之关系的阐释，印证了施特劳斯的一个论断。施特劳斯注意到"亚里士多德关于政体至上的命题"[57]，因为亚里士多德指出，对于城邦而言，政体起着决定性的作用。"（这里揭示了问题的实质：）城邦本来是一种社会组织，若干公民集合在一个政治团体以内，就成为一个城邦，那么，倘使这里的政治制度发生了变化，已经转变为另一品种的制度，这个城邦也就不再是同一城邦。……由此说来，决定城邦的同异的，主要地应当是政制的同异（种族的同异不足为准）；无论这个城市还用原名或已另题新名，无论其人民仍然是旧族或已完全换了种姓，这些都没有关系，凡政制相承而没有变动的，我们就可以说这是同一城邦，凡政制业已更易，我们就说这是另一城邦。"（《政治学》1276b，2—14）正是因为看到政体对城邦具有如此决定性的作用和关键性的意义，所以，亚里士多德的《政治学》，作为城邦政治的理论阐述，主要就是建立一套城邦政体的学说或者说城邦的政体科学。

> 《政治学》的确切主题，用希腊语来说应该是 politeia，这是 polis 的派生词。这个词通常被英译为 constitution（宪法／结构／政体）。……很巧合，我们的 constitution 这一概念的历史起源也是基本法。但亚里士多德所讲的 politeia 与法律毫无关系；它区别于一切法律。人们可以这样翻译 politeia 意思：如"政治秩序"或"产生包括宪法在内的各种法律的政治秩序"，或者干脆译为"政体"（regime）。比如说民主制、寡头制、僭主制等。再说一遍，这些政体产生了法律，而不是法律构成了这些政体。[58]

事实上，"政体"乃是亚里士多德政法哲学的核心概念。《政治学》的第四卷第一章所构想的"政治研究"（"政治学术"），就是"政体研究"。大凡读过《政治学》的人都会发现：《政治学》在第一卷（开头提出城邦问题）之后，每一卷的开头部分都包含"政体"（"政制"）一词，以提示其第二卷至第八卷的每一卷研究的是哪些"政体"上的问题：第二卷开头说打算阐明优良政制；第三卷开头指出，如果人们要研究"城邦政制"，考察各种政制的实际意义及其属性，就应先确定"城邦"的本质；第四卷开篇第二段设定"政体研究"的基本任务；第五卷开头指出，现在应当研究"各种政体发生变革的一般原因"；第六卷开头总结说"我们现在已论述了组成政体的"各种组织机构；第七卷开头认为，在对"最好的理想的政体"进行研究之前，先论定人类最崇高生活的性质；最后，第八卷开头强调教育对于政制的意义——"邦国如果忽视教育，其政制必将毁损"。因此，完全可以说，《政治学》其实就是一部《政体学》。而这个无比重要的"政体"，无疑应当成为我们理解亚里士多德乃至整个希腊"法治"思想的基础和出发点。

在亚里士多德看来，政体与法律具有非常紧密的关系。其主导性的一个方面在于，任何法律，只能与政体相适应，而不是相反。他指出："法律实际是也应该是根据政体（宪法）来制定的，当然不能叫政体来适应法律。……由此可知，凡有志于制定适合各种政体的法律（或为不同政体的城邦修改其现行的法律），就必需先行认识政体的各个类型及其总数。我们倘使已认识到平民政体或寡头政体各有多种而不止一种，也就会懂得同样的法律就不能全都适应一切平民政体或一切寡头政体。"（1289a，14—25）故而，政体的同异，决定了法律的同异。亚里士多德说："决定城邦的同异的，主要地应当是政制的同异。"（1276b，11）这自然也包括政体的同异决定城邦法律的同异。认识到这一点，是我们理解各种政体之下的法律的必要前提。例如他提醒说，"我们倘使已认识到平良政体或寡头政体各有多种而不止一种，也就会懂得同样的法律就不能全都适应一切平民政体或一切寡头政体"（1289a，23—25）。更进一步也更重要的是，人们可以根据政体的好坏或正义与否，来判断法律的好坏或正义与否。亚里士多德认为，在根本上，一种政体的好坏，而不是统治者、治理者个人的好坏，决定了其所制定的法律的好坏。

> 相应于城邦政体的好坏，法律也有好坏，或者是合乎正义或者是不合乎正义。这里，只有一点是可以确定的，法律必然是根据政体（宪法）制定的；既然如此，那么符合正宗政体所制定的法律就一定合乎正义，而符合于变态或者乖戾的政体所制定的法律就不合乎正义。（1282b，8—13；另可参见1280a，6—25；1281a，8—39）

不同政体之下的法律之所以会如此不同，是因为立法的目的与立法者的异同、优劣主要取决于政体。由此可见，在法律的异同、好坏或正义与否的原因问题上，亚里士多德是一个很典型的"政体决定论"者。这也是欧洲政治法律思想史上一以贯之的思维方式。如果我们采用一一对应于亚里士多德所划分的三种"正宗政体"和三种"变态政体"的方式（详见本书第三章），就会发现，这些政体之下的法律的不同特性与不同品质，的确是由这些政体决定的。

当然，亚里士多德也认为，政体要依靠法律来维持与巩固，法律特别是"政体法"构成了政体得以保全与运行的重要保障。概括而言，"亚里士多德的《政治学》主要是对潜在的统治者说的，简言之，他的劝告就是：服从你自己的法律。……维持任何政府最重要的是统治者遵守他们自己的法律；他们必须保护政制（constitution）。对法律的任何违犯都必须立即受到严惩"[59]。一旦离开了法律，不仅任何政体下的治理会出现混乱，而且政体本身也容易倾覆和解体。亚里士多德对政体包括法治政体的探讨，就是以这些观点为基础而展开的。他的上述观点，后来在孟德斯鸠那里被进一步阐发。

根据柏拉图和亚里士多德，施特劳斯进一步总结了政体对于希腊人和古典政治哲学的根本意义，他断言：

> 政制是秩序、形式，它赋予社会其特性。因此，政制是一种特定的生活方式。政制是作为共同的生活形式（form），是社会的生活和生活在社会中的方式，因为这种方式最终取决于某一类人的优势，取决于某一类人对社会的明显主宰。政制意味着那种整全，我们今天习惯于主要用一种支离破碎的方式看待它：政制同时意味着一个社会的生活形式、生活风格、道德品味、社会形式、国家形式、政府形式以及法律精神。[60]

这即是说，在古希腊的政治哲学看来，政制比其他许多人类事物意味着更多的意蕴、更根本的地位以及更高的尊贵。因而，将政体视为探讨法律与法治问题的决定性、支配性因素，也就成为政治哲学的不二选择。

不过，在这样的政治哲学语境之下，我们也不必否认古希腊人对法理学理论的开出。例如在《法篇》中，"我们可以看到政制的建构与法律的制定并驾齐驱；这暗示了一种省思。希腊哲学家们对最优之政制的政治思考不仅是政治思考：它也是法律思考。他们在探索一种理想的法律或 Naturrecht，同时他们也在寻求一个理想的国家。至此，政治学与法理学并无差异。既然如此，这就意味着开创了政治思索的希腊人也在此过程中开创了法律理论"[61]。《法篇》透过立法目的和混合政体的讨论，把法律问题归结为政体问题，或者说视法律问题为政体问题，这诚然显示出政治哲学对法律与法治问题的涵盖，但是，这并不意味着只能把受到政体思想主宰的所有法律思考都归入政治哲学，而否认其具有独立的法理学蕴意与意义。

这其实是昭示我们，不关切、不追问国家哲学的法理学，不思考、不研究政体科学的法治理论，都是无根基、不完整、难自洽的，因而是有缺陷的。

注释

1 [法]基佐：《欧洲文明史：自罗马帝国败落起到法国革命》，程洪逵、沅芷译，商务印书馆1998年版，第219页。

2 参见[古希腊]色诺芬：《居鲁士的教育》，沈默译，华夏出版社2007年版，第1—2页。

3 [英]M. J. C.维尔：《宪政与分权》，苏力译，生活·读书·新知三联书店1997年版，第22页。

4 参见[法]让-皮埃尔·韦尔南：《希腊思想的起源》，秦海鹰译，生活·读书·新知三联书店1996年版，新版序言、引言、第11—28页。

5 [美]埃里克·沃格林：《城邦的世界：秩序与历史·卷二》，陈周旺译，译林出版社2008年版，第184页。

6　[美]乔治·霍兰·萨拜因著，托马斯·兰敦·索尔森修订：《政治学说史》（上卷），邓正来译，上海人民出版社 2008 年版，第 30 页。

7　参见[古希腊]亚里士多德：《雅典政制》，日知、力野译，商务印书馆 1959 年版，第45—46 页。

8　[法]让-皮埃尔·韦尔南：《希腊思想的起源》，第 29 页。

9　[古希腊]亚里士多德：《雅典政制》，第 7—8 页。

10　[法]让-皮埃尔·韦尔南：《希腊思想的起源》，第 40—41 页。

11　[古希腊]普鲁塔克：《梭伦》，载《希腊罗马名人传》，席代岳译，吉林出版集团有限责任公司 2009 年版，第 150 页。

12　[美]特伦斯·欧文：《古典思想》，覃方明译，辽宁教育出版社、牛津大学出版社 1998年版，第 44 页。

13　转见[美]威尔·杜兰：《世界文明史》（2），幼狮文化公司译，东方出版社 1998 年版，第 153 页。另一种表述是，梭伦说："最好的政府就是臣民服从于君主，君主服从于法。"转见[美]爱德华·S.考文：《美国宪法的"高级法"背景》，强世功译，生活·读书·新知三联书店 1996 年版，第 106 页注释[56]。

14　参见[古希腊]亚里士多德：《雅典政制》，第 9—12 页。美国历史学家威尔·杜兰对梭伦公告法律的情形及宗旨，另有一番有趣的描述："为使他的法律更能为人了解与遵守，他把这些法律写在'王者'执政官'朝中'的木滚或棱柱上，以便能一面转动，一面阅读。"参见[美]威尔·杜兰：《世界文明史》（2），第 152 页。

15　[法]让-皮埃尔·韦尔南：《希腊思想的起源》，第 73—74 页。

16　[古希腊]修昔底德：《伯罗奔尼撒战争史》（上册），谢德风译，商务印书馆 1960 年版，第 130 页。

17　本章所引《政治学》，据[古希腊]亚里士多德：《政治学》，吴寿彭译，商务印书馆 1965年版，在引文后注明边码（页码与分栏及行数），而不再一一详注。

18　参见《政治学》，第 168 页，注释①。

19　参见《政治学》，第 147 页，注释④。

20　参见[古希腊]亚里士多德：《雅典政制》，第 46 页。

21　[古希腊]亚里士多德：《雅典政制》，第 49—50 页。

22　参见[古希腊]亚里士多德：《雅典政制》，第 58—64 页。

23　顾准：《希腊城邦制度》，中国社会科学出版社 1982 年版，第 18—19 页。

24　[美]威尔·杜兰：《世界文明史》（2），第 343 页。

25　转见《政治学》，第 116 页，注释③。

26　[古希腊]亚里士多德：《雅典政制》，第 20 页。为了防止僭主政体死灰复燃从而破坏民主政体，公元前 337 年，雅典还制定了关于僭主政体的法律。该法律规定："如果有任何人为了建立僭主政体而发起叛乱，无论他是在协助还是颠覆了民主政体，抑或是推翻了雅典人民的体制（constitution），不管是谁杀了他都无须抵罪；一旦民主在雅典被废除，阿瑞帕格斯法院的议员们将不再被允许前往阿瑞帕格斯山，不再被允许聚坐于法院中为任何事务做出决定；当民主在雅典被废除时，如果还有阿瑞帕格斯的成员前往阿瑞帕格斯山，无论他是参与会议还是做决定，他都将被剥夺公民的权利，他自己以及他的子嗣都无法免遭惩罚，而他的财产将会被充公，其中的一部分则将归属于女神……""有关僭主政体的雅典法律"，转见 [英] 保罗·卡特莱奇：《实践中的古希腊政治思想》，陶力行译，华夏出版社 2016 年版，第 140 页。

27 本章所引《理想国》，据 [古希腊] 柏拉图：《理想国》，郭斌和、张竹明译，商务印书馆 1986 年版，在引文后注明边码（页码与分栏），而不再一一详注。

28 《诉提马尔库斯辞》，转见 [法] 雅克琳娜·德·罗米伊：《希腊民主的问题》，高煜译，译林出版社 2015 年版，第 105 页。

29 柏拉图早先也曾分析过这样的问题：平民领袖在民主政治之下，如何培植自己的政治野心，并控制轻信的民众，最后蜕变成无视宪制和法律或葬送民主政体的僭主。参见《理想国》，第 562—565 页。

30 [法] 雅克琳娜·德·罗米伊：《希腊民主的问题》，高煜译，译林出版社 2015 年版，第 102 页。

31 参见 [英]M. I. 芬利主编：《希腊的遗产》，张强等译，上海人民出版社 2016 年版，第 40—45 页。

32 [英] 保罗·卡特莱奇：《实践中的古希腊政治思想》，第 12 页。

33 [美] 艾伦·布卢姆：《美国精神的封闭》，战旭英译，译林出版社 2011 年版，第 144 页。

34 [英] 厄奈斯特·巴克：《希腊政治理论——柏拉图及其前人》，卢华萍译，吉林人民出版社 2003 年版，第 3—4 页。

35 [美] 施特劳斯：《什么是政治哲学》，李世祥等译，华夏出版社 2011 年版，第 25 页。

36 [法] 雅克利娜·德·罗米伊：《探求自由的古希腊》，张竝译，华东师范大学出版社 2015 年版，第 127 页。另可参见 [美] 乔治·霍兰·萨拜因著，托马斯·兰敦·索尔森修订：《政治学说史》（上卷），第 47 页。

37 沃：《口头的序言与书面的法律——〈法义〉的对话性与合法性》，载程志敏、方旭选编：《哲人与立法——柏拉图〈法义〉探义》，华东师范大学出版社 2013 年版，第 162 页。

38 参见《政治学》，第 142 页，注释①。

39 周辅成编：《西方伦理学名著选辑》（上卷），商务印书馆 1964 年版，第 12 页。

40 [古希腊] 修昔底德：《伯罗奔尼撒战争史》（上册），第 205 页。

41 周辅成编：《西方伦理学名著选辑》（上卷），第 88、74 页。

42 参见 [法] 雅克琳娜·德·罗米伊：《希腊民主的问题》，第 99—100 页。

43 [英]厄奈斯特·巴克:《希腊政治理论——柏拉图及其前人》，第52页。

44 [英]厄奈斯特·巴克:《希腊政治理论——柏拉图及其前人》，第52页。

45 据第欧根尼·拉尔修著的《名哲言行录》所记载，除柏拉图、亚里士多德的政治、法律
著作之外，古希腊主要思想家（约公元前600—前200年间）撰写的标明政治、法律主
题的著述，有近六十种之多。其中，有论"法律"十七种，论"政治家""政治学""国
家"与"政府"等十三种，论"政制"十种，论"王权"六种，论"立法"与"立法者"
四种，论"公民""自由"四种，还有《答柏拉图的〈法律篇〉》以及《论哲学王》各一
种。其中，曾任亚里士多德学园主持的塞奥弗拉斯特（约公元前370—前286年）著有
十四种：《论政治学》六卷、《国家如何才能得到最好的统治》一卷、《关于政治学》二
卷、《论国王的教育》一卷、《关于危机的政治论文》四卷、《论最好的制制》一卷、《论
专制》一卷、《论王权》（两种）、《以字母顺序加以区别的法律》二十四卷、《法律摘要》
十卷、《论立法者》三卷、《论法律》一卷、《论非法行为》一卷、《论法庭辩论演讲》一
卷；德米特里乌（约公元前350—前280年）著有六种：《论雅典的立法》五卷、《论雅典
的政制》两卷、《论政治才能》两卷、《论政治学》两卷、《论法律》一卷、《论政制》一
卷。参见[古希腊]第欧根尼·拉尔修:《名哲言行录》（上、下册），马永翔等译，吉林人
民出版社2003年版。此外，还有色诺芬的《斯巴达政制》《居鲁士的教育》等。

46 鲍·罗斯坦:《政治制度：综述》，载[美]罗伯特·古丁、汉斯-迪特尔·克林格曼主编:
《政治科学新手册》（上册），第201—202页。

47 顾准:《希腊城邦制度》，第19页。

48 参见[古希腊]柏拉图:《理想国》，王扬译注，华夏出版社2012年版，"译者前言"。

49 [美]列奥·施特劳斯、约瑟夫·克罗波西主编:《政治哲学史》，李洪润等译，法律出
版社2009年版，第68—69页。把《法篇》视为杰出的政治著作，是施特劳斯多次强调
的观点，他曾说："古典政治哲学的特点在柏拉图最卓越的（par excellence）政治作品
《法义》（Laws）中得到最为清晰的展现。《法义》是关于法律和一般政治事物的对话。"
（[美]施特劳斯:《什么是政治哲学》，第21页）他还说："柏拉图为政治贡献了他篇幅
最大的作品《法义》，亦即柏拉图真正的（the）政治作品。"（[美]施特劳斯:《古典政
治理性主义的重生——施特劳斯思想入门》，郭振华等译，华夏出版社2011年版，第
229页）

50 [美]史蒂芬·B.斯密什:《耶鲁大学公开课：政治哲学》，贺晴川译，北京联合出版公
司2015年版，第6页。另可参见[法]雅克利娜·德·罗米伊:《探求自由的古希腊》，
张竝译，华东师范大学出版社2015年版。罗米伊在该书中指出：politeia（政治体制）
"不能仅仅让政府机构来为之下定义。描述politeia，对古希腊人而言，永远就是描述社
会生活，如结婚和抚养孩子的方式，还有军事生活，以及那些使国家得以发展的主要的
价值观。它就是在描述一种生活方式"。（第68页）

51 [英]克里斯托弗·罗、马尔科姆·斯科菲尔德主编:《剑桥希腊罗马政治思想史》，晏绍
祥译，商务印书馆2016年版，第30页。

52 [美]施特劳斯:《什么是政治哲学》，第21页。

53 施特劳斯指出:《法篇》"或者更忠实书的标题的说法是，一份关于立法的秘方，一份

写给建设新城邦的立法者的秘方，或者一份写给新法典制定者的秘方"。参见 [美] 施特劳斯讲疏：《从德性到自由——孟德斯鸠〈论法的精神〉讲疏》，[美] 潘戈整理，黄涛译，华东师范大学出版社 2016 年版，第 21 页。

54　[法] 普拉多：《柏拉图与城邦——柏拉图政治理论导论》，陈宁馨译，华东师范大学出版社 2016 年版，第 116 页。对于作为政治家的立法者，顾准也说："'立法者'（Lawgiver）是政治家，而不是法典的技术性的编纂者。"参见顾准：《希腊城邦制度》，第 19 页。

55　帕伦斯：《法律之根与法律之辩》，左秋明译，载程志敏、方旭选编：《哲人与立法——柏拉图〈法义〉探义》，第 92 页。

56　本章所引《尼各马可伦理学》一书，据 [古希腊] 亚里士多德：《尼各马可伦理学》，廖申白译注，商务印书馆 2003 年版，在引文后注明边码（页码与分栏及行数）。

57　[美] 施特劳斯：《政治哲学的危机》，李永晶译，载刘小枫编：《苏格拉底问题与现代性——施特劳斯讲演与论文集》（卷二），华夏出版社 2008 年版，第 30 页。

58　[美] 施特劳斯：《政治哲学的危机》，第 25 页。美国学者戴维斯也解释说："在《政治学》卷二中，亚里士多德先讨论城邦，后讨论政制。政制决定城邦的生活方式。……如果政治性探究意味着追问什么是某共同体（koinônia）中邦民共有（koinônein）的东西的支配原则，那么，对城邦的探究必然导向对政制的探究。只有在城邦本质上等于政制的意义上，才可能有政治科学，因为只有那样，城邦才是一个连贯的整体。"参见 [美] 戴维斯：《哲学的政治——亚里士多德〈政治学〉疏证》，郭振华译，华夏出版社 2012 年版，第 37 页。

59　朱柯特（Catherine H. Zuckert）：《亚里士多德论政治生活的限度与满足》，孔许友译，载刘小枫、陈少明主编：《政治生活的限度与满足》，华夏出版社 2007 年版，第 24 页。

60　[美] 施特劳斯：《什么是政治哲学》，第 25 页。他还说："用古典形而上学的语言说，祖国或民族是质料，而政制是形式。古典派的观点是形式比质料有更高的尊严。"

61　[英] 厄奈斯特·巴克：《希腊政治理论——柏拉图及其前人》，第 413 页。

第二章　柏拉图

法治政体分类学的始创

> 君王从事哲学思考，或者哲学家成为君王，这是不可遇，亦不可求的；因为权力之占有必然会腐蚀理性之自由判断。
>
> ——[德]康德：《论永久和平》

> 还有一个问题：哲人可能会滥用政治权力。哲人并非思考机器，他们是由理性、血气和欲望构成的人。难道执掌绝对的政治权力的哲人就不会被诱使去滥用他们的职位吗？
>
> ——[美]史蒂芬·B.斯密什：《耶鲁大学公开课：政治哲学》

法治政体理论的思想源头，可以追溯到古希腊柏拉图、亚里士多德的政体理论及其法治思想。这并不是说，在这之前完全没有这类思想的萌芽，如希罗多德《历史：波斯希腊战争史》记载，在讨论波斯人应实行何种政体时，欧塔涅斯主张实行"人民的统治"，因为这种统治形式具有"最美好的名声，那就是，在法律面前人人平等"。[1]历史学家修昔底德在《伯罗奔尼撒战争史》中记录的伯里克利的著名演讲也说，雅典民主政治的一个重要特征，是"遵守法律"和"服从法律"。但是，柏拉图、亚里士多德却是最早从政治哲学和法理学的高度，提出并讨论了法治政体的一些基本问题，包括根据是否实行法治（"依法统治"）来划分政体的类型、确定法治政体的特性、对各种法治政体予以分析以及对这些法治政体进行评价与选择。这意味着，追溯欧洲法治以及法治政体思想史的源头，还得"言必称希腊"，特别是必须探索柏拉图和亚里士多德。

作为古希腊和西方最重要的哲学家，柏拉图的思想和学说，深邃、丰富而博大，但其重点显然是国家学说。"这一学说常常被看成是柏拉图哲学的中心。人们甚至敢用这样的措词，柏拉图喜欢论述国家而且只论述国家，他原本只是违心地当了哲学家。……柏拉图是由于他的国家学说而显示出重要性。"例如《国家篇》或《理想国》(*Politeia*)，从书名看就是"政制"研究，politeia 是"希腊人称呼政体、政治制度或者政治结构秩序的标准语汇"。[2] 该书尤其描绘完美理想的国家形式。《法律篇》则主要为国家提出切实的法律建议。所以，这"两部著作的共同之处是从哲学的观念提出国家的设想"。[3] 在柏拉图这里，哲学对善与正义的思考，被最终引向国家、城邦、统治问题的思考。也可以说，正是探讨国家、城邦、统治问题的需要，柏拉图才在哲学上思考善与正义问题。

柏拉图讨论国家哲学包括各种政体与法律、法治问题的著作，主要是《理想国》(《国家篇》)、《政治家篇》(《论君主制》)和《法篇》(《论立法》)[4]，以及《米诺斯》(《论法》)。此外，还有第七、八封书信等。其中，最重要的当然是《国家篇》《政治家篇》和《法篇》。

在这些著作和书信中，柏拉图系统阐释了自己的国家哲学与法律思想，大体上反映出柏拉图法政思想的主题及其嬗变轨迹。

一 一个"惊人"的计划："哲学王"的出世

《理想国》的一个主要目标是阐明"最好的"政体或政制，为此，柏拉图论证了"哲人王"或"哲学王"(philosopher-kings)的理想政体，亦即"哲人政体"。这一理想的出世，自有其内在的动因。

根据柏拉图晚年（公元前354年）撰写的"第七封书信"所述，约

40 岁之前的柏拉图，在经历了城邦政治生活，尤其是"苏格拉底事件"，以及观察其他城邦政制与法律的演变之后，开始"思考所有这一切，思考治理国家的人们以及他们的法律和习俗"。他很失望地看到，"我们的城邦已经不再依照传统的原则和法制行事了"，而且"法律和习俗正以惊人的速度败坏着"，因而深感"要正确安排国家事务确实是件很困难的事"。但柏拉图认为，正确安排国家（城邦）事务又是当务之急，于是，他谋求改进这种状况和改革整个制度。最终，他得出了这样的结论："所有现存的城邦无一例外都治理得不好，它们的法律制度除非有惊人的计划并伴随好运气，否则是难以治理的。"这个"惊人的计划"，就是他提出和论证的所谓哲人—王的政治理想："只有正确的哲学才能为我们分辨什么东西对社会和个人是正义的。除非真正的哲学家获得政治权力，或者出于某种神迹，政治家成了真正的哲学家，否则人类就不会有好日子过。"（第七封书信，325C，3—326B，2）

对古希腊各城邦的统治者与治邦者来说，这个计划的确惊人。至于是否能"伴随好运气"，则又另当别论了。

阐明和论证哲人政体这种最优政体，是《理想国》的一大主旨。[5] 柏拉图之所以如此推崇哲人政体，一方面在于哲人的统治代表了最高级、最正义的理智、智慧和知识的统治。这是哲人政体或哲人—王统治的根基。柏拉图认为，这种类型的统治是最佳的或最优良的统治，因而超越了任何其他的统治。另一方面，从政治层面来看，理想国家必须由不爱权力的人掌权，以避免为获取职位而争夺权力。柏拉图发现，争权夺位正是城邦腐败、冲突以及崩解 ——"所有现存的城邦无一例外都治理得不好"—— 的主要原因。当统治权成了人们凭借各种手段予以争夺的对象时，国家和统治者自身往往会同时遭到破坏与毁灭。所以，"事实是：在凡是被定为统治者的人最不热心权力的城邦里必定有最善最稳定的管理，凡是与此相反的统治者的城邦里其管理必定是恶的"。那么，有谁最不热心权力？在柏拉图看来，唯有哲人或哲学家才最不热心权力："除了真正的哲学生活而外，你还能举出别的什么能轻视政治权力的?"（《理想国》，520D—521B）这其实是说，除了哲人之外，就没有更适宜于掌握政治权力的人。

获得或行使政治权力的哲学家与法律之间的关系又该是怎样的？在柏拉图的哲人政体之下，法律几乎是无关紧要的，或者城邦并非必须用法律来治理。如同美国政治学家萨拜因所概括的，《理想国》是"略去法律"的；或如麦克里兰所说，"《理想国》中没有任何法律体系"[6]。这是西方哲学史家与思想史家对其"理想国"较为一致的评论。

《理想国》并不否认法律存在的意义，而且认为哲学家"看来最能守卫城邦的法律和习惯"（《理想国》，484B，7），因为哲学家作为"治理者必须发布命令——在一些事情中按照法律发布命令，在另一些我们让他们自己斟酌的事情中根据法律的精神发布命令"（《理想国》，458C，2—4）。但是，柏拉图认为，对于哲人来说，法律并不必定重要。柏拉图设想的哲人统治的城邦，当然有法律，但有法律不等于崇尚法律，更不等于法治。他告诫说，"真正的立法家不应当把力气花在法律和宪法方面做这一类的事情，不论是在政治秩序不好的国家还是在政治秩序良好的国家；因为在政治秩序不良的国家里法律和宪法是无济于事的，而在秩序良好的国家里法律和宪法有的不难设计出来，有的则可以从前人的法律条例中很方便地引申出来"。这样，"在立法方面"，就"没什么还要我们做的"。（《理想国》，427A—B，2）如关于市场上的相互交易，关于契约，关于侮辱和伤害的诉讼，关于市场上和海港上必须征收的赋税问题等，不必一一订成法律。[7]柏拉图断言，"对于优秀的人，把这么许多的法律条文强加给他们是不恰当的"（《理想国》，425D—E，1），它如同医生只能根据医方开药治病一样荒谬。

从柏拉图对正义观的论证和"哲学家的统治"的逻辑来看，在他的理想国家和哲人政体之中，原则上是不必定需要法律的，哲人王可以根据智慧而不是法律来解决一切争端，包括判处一切法律案件。在《理想国》中，柏拉图"略而不论"的一个并非最不重要的问题，就是法律问题。而"柏拉图对这些问题略而不论的做法乃是完全合乎逻辑的，因为如果柏拉图的前提是正确的，那么他的论证就是无可辩驳的"。而且，"用法律规则来束缚哲人王的手脚也是极其愚蠢的，就好像是强迫一个有经验的医生从医学教科书的处方中去抄袭药方一样愚蠢"。但是，问题在于，也值得我们注意的是，"这种说法实际上是以一种未经证实的假定为根据的"。因为它假定法律的目的"仅仅在于提供一种最不拙劣的能够与一般情势相适应的规则而已。这并不是对实际情形的一种描述，而是对它的一种漫画"[8]。故而，柏拉图的论证前提是大有疑问的。

法律被假定会束缚具备王者技艺且成为国王的哲学家，是柏拉图反对法律统治的主要理由。这从根本上把法律统治从城邦或国家的必备要素中排除出去了，从而把"哲学家的统治"与"法律的统治"对立起来，并用"哲学家的统治"否定了"法律的统治"。[9]正因为这一根本观点，哲人政体通常被视作人治而非法治的政治模式。

一个重要的问题是，《理想国》亦即"论正义"，但其正义观为何没有发展出一套法律规则？就像在古代罗马，正义需要且依靠法律：正义恰恰就是以一套法律规则表达和实现的。对此，巴克解释说：

> 我们已经知道，柏拉图的正义不是某种法律的东西，也不关心任何外在的对法律权利和义务的设计。它不属于 Recht（法规）的范围，而属于 Sittlichkeit（社会道德）的范围。它不是一个法律的问题，或单个伦理规范的问题，也不是二者的混合，它是一个社会道德概念，是对社会伦理规则体系的一种界定，这种规则在调整社会关系的运行这一方面不亚于法律，甚至更甚于法律。……他没有从以法律权利为基础的法律社会的概念出发，没有把正义设想为维护和协调这种权利的一种体制。

巴克还根据维拉莫维茨-莫伦道夫的提示，将希腊人的正义观与罗马人的正义观进行比较："希腊没有和拉丁文 Jus 相对应的词，Jus 不仅意味着公正，更重要的是它意味着补救办法，它是某种具体的东

西，'它得到了人类权威的认可，也能够由它来实施'。"所以，"罗马
人思考和谈论某种单一的、具体的法（jus），谈论作为其一部分的公
法（lex）"。与罗马人不同，"希腊人则思考和谈论一种抽象的、绝对的
公正……希腊的风格不像罗马那样在法律上尤为突出，或者，由于这
一点，它不关心由法律补救所支持并通过法律程序来执行的法律公正。
相反，它特别地形而上"。柏拉图恰好是希腊风格最伟大的代表，他把
"正义的第一原则或理念"发展到了极端，"以致抽象的公正被证明对任
何具体的法律都是致命的，而存在于哲学王的纯粹理性中的理想正义则
不得不去废除所有的法律和所有的立法"。[10] 巴克的比较性分析，为我
们理解柏拉图追求正义的"哲人政体"必定轻视法律这一逻辑，提供了
一种有力的法学论证。

对"哲人政体"这一理想，柏拉图深知其实现具有极大的困难，因
为理想国是"我们在理论中建立起来的那个城邦，那个理想中的城邦。
但是我想这种城邦在地球上是找不到的"。它是天上的乌托邦。职是之
故，人们只能憧憬："或许天上建有它的一个原型，让凡是希望看见它
的人能看到自己在那里定居下来。"（《理想国》，592A，7—B，4）柏拉图
身为哲学家不可能没有意识到，人类并未"伴随好运气"，否则，为何
所有希腊城邦都治理得不好。这使得他心目中最理想的哲人政体在人类
的生活中难以出现。不过，柏拉图仍然期待这一理想的实现，认为它并
"不是不可能发生的事情"：

> 我们关于国家和政治制度的那些意见并非全属空想；它的实
> 现虽然困难，但还是可能的，只要路子走的对，像我们前面说过的
> 那样做。只要让真正的哲学家，或多人或一人，掌握这个国家的政
> 权。他们把今人认为的一切光荣的事情都看作是下贱的无价值的，
> 他们最重视正义和由正义而得到的光荣，把正义看作最重要的和最
> 必要的事情，通过促进和推崇正义使自己的城邦走上轨道。(《理想
> 国》，540D—E，3) [11]

　　为此，他想象并希望着，假如"能成功地说服一个人，就能保证获得完全成功"（第七封书信，328C，3）。于是，他经过反复考虑，终于不惧风险踏上旅程，两次（分别在大约公元前367—前366年和公元前361—前360年）前往意大利西西里岛的叙拉古，试图通过哲学的教诲与驯化，使年轻的统治者狄奥尼修二世"能以某种方式过一种哲学的生活"，以便有朝一日成为"哲人王"。这可以说是一种"叙拉古的诱惑"。[12] 然而，令充满憧憬且采取行动的柏拉图深感失望的是，狄奥尼修二世并不愿意过哲学的生活。

　　在《政治家篇》中，柏拉图依然坚持最优良政体的信念，即追求真正的、最卓越的政体（柏拉图心目中的完美政体）。在这种政体中，统治者是真正科学地理解统治技艺亦即王者技艺的人，而不是看他们的统治是否依据法律。柏拉图定义说："真正的国王所拥有的知识就是当一名国王进行统治的知识。"这种知识可以称之为"君王的知识、政治的知识"。"政治技艺和政治家"实际上等同于"国王的技艺和国王"。（《政治家篇》，259A—D）因此，柏拉图指出，"最卓越的政治体制，唯一配得上这个名称的政制，其统治者并非是那些特意要显示其政治才干的人，而是真正科学地理解统治技艺的人。所以我们一定不要考虑任何一种所谓健全的判断原则，看他们的统治是否依据法律"，从而，"他们的统治有没有法典也没有什么关系"。（《政治家篇》，293C—D；293B）换句话说，这种政体并非必定实行"法律的统治"。但是，这种政制是最高级的，"就像位于凡人中的神"，"高于其他所有体制"。（《政治家篇》，303B）这一主张，与他的"哲人王"的统治模式一脉相承，以至于可以说，"《政治家篇》所表现出来的重要性是其明确指出了柏拉图依旧信奉绝对哲学王的理想"[13]。"理想国"依然在《政治家篇》中存在着："哲人王"化作了"政治家"。

　　但是，"没有法律的统治"这一说法毕竟令人费解，让人难以置信，而且，希腊城邦也没有提供这样的范例。柏拉图无法回避这个问题，故而宣布说，这正是我们要讨论的一个棘手问题："一名优秀的统治者能否不要法律而进行统治。"(《政治家篇》, 294A)在这里，柏拉图坚持认为，有知的、智慧的、政治技艺的统治优于法律统治：

> 在某种意义上，立法（技艺）属于王者之（技艺），是显而易见的，但是，最好的却不是法治，而是人治——有智慧的国王的统治。[14]

在最卓越的政体之下，为何可以不要法律而进行优良的统治？对这一问题，重复《理想国》中的论证已无必要，所以在《政治家篇》中，柏拉图另外讲述了一番道理。

在柏拉图看来，法律从来都没有，也不可能有能力做到准确区分哪些是对所有人同时最好与最正义的。法律所具有的一般性和稳定性，使得它无法适应人与人之间的差异性、人的行动的差异性以及人类事务的变易性，因而不可能给予人们（每个人）最好的、最正义的东西。所以，依据法律，"想要在所有时候良好地处理所有问题都是不可能的"。此外，法律还有许多禁止性规范，并具有强制性，它强迫人们按照其事先划定的框框和确定的规则行事，"就好像一个一厢情愿的、无知的人，不允许别人做任何事，只能做他允许做的事，还禁止人们对他的命令提出质疑，哪怕出现某些比他立下的法规更好的东西也不行"（《政治家篇》, 294B—C）。由此看来，一方面，柏拉图认定，如同《理想国》所坚信的，智慧的、政治技艺的哲人或国王统治是最好的；另一方面，法律的一般性和"硬性"使得它无法应对纷繁复杂的人类行为与社会事务，无法在任何时候处理任何问题时达成最好与最正义的目标。

因而，人们不应首先考虑实行法律的统治。于是，让法律先靠边站吧！

二　向"法律统治"靠拢：法律的必要性

有意思的是，柏拉图在《政治家篇》中对"优秀的统治者可以不实行法治"这一主张作了上述论证之后，紧接着就开始转向追问——这是一个极为重要的追问——法治的意义和必定性。这个追问，对于置身于雅典城邦法治传统之中的柏拉图来说，是相当自然的。通过这个追问，他要思考在没有"优秀的统治者"时该怎么办的问题：

> 既然法律不是一种理想的控制手段，为什么还要一个法律的体系呢？我们必须寻找理由，说明法律体系是必要的。（293D）

法律体系是必要的！对，柏拉图是这么说的。那么，理由是什么？柏拉图寻找到的理由主要有如下四个方面：

首先，《政治家篇》坦率承认，在这个"人"的世界上，哲人或者"哲人王"千载难逢，极为罕见，或者说，根本就找不到。柏拉图看到，"得到上苍的恩赐而拥有政治智慧和统治能力"的人，屈指可数，可谓凤毛麟角。故而，能找到一两个或极少数拥有统治技艺的人就不错了。（参见《政治家篇》，297B，293A）所以，柏拉图不免有些绝望，他说："人们怀疑是否有任何人足以承担如此完善的统治：最后，人们绝望了，因为找不到任何人愿意并能够实施合乎道德和理智的统治，极为公正地对待每个人。"他不得不面对这个事实，告诫人们："我们还要实事求是，与蜂群产生蜂王那样的自然过程不同，国王并不会以这种自然的方式在城邦中产生——他的身体和心灵都格外卓越，马上就能掌管各种事务。"在这种情况下，必须轮到法律出场了："人们只好聚集起来，制定成文的法律，尽快追踪那正在逝去的真正的政制。"（《政治家篇》，301C—E）这实际上是在承认人类难以建立那种最卓越的政治体制，承认哲人政体是哲学与政治上的一个神话，因而只能退而追求和实行第二位的统治——法律的统治。在此意义上，"《政治家》揭示了《理想国》没有说出的东西，即《理想国》中描述的最好的政治制度的不可能性"[15]。正是这一没有说出来的"不可能性"，让柏拉图从《理想国》走到了《政治家篇》，并最终走到了《法篇》。

其次，即使很幸运有一位哲学家或精通政治技艺的、优秀的人成为统治者，或者一位当政者偶然成为哲学家，但是他作为立法者（身兼"立法者-王"），也只能或必然是为一般的人制定法律，就像职业教练员向接受训练的所有学员发布普遍性的命令，而不可能精确地针对每个个人作出各别的规定。因此，"他是在一种一般的处境下制定法律的"，他"为所有个别的公民立法"。如果拥有政治技艺的统治者有空对每个人作具体的指引，他当然不会用法典来妨碍自己。但是，人们可以设想一下，如果不制定普遍性的规则，"立法者怎么可能一辈子坐在每个人边上，给他们规定做什么事，告诉他们怎么做呢?"（《政治家篇》，295B）。一个小土寡民的城邦的统治者尚且做不到这一点，更遑论那些泱泱大国的统治者。

再次，维持与巩固一个卓越政体的前提是统治者始终具有健全的心灵状况，并且坚定地遵循一个伟大的公正原则："在理智和统治技艺的指引下，始终大公无私地、公正地对待他们的臣民。"（《政治家篇》，297A—B）然而，能否保证这样的前提，则令人怀疑。"哲人王"如何避免权力的腐蚀与败坏? 尽管他轻视政治权力，但毕竟也要掌握和行使政治权力。"哲人王"不仅仅是一个能够保持理性和冷静的"哲人"，他/她还是一个坐在权力宝座上且随时挥动权杖的"王"。这个"王"如何可能不受权力的诱惑和腐蚀而在任何情况下坚定地保持哲学家的理性? 对这一问题，柏拉图提出了一种低调的，但也是新的洞见：人们难以完全信任不依法统治的"哲人王"式的统治者，以及现实的政治权力执掌人，"人们确实感到，这样一位拥有绝对权力的人一定会运用他的权力来伤害他的私敌，把他们都铲除掉"（《政治家篇》，301D）。正如柏拉图一贯比喻的医生和船长的例子：医生可能用手术刀伤害我们，或者收受贿赂等；船长也可能在海上谋财害命，或者将乘客弃之荒野。由此，柏拉图打开了通往法律或法治的大门。"假定我们在心中对医生和船长已经有了这种看法,然后我们召集议事会开会,并通过一些法规。"(《政治家篇》,298B)通过这些法律,可以防止与惩罚医生和船长作恶、渎职。与此相类似的是,虽然这些法规将强迫掌握技艺的人按照法律进行统治,从而导致妨碍其依政治技艺实施良好统治的糟糕状态,但是,如果他既没有以科学的知识为依据,又无视成文的法律而凭个人的好恶行事,那岂不是更糟糕吗?(参见《政治家篇》,300A)任何政治社会,既然没有知识和智慧的统治,又不想要统治者随心所欲、肆无忌惮的治理,那就只能实行法律的统治了。

最后,法律的优点也是很明显的。柏拉图指出:"已经制定了的法律代表着一种经验的结果——人们必须承认这一点。每一项法律都是由于某些人的倡导,他们足够幸运地使用了正确的推荐方法,说服公民大会通过了这项法律。"(《政治家篇》,300B)在柏拉图看来,法律不仅概括了人类生活的经验,而且反映了明智者的智慧,并代表了公民意志和自治。不仅如此,更重要的在于,法律还模仿了真理或"真正的政制"。"法律似乎就是覆盖生活各个部门的那些科学真理的复制品,这些复制品的依据则来自那些真正对这些事务拥有科学真理的人发出的指示。"(《政治家篇》,300C)对这样的法律,绝不许违反和侵犯。

所以,柏拉图认为:"所有这些法治的意义都必须接受,因为唯一可能的替代物是个人的无法的统治,即人治。明智者必须服从法律,不仅要在行为上服从,言论上也要服从,尽管法律在智慧和正义上都低劣于他……法治优于愚人们的无法的统治,因为法律不管多坏,它们都在某种意义上是推理的结果。"[16]与哲人政治相比,"依法统治"是一种不完美的状态——法治是一个"备胎";但与"无法的统治"相较,"依法统治"显然又是一种良好的统治。这是一个比上不足、比下有余式的选择:法治成了必需品。

对于法治与政体的关系,《政治家篇》总结说,法治就是各种现实的政体模仿"真正的政制"的一种中介、方式和结果。所谓"真正的政制"，也就是"哲人政体"。柏拉图认为，现实的政体"是一种仿制品，是对真正的政制的模仿"。实际上，只有这些仿制的政制，而非"真正的政制"，"才是有可能出现的政治形式"。(《政治家篇》，293E)那么，"模仿"到底是什么意思？所谓"模仿"，就是实行法律的统治。柏拉图从立法和法律的权威性两个方面进行论证。从立法上讲，法律统治要"模仿"真正的政制，就必须由有知的人来制定法律。正如前文所引证，"法律似乎就是覆盖生活各个部门的那些科学真理的复制品，这些复制品的依据则采自那些真正对这些事务拥有科学真理的人发出的指示"[17]（《政治家篇》，300C）。法律是有知的人制定的，虽然这不等于就是"哲人王"的统治，但可以理所当然地被视为对"真正的政制"的"模仿"。因而在《政治家篇》中，即使是法律的统治，"哲人王"似乎也未退场，甚至仍有其极重要的位置。既然法律是有知的一种体现，那么人们，包括统治者，就必须遵守和服从。柏拉图说："因为其他政制的保存都依赖于对法典的遵循，取决于严格坚守一条规则，我们承认这些东西是需要的，但并不是理想的。"这一条规则就是，"任何公民都不能冒险去做任何违反法律的事，如果有人敢这样做，那么他会被处死或受到最严厉的惩罚"。这不同于那种理想的"真正的政制"，但确实是现实的选择。所以，"如果我们把刚才已经描述过的那种理想搁在一边，那么这种处于第二位的统治才是最公正的和最需要的"（《政治家篇》，297C—E）。在这里，《政治家篇》已经明确指出了法治的重要性与必要性。[18]

如何判断这些现实的"仿制品"对"真正的政制"仿制得好不好？这种判断的标准是什么？柏拉图继续沿着法治的思路推进：正是由于无从产生"国王"这样的真正的统治者，"人们只好聚集起来，制定成文的法律，尽快追踪那正在逝去的真正的政制"。

如果那些模仿性的政制要想尽可能建构一种真正的体制，由一名真正的政治家用真正的政治技艺来实行统治，那么他们就必须服从一种单一的统治。他们全都必须严格遵守他们已经立下的法律，决不

违反那些成文的法规或已有的民族习俗。(《政治家篇》，301E；301A)

据此推论，他认为："那些所谓有法可依的政制要模仿得好些，而其他政制或多或少模仿得很笨拙。"(《政治家篇》，293E)法律统治模仿的正是神的统治或者政治技艺的统治。这种模仿尽管并不理想，但仍然是较好的，而且只能如此，人类不可能有更好的选择。故而，柏拉图把遵守法律、实行法治的政体称为"哲人政体"之后的"我们次一位的最佳统治方式"："只要人们执行法律和规范所有生活部门的成文法规，我们次一位的最佳统治方式就是禁止任何个人或团体有任何行为违反这些法律和法规。"(《政治家篇》，300C)

法治的意义和地位，无疑在这里开始突显出来；而这也就将政体问题引入法治政体与非法治政体的讨论中。

三　法治的与非法治的：政体类型学的重要创举

对政体及其分类问题，柏拉图在《理想国》中已经有不少分析，主要讨论了他认为属于恶的四种政体：荣誉政体、寡头政体、民主政体和僭主政体。但是，《理想国》"并不试图对现存的政体作出任何描述或分类，因为这完全超出了他的目的；要发现这种意图，我们必须等到他晚期更具现实精神的对话——《政治家篇》和《法律篇》"[19]。而《政治家篇》不仅已经明确指出了实行法治的必要性，而且开始据此划分各种政体。

《政治家篇》认为，政体主要有三种类型：由一人统治（rule by one）、由少数人统治（rule by some）、由多数人统治（rule by all）。但柏拉图并非仅仅限于数"人头"的分类标准。美国政治学家加布里尔·阿尔蒙德（Gabriel Almond）认为："在《政治家》与《法律论》中，前者比《共和国》写得要晚很多，后者则写于晚年（在经历了伯罗奔尼撒战争以及希拉库司王国之行失败后，柏拉图有了更清醒的认识），柏拉图区分了理想的共和国与实际中可能的政体。为了对实际的政体做分类，柏拉图引入了有名的 3×2 表格，把质和量有机地结合在一起"，即一个人的统治、少数人的统治和多数人的统治都有其好的与变质的两个种类：一个人的统治分为君主政治、僭主政治；少数人的统治分为贵族政治、寡头政治；多数人的统治则分为民主政治、暴民政治。[20] 但是实际上，除此之外，还有一种 3×2（或者 2×3）表格：三种按人头划分的政体，根据法治的标准，亦可一分为二，也就是根据"是依法治理的还是无视法律的"，"守法"的还是"无法"的[21]，可以将每一种政体一分为二。或者说，"依据遵循法律进行统治还是违反法律进行统治把每一种统治分成两部分"（《政治家篇》，291E、302E）。

柏拉图对三种主要政体作"法治"与"非法治"的二分，体现了他对政体与"法治"问题所作的重新思考。[22] 毋庸讳言，这是柏拉图关于政体以及法治问题的最重要的观点之一，也是《理想国》之后其政体与法治思想一个有重大意义的发展。

按照柏拉图的解释，遵循法治的标准，由一人统治的政体可以分成两种政体（或亚政体）：一种是"国王"（王者）政体，即"君主政制"（王制），这种政体模仿有技艺的统治者，并且又遵循法律进行统治；另一种是僭主政体，这种政体蔑视成文法典，不按照法律和祖制行事。[23] 由少数人统治的政体，也可划分为两种：一是模仿理想政制而又依法统治的少数人统治，叫贵族政制（贤人政制）；二是无视法律的少数人统治，叫寡头政制。由多数人统治的政体，就是所谓的民主政制，柏拉图认为："关于民主政制，我们一般不改变它的名称。……也无论它是否严格地依法治理，民主政制还是被称作'民主制'。"（《政治家篇》，292A）它同样可以分为两种：依法进行统治的民主政制（法治民主制）和不遵循法律进行统治的民主政制（极端民主制）。

根据以上区分，就有了两组不同类型的政体（2×3 表格）：一组是遵循法律进行统治的政体，有"君主政制""贵族政制"和"依法的民主政制"三种，这些政体可以说属于法治的政体；另一组是不依据法律进行统治的政体，包括"僭主政制""寡头政制"和"不依法的民主政制"三种，它们则是非法治的政体。[24]

进一步的问题在于，哪些政体好，哪些政体不好？这种好与不好，同"法律统治"有什么关联？由此，应该选择哪种政体？又应该摒弃哪种政体？这自然是柏拉图要考察的重大问题，同时也是后世的思想家和政治家以及公民们都感兴趣的重大问题。柏拉图说："在所有这些不完善的政制中生活都是困难的，但我们可以问自己，哪一种政制下的生活最难忍受，哪一种政制下的生活最能容忍？"（《政治家篇》，302B）从前面对《政治家篇》政体思想的梳理中，我们已经可以了解，在原则上，除那种真正理想的政体外，柏拉图是倾向于选择那些实行法律统治的政体的。而具体以哪种政体或者法治的政体为最佳，柏拉图也作了一些讨论，主要是通过对政体进行比较分析加以展开的。他择取了"一人之治"与"多数人之治"这两种统治体制来进行比较。

首先，柏拉图表达了对法治的君主政体的喜爱和对人治的僭主政体的憎恶。他强调："由一个人进行统治，并且这种统治能够保持在法律的规则中，也就是说依据被我们称作法律的成文法则来治理，那么这种统治是所有六种统治中最优秀的。但若不依据法律来进行统治，那么这种统治是最糟糕的，人们在这种统治下承受着最大的悲伤。"（《政治家篇》，302E）这就是说，遵循法律进行统治的君主政体，乃是所有可能的政体中最好的、最优秀的政体。而不依据法律统治的僭主政体，则是所有政体中最糟糕的、最难以忍受的政体。[25]这显然是对六种政体中两个极端的政体所作的比较与评价。

显而易见的是，柏拉图对由一个"国王"来遵循法律进行统治的君主政体非常偏爱和青睐。在其后的《法篇》中，他也认为："最好的国家是从君主制中产生出来的，只要有一位最好的立法者和一位有约束的君主，那么要建成一个最好的国家是轻而易举的。"（《法篇》，710E）不妨说，这里仍然有"哲人王"的影子。

而僭主政体则大不相同。"僭主"主要是指非法篡夺权力的统治者，即不合法的且不受最高法律约束的统治者。尤其在古希腊，"公元前四世纪的哲学家们认为'王'字，指好的统治者，而'僭主'一词指坏的统治者，是理所当然的"[26]。柏拉图就是持此看法的主要代表人物，他对"僭主"充满了极大的厌恶和憎恨。在《理想国》中，他认为，僭主是"最专制的"，是一种"暴君"。他抨击道，"从僭主的本质来看，或从僭主的习惯来看，或同时从这两方面看，他甚至还已经成了醉汉、色鬼和疯子"，而且，"具有大部分僭主天性的人一旦取得绝对权力，便成为真正的僭主，作为真正的僭主时间越长，他的僭主品性就变得越强烈"。结果，僭主统治的城邦是彻底受奴役的而非自由的。在他看来，一个僭主对国家所造成的危害是十分严重的，其恶性比偷窃、抢钱包、剥人衣服、抢劫神庙、绑架人质、告密、作伪证、接受贿赂等小恶全部加在一起还要大。[27] 在第八封书信（撰写于公元前353年）中，柏拉图还主张，僭主政体应该转变为实行法治的王政。他说："如果可能的话，任何僭主都要避免使用僭主这个名称和落入僭主的处境，要把僭主制转变为王政，这就是我的老建议。"（第八封书信，354A—B）由此，就可以消灭僭主政治。

其次，柏拉图指出，在实行法律统治的君主政体、贵族政体和民主政体中，"民主制是最糟的"；但是，在不依照法律进行统治的僭主政体、寡头政体和民主政体中，"民主制是最好的"。

为什么会这样？柏拉图的解释是，"由少数人进行的统治，正像'少'位于一与多之间一样，我们必须把这种由少数人进行的统治视为在善恶两方面都居于中间位置的一种政制。由多数人进行的统治在这两方面都是最弱的，与另外两种统治形式相比，它不能实施真正的善，也不会犯下任何严重的罪恶"（《政治家篇》）。多数人的统治，在善与恶[28]这两个方面都是最弱（都软弱无力、无所作为）的，与一人之治和少数人统治相比，它不能实施真正的善，也不会犯下任何严重的罪恶。用当下颇为流行的话语来讲，与"少数人统治"以及"一人之治"相比较，"民主制"的正能量是最弱的，其负能量也是最弱的。这是因为，在民主政体中，"权力在众多统治者中划分成很小的部分"——政府的权力分散给许多人与机构——故而其为善、为恶，都不像少数人统治尤其是一人之治那么容易，以及具有那么强大的力量。

由上可见，柏拉图的论证逻辑是这样的：由一人统治，权力集中独断，拥有强大的动员与实施能力，所以为善与为恶的力量都很大，依法统治则为善的力量大，不依法统治则为恶的力量大。由少数人统治，为善与为恶都居于中等（大、小都不及，居于中间），依法统治则为善为中等，不依法统治则为恶亦为中等。而由多数人统治，为善与为恶都最弱，即依法统治为善最弱，不依法统治则为恶也最弱。因此，倘若都依法统治，以君主政体为善最大，贵族政体为善属于中等，民主政体为善最弱，故民主政体最糟糕。反之，若不依法统治，则僭主政体为恶最大，寡头政体为恶属于中等，民主政体为恶最弱，故民主政体最好。

根据柏拉图，可以对上述"两类—六种"政体按其优劣作一排序：

1. 君主政体（一个统治者，循法而治）；
2. 贵族政体（少数统治者，循法而治）；
3. 依法的民主政体（多数统治者，循法而治）；
4. 不依法的民主政体（多数统治者，不循法而治）；
5. 寡头政体（少数统治者，不循法而治）；
6. 僭主政体（一个统治者，不循法而治）。

这个排序表明，所有受法律约束的政体都要比不受法律约束的对应者更好些。很明显，"这个排序的重要特征在于所有漠视法律的制度都排在遵守法律的制度之后"[29]。毫无疑问，在政体学说史上，这是第一次根据"法治之有无"对各种政体优劣等次所进行的非同寻常的全面展示。

根据以上的分析，柏拉图在政体的选择问题上，提供了非常明确的建议：

> 如果三种统治形式都依照法律进行统治，那么民主制是最糟的，但若三种统治形式都不依照法律进行统治，那么民主制是最好

的。故此，如果三种统治都不遵循法律，那么最好还是生活在民主制中。但若这些政制都循法有序，那么民主制是最不可取的，而君主制作为六种政制中的第一种，生活于其中是最好的——除非第七种政制有可能出现，我们必须高度赞扬这种体制，就像位于凡人中的神，这种体制高于其他所有体制。(《政治家篇》，303A—B)

他的这些建议，与近代以来许多人对民主法治的赞颂和追求，显然是有所不同的。柏拉图据此评价的标准，在于政体为善行恶（政体德性）的能量与效果。但是，柏拉图既没有对民主政体的优势（自由）视而不见，也并非无条件地批判或贬低民主政体。他认为，民主政体有助于人的自由发展，但却会伤害他所看重的政体德性。[30]而近现代的"民主法治"则强调人民当家作主、政治自由、人权和防止政府作恶。

四　次好的理想：混合型法治政体

公元前361—前360年，柏拉图第三次（第一次是公元前389—前388年，第二次为公元前367—前366年）访问西西里，回雅典后开始构思《法篇》。他曾经"怀揣着高度的希望，以为有望建立他的梦中之邦，有望把一个王训练成哲学家，而这个'哲人王'将具备足够的智慧以灵活地运用理性——他认为这大大超越了僵死的法律条文——来处理人类事务。一开始，他信奉理性之治和君主政制；最后，他则信奉法治和混合政制——实际上并不是理想，而是现实可行的东西；并不是思想能想到的最好的东西，而是次好的东西，但它有时候也许比那最好的还要好"[31]。如果说"叙拉古的诱惑"——将狄奥尼修二世培养成为哲学家——代表了他对"哲人王"统治的向往，那么，"叙拉古的失陷"——狄奥尼修二世始终表示拒绝过一种"哲学的生活"——则使他看到实现"哲人王"统治的希望变得极其渺茫，从而走向法律的统治。

而正是在《法篇》中，柏拉图提出了更重视且更能实现法治的混合政体思想。《法篇》仍然是继续探索一种理想的政体及其法律。这个理想的政体，就是柏拉图自己所规划的混合政体。他说：

> 我们可以说各种体制有两个策源地，其他各种体制都是从其中派生出来的，其中一个的名字是君主制，另一个的名字是民主制。第一种制度最完全的形式可以在波斯人中看到，第二种制度则可以在我们自己的同胞中看到。如我所说，这两种制度是其他所有体制的主线，一般说来，其他各种体制都是在此基础上编织出来的。好吧，在自由、和平与智慧结合的地方必定要同时具有两类成分。我们的论证就是要指出，不拥有这些成分的共同体不可能得到正确的治理。（《法篇》，693D—E）

他认为，混合政体之所以必要，在根本上取决于立法应追求的三重目的。"我说过立法者在立法时应当有三个目的——他为之立法的社会必须拥有自由，这个社会必须拥有和平，这个社会必须拥有理智。我相信这就是我们的观点。"（《法篇》，710D）立法的三重目的不可能由任何一种单纯的政体——不论是君主制、贵族制还是民主制——来实现。

柏拉图特别以最专制的和最自由的社会这两个极端为例，来证明混合政体的优点，亦即对实现三重立法目的而言的优点。他说："我们发现，当我们在两个例子中看到专制和自由各自拥有一定比例时，两种社会都会获得最大限度的幸福，而当事情在两个例子中都被推向极端，一个是极端服从，一个是极端的不服从，那么其结果在两个社会都不能令人满意。"（《法篇》，701E）当一切法律、誓言和宗教不再为人们所服从与尊重时，人们就只能生活在混乱之中与无政府状态之下。

在专制政体之下，极端服从占据主宰地位，人们"表现出极端的、过分的对君主制原则的忠诚"，而且"普通民众的自由太少，君主的权力太大，从而使他们的民族情感和公共精神终结"，进而容易导致"人们野蛮地相互仇视，深怀敌意"。这样的王权政体，显然无法实现立法的三重目的。因此，"考虑到一个共同体应当是自由的、明智的、和平的，立法家在制定法律时必须着眼于此，所以建立一个过分强大的，或纯粹的王权肯定是错的"。（参见《法篇》，697C—E；693B）

而在民主政体之下，核心原则是极端的不服从。同极端的服从一样，极端的不服从也会造成严重的后果。一方面，"来自各种权威的、不加限制的、绝对的自由，远比服从有限制的权力的统治更糟糕"。因为这种自由破坏纪律和蔑视法律。"他们真的不要任何人管了，连法律也不放心上，不管成文的还是不成文的。"（《理想国》，563D，4—5）这是《理想国》讲到民主政体之下公民不愿意接受法律约束时所说的话。《法篇》进一步告诉我们：当人们追求绝对自由的列车启动时，其终点就是僭主的统治。"向着自由的旅程的下一站将是拒绝服从执政官，再接下去就是不受权威的约束和不接受父母和长者的矫正。然后，他们努力接近这个种族的目标，摆脱对法律的服从，一旦达到这个目标，他们就会藐视誓言和一切宗教。我们古老传说中的提坦的情景就会重现，人类又退回到地狱般的处境，充满无止境的悲哀。"（《法篇》，701A—D）另一方面，柏拉图还特别强调，极端的民主与绝对的自由所导致的无政府状态，最终的结果就是专制和奴役。他说道："这就是僭主政治所由发生的根，一个健壮有力的好根。"（《理想国》，563E，2—3）例如，西西里人就曾经"不是任何人的臣民，既不服从合法的统治者，也不服从法律，而是推崇完全绝对的自由"。但正是因为如此，他们随后就有了自己的僭主。（参见第八封书信，354B）正是极端民主和绝对自由对法律的藐视，才导致僭主甚至暴君的崛起和出场。柏拉图的这一观点，为欧洲后世思想家所继承和弘扬。

与此同时，柏拉图也批评寡头制。在他看来，"要从寡头制中产生好国家就不那么容易"（710E）。寡头制本来就不是什么好的政体，在其治理之下，怎么可能产生好国家？而且，在寡头政体之下容易发生革命。所以，寡头制同样不能令人放心，从而也是不可取的。

概而言之，柏拉图认为，任何一种单纯的政体，无论是君主政体（专制政体）、民主政体还是寡头政体，总是充满了危险：

> 但若一个人、一种寡头制，或者一种民主制，用它自己的灵魂关注自己快乐、激情和欲望的满足，那么这样的灵魂就无法自持，而会处在长期的、贪得无厌的疾病控制下。当这样的人或体制把法律踩在脚下，对个人或社会发号施令，那么如我刚才所说，一切获救的希望都消失了。（《法篇》，714A—B）

柏拉图从希腊城邦政体的演变中看到，一种过于专制的君主或僭主政体和一种过于自由、毫无约束的民主政体，都难免走向毁灭。[32] 故而，所能设想到的使人类获救的唯一希望，或者说唯一合理的政体，就只剩下了单纯政体之外，但又由单纯政体组合而成的混合政体。

对于这种混合政体的要素，柏拉图曾经设想，借鉴斯巴达的经验，设立三个国王，国王有权决定战争与和平，任命法律监护人，由 35 人组成司法机构，再加上公民大会与元老院。还要有一些专门的法庭来处理其他事务，如果案件重大需要动用死刑或流放，则由那 35 名法律监护人组成法庭。同时，国王不宜担任法官审案，他要像祭司一样，远离死刑、监禁、流放，以免被玷污。（参见《法篇》，355E—357A）这样的政体，难以说它是民主制、贵族制，还是寡头制。[33] 但很明显的是，他主张把君主制较好的一面——"国王"的知识统治，或智慧的统治与民主制较好的一面——全民的民主管理、自由或同意的统治结合起来，而不是其坏的结合——君主制中的专制倾向和民主制中的暴民倾向结合。专制与暴民的结合，是所有政制中最丑恶的一种政制。毋庸置疑，这正是柏拉图所极力避免的丑恶政制。不仅如此，混合政体包含着分权的要素："就政治学原理而论，《法律篇》的巨大特色，是清楚而明确地宣告'统治权力的划分'原则。"[34] 因而，这一混合政体显然包含着法治的元素，正如巴克所说，柏拉图对这种混合政体的构想，意味着他"提倡法治君主制和法治民主制的某种结合，以作为仅次于理想国本身的一种政体形式"。[35] 因而，如此结合政制与法治的政体，就可以被称为"法治型的混合政体"。

毫无疑问，在《法篇》中，柏拉图表达和论证了更现实的理想。柏拉图虽然仍然坚持认为"哲人王"或拥有深谙王者技艺的国王是不需要法律的，[36] 但是，他也已经看到，这样理想的、真正的政体，"在任何地方都找不到"。因此，"我们只好退而求其次，诉诸法规和法律"。（参见《法篇》，875C—D）这个"退而求其次"的方案，即法律统治的方案，通常被称为"第二等的好国家"或"第二种选择"，以与"第一等的理想国"相区别。

正是这个重大的转变，为亚里士多德及其后来的欧洲政体与法治思想开辟了道路。在这里，柏拉图继续着《政治家篇》的思考，甚至有一种全新的见解，也就是认为，法律不仅是绝对不能"略去"的，甚至是不可替代的——法治不再被认为一个"备胎"。可以作为佐证的是，柏拉图的《米诺斯》或《论法》，写作时间与《法篇》相同，可以说是《法篇》的导言。[37] 该对话提出的一个重要命题是："人们应当将法视为高贵之物，把它作为好东西来寻求。"[38] 很显然，此时的柏拉图已经明确地将法律视为良善生活与优良政体不可或缺的基本要素。对此，他从四个方面进行论证：

第一，法律统治是人类区别于野兽的一个基本标准："人类要么制定一部法律并依照法律规范自己的生活，要么过一种最野蛮的野兽般的生活。"（《法篇》，875A）没有法律的生活，意味着无序和弱肉强食，只能是一种最野蛮的野兽般的生活——法律是人类文明生活的一个标志。

第二，人类幸福美好的生活取决于法律的有效保护。城邦中的每个人，都"在上苍的保佑下，认真贯彻这些法律，将确保我们的社会幸福美好"（《法篇》，718B）。

第三，一种政体必须提供建立官制和约束官员的法典。他指出："建立一种体制要做两件事：一件事是把职务授予个人；另一件事是给官

员提供一部法典。"(《法篇》,735A）当然,其第一件事也应是制度化
与法律化的。这是关于政制的法律。"在某种意义上说,政制本身可以
被称为'法律'。"这种法律可以称之为"政制法"或"政制性法律"
（constitutional laws）。[39]

第四,不仅如此,在根本上可以说,社会的生存或毁灭主要取决于
是否能够把权力变为法律的仆人或臣仆,而不是取决于其他任何事情。
换句话说,统治者应是"法律的仆人",自觉自愿地服从已有的法律。
雅典人说:"在我们古老的法律下,我们的成员不是主人,他们在一定
意义上是法律的自愿的仆人。"(《法篇》,700A）这是让一个社会存在下
去的根本性基础。

> 我们认为,绝对服从已有法律的人才能对其同胞取得胜利,我
> 们只能把诸神使臣的工作交给这样的人,让他担任最高职位,次一
> 等的职位则通过竞选产生,其他职位也同样通过有序的选拔来确
> 定。我刚才把权力称作法律的使臣,这样说并非为了标新立异,而
> 是因为我深信社会的生存或毁灭主要取决于这一点,而非取决于其
> 他事情。法律一旦被滥用或废除,共同体的毁灭也就不远了;但若
> 法律支配权力,权力成为法律驯服的奴仆,那么人类的拯救和上苍
> 对社会的赐福也就到来了。(《法篇》,715C—D）[40]

这一精湛见解,恰好是在《法篇》第四卷讨论混合政体的部分发表
的。法治的观念与混合政体的观念同时出现,绝非偶然。柏拉图的处理
显示了法治与混合政体间的共生或同存关系。例如,他在这里阐述的一
个关键是,自愿的"法律的仆人"是一个政体问题,而非个人品德与习
性问题。像民主制、寡头制、僭主制,它们都不是"自愿的政制"——
统治者和被统治者都自愿服从法律的那种政制。在柏拉图看来,正在规
划的混合政制要努力避免这个不幸,也就是说,只有混合政制才有可能
成为"自愿的政制"。(参见《法篇》,833C）因此,或许可以说,任何一

种优良而健全的法治政体或法治类型的标志，就在于有自愿的"法律的仆人"。这样，柏拉图再一次将法治锁定在政体这一基座之上。

《法篇》的上述论断，无疑彰明晚年的柏拉图对"遵循法律进行统治"的政体的推崇与看重。"法律的至上性是《法律篇》的基本原则之一。统治必须适应法律，而不是法律适应统治。若如此将至上性归于法律，这就意味着我们别指望在《法律篇》的国家中找到任何政治权威来对应现代社会的最高权力。没有什么行政机构，没有什么议会或元老院，也没有什么公民大会（不管多么广泛），能够超越对法治的屈从。这至少是我们读到卷十二为止的《法律篇》的论点。"[41] 按照巴克的上述评论，《法篇》的主旨就是论证法律统治的问题，包括以混合政体面目呈现的法治政体问题。

除了《法篇》对法治政体的论证与阐扬之外，柏拉图还在第七封书信与第八封书信中推崇法治与混合政体。第七封书信写下了"一番特别的话"——柏拉图自称的"我的学说"：任何城邦都"要屈服于法律"，而不能"屈服于一个世俗的统治者"。这里指出了两种"屈服"：一种是对法律的屈服，另一种是对统治者的屈服。前者使人服从真理，后者则带来灾难性的奴役。因此，屈服于统治者而非屈服于法律，"对统治者和被统治者来说都是邪恶的，对他们自己来说是这样，对他们的孩子来说也是这样，对他们的所有后裔来说都是这样"。他三次告诉人们，说这是一条"真理"。他呼吁："看在拯救者宙斯的份上，请相信这个真理吧。"人们不妨看看，信服这条真理的狄翁"已经高尚地死去"，而狄奥尼修二世不信服这条真理，所以"现在过着无知的生活"。（参见第七封书信，334C—E）柏拉图三番五次地诉说这条真理，是由于人们往往宁愿接受错误观点与流行见解，也不愿意相信真理。《法篇》中就说过："真理是光荣的、持久的，但要使人们信服真理似乎并不容易。"（《法篇》，663E）所以，要让人们相信真理，就必须重复诉说与反复争辩真理。

在第八封书信中，柏拉图一方面反对僭主政体，另一方面对具有混合政体特征，包括实行法治的王政，给予了高度的赞颂。例如，他称许斯巴达聪明而又善良的立法者莱喀古斯，因为"他给王权拴上了一条安全的缰绳，这就是元老院和监察官制度"。与此同时，统治者实行法治也保障了王政的昌盛和稳定，"历经许多代而不灭，因为法律使国王公正，使国王不再用专横的权力统治法律"。他还借此"敦促那些想要建立僭主制的人悬崖勒马"，认为这些人应当放弃邪念，并"要努力做服从神圣法律的国王，享有臣民和法律赋予的最高荣誉"。（参见第八封书信，354C—D）

根据这一历史的经验，柏拉图提出了法治的一个根本精神与关键原则：

> 让想要自由的一派在国王的统治下获取自由，让那些想当国王的人成为对其行为负责的国王。让法律成为最高统治者，不仅统治其他公民，而且统治国王本身，如果国王违反了法律，也要受到法律的制裁。（参见第八封书信，355E）

这是一个完整的法治原则：仅仅强调公民受法律统治是不够的，还必须强调国王要受法律统治；而且，仅仅强调国王要受法律统治也是不够的，还必须保证违反法律的国王受到法律的制裁。只有这样，法律才能成为"最高统治者"。应当说，这段话以及整部《法篇》，再清楚明白不过地反映了晚年的柏拉图对法治的高度肯认与支持。[42]

既然混合政体是一种法治的混合政体，那就必然意味着，法律统治不可能排斥和拒绝智慧者或优秀者，而是恰恰相反，应该把智慧者或优秀者视为这一政体的必要成分，并作为实现法律统治的极为重要的工具。柏拉图自己就说过：

> 如果一个组织良好的国家在立法中取得了伟大成就，但却把极为优秀的法律交给那些不合格的官员去执行，那么这些法律再好

也不会起什么好的作用，不仅是这个国家会成为人们的笑柄，而且这样的社会肯定会发现它的法律是最大的伤害和不幸的源泉。(《法篇》，751B—C)

法律当然要靠合格的官员来执行。否则，法律必将遭到败坏，并使人们深受已经败坏之法律的祸害。但是，由合格的官员执行法律，乃是法治的一部分元素和构成要件，或者说是实现法治的基本体制与手段，而不是"法治"之外的"人治"，从而也就不可能有另一个替代方案，亦即一些人所谓"人治与法治相结合"的方案。依靠贤人、优秀者制定法律、执行法律，同时他们又服从法律，正是晚年的柏拉图给出的一种法治方案。

无论如何，《法篇》和第七、八封书信对法治以及作为法治政体的混合政体的推介与拥戴，与《理想国》"略去法律"的"哲人王"理想政治或者"哲人政体"相比，显然有着较大的区别。后者无疑是理想的，但也仅仅为理想。前者不那么理想，却是在现实可行的政体中最优的；只有与不可能实现的第一等好的"理想国"相比，它才是第二等好的。[43]

法治政体思想在柏拉图的《政治家篇》《法篇》和第七、八封书信中，不仅已经埋下了种子，而且开始发芽了。源头活水总是有可能扩展为奔涌的大河大流的。

在法治政体思想史上，紧接柏拉图这个源头而来的巨大流波（也是一种更大的源头），正是他的学生亚里士多德。

注释

1　参见 [古希腊] 希罗多德：《历史：波斯希腊战争史》(上册)，王以铸译，商务印书馆 1959 年版，第 232 页。

2　[英] 克里斯托弗·罗、马尔科姆·斯科菲尔德主编：《剑桥希腊罗马政治思想史》，第 199 页。

3　参见 [德] 汉·诺·福根：《柏拉图》，刘建军译，河北教育出版社 2000 年版，第 144 页。

4　《理想国》可能完成于公元前 386 年，汉译本亦译为《国家篇》《王制》《治国篇》等；《政治家篇》可能完成于公元前 360 年，汉译本亦译为《政治家》《治邦者》；《法篇》是其晚年的作品，汉译本亦译为《法律篇》《法义》《礼法》等。本书所引柏拉图著作和书信，以王晓朝译出的《柏拉图全集》（人民出版社 2003 年版）为主；《理想国》则征引郭斌和、张竹明译本（商务印书馆 1986 年版）。以下均在引文后注明边码（页码与分栏及行数），而不再一一详注。

5　柏拉图在《理想国》中写道："除非哲学家成为我们这些国家的国王，或者我们目前称之为国王或统治者的那些人物，能严肃认真地追求智慧，使政治权力与聪明才智合而为一；那些得此失彼，不能兼有的庸庸碌碌之徒，必须排除出去。否则的话……对国家甚至我想对全人类都将祸害无穷，永无宁日。"（473D—E）

6　美国学者约翰·麦克里兰指出："即使与柏拉图颇有共鸣的批评家，对《理想国》不提法律体系，也感到不安：没有法律，卫士的统治活动将会不受任何控制。就是没有人控制卫士，至少也应该有法律的约束才对。同情柏拉图的批评者转向他的《法律篇》，松了一口气，因为在那里，统治者受法律限制，统治者的首要责任则是维持法律于不变，并且服从法律。"（[美] 约翰·麦克里兰：《西方政治思想史》，彭淮栋译，海南出版社 2003 年版，第 53 页）

7　柏拉图说："关于商务，人们在市场上的相互交易，如果你愿意的话，还有，和手工工人的契约，关于侮辱和伤害的诉讼，关于民事案件的起诉和陪审员的遴选这些问题，还可能有人会提出关于市场上和海港上必须征收的赋税问题。总之，市场的、公安的、海港的规则，以及其他诸如此类的事情，我的天哪，是不是都得我们来一一订成法律呢？"（《理想国》，425C，9—D，5）

8　[美] 乔治·霍兰·萨拜因著，托马斯·兰敦·索尔森修订：《政治学说史》（上卷），第 98、99 页。

9　英国政治学家巴克说：柏拉图在《理想国》和《政治家》中，"明确地反对法律至上"，背离了"法律至上的希腊观念"。"不过，那种反对源于他对社会的理想的道德基础的热情，这基础超越一切僵化的法律体系，绝不是因为他信奉某种凌驾于所立法律之上的最高立法体系。"参见 [英] 厄奈斯特·巴克：《希腊政治理论——柏拉图及其前人》，第 54 页。

10　参见 [英] 厄奈斯特·巴克：《希腊政治理论——柏拉图及其前人》，第 249—251 页。

11　柏拉图还说过："如果曾经在极其遥远的古代，或者目前正在某一我们所不知道的遥远的蛮族国家，或者以后有朝一日，某种必然的命运迫使最善的哲学家管理国家，我们就准备竭力主张：我们所构想的体制是曾经实现过的，或正在实现着，或将会实现的，只要是哲学女神在控制国家。这不是不可能发生的事情，我们不认为是不可能的，同时我们也承认这是件困难的事情。"（《理想国》，499D—E，3）

12　柏拉图认为："如果想要实现我在法律和政治方面的理想，现在确实是一个很好的试验机会。"（第七封书信，328C，1—2）

13　[英]M. I. 芬利主编：《希腊的遗产》，第 69 页。

14　[古希腊]柏拉图:《政治家》,洪涛译,上海人民出版社2006年版,第75页。

15　[美]列奥·施特劳斯、约瑟夫·克罗波西主编:《政治哲学史》,第63页。

16　[美]列奥·施特劳斯、约瑟夫·克罗波西主编:《政治哲学史》,第66页。

17　法国学者普拉多的解释,可作为我们理解柏拉图这一观点的重要参考。他说:"柏拉图的论述仅仅声明了法律的必要性(在没有有知的统治者的情况下),但并不是随意声明的:法律无疑是对有知的政体的模仿,但更重要的是,制定法律同时也必须将每个领域特有的知识纳入考虑。柏拉图认为,制定某则法律时,必须遵照在那一领域具备知识或能力的人指示。如果任何具备相应能力的专家或者说'技师'确实存在,那么就应该由他们来向立法者提出建议(而非像民主派的信念与所作所为那样,随意地让市民提建议)。当异乡人将法律形容为'模仿'时,他的那几段论述实际上是在定义立法工作的性质。立法者不是谁人都可以胜任的(譬如民主议会);他必须是一个有知的人,并且即便他并不完全知何为卓越的统治者,他至少也应拥有某一种专门的知识或能力。柏拉图坚持这样一种观点:有知的专家是一次良好模仿的必要条件,也是区分法制好坏的关键所在。"([法]普拉多:《柏拉图与城邦——柏拉图政治理论导论》,陈宁馨译,华东师范大学出版社2016年版,第88—89页)

18　巴克指出:"可能写于360年左右的《政治家》则明确地标志了第二阶段的开始。他告诉我们,法治作为第二条道路是最正义的也是最好的(297E);事实上,既然没法找到理想的统治者,我们就不得不诉诸成文的规范(310—DE)。在第七和第八《书信》中,对法治的强调是着实有力的;这里还出现了护法者的建议(《法律篇》753D重申了这一建议),以及混合政制的学说——它也许是柏拉图这最后一篇对话中的主要学说。《法律篇》代表了这个渐进的发展过程的顶点。柏拉图仍然坚持那个作为最终目标的理想;但他俯就现实可行的东西,在放弃了纯粹正义的国家及其'完美的护卫者'之后,他转而提倡法律的国家及其法律的护卫者。"([英]厄奈斯特·巴克:《希腊政治理论——柏拉图及其前人》,第165页)

19　[英]厄奈斯特·巴克:《希腊政治理论——柏拉图及其前人》,第348页。

20　参见[美]加布里尔·阿尔蒙德:《政治科学:学科历史》,载[美]罗伯特·古丁、汉斯-迪特尔·克林格曼主编:《政治科学新手册》(上册),第72页。

21　柏拉图所讲的"无法",并非单纯指没有法律。"'无法'在这里并不意味着没有任何形式的法律或习惯。它意味着政府习惯于漠视法律,特别是意在限制政府权力的法律:一个可以改变任何法律或'至高无上的'政府就是无法的政府。"([美]列奥·施特劳斯、约瑟夫·克罗波西主编:《政治哲学史》,第67页)

22　柏拉图此处的政体分类,可能受到乃师苏格拉底的启发。据色诺芬记载,苏格拉底对政体的描述,已经包含了法律的因素:"在苏格拉底看来,君主制和僭主制是两种政体,但它们彼此很不相同。征得人民同意并按照城邦律法而治理城邦,他认为这是君主制;违反人民意志且不按律法,即只是根据统治者的意愿治理城邦,是僭主制。凡官吏是从合乎法律规定的人们中间选出来的地方,他认为是贵族政治;凡是根据财产价值而指派官吏的地方,是富豪政治;凡是所有的人都有资格被选为官吏的地方,是民主政治。"参见[古希腊]色诺芬:《回忆苏格拉底》,吴永泉译,商务印书馆1984年版,第180—181页。

23 柏拉图定义说，这种僭主政治是指："有一个统治者既不按法律行事，又不按祖制行事，而是错误地声称自己作为一名真正聪明的统治有权宣布任何事情，并且说蔑视成文法典而为所欲为是'最好的'统治办法。"（《政治家篇》，301B—C）

24 巴克将前一组称之为"法治国家"，将后一组称之为"专断的国家"。参见 [英] 厄奈斯特·巴克：《希腊政治理论——柏拉图及其前人》，第 403—404 页。

25 《政治家篇》的这一判断，延续了《理想国》的思想。柏拉图在《理想国》中认定：僭主政治最恶，王政最善。"大家都很明白：没有一个城邦比僭主统治的城邦更不幸的，也没有一个城邦比王主统治的城邦更幸福的。"（《理想国》，576E）

26 [英]A. 安德鲁斯：《希腊僭主》，钟嵩译，商务印书馆 1997 年版，第 17 页。另参见 [英] 保罗·卡特莱奇：《实践中的古希腊政治思想》，第 95 页。

27 "小恶相对于大恶而言，就国家的腐败和不幸来说，这些小恶全部加在一起，如谚语所说还比不上一个僭主造成的危害。"（《理想国》，573B—576C）

28 《政治家篇》的其他一些中译本通常译为"好"与"坏"。参见柏拉图：《政治家》，洪涛译，上海人民出版社 2006 年版，第 91 页；柏拉图：《政治家——论君王的技艺》，黄克剑译，中国青年出版社 2002 年版，第 111 页；柏拉图：《政治家》，原江译，云南人民出版社 2004 年版，第 105 页。

29 梅耶尔：《柏拉图论法律》，徐健译，载程志敏、方旭选编：《哲人与立法：柏拉图〈法义〉探义》，第 120 页。

30 施特劳斯对此指出："古典派把民主制贬斥为一种低等种类的政制，否认这点是愚蠢的。他们并未对民主制的优势视而不见。对民主制提出的最为严厉的控诉出现在柏拉图《王制》第八卷中。但即便在第八卷，恰恰在第八卷，柏拉图清楚表明——通过协调他的政制安排与赫西俄德（Hesiod）对世界诸世代的安排——在一个非常重要的方面，民主制等于最佳政制，它相应于赫西俄德的黄金时代；因为民主制的原则是自由（freedom），所有类型的人都能在民主制中自由发展，尤其最优秀的那一类人。苏格拉底的确遭民主制杀害；但他遇害时已经七十岁；他活到了七十岁高龄。不过，柏拉图并不认为这一考虑至关重要。因为他关心的不仅是哲学的可能，还有一个稳定的政治秩序，一个适宜稳健政治方针的政治秩序；他认为，这样一种秩序取决于古老家族的优势。更宽泛地说，古典派反对民主制是因为他们认为，人类生活乃至社会生活的目的不是自由而是德性。自由作为目标是含混的，因为它既是作恶的自由也是行善的自由。"（[美] 施特劳斯：《什么是政治哲学》，第 27 页）

31 [英] 厄奈斯特·巴克：《希腊政治理论——柏拉图及其前人》，第 164 页。柏拉图在《法篇》中对此有清醒的认识，他说："我们的思考和实际经验显然告诉我们，一个社会好像只能享有居第二位的最好的体制。"（《法篇》，739A）所谓"实际经验"，即巴克所言："叙拉古无休无止的纠纷，和他对一个现实统治者的活理智的亲身体验，使柏拉图的思想里燃起了对一种公正的、非人格的法律的强烈信念。"因此，《法律篇》的理论是在经验的熔炉中慢慢塑就的。……他是在试图把两种东西熔合到一个体系中去：一是从他自己 367 和 361 年的西西里经历中得到的教训，一是他从西西里在 357 到 351 之间风雨飘摇的几年里的政治变迁——他自己也曾与之紧密关联的那些政治变迁——中总结出的教训"。

32 参见 [美] 乔治·霍兰·萨拜因著，托马斯·兰敦·索尔森修订：《政治学说史》（上卷），
    第 122 页。

33 《法篇》中记载斯巴达老人"麦吉卢"所说拉栖代蒙人的政体："一想起拉栖代蒙人的
    体制，我确实不能马上告诉你它的恰当名称是什么。它确实与独裁制有相似之处——
    事实上，我们的监察官的权力确实是极为独裁的——但有时候我又认为我们的体制在
    所有社会中是最民主的。还有，如果否认它是一种寡头制，那么就会引起悖论，但同
    时所有人，包括我们自己在内，都断定它是一种活生生的君主制，是这种制度最古老
    的形式。"（《法篇》，712D—E）

34 [英]A. E. 泰勒：《柏拉图——生平及其著作》，谢随知等译，山东人民出版社 1996 年版，
    第 670 页。

35 参见 [英] 厄奈斯特·巴克：《希腊政治理论——柏拉图及其前人》，第 473—474、
    405 页。

36 "我向你们保证，如果有人在神的怜悯下生来就有能力获得这种认识，那么他并不需要
    法律来统治自己。没有任何法律或法规有权统治真正的知识。让理智成为任何生灵的附
    属物或仆人是一种罪恶，它的地位是一切事物的统治者。"

37 参见林志猛：《引言》，载 [古希腊] 柏拉图：《米诺斯》，林志猛译，华夏出版社 2010
    年版。

38 [古希腊] 柏拉图：《米诺斯》，第 18 页。

39 参见 [英] 克里斯托弗·罗、马尔科姆·斯科菲尔德主编：《剑桥希腊罗马政治思想史》，
    第 259 页。

40 巴克对此评论说："一朝国家配备了一套法典后，法律的至上性就是《法律篇》的一个
    主要原则（712—15E）。法治国家必定与实际的希腊国家相反；它必定让政府来适应
    法律，使其臣服于至高的法律，而不是让法律去适应政府，成为无上之政府的工具。"
    （[英] 厄奈斯特·巴克：《希腊政治理论——柏拉图及其前人》，第 460 页）

41 [英] 厄奈斯特·巴克：《希腊政治理论——柏拉图及其前人》，第 460 页。

42 巴克说："在第七和第八《书信》中，对法治的强调是着实有力的；这里还出现了护法
    者的建议（《法律篇》753D 重申了这一建议），以及混合政制的学说——它也许是柏拉
    图这最后一篇对话中的主要学说。《法律篇》代表了这个渐进的发展过程的顶点。柏拉
    图仍然坚持那个作为最终目标的理想；但他俯就现实可行的东西，在放弃了纯粹正义的
    国家及其'完美的护卫者'之后，他转而提倡法律的国家及其法律的护卫者。"[英]
    厄奈斯特·巴克：《希腊政治理论——柏拉图及其前人》，第 165 页）

43 程志敏认为，柏拉图谈论的是"第二种选择"（英译为 second option），而不是"次好"
    （second best）。《法篇》说法治是"第二种"统治，即第二种选择。"这里更多地是事实
    判断，而不是价值判断。"（程志敏：《宫墙之门》，华夏出版社 2005 年版，第 133 页）

第三章　亚里士多德

现实与理想：法治政体思想的二重展开

亚里士多德区分良序的政制和败坏的政制的标准是什么呢？亚里士多德相信，一个正派的政制秩序必须具备两个特征。首先是法治。一种政制不应当遭受少数人或多数人出于自利的统治之苦，否则就不配称作"政制"。我们后来会看到，法治也不一定能保证正义，但亚里士多德可以肯定的是：正义，以及由此而来的政治正当性，绝不可能脱离法律的框架而存在。法治以及法律对公民所负有的责任，就是亚里士多德所谓的"混合政体"或"宪政"的最低限度的必要条件。良序政制的第二个特征是稳定。

——[美] 史蒂芬·B.斯密什：《耶鲁大学公开课：政治哲学》

亚里士多德自幼在雅典求学，入阿卡德米学园师从柏拉图，其后曾游历小亚细亚等地，并担任过马其顿王子亚历山大的老师。公元前 355 年重回雅典后，他主持吕克昂学园。晚年回到母亲的住屋，直至逝世。他一生著作等身，是古希腊杰出的哲学家和思想家，也是西方政治学的开创者和奠基人。"他是第一位把结构和形式赋予了政治科学这门学科的人。他设定了这个学科的基础范畴和概念，详细阐明了它的基本问题和疑难之处，而且第一个使政治语汇具有了概念上的清晰性和严格性。实际上，在我们今日研究的问题当中，没有一个问题不是亚里士多德首先确定下来的。"[1]这也是我们在探讨政治与法治问题时一再回到亚里士多德的主要原因。

在传承柏拉图法治政体思想的基础上，亚里士多德进一步推进了对法治政体问题的认识。"亚里士多德本人的政治思想很大程度上是从柏拉图停止的地方开始的。"[2] 本章旨在从政体论的视野出发，对亚里士多德的法治思想重新予以认识与阐释。分析亚里士多德的法治与政体思想，学术界常常采用的一种方式是"关系论"，分两个方面讲：一方面，政体是如何确保法治的；另一方面，法治是如何确保政体的。不过，亚里士多德的相关思考并不完全是按这两个方面运思和论述的，所以，本章偏重"类型学"，而不是"关系论"。当我们从"法治政体"这个概念进入《政治学》之中时，就会对其法治思想有一种新的透视和解读，从而揭示其新的意义。

亚里士多德对法治政体问题的讨论，是在其《政治学》中完成的。这一讨论，比他的老师柏拉图显得更加具体和细致，也更加广博、丰满和系统。而首要的一个问题是，对《政治学》的结构和内容，应当如何把握？这是我们理解《政治学》的基本前提。如何把握其结构，关系到对《政治学》的理论内容——包括其"法治政体"思想——的梳理和解读。

而读过《政治学》的人大都知道，这是一个比较复杂的问题。对这个问题，中外学者提出了不同的见解。例如，德国哲学史家温纳·耶格（Werner Jaeger）的设想是，《政治学》的各卷大体上可以分成两组：第一组，包括第二、三、七、八卷，主要讨论理想的政制以及关于理想政制的一些学说。其中，第二卷是对早期的理论作历史的研究，特别是对柏拉图的批评；第三卷研究城邦的性质及其公民问题，以便阐述理想政制的理论基础；第七、八卷是论理想政制的建设。有鉴于此，许多研究亚里士多德的现代学者建议将第七、八卷放在第四卷之前。第二组，包括第四、五、六卷，主要讨论希腊城邦实际的政制。美国的萨拜因觉得这一说法"最为确当"。[3] 而中国的政治学家吴恩裕在《论亚里士多德的〈政治学〉》一文中归纳说，在内容上，《政治学》"基本上包括两种问题的讨论：（一）关于政治理论的讨论；（二）关于现实政制的讨论"[4]。中国的一些哲学史家则指出，尽管人们对《政治学》的结构安排有不同看法，但按照原书的顺序，主要有三个问题：总论城邦和公民（前三卷是政治学的总论）；现实的政制（第四至六卷分析和评论希腊城邦的现实政制）；理想的政制和教育（第七、八卷是亚里士多德的政治理想）。[5]总之，人们大多认为，《政治学》主要是围绕着"理论"和"政制"、"现实政制"和"理想政制"这两个核心来展开的。

从法治政体角度来对《政治学》进行阅读与处理，自然不能脱离"现实政制"和"理想政制"这两个核心。这恰好是亚里士多德对其法治政体思想进行阐述的二重结构，并构成本章的基本思路和阐述框架。

一 政体的定义及其类型

考察亚里士多德对法治政体问题的探讨，首先必须弄清楚其政体的概念及其类型学。在欧洲的政治哲学和政体学说史上，"政体"这一最关键的概念及其定义，是由亚里士多德来奠定基础的。"政体"是《政治学》中最核心和最重要的一个概念。《政治学》又将"政体"称为政制、政治制度、政治体制、政治体系、宪法，等等。那么，亚里士多德是如何定义"政体"的？我们应当注意到，《政治学》对"政体"至少进行了六次定义，表明这一概念具有丰富的内涵：

> 一个政治制度原来是全城邦居民由以分配政治权利的体系。（1274b，37—38）[6]

> 政体（宪法）为城邦一切政治组织的依据，其中尤其着重于政治所由以决定的"最高治权"的组织。城邦不论哪种类型，它的最高治权一定寄托于"公民团体"，公民团体实际上就是城邦制度。（1278b，8—11）

> "政体"（*politeia*，波里德亚）这个名词的意义相同于"公务团体"（*politevua*，波里德俄马），而公务团体就是每一城邦"最高治权的执行者"。（1279a，26—28）

> 政体可说是一个城邦的职能组织，由以确定最高统治机构和政权的安排，也由以订立城邦及其全体各分子所企求的目的。（1289a，15—17）

> 一个政体就是城邦公职的分配制度。（1290a，7—8）

> 政体原来就是公民（团体和个人）生活的规范。（1295b，1）

归纳这些不同的定义，可以发现，亚里士多德对"政体"的理解，主要有四层含义。

第一，政体是以公民为基础的。在亚里士多德的定义及其进一步的阐释中，他对公民的定义最适用于雅典的民主政体，如说公民是"凡得参加司法事务和治权机构的人们"，"凡有权参加议事和审判职能的人，我们就可以说他是那一城邦的公民"。（参见 1275a，20；1275b，19）但是，亚里士多德认为公民是包括雅典在内的一切城邦的组合成分。没有公民，既不会有城邦，也不会有政体。他说："城邦正是若干（许多）公民的组合。"因此，"我们如果要阐明城邦是什么，还得先行研究'公民'的本质"。（参见 1275a，20）而政体恰恰就是一种公民体制：一种塑造公民身份、赋予公民权利并且确保公民参与立法、议事和审判活动的政制。在这个意义上，"一种政制是由它的公民所构成的"。[7] 至于后人抽离了"公民"而仅仅在政权的配置上论说政体，这就已不是亚里士多德的政体概念了。

第二，政体是对城邦中的权力、官职，特别是最高权力（最高治权）与最高官职进行配置或安排的一套制度。就此而论，政体可以等同于广义的政府制度（立法、行政、司法）与政治生活规范。后人也常常这样解释政体。而在根本意义上，"政体建构"（结构和体系）即是"宪法"（constitution）。由此，"政体建构"成为"宪法"最原初的一个基本含义。[8] 所以，亚里士多德有时将"政体"等同于"宪法"。

第三，亚里士多德所定义的政体，包含了政体"所企求的目的"这一实质性（道德）的要素。他在《修辞术》中曾特别提醒我们："不能忽视每一种政体的目的，因为人们总是选择有助于实现其目的的事物。平民政体的目的在于自由，寡头政体的目的在于财富，贵族政体的目的在于获得教育和奉公守法，独裁统治的目的在于自卫。显然，关于有助于达到目的的事物，我们必须区分每一种习俗和法制及其利益所在，人们选择这些事物正是为了实现其目的。"（1366a，3—8）[9] 这一目的论的政体观，意味着他的政体观也是价值论的。任何一种政体，都拥有且立基于一套独特的价值体系。"亚里士多德根据权力结构来定义'政体'（politeia），权力结构形成和促进了城邦的社会目标和道德价值。……因此他的政体的类型学既包括形式的因素又包括道德的因素：最高统治者的身份、数量和经济地位，以及他们的统治性质。"[10] 因此，亚里士多德所理解的"政体"，显然不是我们的政治学与宪法学著作通常所说的政府的"形式"。如果要用"形式"一词来表达，那也是亚里士多德哲学定义的"形式"，即"事物的本质"[11]，而不是我们哲学上所使用的那个不同于"内容"的"形式"。

第四，《政治学》的政体概念表达了城邦政治规范与政治秩序的观念。政体是一种将城邦的各个部分"统一为一个整体的人工机制"[12]，以便组织公民生活，从而形成和巩固城邦政治共同体。这一人工机制"揭示了每个政治组织都设立或包含一个政体（Λολιτεία）的原因：使彼此相异的群众及其活动——其中一些统治另一些——有序化"[13]。在这个意义上，政体其实是城邦、国家的政治与权力的一种根本结构和秩序。

在定义政体概念的基础上，通过吸纳和发展柏拉图的政体思想，亚里士多德提出了自己的政体类型学。《政治学》关于政体理论的一个基本内容就是政体分类学。"亚里士多德曾经考察了国家与宪政的结构区别，并致力于政权类型的划分。自此伊始，'政治系统之间的比较'这一概念就在政治科学领域里扎下了根。"[14] 古希腊城邦具有丰富而复杂的政体演变史，正是这部历史，使得亚里士多德不得不且有可能提出这样的一些问题："政体只有一种类型，还是有好几种？如果有好几种，是否应当明确它们的数目而且列举其类型，并分述各类型的差别何在？"（1278b，6—8）他观察到，有各种不同的政体，不仅种类不同，性质不同，而且某种政体还有不同的种属（品种）。其原因就在于城邦是由为数众多的部分按照不同方式组成的。他说："政体之所以会分成若干不同类型的原因，是在于每一城邦都是由若干不同部分组成的。"（1289b，27—28）而且，"有时，所有各部分都参加政治体系，有时或多或少由若干部分参加。很明显，这样就一定会产生种类不同的若干政体。参加治理的各部分既有区别，跟着也就有政体的区别"（1290a，4—7）。与此同时，组成城邦各部分的多种组合方式，也决定了政体的多样性。亚里士多德说，各种器官的不同配合造成各动物间的不同品种，而各种政体"情况恰正相似（各城邦各个必要的部分有多少种配合的方式，就该有多少种类的政体）"（1290b，37—38）。

既然有各种各样的政体，那么，如何划分政体？亦即根据什么标准来划分政体？这些问题，都是政体分类学的重点问题，也是亚里士多德探讨的基本问题。在基本的政体分类学上，亚里士多德认为，城邦的最高治权的执行者可以是一人，也可以是少数人，又可以是多数人。"例如平民政体的治权寄托于平民（德谟），而寡头政体的治权则寄托于少数；治权所在的团体，两者既有这样的差别，我们就举以为两种政体的差别——其他各种类型的政体我们也凭同样的理由加以区分。"（1278b，12—15）这无疑是接受了柏拉图"数人头"的三分法，即一人之统治、少数人之统治、多数人之统治的政体分类。

但是对亚里士多德来说，对政体进行分类的具体标准究竟是什么？是一个标准还是有几个标准？亚里士多德的政体分类学仅仅是在"数人头"吗？显然并非如此。他在接受"数人头"的划分标准的同时，又提出了"目的"（或者"宗旨"）的标准。实际上，"数人头"的标准有一些困难和疑难。而"目的"则是一个更重要的"质"的标准。他说："依绝对公正的原则来评断，凡照顾到公共利益的各种政体就都是正当或正宗的政体；而那些只照顾统治者们的利益的政体就都是错误的政体或正宗政体的变态（偏离）。"（1279a，19—22）因此，结合"数人头"标准，就可以说："这一人或少数人或多数人的统治要是旨在照顾全邦共同的利益，那么由他或他们所执掌的公务团体就是正宗政体。反之，如果他或他们所执掌的公务团体只能照顾自己一人或少数人或平民群众的私利，那就必然会是变态政体。"（1279a，27—30）按照这一"目的"的标准，亚里士多德首先把所有的政体分为两大类型：第一类型为"正宗政体"（"正当政体"）；第二类型为"变态政体"（他又称其为"正宗政体的变体""正当政体的蜕变"与"错误的政体"等）。在此基础上，他又加上"数人头"的标准，在"正宗政体"与"变态政体"之中，分别划分出不同的政体种类。

简略而言，所谓正宗政体，包括三种：（1）以一人为统治者的政体，凡是能照顾城邦人民共同利益的，通常就被称为"王制（君主政体）"；（2）以少数人为统治者的政体，因为这些统治者都是贤良的，或者对于城邦及其人民怀抱着最好的宗旨，所以被称为"贵族（贤能、才德）政体"；（3）以多数人（群众）为统治者而能够照顾到全邦人民公益的，人们称它为"共和政体"（"公民政体"）。变态政体也相应地包括三种：（1）僭主政体，以一人为治，以谋求他个人的利益为宗旨，它是王制的变态；（2）寡头（富户）政体，以少数人为治，专门为富人谋求利益，它是贵族政体的变态；（3）多数人为治的平民政体（民主制），旨在谋求多数穷人的利益，它是共和政体的变态。（参见1279a，33—40；1279b，1—10。另参见1289a，26—30）三种变态政体"都不照顾城邦全体公民的利益"（1279b，10），而且，"这类变态都是专制的（他们以主人管理其奴仆那种方式施行统治）"（1279a，22—23）。这是变态政体的一个共同特征。

此外，在划分政体时，亚里士多德有时还谈到"贫富或阶级"的标准。这也是对"数人头"标准的一种修正或补充。例如，人们可以说，寡头政体是"人数较少的富人控制了城邦的治权"，平民政体则是"人数甚多的贫民控制着治权"。但偶尔会发生这样的情况：有些城邦"富户数多而穷人数少"，结果，"竟然在某一城邦，富户多数控制了政权，又一城邦则穷人少数控制了政权，对于这些政体，我们将怎样取名？这一论辩显示了人数这个因素应该为次要的属性"。因此，"寡头和平民政体的主要分别不完全在于人数的为少为多。两者在原则上的分别应该为贫富的区别。任何政体，其统治者无论人数多少，如以财富为凭，则一定是寡头（财阀）政体；同样地，如以穷人为主体，则一定是平民政体"。（参见1279b，20—40；1279a，1—2）简言之，寡头政体是富人（不论人数多少）的统治，平民政体是穷人（不论人数多少）的统治。这显示出，亚里士多德的政体类型学是很复杂、很具体的一套学说。

如果再把"法治"这一因素考虑进来，那么，亚里士多德的政体类型学就更复杂、更具体了。而这正是我们下面理解亚里士多德的重点所在。

二　希腊城邦现实的法治政体

正如上文已述，按照学者们通常的见解，从其基本的理论结构来看，亚里士多德对政体的研究，主要有两大主题，一是实际的（各城邦业已实施的）政体，二是理想的优良政体。对此，我们可以从法治的角度来予以探析。这里先来看亚里士多德怎样认定和分析希腊城邦现实（实际）的法治政体。

任何对现实政体的研究，都需要基于大量的历史考察，并进行比较分析。亚里士多德也不例外。《政治学》第二卷第一段告诉人们："我们应该全方位研究大家所公认为治理良好的各城邦中业已实施有效的各种体制。"（1260b，30—31）其第二卷的末尾又回应说："关于实际上见到施行的政制和政治理想家所设想的政制——对这两项论题的研究，我们就在此结束。"（1274b，27—28）因此，第二卷在提出阐明理想政体的任务之后，首先进行的是一种历史的讨论：除评述理想政体的思想史（如对柏拉图等人所设想的理想政体进行讨论）之外，还考察了历史上一些好的政体，包括斯巴达（1269a，30—1271b，19）、克里特（1271b，19—1272b，23）和迦太基的政体（1272b，24—1273b，24）及其立法（1273b，30—1274b，28）。此外，第四至六卷也"包含着大量的历史细节……亚里士多德编辑、描述了（或者受命编辑、描述了）158 个希腊政体"。所以，"亚里士多德完全掌握有关城邦的全部知识"。[15] 这使得他完全有基础和条件来研究各种现实的政体，而这一研究集中表达在第四、五、六卷之中。所以，我们梳理亚里士多德对希腊城邦现实（实际）的法治政体所进行的分析，也以这三卷的文本为主。此外，第三卷的第十四至十八章，也是这一梳理所必须凭借的重要材料。

根据上述材料，我们要弄清楚的主要问题在于，亚里士多德所考察的那些实际的政体，以及他所区分的那些正宗政体和变态政体，与他所倡言的法治是什么关系？也就是说，从类型学上看，哪些政体（或某一政体的种属）实际上是法治的（法治政体）？哪些政体（或某一政体的种属）实际上不是法治的（非法治政体）？以及为什么会如此？

对这些问题，亚里士多德在《政治学》中作了远比柏拉图细致和系统得多的评判与分析。

法治政体，按《政治学》所述，包括（详见本章附录《亚里士多德的"法治政体"与"非法治政体"列表》）属于正宗政体的君主政体的四个品种：斯巴达（"斯巴达王没有绝对的治权"）、非希腊民族的王制（"凭成法进行统治"）、古代希腊各邦的"民选总裁制"（公推且"依法受任"）、史诗（英雄）时代的王制（"它根据成法，其统治符合于臣民的公意"）；贵族政体的四个品种：以善德为主、兼备财富与美德和多数（平民）、兼以善德和多数、混合寡头与善德（"任何守法的政体都可以称作贵族政体"）；以及共和政体。还包括属于变态政体的寡头政体的三个品种：中产性质的寡头政体（统治的权威寄托于法律）、较富者掌权的寡头政体（"还不足以废弃法律而凭他们这部分人的意志专断行事"）、巨富者掌权的寡头政体（"他们还是依据法律施政"）；以及平民政体的四个品种：最严格地遵守平等原则的品种（最严格地遵守法律平等原则）、以低微财产作为担任公职资格的品种（"乐于让法律树立最高的权威"）、出身无可指责的公民都能受任公职的品种（"其治理则完全以法律为依归"）、凡属公民就人人可以受任公职的品种（"其治理仍然完全以法律为依归"）。

非法治政体，也有若干品种，包括正宗政体中的君主政体的绝对王制（"君主用个人的智虑执行全邦一切公务"），变态政体中的僭主政体的绝对僭主（"没有任何人或机构可以限制他个人的权力"）、寡头政体的权门政治或权阀政治（"这里不再是法律至上，而是个人 [执政] 至上了"）以及平民政体的极端平民政体（"事势所趋，平民的权威就往往被高捧到法律的权威之上"）四个品种。

由上可见，根据亚里士多德，属于正宗政体的君主政体，既有法治的品种，也有非法治的品种。[16] 而君主政体中的"绝对王制"不是法治的政体。君主政体其他的正宗政体的种类和品种，都属于法治政体。而在作为变态政体的僭主政体、寡头政体和平民政体的各个品种中，实行法治的竟然多于非法治的。这显然与柏拉图的二分法有很大的不同。在《政治家篇》中，柏拉图把僭主政体、寡头政体都归为非法治的政体；而亚里士多德则告诉我们，在这些政体品种中，也有不少是属于法治的政体。

但是，问题在于，亚里士多德所述的这些法治政体品种，的确都是法治的政体吗？像君主政体的四个品种，特别是作为变态政体的寡头政体的三个品种，真的可以被视为法治政体的品种吗？根据亚里士多德经典的法治概念及其阐述来衡量，这不免令人怀疑。他说：

法治应包含两重意义：已成立的法律获得普遍的服从，而大家所服从的法律又应该本身是制定得良好的法律。

人民可以服从良法也可以服从恶法。就服从良法而论，还得分别为两类：或乐于服从最好而又可能订立的法律，或宁愿服从绝对良好的法律。（贵族政体这个名词如引用到法治的意义上，应主要是指已经具备较好的法律的城邦。）（1294a，4—10）

上述两段论述的一大关键就在于，法治的概念中所说的"良好的法律"（"良法"）是指什么样的法律。"良好的"，是形式上的标准（如形式科学、体系完备），还是实质上（价值上）的标准？如果说这仅仅是一个形式的法治概念，则显然与《政治学》如此重视城邦善德、幸福和法律正义不相符合，也与其划分正宗政体与变态政体的目的不相符合。况且，他还说贵族政体在法治上就是指"具备较好的法律"。但如果说这是一个实质的法治概念，那么，一些变态政体的品种为什么也是法治的政体呢？难道法治的这个"实质"要素（良好的法律）竟然不涉及城邦的目的（宗旨）吗？即使是其法律违背了城邦公共利益的变态政体，也无一例外地符合法治的政体这一指称吗？亚里士多德的真实想法和判断到底是什么？

对这一问题，一个很合理的解释出自萨拜因。按照他的理解，亚里士多德的"法治"一词，其实具有三个基本要素：第一，法治是为了公众的利益或普遍的利益而实行的统治；第二，法治是守法的统治，即大家普遍服从法律；第三，法治区别于专制，是对自愿的臣民的统治。萨拜因认为，最有可能的是，"亚里士多德虽然明确提到法治的这三种特性，但并未对之作系统的考察，以查明是否这三种特性可包括一切以及它们之间的相互关系如何。他意识到一种统治可能缺少这些特性之一而具备其余的特性，例如，一位僭主可能行动专制，然而却是为了公众的利益，或者一个守法的政府却可能不公正地偏袒一个阶级"。[17] 从上述亚里士多德所列举的那些法治政体可以发现，他指称不少政体属于法治的政体品种，并不是完全按照这三个要素去全面衡量每一种政体之后而得出的结论。实际上，他列举的不少法治的政体品种，往往只符合三个法治要素中的一个或两个。正如他把君主政体中的"非希腊民族（蛮族）的王制"和"民选总裁制"（也是两种僭政）称为"半王半僭的制度"，不少法治政体也可以说是一种"半法治"的政体，或者说是法治的一种"残体"。而完全具备了这三个要素的法治政体种类，可以肯定的，恐怕只有正宗政体中的王制、贵族政体和共和政体了。

三 优良的法治政体

对于政体问题，亚里士多德不仅仅限于描述性的分析，而且还包括规范性的研究。《政治学》关注的一个中心问题，就是优良政体问题，亦即"究竟哪种政体和哪种生活方式最为优良这个问题"。第二卷一开篇就指出："这里，我们打算阐明，政治团体在具备了相当的物质条件以后，什么形式才是最好而又可能实现人们所设想的优良生活的体制。"（1260b，27—29）在第四卷的第一章中，亚里士多德认为，政治学术或政体研究，首先应该要考虑："何者为最优良的政体，如果没有外因的妨碍，则最切合于理想的政体要具备并发展哪些素质。"（1288b，22—23）因此，《政治学》的一大重点，就是要明确告诉我们，什么政体是"理想的最优良（模范）政体""最良好的理想政体"或"最好的（理想的）政体"。（参见1295a，25—26；1323a，14）应当看到，在《政治学》中，的确"存在着最好的政体和当时存在的所有其他政体之间的分离"[18]，亦即理想政体与现实政体的分离。而亚里士多德进行规范性的研究，其目的只是在于改革现存的各种政体。他说："有关政体的建议必须以当代的固有体系为张本而加上一些大家所乐于接受并易于实施的改变。"而且，实际政治家应该"帮助任何现存政体（给予补救或改进）"（1289a，4—7）。这意味着，亚里士多德的"最优良的政体"思想，

为世人进行政治变革提供了某种模式或目标。这显然是一条改良而非革
命的政治道路。[19]

不过，亚里士多德同时还主张，作为一门"实用学术"的政治（政
体）理论，一心向往和沉浸于最优良的政体是远远不够的，还应该研究
可能实现的政体，以及如何创制这样的政体。他说，"最良好的政体不
是通常现存城邦所可实现的"，因而，"优良的立法家和真实的政治家不
应一心向往绝对至善的政体，他还须注意到本邦现实条件而寻求同它相
适应的最良好政体"。不仅如此，政治学术也要考虑到只能实行较低政
体的城邦，"研究这种政体怎样才能创制，在构成以后又怎样可使它垂
于久远"。此外，政治学术还"应懂得最相宜于一般城邦政体的通用形
式"，或者"更设想最适合于一般城邦而又易于实行的政体"。（1288b，
25—39）只有这样，关于政治（政体）的理论才能完备无遗。

因此，关于优良政体，亚里士多德提出了双重的问题：何者为"最
优良的政体"？何者为"可能实现的优良政体"？这两种优良政体，既不
可等同视之，又并非没有关联。我们已经知道，在柏拉图那里，《理想
国》与《法篇》表达的理想政体也是同样的问题。

对这一问题，施特劳斯有一个独到的解读，认为"单纯的最佳制
度"与"实际可行的最佳制度"是不同的："总的说来，我们可以说，
在有关最佳制度的问题上最终达到一个双重的答案，乃是古典自然权利
论的一个特点。那答案就是：单纯的最佳制度就是明智者的绝对统治；
实际可行的最佳制度乃是法律之下的高尚之士的统治或者混合政制。"
所谓"明智者"，应该是具有最高智慧和德性的人，如"哲人王"。而那
些"高尚之士"，则是实行法治的。显然，"明智者"与"高尚之士"不
能等同视之。施特劳斯进一步指出："最佳制度只有一个，而合法的制
度则多种多样。合法制度的多样性对应于相关环境类型的多样性。最佳
制度只有在最为有利的条件下才是可能的，而合法的或正当的制度无论
何时何地都是可能的，并且在道德上是必须的。"[20]这就将上述两重的
答案简称为"最佳制度"与"合法制度"。

对上述双重的答案，施特劳斯进行了精辟的分析。他首先说："最佳的制度就是人们所愿望或盼求的制度。"这样的愿望或盼求，通常由哲学家来阐释和表达。这一最佳制度是由最好的人或明智者来实行统治的。它之所以是最佳的制度，就是因为明智者的统治"自然"高于其他的统治形式。而这样的制度，是有可能实现的。"古典派所理解的最佳制度不仅是最可欲的，而且也是可行的或有可能的，亦就是说，在尘世成为可能。它之所以既是可欲的又是可能的，是因为它合于自然。"但是，它又是一个难以实现的乌托邦："明智者的统治所需要具备的条件，实在是很难达到。"施特劳斯指出：

> 它的实现极其困难，因此未必能实现，甚至难以实现。因为人们不能控制它赖以成为现实的那些条件。它的实现取决于机遇。合于自然的最佳制度，或许永远也不会成为现实；人们没有任何理由假定它在当前是现实的；并且它可能永远也无法成为现实。它存在于言而非行中，这是它的本质所在。简而言之：最佳制度就其本身而言——用柏拉图《理想国》中一个思想深邃的学生所杜撰的术语来说——是一个"乌托邦"。[21]

这当然不仅是指无法确保每个社会都有明智者，而且是指在即使有明智者的社会，明智者也未必能有办法说服不明智者，以便让不明智者自愿服从明智者。施特劳斯讲的一个例子是："言行一致的苏格拉底却无法管御他的悍妻。"[22] 作为"明智者"的苏格拉底，连老婆都管不住，何谈治理天下人？这个苏格拉底式问题，大概也是传统中国那些主张"圣王"之治（修身齐家治国平天下）的思想家们所面临的一个难题："悍妻"问题（"齐"不了家）将"修齐治平"模式捅穿了一个难以弥补的大窟窿。

剩下的次佳选择，就只有"法律之下的高尚之士的统治或者混合政制"了。这种"实际可行的最佳制度"或者"合法制度"，主要就是贵族政体，也许还包括共和政体。施特劳斯认为：

> 按古典派的想法，满足这两个完全不同的要求——对于智慧的要求和对于同意或自由的要求——的最好办法，就是由一个明智的立法者制定一套公民们经循循善诱而自愿采用的法典。那套法典既像是智慧的体现，它就应该尽可能少地进行变动；法治要取代人治，无论后者如何有智慧。法律的施行必须委之于这种类型的人：他们最能够以立法者的精神公正不阿地施行法律，或者，他们能够根据立法者所无法预见的情势的要求来"完成"法律。[23]

由此可见，这种"实际可行的最佳制度"，其实主要是一种实行法治的政体制度。

对这样一种划分，我们还可以对应于柏拉图的"理想国"等级：首先是第一等理想的"哲人王"或掌握王者技艺的国王统治，一种乌托邦理想。但是，因为第一等好的"乌托邦"理想难以实现，所以，柏拉图才走向实际可行的"合法制度"（亦即《政治家篇》中对"王者技艺"的"模仿性的政制"），以及第二等理想的"法律统治"（《法篇》）。由此可见，施特劳斯的解读与划分无疑是源自柏拉图的，也主要是针对柏拉图的。

亚里士多德所提到的优良政体，是否也分为"单纯的最佳制度"和实际可行的"合法制度"？也就是说，亚里士多德心目中的理想的政体（优良政体、模范政体）是哪一种类型或哪一些政体品种？它是一种法治的政体吗？亚里士多德的答案可能比施特劳斯的解释更复杂一些。

从"单纯的最佳制度"来看，亚里士多德的确设想过一种不受法律约束的"圣王"制度。英国哲学家罗斯将这种制度称为"完人的君主制"或者"'人中天才'的君主制"。[24] 这是《政治学》第三卷第十三章中假设的一种境况：假如有那么一个人，"德行巍然"或"善德特著"，超越了其他所有的人，"就好像人群中的神祇"——用我们中国传统的话来说，这样的人物，天纵聪明，非凡所及。他们有神武之英姿，有宽仁之伟量，并且德行深厚，仁政当道，爱民如子，所以叫作"圣王"。对这样的人物，应该怎么安顿呢？亚里士多德认为，既不能将他驱逐、流放到城邦之外，又不能强迫他成为普通的臣民从而接受别人的统治。"如果强使这样的人屈服为臣民，这就类于把宙斯神一并纳入人类的政治体系（而强使他同样地轮番为统治者和被统治者了）。唯一的解决方式，而且也是顺乎自然的方式，只有让全邦的人服属于这样的统治者：于是，他便成为城邦的终身君王。"这是一个"全权君主"（pambasileia）。而对这个君主，是不能用法律来约束的，更重要的是，"他们本身自成其为律例"（1284b，28—34）。[25] 因而，"完人的君主制"显然不是一种法治的政体。

这种"完人的君主制"仅仅属于政治哲学上的一种假设。在这种制度下，君王的公正统治必须满足两个条件：第一个条件是，君王具备最高的真正的德性；第二个条件是，民众认识到这种德性从而愿意接受其统治。但是，"期望前面这两个条件都得到满足是不切实际的，亚里士多德在这里描述的绝对王制从任何实践的目的来说都是不可能的"。而亚里士多德之所以描述这种政体，只是一种对"让德性在政治共同体中大行其道"的期待。[26] 还必须注意的是，亚里士多德认为，从历史演变的趋势看，"完人的君主制"也不符合潮流。因为"目前各国既然盛倡平等，这样杰出而足能担当王室尊荣的人物几乎已经不可复得了。因此，人们一般都不会同意谁来做他们的王上；要是有人凭借机诈或武力把个人统治强加于众人，就会立即被指斥为僭政"（1313a，5—9）。正如罗斯评论说：

> 这是一种不可能的情况：一个国家中，一个人的优点不仅超过所有其他个人，而且超过所有其他个人一起形成的优点，对这样的人制定法律是不可思议的。民主国家由于知道与这样的人格格不入，因此对他们的做法就是排斥他们。……在亚里士多德看来，这

种"完人的君主制"是理想政体。但是他知道这样的人是罕见的或者从来没有过。[27]

这颇为类似于柏拉图的"哲人王"政制。按照亚里士多德的见解，"从某种意义上说，智慧是最高的统治名分，有智慧的人要比其他人更适合进行统治。简而言之，达到极致的王制就是'哲人王'的统治"。这也是"《政治学》对哲人的唯一表述"。[28] 所以，它可以被视为施特劳斯所说的"单纯的最佳制度"。

从法治的角度来看，亚里士多德的"最优良的政体"，主要还是偏向法治的政体。如果说这种"最优良的政体"属于"单纯的最佳制度"，那并不符合施特劳斯的解释。因此，它只能属于"合法制度"或者"实际可行的最佳制度"。这就意味着，"合法制度"包括了亚里士多德所论述的"最优良的政体"和"可能实现的优良政体"。因为这两类优良政体都应是法治的。我们知道，柏拉图的第一等好的"理想国"忽略了法律，几乎是一种理念型的"天上的模范国家"。但亚里士多德认为，一个非法治的政体，既不可能是他所想象的最优良的政体，也不是他所希望可能实现的优良政体。除了那种假设的"完人的君主制"之外，亚里士多德心目中的优良政体，显然是某种法治政体。

亚里士多德认为，法治是任何优良政体的一个基本特质和标志，是任何优良政体的必要但并非充分的条件。也就是说，亚里士多德首先明确地把所有的非法治政体都排除在优良政体之外了。

《政治学》在讨论君主政体时（1280a，33—39；1286a，7—8）所要回答的一个重要问题是："由最好的一人或由最好的法律统治哪一方面较为有利？"也就是人治好还是法治好？这个问题的答案，当然是很不一样的。例如，根据里士多德所述，在古希腊，有些学者认为，实行一人之治的君主政体较为有利，而完全按照成文法律统治的政体不会是最优良的政体。但另有一些学者则建议实行法治。如毕达库斯断言，人治"怎么也不能成为良好的政制"，要构造这"良好的政制"，只能寄希望于法律，故而"人治不如法治"。亚里士多德主张："法治应当优于一人之治。"这是因为，法治是神祇和理智的统治，而人治则带有兽性、感情差异和不公正的偏向。

> 谁说应该由法律遂行其统治，这就有如说，唯独神祇和理智可以行使统治；至于谁说应该让一个个人来统治，这就在政治中混入了兽性的因素。常人既不能完全消除兽欲，虽然最好的人们（贤良）也未免有热忱，这就往往在执政的时候引起偏向。法律恰恰是免除一切情欲影响的神祇和理智的体现。（1286a，28—33）

在这段人们常常引用的经典论述中，亚里士多德用"神"对应于"兽欲"，用"理智"对应于"情欲"（"激情"），以此来阐明法治的优点，并揭穿人治的危险。因此，亚里士多德所倡导的法治，可以十分恰当地被称为"理性之治"（rule of reason）。[29]

所谓"理智"与"兽欲"的说法，还牵涉到亚里士多德所讲的"灵魂"状态。对这个问题，他在《尼各马可伦理学》中讲得很清楚："人的善我们指的是灵魂的而不是身体的善。人的幸福我们指的是灵魂的一种活动。但如若这样，政治家就需要对灵魂的本性有所了解，就像打算治疗眼睛的人需要了解整个身体一样。而且政治家对灵魂本性更需要了解，因为政治学比医学更好、更受崇敬。聪明的医生总是下功夫研究人的身体，政治家也必须下功夫研究灵魂。"（《尼各马可伦理学》，1102a，14—21）[30]亚里士多德将灵魂状态分为可取的和应避免的两类，前者包括属人的德性、自制和神性或神的德性；后者包括恶性、不能自制和兽性（与"人性"相对，或者"超乎常人的恶"）。而这些灵魂与政体存在一种类比关系：属人的德性对应贵族政体，自制对应共和政体，神性或神的德性对应君主政体；恶性对应寡头政体，不能自制对应平民政体，兽性对应僭主政体。[31]这些灵魂状态，通过与之类比的政体这个中介，又是与法治或人治相关联的。如亚里士多德说："我们不允许由一个人来治理，而赞成由法律来治理。因为，一个人会按照自己的利益来治理，最后成为一个僭主。"这就如同说，一人之治等于"兽欲"之治。他又认为："不能自制者好比一个城邦，它订立了完整的法规，有良好的法律，但是不能坚持，就像阿那克萨德里德斯所嘲讽的，我简直想去一个不关心其法律的国度。坏人则像一个坚持其法律的城邦，不过那法律是坏的。"（《尼各马可伦理学》，1134a，34—35；1152a，20—24）这里暗示，良好的法律遭到破坏，就是一个不能自制的城邦（像一个睡着的人或醉汉）。而法律本身就是坏的，则说明城邦已变为一个坏人。

不仅如此，城邦应该实行法治的原因还在于，人治不仅带有兽性、感情差异和不公正，而且它的好处也具有偶然性、随机性，因而总是求而难得的，同时也是靠不住的。这对于任何城邦或国家来说，显然都是一个极为严重的问题。所以，"真想解除一国的内忧，应该依靠良好的立法，不能依靠偶尔的机会"（1273b，22—23）。正是由于有了这些认识，亚里士多德看到，"在我们今日，谁都承认法律是最优良的统治者"（1287b，6）。政体科学从来就是致力于解决政制安排与法治构造的问题，而不应想望英明领袖，将优良的统治与治理寄托于"好运气"或者偶然性和随机性。

更值得我们思量的是，亚里士多德甚至认为，没有法治就没有政体。也就是说，如果一个城邦竟然不实行法治，那么也就很难说有什么政体。例如他指出："在研究政体问题时，我们把僭主政体留到最后讲述，应该说是恰当而合乎自然的，在各类政体中，僭主政体（完全没有法度）就不像一个政体。"（1293b，28—30）在批评那种废弃法治的极端平民政体时，他更明确地表达了这样的观点："这样的平民政体实在不能不受到指摘，实际上它也不能算是一个政体。"换句话说，极端平民政体"这种万事以命令为依据的'特殊'制度显然就不像一个政体"。为什么呢？因为它背离了法治。据此，亚里士多德提出了一个重要观点：

凡不能维持法律威信的城邦都不能说它已经建立了任何政体。[32]
法律应该在任何方面受到尊重而保持无上的权威，执政人员和公民
团体只应在法律（通则）所不及的"个别"事例上有所抉择，两者
都不该侵犯法律。……命令永不能成为通理（"普遍"）（而任何真
实的政体必须以通则即法律为基础）。（1292a，29—38）

既然不遵行法治的政体就不是一个真实的政体，最多只是徒有某一
政体的虚名而已，那它更不可能是最好的政体。

但是，一个政体，只要实行了法治，那就一定是好的、优良的吗？
法治是理想政体的充分条件吗？

亚里士多德显然不这样看。他认为，法治政体并非都是优良政体。
这就要从他所谓"恶劣政体"的问题谈起。如同柏拉图，亚里士多德
也断定，并非所有的政体都是好的、优良的，因为按照其目的论的政体
观，有些政体无疑是坏的、恶劣的。不仅如此，不同政体的恶劣程度也
各不一样。虽然，亚里士多德主张，对于不同的社会和城邦来说，适合
于或者需要建立不同的政体。例如，人们必须"论定什么性质的社会各
别地适宜于君主政体、贵族政体、共和政体的各别类型"。（1288a，7—
8）但是，这并不是说，在他看来，对政体不能作出价值判断，将任何
政体都视为正义的或好的、普遍适宜的。他把政体分为正宗政体与变态
政体，就很鲜明地说明了这一点。他是想让世人明白，那些变态政体总
是不好的、恶劣的政体，即使它们是实行法治的。法治并非必定是一个
好东西。

如何衡量不同政体的恶劣程度？亚里士多德为我们提供了一个简单
的标准与方法，这就是：

（我们倘若注意到正宗政体善德的次序），就可以显见变态政体
何者比较恶劣，以及何者最为恶劣。最优良而近乎神圣的正宗类型
的变态一定是最恶劣的政体。君主政体或是仅有虚名而毫无实质，

或者是君王具有超越寻常的优良才德。因此，僭政是最为恶劣的，它同正宗偏反，处于相隔最远的一端；寡头与贵族政体相违背，是次劣的政体；平民政体是三者中最可以容忍的变态政体。（1289a，40—1289b，5）

僭主政体是由寡头和平民这两个政体的极端形式混合而成的。既然它是"两种恶劣的体系合成，也就兼备了那两者的偏差和过失"。正因为如此，"所以这比任何其他统治制度都更加有害于它的人民"（1310b，4—6）。在柏拉图那里，僭主政体也被视为最糟糕的政体。在此，亚里士多德亦师承这一观点。对于民主制（多数人统治）的两个品种，亚里士多德认为，共和政体的善德，在正宗政体中是最不好的；而平民政体的善德，在变态政体中是最好的。这一判断，也与柏拉图关于民主制之优劣的观点相类似。

根据以上分析，亚里士多德指出，一切变态政体都无法成为优良政体。他说："僭主政体及其他类型的变态统治却对任何一类社会都不适宜，因为这些类型都反乎自然。"（1287b，40）这是说，所有的变态政体都是反乎自然的，都是不合乎正义的，因而对任何社会都是不适宜的。他特别强调，在这些变态政体的各个品种中，那种非法治的僭主政治，完全"是暴力的统治；所有世间的自由人当然全都不愿忍受这样的制度"（1295a，21—22）。这很显然是在指明，某些政体品种，属于法治政体也好，非法治政体也罢，只要被划归为变态政体一类，那它们就不可能是优良的政体。所以，对一个理想家来说，应当摒弃所有的变态政体，尽管它可能是法治的。

对非法治政体的摒弃，当然并不仅仅是因为它们是"变态"的，也是缘于亚里士多德对法治的肯定和强调。所以，摒弃非法治政体，显然是理所当然的选择。但是，为什么变态政体中实行法治的那些品种，也在摒弃之列呢？难道那些实行法治的变态政体品种，也不值得被称为优良政体吗？这是我们需要追问的。显然，对亚里士多德来说，法治的变态政体不是什么好的政体。或者说，所有变态政体中的法治品种也绝不是优良的法治政体。这一判断与亚里士多德提到的一个"疑难"有关，这就是："法律可能有偏向"，或者"怎样的法律才能作为正宗的法律"，亦即好的法律。（参见 1282b，8；1281a，36）虽然说法治优于人治，然而法治所依赖的法律的性质、品德，不能不是一个十分紧要的问题。亚里士多德观察到："法律本身可以或倾向寡头，或倾向平民；以倾向寡头或倾向平民的法律为政，又有什么不同于寡头派或者平民（民主）派执掌着最高治权？"（1281a，35—38）他曾指出，法律的好坏或正义与否，取决于政体的优劣：正宗政体决定法是好的、正义的；变态政体决定法是坏的、不正义的。他并不认为所有的法律以及法治都自然是好的。如果说良好的法律只能是正宗政体的产物，那么，亚里士多德所定义（或所期望）的法治，就只有在正宗政体之下才会出现。而那些不符合这个规范性的法治概念的其他各种法治，像变态政体中实行法治的那些品种，无疑属于"恶法（不正义之法）之治"。亚里士多德说过："人民可以服从良法也可以服从恶法。"（1294a，6—7）这表明，他区分了"良法之治"与"恶法之治"。而"恶法之治"被亚里士多德摒弃在优良政体之外，自然也是合乎情理的事情。

因此，所有的变态政体，包括其中的法治政体品种，都不是亚里士多德所认定的优良政体。以此为前提，我们可以将"最优良的政体"转换为"最优良的法治政体"，以及将"可能实现的优良政体"转换为"可能实现的优良法治政体"，来进一步透视亚里士多德的观点。

四　最优良的法治政体

亚里士多德是如何看待和处理"最优良的法治政体"这一问题的？他认为，这种政体既应追求善德，又要实行法治。

最优良的法治政体，首先应当是追求善德与幸福的政体。这也是亚里士多德政治学的终极目的。但他因其自身基础条件和方法的不同，并不追求柏拉图式的理想国。[33] 他的理想政体来自对现实政体的考察和提升，而非像柏拉图那样主要来自哲学。他说："政治学术本来是一切学术中最重要的学术，其终极（目的）正是为大家所最重视的善德，也就是人间的至善。政治学上的善就是'正义'，正义以公共利益为依托。"（1282b，14—16）为此，他很明确地将"最优良的政体"与"人类最崇高的生活"勾连在一起。这两者在本源上是互相关联的：在"最优良的政体"之外，无法想望"人类最崇高的生活"。反之，也是如此。这是他在《政治学》第七卷（以及第二卷）讨论理想政体时确定的一个根本基点。这个基点又与另一个原则相关切，即城邦是追求善德的。"凡能成善而邀福的城邦必然是在道德上最为优良的城邦。人如不作善行（义行）终于不能获得善果（达成善业）；人如无善德而欠明哲，终于不能行善（行义）；城邦亦然。"特别是，"一个城邦，一定要参与政事的公民具有善德，才能成为善邦"。（1323b，31—34；1332a，33—34）这个基点和原则，构成了亚里士多德讨论"最优良法治政体"的基石。

对于亚里士多德来说，城邦是人们为了实现至善的生活结合而成的。因此，不仅仅"一个城邦的目的是在促进善德"（1280b，13），而且只有促成善德和幸福的城邦，才有可能成为在道德上最为优良的城邦。按照这个目的和标准，一个城邦的"政治团体的存在并不由于社会生活，而是为了美善的行为"（1281a，3—4）。善德（勇毅、正义、明哲等）的生活，美善的行为（义行），也就是幸福的生活。每个人与每一城邦的幸福正是基于其善德与善行：幸福的多少与善德和善行的多少成正比例。

善德、良善、幸福的生活，也就是人类最崇高的生活，从哪儿来？又如何得到保障？按照亚里士多德的想法，它至少要求拥有那种最优良的政体：

> 关于最优良的政体，有一点是大家明白的：这必须是一个能使人人（无论其为专事沉思或重于实践的人）尽其所能而得以过着幸

福生活的政治组织。(1324a, 22—24)

这里，我们该阐释一个城邦由于什么以及怎样才能享有幸福生活并制定优良政体的要点。……这里，我们所研讨的初意既在寻取最优良的政体，就显然必须阐明幸福的性质。只有具备了最优良政体的城邦，才能具有最优良的治理；而治理最为优良的城邦，才有获得幸福的最大希望。(1332b, 25—26; 1332a, 4—6)

由此，就形成了亚里士多德关于"最理想政体"的一个重要公式，即吴寿彭所归纳的那个公式："(一)政体＝人民生活方式；最优良的政体＝最优良的生活方式。(二)优良(善德)＝幸福(快乐)。合并两公式而言，则最优良的政体＝最幸福(快乐)的生活方式。"[34] 在亚里士多德心目中，公民幸福的关键就是政体的优良性质及其程度。当他追问何为幸福以及何种幸福时，实际上他也是在追问政体问题。这意味着，公民幸福与政体的关系非常密切，而优良政体对于幸福的意义与价值亦十分重大。

追求善德与幸福的最优良政体，亦与法律紧密关联：它必须是法治的。亚里士多德在《尼各马可伦理学》中说："真正的政治家(例如克里特和斯巴达的立法者，以及其他的类似立法者)，都要专门地研究德性，因为他的目的是使公民有德性和服从法律。如果对德性的研究属于政治学，它显然就符合我们最初的目的。"(《尼各马可伦理学》, 1102a, 6—12)《政治学》也再次指出：

优良的立法家们对于任何城邦或种族或社会所当为之操心的真正目的必须是大家共同的优良生活以及由此而获致的幸福。(立法家应该坚持这种不可改变的目的，只)在制定法律的时候，对于某些条例自可各尽其变，以适应不同的环境。(1325a, 7—11)

他认为，法律既不是临时的契约，也不只是"人们互不侵害对方权利的（临时）保证"，其实际的意义"应该是促成全邦人民都能进于正义和善德的（永久）制度"。因此，只要一个城邦真正"操心全邦人民生活中的一切善德和恶行"，就必须得"订有良法而有志于实行善政"。（1280b，5—6，10—13）这是优良的立法家们的神圣使命。通过良法、善政来促进正义和善德、幸福，或许才是亚里士多德倡行法治的最根本的一个缘由与目的。

进一步的问题在于，什么样的政体类型或品种，才称得上最优良的法治政体？对这一问题，亚里士多德有一些明确的答案。他认为，在三种正宗政体中，"最优良的政体就该是由最优良的人们为之治理的政体。这一类型的政体的统治者或为一人，或为一宗族，或为若干人，他或他们都具有出众的才德，擅于为政，而且邦内受治的公众都有志于，也都适宜于，人类最崇高的生活"（1288a，34—38）。这就是说，一人之治的君主政体，少数人之治的贵族政体，以及多数人之治的共和政体，一方面因为公众致力于最崇高的生活，另一方面因为有最优良的君王或政治家，所以它们可以成为最优良的政体。

但亚里士多德更倾向于认为，君主政体尤其是最好的贵族政体，才是最优良的法治政体。共和政体则主要是被视为"可能实现的法治政体"来讨论的。他说："研究所谓最优良的政体实际上就是研究所谓'贵族'和'君主'这两种政体；这两种政体和优良政体一样，都须有必要的条件并以建立社会的善德为宗旨。"（1289a，31—33）这两种政体是与善德、德性即"最优良的人们"相结合的，但又遵循法治。

先来看君主政体。根据亚里士多德，君主政体无疑是"最优良而近乎神圣的正宗类型"（1289a，40）。这当然主要指实行法治的王制。我们知道，亚里士多德主张法治的思想，是在第三卷第十、十一章特别是第十五、十六章之中加以阐明的。对于君主政体，他说，既然"应该让最好的才德最高的人为立法施令的统治者"，那么，"在这样的一人为治的城邦中，一切政务还得以整部法律为依归，只在法律所不能包括而失其权威的问题上才可让个人运用其理智"。（1286a，20—23）简言之，法治的君主政体是最优良的政体。

再来看贵族政体。亚里士多德认为："严格地说，只有一种政体可称为贵族（最好）政体，参加这种政体的人们不仅是照这些或那些相对的标准看来可算是些'好人'，就是以绝对的标准来衡量，他们也的确具备'最好'的道德品质。"（1293b，2—5）[35] 同时，那些以品德为依据，不同于寡头政体和共和政体的品种，尽管不够以上所述的至善标准，但也可以被称作贵族政体。从法治的角度来看，亚里士多德对贵族政体也充满了赞赏和称颂。再者，这种政体的法治很符合他在《政治学》中描述的法治状态：

> （贵族政体这个名词，其意义还有另一方面的延伸，大家认为任何守法的政体都可称作贵族政体。）人们认为政府要是不由最好的公民负责而由较贫穷的阶级作主，那就不会导致法治；相反地，如果既是贤良为政，那就不会乱法。我们应该注意到邦国虽有良法，要是人民不能全都遵循，仍然不能实现法治。……（贵族政体这个名词如引用到法治的意义上，应主要是指已经具备较好的法律的城邦。）（1294a，1—10）

贵族政体以才德为主要特征，其法治也应当是最好的。换句话说，崇尚法治与崇尚才德，在贵族政体中得到了完美的结合。

五　可能实现的优良法治政体

对亚里士多德来说，什么才是优良而可能实现的法治政体？这是一个很现实的问题，政治学理论必须加以探讨。既然政体并非因为实行法治就天生的好，或者说法治政体不一定就是好的，那么，亚里士多德将何种法治的政体视为可以实行的优良政体？他曾经指出："自由人政体实际上比任何专制统治为较多善德，也就是较为优良的政体。"（1333b，27—28）如果再从政体的类型上看，一旦将所有的变态政体排除在外，问题的答案似乎就简单得多了：不就是那些正宗政体吗？但是，是否所有的正宗政体，包括王制（排除"绝对王制"这一品种）、贵族政体与共和政体，都无一例外地可以被看作可能实现的优良法治政体？

毫无疑问，在理论上，亚里士多德把君主政体——主要指实行法治的王制——看作"最优良而近乎神圣的正宗类型"。但是，君主政体是否还继续适宜或者可以普遍适用，亚里士多德是有一些疑问的。

在《政治学》第三卷中，他对各种政体的更替有一段论述，说古代一般通行王制，那时有"卓绝的人物"，其"才德远出于众人之上"，人们让他为王、为统治者，也是合乎正义和恰当的。接着贵族政体出现了，随后兴起了寡头（财阀）政体，再变为僭政，最后是平民（民主）政体。但是，到他那个时代，"各邦的版图既日益扩展，其他类型的政体已经不易存在或重新树立（君主政体也应该是不适宜的了）"。（参见1286b，9—19）他还明确说："王制，在今日业已过时；现世有些称王称孤的政体毋宁都是君主或僭主的个人专制。……因此，人们一般都不会同意谁来做他们的王上。"（1313a，1—7）而且，对那些不赞成君主政体或王制的人们所持的种种主张，如容易背离法治，不能独理万机，不如众人的智虑合起来好，等等，他也是引为同调的。亚里士多德讲过这样一段话：

> 凡是由同样而平等的分子组成的团体，以一人统治万众的制度就一定不适宜，也一定不合乎正义——无论这种统治原先有法律为依据或者竟没有法律而以一人的号令为法律，无论这一人为好人而统治好人的城邦或为恶人而统治恶人的城邦，这种制度都属于不宜并且不合乎正义。（1288a，1—5）

这就是说，即使王制可以适用于某些社会，但它肯定不适合于由平等的公民组成的社会。这种公民的社会，是轮番为治的（人人轮番当统治者和被统治者）社会，所以它只宜于实行"城邦宪政（共和制度）"。（1288a，12）可见，亚里士多德实际上并不认为君主政体是每个城邦、每个社会都可能实现的优良政体。

对于贵族政体与共和政体，亚里士多德无疑是很倾心的。这与他倾向于混合政体有关。在谈到柏拉图《法篇》中的混合政体思想时，他说，"的确有些思想家认为理想的政体应该是混合了各种政体的政体"。据此，他提出了判断理想政体的一个总原则，即"混合"："凡是能包含较多要素的总是较完善的政体，所以那些混合多种政体的思想应该是比较切合于事理的。"（1266a，4—5）·政体的要素，不外"才德""财富"和"人数"（自由公民的人数，故有时被称为"自由"或"自由出身"）三种。各种政体种类及其种属（品种），都是由这三个要素按不同方式组合而成的。如"才德"是贵族政体的主要特征，"财富"是寡头政体的主要特征，"人数"（"自由"）是平民政体的主要特征。而这些政体种类所属的一些品种，又是由这些要素混合而成的。或者这些要素在政体中所占主次地位不同，也就相应地有不同的政体品种。比较典型的是，有的混合了其中的两个要素，如共和政体混合了穷（人数）与富（财富）。有的混合了全部三个要素，如最优良的贵族政体。它们都是混合政体。也正因为如此，亚里士多德认为贵族政体和共和政体都是优良的政体。

亚里士多德也看到，贵族政体与共和政体的确是相近而容易混淆的两种政体。他曾指出："像迦太基那样的政府，同时注意到财富、才德和平民多数三项因素，是尽可称为贵族政体的；又如拉栖第蒙（斯巴达）那样的政体，同时只兼顾才德和平民多数两项因素而类似贤良主义和平民主义两原则混合了的政体，也未尝不可称之为贵族政体。"（1293b，14—18）在这里，迦太基的贵族政体，其实也就是共和政体。而在事实上，"在许多城邦中，所谓共和政体这种类型都假借了一个比较好听的名称。共和政体的本旨只是混合贫富，兼顾资产阶级和自由出身的人们而已；人们见到其中有富人的地位，就联想到贵族为政（由此用上了贵族政体那种比较好听的名称）"。（参见 1294a，14—18；1294b，33—35）为了明确区分贵族政体与共和政体，亚里士多德主张，三要素混合的政体，称为"贵族政体"；而混合了贫、富两要素的政体，叫"共和政体"。

亚里士多德并不看好贵族政体的实现，这是因为，贵族政体"向善的一端都非大多数城邦所能望及"，"所以贵族政体对于我们现在的论题便不相适合"。（参见 1295a，32—35）也就是说，贵族政体并不能成为可能实现的优良法治政体。

于是，亚里士多德认为，我们可以退而求其次：贵族政体趋向于另一端（"人数"或"自由"）的便是"共和政体"。

在共和政体中，亚里士多德突出了中产阶级执掌权力的优越性。他认为，一切城邦中的所有公民，可以分为三个部分或三个阶级：极富、极贫和两者之间的中产阶级。在讨论哪种政体最为优良这个问题时，他提到了节制和中庸的美德。按照这两种美德，由中产阶级掌权的、处于"中间境界"（毋过、毋不及）的政体为较佳。他说："中庸之道有助于政治安定。"而"中产阶级就比任何其他阶级（部分）较适合于这种组成了"。他主张，"就一个城邦各种成分的自然配合说，唯有以中产阶级为基础才能组成最好的政体。中产阶级（小康之家）比任何其他阶级都较为稳定。他们既不像穷人那样希图他人的财物，他们的资产也不像富人那么多得足以引起穷人的觊觎。既不对别人抱有任何阴谋，也不会自相残害，他们过着无所忧惧的平安生活"。在一个城邦中，强大的中产阶级足以抗衡或平衡城邦内的富人和穷人这两个部分，防止这两种极端力量走向冲突与对抗，从而使政治不至于蜕变为"权门政治"或者"极端平民政体"这两种极端的状态。极穷的人与极富的人，总体上几乎是天敌，如果没有中产阶级对这两个阶层起着平衡器的作用，任何一方获得过于重大的优势地位，都将破坏政治稳定和社会秩序。希腊城邦中不乏这样的事例：由极富的人掌权的寡头政体，以及由极贫的人掌权的绝对平民政体，因趋向于两个极端，所以都容易导致内乱与邦国的毁灭。一个社会贫富及其力量的悬殊，从来都是激烈斗争与革命的渊薮，因而也是社会冲突和政府崩溃的一大根源。只有中产阶级有力量和意愿消除这一内乱的根源。同时，"唯有中间形式的政体可以免除党派之争；凡邦内中产阶级强大的，公民之间就少党派而无内讧"。亚里士多德看到，一个邦国的内讧，"都常常以'不平等'为发难的原因"，或者说，"内讧总是由要求'平等'的愿望这一根苗生长起来的"。不仅如此，"共和政体中的各个因素倘使混合得愈好愈平衡，这个政体就会存在得愈久"。（参见 1295b，28—33；1297a，6—7；1301b，27—31）共和政体既可以使政治安定，也可以使城邦达成长治久安，是各种政体中最为稳定的。此外，历史上，中产阶级优胜于其他阶级的一个例证是：最好的立法家都出身中产家庭（中等公民），如雅典的梭伦、斯巴达的莱喀古斯以及其他大多数的立法家。凡此种种，使亚里士多德看到：

> 很明显，最好的政治团体必须由中产阶级执掌政权；凡邦内中产阶级强大，足以抗衡其他两个部分而有余，或至少要比任何其他单独一个部分为强大——那么中产阶级在邦内占有举足轻重的地位，其他两个相对立的部分（阶级）就谁都不能主治政权——这就可能组成优良的政体。所以公民们都有充分的资产，能够过小康的生活，实在是一个城邦的无上幸福。（1295b，35—40）

这就容易形成一种优良的中间性质的混合政体形式，即共和政体。这一政体，就是一种可能实现的优良政体。

进一步来说，如果把中产阶级执掌政权的共和政体视为可能实现的优良政体，那么就可以据此确定各种政体及其品种的品质高低、价值大小以及先后次序。亚里士多德提出的判断方法是："依通例说，不问各邦的特殊情况怎样，凡是和最好政体愈接近的品种自然比较良好，凡离中庸之道（亦即最好形式）愈远的品种也一定是恶劣的政体。"（1296b，

7—9）他举例说，最好的寡头政体，即"中产性质的寡头政体"，乃是"密切地接近于所谓'共和政体'的"（1320b，20—21）。依此类推，第一种最好的平民政体，也是很靠近共和政体的。因此，这两个品种总是品质较高、价值较大，是良好的政体，排序应紧接共和政体之后。与此相反，寡头政体中的权门政治和平民政体中的极端民主制，则离共和政体最远。所以，它们又总是品质最低、价值最小，是恶劣的政体，排序应为最后。

然而，共和政体就必定是法治的政体吗？《政治学》并未明确说共和政体是否为法治的政体。但是，根据亚里士多德的相关论述，我们合理推断，它应是实行法治的政体。这一推断可以从三个层次上进行。

第一，在所有的正宗政体中，除了君主政体中的绝对王制这个品种属于非法治的政体之外，其余全部都是法治政体，故可推测共和政体亦当被认定为法治政体。

第二，共和政体所混合的平民政体与寡头政体，其品种大多是属于实行法治的，故而也应该可以混合这两者中那些法治的因素。平民政体的特征是自由，寡头政体的特征是财富。在大多数城邦中，都存在混合富人和穷人、财富和自由的共和政体。"凡是一个业经混合平民和寡头主义的政体，人们倘使称它为平民城邦，或者称它为寡头城邦，几乎不可辩明，这必然是混合得很周到了。这样的混合已拼成一个中间体系：两端都可由中间体追寻其痕迹（所以大家有时就两用那原有的名称）。"（1294b，15—19）不论是偏重于财富，还是偏重于自由，都倾向于实行法治。

第三，进一步来看，共和政体力图排除的品种，正是非法治的。虽然寡头政体中有权门政治这一品种，平民政体中有极端平民政体这一品种，这两个品种都是非法治的政体；但是在实际上，由这两个极端的品种混合而成某种共和政体，几乎是不可能的。亚里士多德明确指出，极富的人们和极贫的人们，"要是想在'共和政体'以外，另外创立一类更能顾全贫富两方利益的政体，这必然是徒劳的"（1297a，2—3）。毋宁说，共和政体正是要防止这两个极端品种的出现。况且，亚里士多德本来就说过，这两种极端形式的复合，只能产生僭政或僭主政体，而不可能是共和政体。[36]

　　总而言之，有可能出现的共和政体，包括其各式的品种，必定是实行法治的政体。这是指，在一个存在强大中产阶级的国家，最容易保持极富与极贫两种力量的并存和均势，从而形成法治，并尊崇和维持法治。正如萨拜因所说："为了达致稳定，可欲的做法是：一个政体应当允许这两种因素并存，并使一种因素与另一种因素保持平衡。由于在一个存在着庞大中产阶级的国家里最容易做到这一点，所以这种国家在所有切实可行的政体中是最安全和最守法的政体。"[37] 就此而论，亚里士多德的一个重要理论贡献，就是阐释了由中产阶级主政的法治政体。因受到亚里士多德的启发，时至当代，许多人仍然把民主与法治的希望寄托于中产阶级。

六　建立、保全和巩固法治政体的正当方法

　　如上所述，亚里士多德虽然讨论了最优良政体，但他又认为，最优良政体并非任何城邦都能够建构和发展出来的，仅仅思虑与迷恋最优良政体显然不是政体哲学的唯一目的，所以还应该研究可能实现的政体，以及如何创制和维护这样的政体。"亚里士多德的政治学，旨在教导人们如何维护和改进政体，将偶然性对人类事务的影响降到最低。"[38] 回到法律的问题上来，他也建议："具有这些智虑的政治学者也应该懂得并分别最优良的理想法律和适合于每一类政体的法律。"（1289a，13—14）按照他的观点，法律是理所当然应与政体相适应的，并且应当有助于政体的维持与巩固。

　　这些精湛、透彻且富有现实关怀的见解，以及他据此对怎样建立与巩固政体及其法治进行的思考，同样是极其重要的。在这里，我们要特别留意《政治学》中的一些相关段落，看看亚里士多德关于政体与法治

合体或整合加以思考的逻辑，从而对前述的内容有所补充。

制约权力的良方

在《政治学》中，亚里士多德对斯巴达的监察制度和"双王制"给予了高度肯定和评价，他指出："从现行制度上看来，当初立法者也明明知道不能保证各代君王个个都光明正直（所以订立监察制度时，检查也及于王室）……一般人对于两王并立的制度也认为是立法者存心利用两王的对峙，借以保持斯巴达政体的平衡。"（1271a，21—26）由此看来，用权力制约、监督权力，其实是很古老的观念与制度。在政体结构中制约权力，不仅是构造权力体系与法治的一大关键，而且是维持和巩固政体与法治的一个良方。因为不受政体结构约束的权力，不免会破坏政体与法治。如中国古代的商鞅，作为杰出的变法家，既没有权力制衡的观念，也不可能想到"双王制"这样的法子，遭遇无解的"难题"——"法之不行，自上犯之""无使法必行之法"——自然就是顺理成章的事。

再进一步来看《政治学》中记载的一则安蒂叙尼寓言，该寓言说："当群兽集会，野兔们登台演说，要求兽界群众一律享有平等权利，雄狮就说，你可也有爪牙么？"（1284a，15—16）意思是，你怎么能与我平起平坐呢？这不能不是一个十分重大的问题：在一个追求平等——包括规则面前兽兽平等——的兽界，那些没有"爪牙"（尖爪利牙）的野兔们，如何不让拥有"爪牙"的雄狮们高居特权地位，并且制止它们的张牙舞爪的行径和违法乱纪？如果不能解决这一问题，野兔们的生存都很难保障，更遑论什么平等了。我们可以看到，在古希腊的城邦中，野兔们拥有一种有效的办法，这就是诉诸"陶片放逐法"。虽然这一防止寡头或僭主的法律，时常被滥用于党争，"但为了保持一个政体，使它不致轻易被邦内的某些人所倾覆，那么这仍然是一种不得已而求其次的可取的手段"（1284b，17—18）。

可见，兽界的兽众在类似于人类平民政体的"平兽政体"之下要当家作主，享有平等权利，并且实行法治，有时只需要一两个看起来不免稀松平常但其实又强有力的最后手段即可。而假如没有这样的手段，当然就轮到雄狮们发出嘲笑了："你可也有爪牙么？"这还不够，它们还会再放肆而轻蔑地哼哼一声："你们凭什么把我们关进'笼子'里而又不让我们随时冲出笼子呢？"

法律应为保持政体提供有效的补救手段

亚里士多德在《政治学》第三卷中建议："立法者最好在创制法律的起初就给本邦构成良好的体系。"（1284b，15—18）与此同时，立法者还要为保持一个政体而提供有效的补救手段。这是他在分析平民政体各城邦创制"陶片放逐法"的理由之后发出的建议。《政治学》第五卷也写道，对于创制政体的人来说：

> 怎样维持所创立的政体不致衰亡，才是真正的要图。一个城邦，在任何品种的政体之下，总可存在两天或三天（但必须是能够经受时代考验的制度方才实际上可说是一种政体）。所以，立法家应慎重注意各政体所以保全和倾覆的种种原因……他们应该根据那些要领尽心创制一个足以持久的基础。他们应该对于一切破坏因素及早为之预防；他们必须为他们的城邦订定整部习惯（不成文法）或成文律，垂之后世，在这部法典中，必须特别重视一切为之保全的方法。（1319b，35—1320a，1）

立法家最重要的使命，不是制定几条刑事、民事法律，而是创制良好的"政体法"，为城邦提供一个优良的政体。而一个好的政体，至少必须有两个方面：一方面是在建立之时要尽可能奠定良好的制度体系，作为政体稳固的基石；另一方面，还要预备这些制度一旦遭到严重损害时拥有可靠的拯救方法。这就是所谓制度上的"应急预案"或"危机应对"之法。否则，这个政体一旦遇到危急时刻，就难免毁灭。

怎样保持法律至高无上的权威

《政治学》第四卷说："法律应在任何方面受到尊重而保持无上的权威。"（1292b，31—32）又说，"我们应该注意到邦国虽有良法，要是人民不能全都遵循，仍然不能实现法治"。（1294a，3—4）这是法治的一个普遍要求和一条普遍规律。但是，问题在于，何以保持法律至高无上的权威？怎样让人民全部遵循法律？为此，学者们提出了种种的办法，例如学习、教育、整训、改造、惩罚、入狱、杀头等等。那么，政体呢？法律至上与人民遵循法律，是否与政体有关？亚里士多德对此也是有一些论断的。他指出，公民平等、轮番为治的政体，就是"以法律为治"了，因为"建立（轮番）制度就是法律"（1287a，18—19）。每个公民通过这个制度轮番为治，正好受法律的训练和法治的实践，遵循法律就成了一种生活。反之，像权贵政治与极端平民政体这样的政体，寡头与平民的权力可以超越法律，甚至凌驾于法律之上，哪里会有人民对法律的遵循？法治的政体，才是统治者和人民都能守法并护卫法治的根本所在。

怎样才能保护和维持一个法治的政体？

《政治学》第五卷认为，"应该明白：考察清楚了政体所由破坏的原因，我们就可凭以找到加以保存的途径"（1308a，27—28）。根据这一原理，亚里士多德提醒我们，有若干方面是必须注意的。

第一，要在一开始并在小节上就坚决保障法律的不可侵犯。

对于各个要素（部分）业经调和好了的政体，最切要的事情莫过于禁绝一切违法（破坏成规）的举动，尤其应该注意到一切容易被忽视的小节。越轨违法的行为常常因事情微不足道而被人疏忽，这有如小额费用的不断浪掷，毕竟耗尽了全部家产。由于款项不是在同一时间大笔支出，人们总觉得钱少故不必计较；……"所积聚者虽属诸小，但诸小既积，所积就不小了"。所以大家应该防止在小节上的越轨违法举动的开端。（1307b，30—40）

违法也是一种严重的传染病、扩散病和膨胀病，只要早先发生的哪怕是小小的违法被放过，那就等于打开了后续更多违法的大门。所谓"积重难返"，就是这个意思。一个不容忽视的政治通例是："小节的怠忽往往逐渐积成后患，终至酿成大变。"（1303a，20—21）因而"各种政体不注意小节都可以成为革命的导火线"（1307a，40—1307b，1）。2011年的"突尼斯革命"，就是如此。其最直接的起因，不过是一名无经营许可证件的小贩（名叫穆罕默德·博阿齐齐 [Mohamed Bouazizi]），其水果被执法部门没收，起而抗议遭遇"粗暴执法"和"不公正待遇"，结果自焚而亡。这为亚里士多德提供了一个现代的注脚。

第二，防范特权和贪污。亚里士多德说："应该特别注意，一个城邦要有适当的法制，使任何人都不至于凭借他的财富和朋从，取得特殊的权力，成为邦国的隐忧。"（1308b，16—18）同时，还要遵循"为政最重要的一个规律"，就是"一切政体都应订立法制并安排它的经济体系，使执政和属官不能假借公职，营求私利。在寡头政体方面，对于贪污问题更加应该注意"。（1308b，32—34）特权和贪污腐化是任何政体下的人民都深恶痛绝的。特权原本就是法治的对立物，所以任何法治的政体当然要予以防止，除非某个政体本身恰恰是一个特权政体。贪污腐化也是一个国家严重的病灶与沉疴。

许多人以为，这类伤害邦国及其法治的恶劣现象，是由于官员的素质不好，或者是官员的作风出了问题。于是，解决办法不是学习道德，就是整肃风纪。其实，这类现象总是会关联到政体的安排以及法制的体系之上。亚里士多德早就已经指出：

> 凡当权的人既行为傲慢而又贪婪自肥，公民们一定议论纷纭，众口喧腾，不仅会指摘这些不称职的人，而且进一步也批评授权给这些人们的政体。（1302b，7—9）

当今世界，面对层出不穷的特权与贪污，一些国家的一些人为了维护某个政体，费尽心思将这些现象同这个政体切割开来，试图撇脱或切割这些现象与政体的关系，以减去这个政体的压力与罪责。与此同时，这些人还拼命将一个社会的所有进步与成就，都宣示为这个政体的伟大功绩与光辉灿烂。当然，在这个过程中，又不可避免要不遗余力地攻击另外的政体，断言某个国家的争吵、低效率、一切乱象、丑态与违法犯罪乃至各种危机等的祸源，就是这个国家实行的政体。这些既切割又粘连的方式，令人眼花缭乱，唯一的目的只是为了想要赞美与维持某种政体。按照亚里士多德，维护一个政体的更有效的办法，应是在政体与法制上做好预先的安排，从而防止那些恶劣现象的发生，并且在这些现象发生之际有效地加以惩治。

第三，法制应得到人民的拥护。《政治学》第五卷指出："一般政体所建立的各种法制，其本旨就在谋求一个城邦的长治久安；大家拥护这些法制，一个政体可得维持于不坠。"所谓"大家"拥护，是指多数的拥护，亦即"在于保证一邦之内愿意维持这一政体的人数超过不愿意的人数"（1309b，15—18）。[39] 反过来讲，如果法制得不到大家拥护，法治无以维持，这个政体就很难不坠亡。

如何才能让人民拥护法制呢？亚里士多德讲到的一点，很值得注意，这就是："我们应该记住，一切欺蒙人民的方法都不足置信。世人的经验已证明这些诡计并无实效。"（1308a，1—2）所谓"言必行，行必果"，这在法治的问题上也一样。政府对待法律的态度与行为，往往决定着人民对待法律的态度与行为。政府的"法治赤字"，必将毁掉人民对法律的信任与忠诚。所以，政府的法治信用，包括司法的公信力怎么样，既是检验这个政府是否施行法治的一大标准，也是法治成功的一大关键。

第四，实施与政体精神相适应的公民教育。《政治学》第五卷特别提醒，在保全政体的各种方法中，"最重大的一端还是按照政体（宪法）的精神实施公民教育"。这是因为，"即使是完善的法制，而且为全体公民所赞同，要是公民们的情操尚未经习俗和教化陶冶而符合于政体的基本精神（宗旨）——要是城邦订立了平民法制，而公民却缺乏平民情绪，或城邦订立了寡头法制而公民却缺乏寡头情绪——这终究是不行的"。为此，势在必行的一个举措，是"培养公民的言行，使他们在其中生活的政体，不论是平民政体或者是寡头政体，都能因为这类言行的普及于全邦而收到长治久安的效果"。（参见 1310a，12—23）

按照政体的精神教育公民，并不仅仅是让公民掌握这个政体及其法律的基本知识，更重要的是培养公民与这个政体的精神相匹配的气质、风尚、性格、情操、态度和行为习惯。

> 邦国如果忽视教育，其政制必将毁损。一个城邦应常常教导公民们使能适应本邦的政治体系（及其生活方式）。同某些目的相符的（全邦公众的政治）性格（情操）原来为当初建立政体的动因，亦即为随后维护这个政体的实力。平民主义的性格创立了平民政体并维护着平民政体；寡头主义的性格创立了寡头政体并维护着寡头政体；政体随人民性格的高下而有异，必须其性格较高而后可以缔造较高的政治制度。（1337a，11—19）

比如，亚里士多德指出："平民主义政体的精神为'自由'。通常都说每一平民政体莫不以自由为宗旨（目的），大家认为只有在平民政体中可能享受自由。"（1317a，40—1317b，2）按照亚里士多德的见解，民主政体要靠对公民的自由、民主教育来维持，如同专制政体要靠对臣民的专制教育来维持。仅从这个方面来看，只有自由、民主的教育，才能真正培植巩固民主政体并使之继续运作下去的内在动力，以及造就完善、改革民主政体的推动力。民主政体的保全与维持，当然不能依赖于专制教育。反之，专制政体又岂能依靠自由、民主的教育来予以保全与维持？

亚里士多德的见解，必将引发两点思考：第一，这是否意味着，一个政体的真正精神到底是什么，无须听取人们的喋喋不休，而只要看一看实行这个政体的国家试图对公民开展什么样的教育，意图培养什么样的公民，也就可以弄得一清二楚了？这就是所谓"观其行以识其意"。第二，如果公民教育与其政体的精神反其道而行之，那么这不仅会阻碍这个政体的正常运行，而且将为破坏、毁弃这个政体创造条件和准备能量？例如，"圣王"教育与规训、恐吓之风气盛行的国度，法治有什么希望？对此，18世纪的孟德斯鸠也将为我们提供他的思考和答案。

以上所述，应该也可以适用于法治政体与人治（专制）政体的保全和维持。

注释

1 [美] 史蒂芬·B. 斯密什：《耶鲁大学公开课：政治哲学》，第 78—79 页。

2 [英] 克里斯托弗·罗、马尔科姆·斯科菲尔德主编：《剑桥希腊罗马政治思想史》，第 292 页。

3 参见 [美] 乔治·霍兰·萨拜因著，托马斯·兰敦·索尔森修订：《政治学说史》（上卷），第 127—128 页。

4 吴恩裕：《论亚里士多德的〈政治学〉》，第 2 页。转见《政治学》。

5 参见汪子嵩等：《希腊哲学史》第 3 卷，载《亚里士多德》（下），第 1050、1051、1099、1120 页。

6 本章所引《政治学》一书，据 [古希腊] 亚里士多德：《政治学》，吴寿彭译，商务印书馆 1965 年版，在引文后注明边码（页码与分栏及行数），而不再一一详注。

7 参见 [美] 史蒂芬·B. 斯密什：《耶鲁大学公开课：政治哲学》，第 89 页。

8 陈思贤认为："今日我们多将 constitution 一词译为宪法，取其为'国家根本大法'之意。然而考其原义，殆为'政体建构'——一群人如何'结构'而成一'政治体'（body politic）。Constitution 之概念乃从古希腊字 politeia 发展而来，politeia 意即今之 polity，指的是政体的各种'形式'，如 monarchy, aristocracy, oligarchy, democracy 等。"（陈思贤：《政治、政体建构与宪法》，载《西洋政治思想史·古典世界篇》，吉林出版集团有限责任公司 2008 年版，第 205 页）

9 [古希腊] 亚里士多德：《修辞术》，颜一译，载《亚里士多德全集》（第 9 卷），中国人民大学出版社 1994 年版。

10 [美] 大卫·福莱主编：《从亚里士多德到奥古斯丁》（《劳特利奇哲学史》第二卷），冯俊等译，中国人民大学出版社 2004 年版，第 155 页。

11　亚里士多德哲学中讲的"形式"是与"质料"相对应的。"亚里士多德断定,一个本体并非只是二个单元的质料,而是用质料来体现的一种可理解的结构或形式(eidos)。虽然这种形式完全是内在的,而且并不脱离其物质化身而独立存在,但是,正是这种形式赋予本体以独特的本质。因此,一个本体并非只是简单地与它的一些性质和其他一些范畴相比,是'这个人'或'这匹马',因为决定这些本体之所以为这些本体而非别的东西的,是它们的质料和形式的特定构成——即这样一种实际情况:它们的物质基质已因一个人或一匹马的形式而被构建。不过,形式在亚里士多德看来,并不是静止的,尤其在这里,亚里士多德不仅保持了柏拉图哲学中的某些成分,而且还添加了一个崭新的方面。因为按亚里士多德的观点,形式不仅赋予一个本体以基本结构,而且还赋予它发展的动力。"简单地说,"质料"是指材料或事物的构成成分,"形式"则是指性质、本质所是或被构成的事物本身。参见[美]理查德·塔纳斯:《西方思想史——对形成西方世界观的各种观念的理解》,吴象婴等译,上海社会科学院出版社 2007 年版,第 61—62页。另可参见[美]加勒特·汤姆森、马歇尔·米斯纳:《亚里士多德》,张晓林译,中华书局 2002 年版,第 62—64 页。这就是说,用我们熟悉的话语讲,亚里士多德说事物的"形式",是指构成该事物的本质。

12　[美]萨克森豪斯:《惧怕差异——古希腊思想中政治科学的诞生》,曹聪译,华夏出版社 2010 年版,第 252 页。

13　朱柯特:《亚里士多德论政治生活的限度与满足》,孔许友译,载刘小枫、陈少明主编:《政治生活的限度与满足》,华夏出版社 2007 年版,第 3—4 页。

14　[荷兰]彼得·梅尔:《比较政治学:综述》,载[美]罗伯特·古丁、汉斯-迪特尔·克林格曼主编:《政治科学新手册》(上册),第 443 页。

15　参见[英]W. D. 罗斯:《亚里士多德》,王路译,商务印书馆 1997 年版,第 260 页。

16　亚里士多德在《修辞术》中也指出这一点:"在君主政体下,正如其名称所示,是一个高踞万人之上;其中一种是受某种律例限制的君主制,一种是没有任何限制的独裁制。"(1365b, 37—1366a, 2)([古希腊]亚里士多德:《修辞术》,中国人民大学出版社 1994 年版)

17　参见[美]乔治·霍兰·萨拜因著,托马斯·兰敦·索尔森修订:《政治学说史》(上卷),盛葵阳、崔妙因译,商务印书馆 1986 年版,第 127 页。邓正来译本将此处的 the constitutional rule 译为"宪政统治"而非"法治"。

18　[美]列奥·施特劳斯、约瑟夫·克罗波西主编:《政治哲学史》,第 135 页。

19　正如卡恩斯·劳德指出:"亚里士多德的主要兴趣在于改造现存的政体,这一点对于理解他的全盘研究来说是至关重要的。有一种流行的看法,认为《政治学》卷四至卷六中对现存政体分析的兴趣在于科学分类,而根本不关心诸种政体的相对品位和价值。与这种通常的看法相反,亚里士多德的分析一开始就有这样的指导思想,即最好的或最可能好的政体的实现虽然确是人们梦寐以求的,但其实现的途径却可能是在现存法律和政治理念的框架内的渐进改良,而不是宣布激进的乌托邦方案。"([美]列奥·施特劳斯、约瑟夫·克罗波西主编:《政治哲学史》,第 131 页)

20　参见[美]列奥·施特劳斯:《自然权利与历史》,第 141—144 页。

21　参见 [美] 列奥·施特劳斯：《自然权利与历史》，第 141 页。

22　参见 [美] 列奥·施特劳斯：《自然权利与历史》，第 143 页。

23　[美] 列奥·施特劳斯：《自然权利与历史》，第 143 页。

24　参见 [英]W. D. 罗斯：《亚里士多德》，第 281、283 页。

25　亚里士多德在第三卷第十八章中也指出："如果一个家族，或竟是单独一人，才德远出于众人之上，这样，以绝对权力付给这个家族，使成王室，或付给单独一人，使他为王，这就是合乎正义的了。……整体总是超过部分，这样卓绝的人物，他本身恰恰是一个整体，而其他的人们便类于他的部分。唯一可行的办法就是大家服从他的统治，不同他人轮番，让他无限期地执掌治权。"（1288a，17—29）

26　参见巴特莱特：《亚里士多德的最佳政制学》，李世祥译，载刘小枫、陈少明主编：《政治生活的限度与满足》，华夏出版社 2007 年版，第 43、45 页。

27　[英]W. D. 罗斯：《亚里士多德》，第 281 页。

28　参见巴特莱特：《亚里士多德的最佳政制学》，第 44 页。

29　参见 [美] 茱迪·史珂拉：《政治思想与政治思想家》，左高山等译，上海人民出版社 2009 年版，第 24 页。

30　本章所引《尼各马可伦理学》一书，据 [古希腊] 亚里士多德：《尼各马可伦理学》，廖申白译注，商务印书馆 2003 年版，在引文后注明边码（页码与分栏及行数），而不再一一详注。

31　参见刘玮：《亚里士多德的灵魂城邦类比》，《政治思想史》2013 年第 1 期。

32　可参见颜一、秦典华译本，该译本将此句译为："看来人们的指责是不无道理的，即这种性质的平民政体根本就不成其为一个政体，因为在法律失去其权威的地方，政体也不复存在了。"参见颜一编：《亚里士多德选集》（政治学卷），中国人民大学出版社 1999 年版，1292a，30—32。

33　萨拜因指出："亚里士多德的政治理想之所以不能归结为对一个理想国的阐释，其原因现在应该是很清楚了。理想国所代表的是他从柏拉图那里继承来的一个政治哲学概念，而这个概念实际上是与他的天赋不相投合的。他愈是努力建构一种独立的思想和调查研究方式，他就愈是转向对各种现实的政体进行描述和分析。由他和他的学生们收集的篇幅庞大的一百五十八部宪法史文献标志着其思想的转折点，并给人们开放出了一个更为宽泛的政治理论观念。这并不意味着亚里士多德自此以后只从事描述的工作。这个新的政治理论观念的实质在于：把经验调查与对政治理想的较为思辨的思考结合起来。道德理想——法律的至上性、公民的自由和平等、立宪政体、人在文明生活中的不断完善——在亚里士多德那里始终是国家应当存在以求达致的目的。他所发现的是：这些理想在实现的过程中极其复杂，从而需要进行无数的调整以适应实际统治的各种情势。理想绝不像柏拉图的模式那样只是存在于天城之中的东西，而是一些在各种切实存在的机构或制度中发生作用并经由这些机构或制度发挥作用的力量。"参见 [美] 乔治·霍兰·萨拜因著，托马斯·兰敦·索尔森修订：《政治学说史》（上卷），第 143 页。

34 [古希腊] 亚里士多德:《政治学》, 第 383 页注①。

35 据刘玮考察,"'贤人制'(*aristokratia*)这个词的词根 *aristos* 本身的意思就是最好的、最高贵的、最卓越的, 因此, 这个政体的字面含义就是'由最好的人进行统治', 而且这里的'最好'正是在'德性'(卓越)意义上的好"。

36 "僭政则为寡头和平民两政体的极端形式的复合; 所以这比任何其他统治制度都更加有害于它的人民。僭主政体由两种恶劣的体系合成, 也就兼备了那两者的偏差和过失。"(1310b, 3—6)

37 [美] 乔治·霍兰·萨拜因著, 托马斯·兰敦·索尔森修订:《政治学说史》(上卷), 第152 页。

38 [美] 尼柯尔斯:《苏格拉底与政治共同体——〈王制〉义疏: 一场古老的论争》, 王双洪译, 华夏出版社 2007 年版, 第 209 页。

39 《政治学》第二卷说:"一个政体如果要达到长治久安的目的, 必须使全邦各部分(各阶级)的人民都能参加而怀抱着让它存在和延续的意愿(这种意愿, 在斯巴达的各个部分是具备的): 两王满足于这种政体所给予的光荣, 勋阀贵族乐意于长老院可以表达各人的意见, 各人则可凭其才德而受任为长老; 对平民大众而论, 则人人都有被选为监察的机会, 他们既乐意于监察制度, 也就乐意于这一政体了。"(1270b, 19—26)

附录：亚里士多德的"法治政体"与"非法治政体"列表[1]

类型	种类	种类总述	种差（品种）	特性[2]	原因[3]
法治政体	正宗政体：君主政体（王制）	有一些"依法为政的君王"（或译"有限君王""立宪君主"），即"为政遵循法律、不以私意兴作的君王"。"即使这个处在至尊地位的君王，绝不怀抱私意，毫无法外行动，他一切措施全遵循法律，也得有一支侍卫武力，以保障他执行这些法律。"（1286b，31—34；1287a，1）而值得注重的是：非希腊民族（蛮族）的王制和"民选总裁制"也是两种僭政，它们"都保持着法治的精神，它们的性质就类似君主政体，也可以混称为君主政体"。它们"都可以说是半王半僭的制度——其建制既出于民意，其为政也遵循法治，这合于君主政体"。（1295a，8—14）	拉根尼（斯巴达）	这是"君主政体的真实典型；但斯巴达王没有绝对的治权"（1285a，4—5）。	"古代各邦一般都通行王制，王制（君主政体）所以适于古代，由于那时贤哲稀少，而且各邦都地小人稀。另一个理由是古代诸王都曾经对人民积有功德，同时少数具有才德的人也未必对世人全无恩泽，但功德特大的一人首先受到了拥戴。"（1286b，8—11）
			非希腊民族（蛮族）的王制（权力类似于僭主），具有僭政性质	该政体"出于成法"，"遵循成法而世代嗣续"，"依照国法统治着自愿从属的臣民"。（1285a，21—25）"凭成法进行统治"（1285b，22）	
			古代希腊各邦的"民选总裁（民选邦主）制"	公推且"依法受任"（1285a，31—33）。但"具有专制（独断）的权力，这就似乎僭政"（1285b，2—3），故而"只能算是一种公推的僭主"（1285b，24）。它与罗马的"狄克推多制"（独断制）相同，世人往往视为僭主。	
			史诗（英雄）时代的王制	"它根据成法，其统治符合于臣民的公意"（1285b，4—5）。	
	正宗政体：贵族（贤能）政体	"贵族政体原来是对那些最好的人给与最崇高的地位"（1293b，39—40）。"贵族政体的主要特征是以才德为受任公职（名位）的依据"（1294a，10）。	贵族政体的品种，吴寿彭注②归纳为四种：以善德为主；兼备财富、美德和多数（平民）；兼以善德和多数；混合寡头与善德。	"贵族政体具有守法精神和崇尚才德两优点。"（第199页吴寿彭注①）"贵族政体这个名词，其含义还有另一方面的延伸，大家认为任何守法的政体都可称作贵族政体。……贵族政体这个名词如引用到法治的意义上，应主要是指已经具备较好的法律的城邦。"（1294a，1—10）	"人们认为政府要是不由最好的公民负责而由较贫穷的阶级做主，那就不会导致法治；相反地，如果既是贤良为政，那就不会乱法。"（1294a，2—4）

类型	种类	种类总述	种差（品种）	特性	原因
法治政体	变态政体：寡头政体	"如果有产者执掌这个政治体制的最高权力，就成为寡头（少数）政体。"（1279b，16—18）"任何政体，其统治者无论人数多少，如以财富为凭，则一定是寡头（财阀）政体。"（1279b，40—1280a，1）"'寡头政体'一词的确解应该是富有而出身（门望）较高——同时又为少数——的人们所控制的政体。"（1290b，19—20）"凡不是容许任何公民一律分享政治权利的应该属于寡头性质。"（1292b，31—32）	中产性质的寡头政体	"凡属小康（有产）之家便一律容许有政治权利。既然参政的人有这么多，统治的权威也就不能由个人操纵，而只有寄托于法律了。"（1293a，15—17）	"他们所有的财产虽足以应付生计，并不依赖国家的津贴，却也并不终岁闲适，天天可以处理公务，所以他们都宁愿安于法治，而不要各自逞其个人的私意。"（1293a，18—20）
			较富者掌权的寡头政体	"还不足以废弃法律而凭他们这部分人的意志专断行事。"（1293a，24）	"他们的势力加强，就要求较大较多的政治权利；他们掌握着容许其他部分（阶级）进入公民团体与受任公职的实权。但他们的势力还不足以废弃法律而凭他们这部分人的意志专断行事，因此他们制定了一些有利于他们操纵政权的条例。"（1293a，22—25）
			巨富者掌权的寡头政体	"虽然他们还是依据法律施政，可是，甚至于像公职由父子世袭这样的条例也制定而且颁行了。"（1293a，28—29）	"有产者人数更少而各家的资产则更大，他们的势力也更强了。于是这些寡头统治者就力求操纵一切公职……"（1293a，26—28）
	正宗政体：共和政体	"波里德亚"（"共和政体"），实际上是"混合政体"；"共和政体的本旨只是混合贫富，兼顾资产阶级和自由出身的人们而已"（1294a，16—17）。"所以，我们显然应该用共和政体一词来称呼贫富两要素混合的政体"（1294a，21—23）。这种政体，也可以说是平民政体与寡头政体的混合，"这样和合两体而成为中性的方法就是共和政体的本质"（1294b，1）。有时与贵族政体的品种，如兼备财富、美德和多数（平民）的贵族政体以及兼以善德和多数的贵族政体相混淆。			

类型	种类	种类总述	种差（品种）	特性	原因
法治政体	变态政体：平民政体	"任何政体，其统治者无论人数多少，……如以穷人为主体，则一定是平民政体。"（1279b，40—1280a，2）"'平民政体'一词的确解应该是自由而贫穷——同时又为多数——的人们所控制的政体。"（1290b，17—19）"因为平民总是占据多数，由多数的意旨裁决一切政事而树立城邦的治权，就必然建成为平民政体。"（1291b，36—37）"容许任何公民一律参加的就都属于平民性质。"（1292b，32）	最严格地遵守平等原则的品种	"在这种城邦中，法律规定的所谓平等，就是穷人不占富人的便宜：两者处于一样的地位，谁都不做对方的主宰。"（1291b，31—32）	
			以低微财产作为担任公职资格的品种	"乐于让法律树立最高的权威。"（1292b，28）	"当农民和家境小康的人们执掌政权时，他们的政府总是倾向法治。他们在家业上虽然能够营生，却没有多少闲暇可以从政，于是他们乐于让法律树立最高的权威……"（1292b，26—28）
			出身无可指摘的公民都能受任公职的品种	"其治理则完全以法律为依归。"（1292a，2）	这类公民"依法都能享有政治权利，但实际上必须是有余暇的人们才真正出而从政。因为城邦没有公款（供应平民们，使他们有从政的余暇），这种平民政体也尊重法律为最高权威。"（1292b，37—39）
			凡属公民就人人可以受任公职的品种	"其治理仍然完全以法律为依归。"（1292a，4）	"凡属自由人出身（血统）一律可享政治权利；但由于上面已经说明的原因，这里也不是个个都实际从政；这一种也必然以法律为至上。"（1292b，39—40）
	正宗政体：君主政体	具有绝对权力的君主（"全权君主"），"由他一人代表整个民族或整个城市，全权统治全体人民的公务；这种形式犹如家长对于家庭的管理"（1285b，27—29）。	绝对王制	在这种政体中，君主"全权统治全体人民的公务"（1285b，28—29），而且，"在这种政体中，君主用个人的智虑执行全邦一切公务"（1287a，10—11）。	

类型	种类	种类总述	种差（品种）	特性	原因
法治政体	变态政体：僭主政体	"在各类政体中，僭主政体（完全没有法度）就不像一个政体。"（1293b，29—30）"僭主政体是一人（君主）统治，依据专制的原则（以主人对待奴隶的方式）处理其城邦的公务"（1279b，15—16），这是"真正僭政的典型"（1295a，16）。	绝对僭主	"当单独一个人统驭着全邦所有与之同等或比他良好的人民，施政专以私利为尚，对人民的公益则毫不顾惜，而且也没有任何人或机构可以限制他个人的权力，这就成为第三种僭主政体。"[4]（1295a，17—20）	
	变态政体：寡头政体	该种寡头政体的特点是统治者们拥有绝大的财产和众多的附从（党羽）。它类似于"僭政"或"极端平民政体"。	权门政治或权阀政治	"个人的意旨竟然凌驾于法律之上。"（1292b，6—7）"这里不再是法律至上，而是个人（执政）至上了。"（1293a，33）	父子相传的世袭制度，"而执政者的权力则更大"（1292b，6—7）。"权门政治和君主政体极为相似，两者都是以个人权力为基础"（1293a，32—33）
	变态政体：平民政体	凡属公民都可受职。	极端平民政体（绝对平民政体）（苏格拉底、柏拉图和亚里士多德都指责这种民主制）	"其政事的最后裁断不是决定于法律而是决定于群众，在这种政体中，（依公众决议所宣布的）'命令'就可以代替'法律'。"（1292a，4—6）"可是，这样的平民，他们为政既不以'法律'为依归，就包含着专制君主的性质。这就会渐趋于专制。"（1292a，15—16）"这种平民政体类似一长制（君主政体）中的僭主政体。"（1292a，17—18）在极端平民政体中，"执掌最高权力的平民甚至可以凌驾于法律之上"（1298b，14—15）"事势所趋，平民的权威就往往被高捧到法律的权威之上。"（1305a，32—33）	"城邦政治上发生这种情况是德谟咯葛（'平民领袖'）造成的。以法律为依归的平民政体，主持公议的人物都是较高尚的公民，这就不会有'德谟咯葛'。德谟咯葛仅产生在不以法律为最高权威的城邦中。……'平民领袖'们把一切事情招揽到公民大会，于是用群众的决议发布命令以代替法律的权威。"（1292a，6—24）随着城邦经济的繁荣，"由于（出席公民大会和陪审法庭）可以取得津贴，穷人也能有暇从政，公民全都享有政治权利，群众在数量上就占了优势。获得

（续表）

类型	种类	种类总述	种差 （品种）	特性	原因
					津贴的平民群众实际上比其他部分的人更多闲暇。他们没有必须照顾的家务或私业；而小康或富人却都有了私累，常常因此不能出席公民大会和陪审法庭。由于这些情况，法律渐渐失去了固有的尊严而'贫民群众'遂掌握了这种政体的最高治权"（1293a, 2—10）。

注释

1　此表参考了徐祥民、刘惠荣等：《政体学说史》，北京大学出版社 2002 年版，第 98 页，并根据本论题和本人的理解作了较大变动。如不采用"正宗政体"和"变态政体"作为对政体类型的划分，而是分为"法治政体"与"非法治政体"。此外，亚里士多德在讲述政体的种属时，存在着交叉重叠的现象，如"君主政体"中所讲的"非希腊民族（蛮族）的王制""民选总裁（民选邦主）制"，也被视作"僭主政体"，所以徐祥民作了重复列举。但亚里士多德说，这两个政体品种是"合于君主政体"的。按亚里士多德的意思，"凡遵守法律受到群众拥护的是君王制，而听凭私意独裁专制的就是僭主"。参见汪子嵩等：《希腊哲学史》第 3 卷（下），第 1096 页。从柏拉图和亚里士多德对"僭主"的分析、评论来看，僭主政体不大可能完全是法治的。所以，本列表没有在法治政体部分列出"僭主政体"的这两个品种。

2　指亚里士多德对某一政体是法治的或者非法治的这一特性所作的最简短的概括。

3　主要是指亚里士多德对一些政体实行法治或者不实行法治的主要原因所作的分析。

4　另外两种僭主政体，就是被视为"法治政体"的"君主政体"中的"非希腊民族的王制"、古代希腊各邦的"民选总裁制"。

第四章 西塞罗

混合政体与法治

> 无论西塞罗受任何罗马人和阶层的偏见的影响有多深，他都是一个热爱智慧的人的学生，而且，在某种程度上，他自己也是一个热爱智慧的人。我们要认真对待他的学说，并努力理解它。
>
> ——[美]施特劳斯讲疏，尼科尔斯编订:《西塞罗的政治哲学》

在政治法律思想史上，西塞罗是与自然法（高级法）思想、共和主义、混合政体学说、法治和法律自由理论联系在一起的。而本章的重点，则是探讨西塞罗关于法治与混合政体的基本思想。

一 生平及其著述

马尔库斯·图留斯·西塞罗，古罗马著名的政治家、伟大的演说家（普鲁塔克称其为"政坛雄辩者"）和最有代表性的思想家（共和主义者）。

西塞罗的一生，是与后期罗马共和国的命运紧密联系在一起的。公元前80年代末，西塞罗开始在法庭上充当辩护人。公元前76年，西塞罗当选为财政官，正式开启其沉浮不定的政治生涯。公元前69年，他出任市政官。三年后即公元前66年，西塞罗当选裁判官（司法官）。公元前63年，他就任执政官，这是罗马共和国的最高官职。公元前58年，

因被认为对"喀提林阴谋案"的处理有违法律，根据《放逐西塞罗法》
（Lex de exilio Ciceronis），西塞罗被平民保民官克洛狄乌斯（Clodius）
放逐。第二年，元老院又通过了召回西塞罗的法案，他得以凯旋，回到
罗马。公元前53年，西塞罗被选入占卜官团（传统信仰的保护人）。公
元前51年，他就任西里西亚行省总督，因政绩卓著而深受好评。一年
后，他返回罗马，继续参与各种维护和重建共和国的政治活动。公元前
43年，西塞罗因反对安东尼而被其列入"不受法律保护者"名单，并受
追杀而亡，时年64岁。

　　杀害西塞罗的凶手，是百人队队长赫里尼乌斯。令人嘘唏的是，赫
里尼乌斯曾因杀害长辈罪被指控、受审，而为其出庭辩护的正是西塞
罗。同时，安东尼宣布，西塞罗一死，就可以废除"宣布不受法律保
护"这一法令了。[1] 所以，一千八百年之后的孟德斯鸠在《罗马盛衰原
因论》中痛斥："没有比在法律的借口之下和装出公正的姿态……更加
残酷的暴政了。"[2]

　　作为演说家，西塞罗发表了大量颇富雄辩与激情的辩护词、演讲
词。他深刻认识到辩论、演说在共和国的立法会议与诉讼过程中的重要
价值，特别指出演说术"在所有和平、自由的国家里起非常重要的作
用"。[3] 其所撰写的《论演说家》（公元前55年），被一些学者视为与《论
共和国》和《论法律》一样重要的著作。同时，"理论的思考和行动在
西塞罗那里从来没有分开过"。[4] 他既是罗马共和国时期的著名政治家，
也撰写了一系列政治与哲学著作。在政治与法律思想上，《论共和国》
（公元前54年）、《论法律》（可能写于公元前52—前45年间）、《论责任》
（亦译为《论义务》，可能写于公元前44年秋）是其主要的作品。此外，
西塞罗还著有不少哲学、伦理学著作。

　　西塞罗是罗马共和国首屈一指的政治哲学家，但其传世的一些著
作文本都残缺不全，特别是《论共和国》和《论法律》残缺不少。其中
《论法律》至少有五卷已发表，但是留传下来的只有三卷。一些思想史
家（如萨拜因）认为，与柏拉图、亚里士多德等古希腊哲学家相比，西

塞罗并不具有政治哲学上的原创性。的确，在他之前，自然法学说与混合政体学说已经诞生，因此，西塞罗关于自然法与混合政体的学说并不是原创性的。然而，不容忽视的是，其《论共和国》堪称一部"既往的伟大理论著作"[5]。更重要的是，西塞罗一身多任——政治家、辩护人与思想家——的身份，使他特别彰显出思想与实践、政治与法律以及政治哲学与法理学之间的内在联系。而"在政治生活方面，在他之后所发生的一切与他之前完全不同"；其身后对不可胜数的思想家产生了重大影响这一事实表明，他仍然"是对建构西方思想大厦做出重大贡献者之一"[6]。所以，任何对自然法学说史、共和主义思想史、政体哲学史以及法律思想史的探讨，都回避不了西塞罗。而研究欧洲古典时代的法治政体思想，西塞罗也是重要的一章。

西塞罗所代表的古罗马政治思想与法政学说的成长，不仅具有古希腊的哲学渊源，而且与罗马的法政实践紧密相关。正如法国政治学家菲利普·内莫所说："当罗马高级官员以先前国家闻所未闻的方式清晰有效地制定公法的时候，当法学家们为了建构成为现代所有法律的共同实质的词汇表和法律分析工具时，在罗马如同在希腊一样，政治思想也在逐渐形成。……罗马人相继登场的政体，共和制、元首制、君主制事实上使他们积累了希腊城邦之人实践过的几乎所有政治方面的经验。"[7]对于在"王政"传统和共和国氛围（包括冲突与分裂）下生活的西塞罗来说，对国家问题特别是政体问题进行研究与讨论，是一个人对国家应尽的基本责任。他对立制、创法的人尤其给予高度的评价，指出为国家奠基并建筑起完美政制与法律的人，理应比纯粹发议论的哲学家更应受到尊敬。《论共和国》中有这样一段话：

> 据说甚至当最著名的哲学家之一克塞诺克拉特斯被人们问及他的门生能学到什么时，他答称会使他们自觉自愿地去做法律要求他们做的事情。因此，如果一个市民能够利用自己的行政权力和法律惩处迫使所有的人去做那些哲学家们以自己的讲演只能说服少数人

去做的事情，那么这样的市民理应受到比探讨那些问题的学者们更大的尊敬。事实上，哲学家们有哪一篇讲演如此精辟，以至于应该受到比靠公法和习俗完美地构建起来的国家体制更大的重视？（《论共和国》，I.2.3）[8]

在他心目中，政治高于哲学；政治生活高于理论生活。他甚至还认为，建立和保卫国家体制无疑是接近神意的伟大事业："要知道，人类的德性在任何事情中都不及在建立新国家或者保卫已经建立的国家中更接近神意。"（《论共和国》，I.7.12）这无疑具有相当浓烈的既自顾又自许的意味。

古典政治哲学的主旨是探讨优良的国家体制。身为政治哲学家，西塞罗在《论共和国》中借莱利乌斯之口说：

> 你们应该研究那些能使我们成为对国家有用的人的科学。在我看来，这是智慧的最光荣的责任，德性的最高表现和义务。因此，为了尽可能使我们能把这几天节日时间花在对国家有用的谈话上，让我们请求斯基皮奥向我们解说，他认为什么样的国家体制最优越，然后我们再探讨其他问题。我希望通过对这些问题的讨论，我们能自然而然地达到预期的目的，阐述清楚现在面临的许多问题的性质。（《论共和国》，I.20.33）[9]

政治理论和法律科学的主要任务，是寻求政治和法律的智慧，确定优良的政体和理想的法律，以保障人们的自由，实现正义，以及安排权力的关系、官吏的职能及其权限。由此，国家为何应当实行法治？何种政体才最有可能构筑与维持法治？政体法又该怎样安排？诸如此类的问题，自然就成为西塞罗思考的重大问题。

西塞罗的两部重要政治理论著作——《论共和国》和《论法律》，都是围绕上述重大问题展开的。简言之，"西塞罗在这两部著作中给自己提出的基本问题是全部古典政治哲学的核心问题：什么是最好的政治制度？《论共和国》这篇更具哲学色彩的对话录就是要回答这个问题，而《论法律》则是要描绘这样一种政治制度的法制框架"[10]。这两部书是西塞罗模仿柏拉图——被西塞罗的《论法律》称为"最为博学的人""哲学家中最为伟大的""著名哲人"——讨论共和国优良政制及其法律的姊妹篇。但是，相较而言，"《论共和国》中讨论的主题比《论法律》的主题难度大得多也重要得多"[11]。这两部著作的关系，再一次反映了古典政治哲学的一个基本特质：政体对法律、法治具有支配性与主宰性。

《论共和国》模仿的是柏拉图的《理想国》，集中论述了共和国的哲学问题与政体学说，并阐明了西塞罗的政治理想。共和国后期的西塞罗深知，"传统的制度已失去作用，腐化堕落与阴谋诡计随处可见；元老院已失去昔日的影响，人民被一些肮脏的因素所控制，他们及时行乐，收受来自候选人方面津贴的胃口越来越大"。面对这一切，"西塞罗忧心忡忡。可能是出于将他当时对政治生活和领导这种政治生活的各种力量的想法更加具体化的目的，他开始写作他的对话录《论共和国》"。[12] 他试图通过《论共和国》来回应当时罗马共和国出现的严重危机，从而拯救罗马共和国。

传世的三卷《论法律》也模仿柏拉图的《法篇》，探讨共和国应当拥有的理想法律。《论法律》明确提到，既然已经撰写(关于最优良的国家政体的)《论共和国》，那么显然需要撰写与此相关联的法律的著作。该著作应该包含整个法学和法律问题，亦即"我们需要解释法的本质问题，而这需要到人的本性中去寻找。我们还需要仔细审查各个国家借以统治的各种法律，然后研究各个民族制定和记录的各种法规和法令，在这中间我们自己的所谓的市民法也不会被隐匿"(《论法律》，I.5.15—17)。[13] 更重要的是，《论法律》应该坚持和维护《论共和国》里"证明是最好的那种国家政体和适合于那种国家政体的全部法律"(《论法律》，I.6.20)。因此，《论法律》所设想的法律，"实际上就是他的理想共和国的法律"。特别是其第二、三卷，"为我们提供了关于一个理想国家的——在今天可称之为——实际的宪制，并对许多规定作了详细的评述。这一宪制尽管大致是基于罗马的实在法和习惯，却也包含了相当数量的原创性材料"[14]。可见，无论在其宗旨、原理的阐述还是相关制度的构思上，《论法律》都是《论共和国》名副其实的续篇。

进一步来看，《论共和国》和《论法律》的重中之重，也就是西塞罗政治哲学的主题，在于对混合政体进行价值论证、制度描述以及理论解释。正如牛津大学的罗马史专家安德鲁·林托特（Andrew Lintott）所言："西塞罗的《论共和国》让我们拥有了一部可以根据罗马共和国来讨论混合政制理论的作品，《论法律》是这部著作的一个装饰品，它以罗马政制诸因素为基础，详尽地建构了理想共和国的宪法。这些著作不仅揭示了西塞罗的政治观念，而且是混合政制理论的重要例证。"[15]

而这一政体理论又关切于法治问题——在罗马共和国时代少有人在哲学上涉足的另一个主题。

二　法治的共和国

西塞罗的政治哲学，阐述了法治共和国或法治国家的理论，这是一种"法律主义"的国家哲学："'法律主义'（legalism）假定国家是法律的产物，因而人们不应当根据社会学的事实或伦理的善来讨论国家的问题，而应当根据法定的权限和权利来讨论国家的问题，但是，这种'法律主义'在希腊人的思想中却几乎是不存在的；不过，从罗马时期一直到现在，这种论说始终是政治理论的一个内在部分。"[16]我们可以首先从西塞罗的国家学说或共和国理论上来理解这种"法律主义"。

对"共和国"（res publica）或者"国家"，西塞罗在《论共和国》中给出了一个影响深远的经典定义："国家乃是人民的事业，但人民不是人们某种随意聚合的集合体，而是许多人基于权利的一致和利益的共同而结合起来的集合体。"（《论共和国》，I.25.39）

在这个定义中，西塞罗首先认为，共和国的本质是"人民的事务"

或者"公共事务"。"res publica"在拉丁文中的含义甚广，包含了公共事务、公共生活乃至"共和国"或"国家"的意涵。而现行的中文本翻译成《论共和国》，可以说是用狭义的共和概念来理解西塞罗广义的共和主义。事实上，西塞罗的 res publica，若要以现代英文词汇取得相应的观念，则以英译本向来所选择的"commonwealth"最为恰当。[17] 这一解释在萨拜因的《政治学说史》中得到了印证。该书指出，res publica实际上是英语 commonwealth 古用法的同义词。[18] 另外，英国 17 世纪思想家约翰·弥尔顿的《建设自由共和国的简易办法》(*The Ready and Easy Way to Establish a Free Commonwealth*)、詹姆斯·哈林顿的《大洋共和国》(*The Commonwealth of Oceana*) 以及 18 世纪休谟的《关于理想共和国的设想》(*Idea of a Perfect Commonwealth*)，其"共和国"一词均为 commonwealth，从结构上看，commonwealth 由 common（"共同"）和 wealth（"财富"）两词构成。

其次，共和国是基于人民对法律（权利/法权/正义）的共识和共同的利益而结合起来的集体，从而也是一个法人团体（a corporate body）或法治的政治共同体与国家形态。聚合性无疑是人的天性，但并非人的任何聚合都可以成为国家。一群人要通过聚合而成立国家，拥有法律以及对法律的共识是不可缺少的基本要素和重要条件。这说明，法律是国家得以成立的必要条件。"凡是具有法律的共同性的人们，他们也自然具有法的共同性；凡是具有法律和法的共同性的人们，他们理应属于同一个社会共同体。"（《论法律》，I.7.23）如果集合起来的一群人无法拥有共同的事务与法律，那就不可能形成国家。最重要的是，这个"共和国"的定义，"具有关于人民的权限，首先是法的产生以及官员的地位和他们与人民的关系等的内涵"[19]，它显著地突出了法律与权利的地位。作为一个法人团体，国家虽然具有统治的权力，尤其是垄断着立法的权力，但是，其所制定的法律，不仅约束公民个人，而且约束国家本身。这种国家，就是一个在法律之下行使其权力的法治国家。

在西塞罗看来，假如人民的聚合既没有法律的共识与联系，也没有共同的利益与一致的意见，那么国家也就不存在了。西塞罗说，"如果国家因为失去了某种质素便变得毫无意义"，因而就不成其为国家。据此，他追问道："一个国家若没有法律，是不是因而便会变得毫无意义？"（《论法律》，II.5.12）例如在暴力统治之下，"当所有的人都处于一个人的暴力压迫之下，既不存在任何法的联系，也不存在聚合在一起的人们，即人民之间的任何意见一致的联合时，谁还会称这是人民的事业，即国家呢"？就像历史上在出现僭主的统治以及人民失去自由的地方，就意味着没有法律，所以根本就不存在任何国家。如在伯罗奔尼撒战争结束之后，雅典由30个僭主完全非正义地统治时，还有什么雅典人民的事业即共和国可言？还有，当其决定不容申诉的十人委员会在罗马第三年执政时，当自由本身失去保障时又怎么样？在这些情形下，都不是人民的事业，因而也就不能称其为国家。（参见《论共和国》，III.31.43）不仅君主政体与贵族政体的堕落形态是如此，民主政体的堕落也会出现同样的情形。对于后者，西塞罗指出，在民众的绝对统治之下，一切都归人民掌管，当"一切都处于人民的权力之下时，当民众想惩处什么人就可以惩处什么人时，当他们可以随意放逐、抢夺、拘禁、耗费时"，"国家这一名称怎么会更适合于由民众主宰的政权"？这是因为，"那里不存在人民"。关键在于，"它不是由法权的一致结合起来的，而是一个集体僭主，如同假如它是一个人那样，而且它甚至更可恶，因为没有什么野兽比这种模仿人的外形和名称的野兽更凶残"。（《论共和国》，III.33.45）西塞罗认为，没有法律，单一的一个僭主固然令人憎恶，而一个集体僭主也同样凶残可恶。

在共和国或国家之中，法律（法治）乃是举足轻重和至关重要的。对于法律的意义，西塞罗首先指出，法律是神明赋予人类的自然之物与理性之物，也是人类本性的必有之物。[20]甚至从根本上说，法律是一种非常重要的善，是非常崇高、神圣的东西。他说过一句很经典的话："应该把法律归于最好的事物之列。"（《论法律》，II.5.12）柏拉图在《米诺斯》中已讲过同样的话。故而，在西塞罗那里，在统治、治理及其权力行使的领域,"国家一旦建立于法律之上,强权治国的统治便告终结"[21],取而代之的,就是法律的统治。这一观点,在政治哲学与法治思想史上,具有革命性意义。

西塞罗之所以将法律视为国家(共和国)的一个实质性要素,还在于法律是国家、人或公民一切权利、自由与幸福生活的维系和保障。这是人们证明法律重要性的主要方式和理由。西塞罗观察到,"人们为了证明一切可以被公正地称之为法律的都是值得称赞的,便这样进行论证:毫无疑问,法律的制定是为了保障市民的幸福、国家的繁昌和人们的安宁而幸福的生活;那些首先制定这类法规的人也曾经让人们相信,只要人们赞成和接受他们将要提议和制定这样的法规,人民便可生活在荣耀和幸福之中"(《论法律》,II.5.11)。公民权既是罗马人的身份象征,也是罗马共和国的基石。与其他民族相比,"罗马人用公民权定义自己,把它看得比什么都神圣,比什么都可贵"[22]。离开了公民权,就没有罗马公民,也没有共和国。因而,法律对公民权的保障绝对不可缺少,也至为关键。所以,西塞罗充满激情地说:"我以上苍的名义起誓,由于给我们所有人带来便利、权利、自由、安全的是法律,所以让我们遵守法律。进一步说,让我们想一想罗马人民不能得到法律的保护该有多么不公平。"[23]由此,他在辩护词《为凯基纳辩护》(*M. Tulli Ciceronis Pro A. Caecina Oratio*)中极尽颂扬之词,高唱法律的赞歌:

> 先生们,法律是美好的、高尚的,法律是你们的保护神!那么,我们应该如何描述法律呢?法律就是不会在权势的影响下弯曲的东西,没有什么力量能够使法律断裂,没有什么财富能使法律腐蚀;如果法律能够推翻,不,如果法律遭到忽视或者对法律的保护不足,那么任何人都不能确保他自己拥有的东西、从父亲那里继承来的东西,或者留给子女的东西。如果无法确定能否保有法律所有权给你的东西,如果法律不能提供适当的保障,如果法典不能保护我们的私人利益,那么你拥有你父亲留给你的一所房子或一处地

产，或者拥有以其他某些方式合法地获得的东西，又有什么好处呢？……因此，你们一定要紧紧把握从你们的祖先那里得到的东西——法律的公共遗产——对它的关心决不亚于你接受的私人财产；这不仅是因为私人财产依靠法律才能得到保障，而且因为放弃遗产只影响个人，而放弃法律就会严重影响整个国家。[24]

在辩护词《为克伦提乌辩护》（*M. Tulli Ciceronis Pro A. Cluentio Habito Oratio Ad Iudices*）中，他还特别强调，自由的基础在于法律：

> 一个国家不是依靠法律，而是偏离法律，这是一种更大的耻辱。因为法律是我们在国家中拥有权利的保障，是我们自由的基础，是正义的源泉。国家的心灵和心脏，国家的判断和判决，就处在法律之中。没有法律的国家就像没有心灵的人体，无法使用人体的组成部分，也就是肌腱、血液和肢体。实施法律的官员，解释法律的陪审员——简言之，我们所有人——最终都要服从法律，这样我们才是自由的。[25]

这段论述经典地阐述了欧洲的法治思想与自由主义的核心观点[26]，从而在西方近现代的法治思想史上产生了持久的思想影响。

西塞罗认为，法律应对任何人一视同仁，尤其是对权利与自由应给予平等的保护。他说："至少在我看来，正像希罗多德告诉我们的，不仅是米底人，而且我们自己的祖先也都是拥立德高望重者为王，以便使人们能享受到公正的待遇。因为，当孤弱无助的群众受强梁欺压时，他们就求助于某个以美德著称的人；他为了保护弱者不受伤害，建立公平的环境；使上层社会和下层社会享有同等的权利。制定宪法的理由与拥立德高望重者为王的理由是相同的。因为人们始终在求索的就是在法律面前享有平等的权利。因为凡是权利，就应当人人共享，否则就不能算是权利。如果人们能通过某个公正善良者之手达到自己的目的，他们就

心满意足了；但要是他们没有这样的好运，那就只好制定法律，在任何
时候对任何人都一视同仁。"[27] 不仅如此，当生活中出现种种违法犯罪
行为时，也必须依靠法律加以整治：当邪恶的罪犯为所欲为时，就必须
拿起法律武器予以惩治。[28] 这也是对法律意义的一种普遍而惯常的说明
和彰显。

职是之故，西塞罗提醒和告诫整个罗马，人们绝不可藐视法律，
"认为法律可以藐视的人不仅在切断维系着法律程序的东西，而且还在
切断维系着国家幸福与生活的东西"[29]。而更严重的局面，就是共和国
随着法律遭到践踏而崩解。他向罗马人坦言："在一个元老院已经不起
作用的国家里，罪恶横行却不受惩罚，正义的尺度丧失，集市广场上武
装暴乱盛行。在这个时期，私人不是向法律寻求保护，而是躲在家中的
院墙里，保民官在光天化日之下遭到伤害，刀剑与火把包围了行政官员
的住宅，执政官的权杖被折断，不朽诸神的神庙被付之一炬。在这样的
时候，我只能认为这个共和国已经不复存在了。"[30] 西塞罗尤其强调，在
建设法治国家的过程中，永远需要警惕并切实加以防范的一种趋势，就
是因蔑视法律和放纵权力的行为越来越扩大，从而逐渐"把我们的权力
由法治变成暴行，以至于我们将不得不依靠恐惧来维持我们对那些到目
前为止一直主动服从我们的人的统治"（《论共和国》，III.29.41）。

法治的成立在于统治的权力受制于法律、受治于法律，因而当统治
的权力轻蔑与超越法律的行径不断发生和逐渐增多之时，这种权力就不
再是基于法治的合法权力，而是基于武力的暴行，进而权力的统治就不
得不凭借恐惧来维持。一旦凌驾于法律之上的权势政治形成，法律不是
在任何必要时成为权势政治实行统治的工具与打手，就是随时都可能被
权势政治弃之如敝屣（包括选择性执法），乃至于被碾成碎屑。

既然法律如此重要，那么"什么是法律"显然就不是无足轻重的问
题。西塞罗认为，无论人们怎样理解法律，正确的定义只能是把法律定
义为"法律乃是自然之力量，是明理之士的智慧和理性，是公正和不公
正的标准"；抑或说，"法律乃是植根于自然的最高理性，它允许做应该

做的事情，禁止相反的行为。当这种理性确立于人的心智并得到充分体现，便是法律"。(《论法律》，I.6.18，19）同柏拉图、亚里士多德一样，西塞罗主张统治者以及国家的法律对国家和政事的治理，必须符合正义或自然法。他指出，不仅"没有非正义便不能管理国家的说法是荒谬的"，而且"没有最大的正义便怎么也无法管理国家的看法是无比正确的"。只有坚持这样的见解和信念，人们才能思考和讨论国家与法律问题。(《论共和国》，II.44.70）

他在《论共和国》中的那段对自然法的著名阐释，从人类的社会本性和理性上设定了统治者行使政治权力，尤其是立法者行使立法权的合理限度：

> 真正的法律乃是正确的理性，与自然相吻合，适用于所有的人，稳定，恒常，以命令的方式召唤履行义务，以禁止的方式阻止犯罪行为，但它不会徒然地对好人行命令和禁止，对坏人行命令和禁止以感召。企图改变这种法律是亵渎，取消它的某个方面是不被允许的，完全废止它是不可能的；我们无论是以元老院的决议或是以人民的决议都不可能摆脱这种法律的束缚，无需寻找说明者和阐释者，也不会在罗马是一种法律，在雅典是另一种法律，现在是一种法律，将来是另一种法律，对于所有的民族，所有的时代，它是唯一的法律，永恒的、不变的法律；并且也只有一个对所有的人是共同的、如同教师和统帅的神，它是这一种法律的创造者、裁断者、立法者，谁不服从它，谁就是逃避自我，蔑视人的本性，从而将会受严厉的惩罚，尽管他可能躲过被人们视为惩罚本身的其他惩罚。(《论共和国》，III.22.33）

根据这段著名的论述，自然法具有普遍性、永恒性和超越性，因其高于人定法而成为一种"高级法"，所以被视为区别好的法律与不好的法律的基本标准，即理性标准或自然标准。这段论述在欧洲自然法思想史上占有举足轻重的地位。对于个人而论，它使西塞罗作为重要的思想家在欧洲政治法律思想史上占有不可或缺的一席之地。对于政治法律思想史而言，这段论述不仅让罗马法律人和教会的学者们知晓和阐发自然法学说，而且使自然法学说从他的时代直至 19 世纪在整个西欧广为人知。他对自然法思想的陈述或译述，"成了在西欧传播这些思想的唯一且最重要的文字手段"。对于后人来说，"如果一个人想阅读此后数世纪间的政治哲学，那么他就必须牢记西塞罗的一些伟大的段落文字"[31]。前引那段关于自然法的文字，便是这样的伟大文字。

西塞罗通过介绍斯多葛派的自然法理论，宣布说：违背自然法的立法不是法律；违背自然法的治理不是正义的治理。在《论法律》中，他以历史上的一项法律为例，更明晰地指出，违反自然法的法律是不正义的：公元前 82 年，临时执政（摄政）卢基乌斯·瓦勒里乌斯·弗拉库斯提出关于赋予苏拉无限权力（独裁官职）的法律（即卢基乌斯·瓦勒里乌斯·弗拉库斯颁布了《公民放逐法》，后来在苏拉当政期间又添加一个补充性法案——《高奈留法案》），不应被视为正义的法律。他指出：

> 的确，把所有基于人民的决议和法律的东西都视为是公正的这种想法是非常愚蠢的。甚至也包括僭主颁布的法律？如果三十人执政委员会曾经希望把自己的法律施行于雅典人，或者所有雅典人曾经表示赞成三十人执政委员会的法律，难道那些法律从而便可以被认为是公正的？我认为，它们丝毫也不比我们的摄政颁布的法律更公正。那法律使独裁者可以随心所欲地不经法庭审判，任意处死他想处死的市民。要知道，只存在一种法，一种使人类社会联系起来，并由唯一一种法律规定的法，那法律是允行、禁止的正确理性。谁不知道那法律，谁就不是一个正义的人，无论那法律是已经在某个时候成文或从未成文。（《论法律》I.15.42）[32]

西塞罗进而推论说，如果只要得到大众投票的法令、统治者的决定以及法官的判决的首肯与支持，那么抢劫、通奸和伪造遗嘱也会成为正义的事情；或者说，法律能让不正义变成正义，让恶变成善。但是，如此一来，正义也就无从谈起。

通过这些分析，人们不难看出，在西塞罗心目中，统治者治理国政所应遵循的正义原则，不是建立在各个国家制定的法律、君王的敕令或法官的裁判之上的，而必须以人类的共同理性与自然法为基础。"西塞罗提出了'法中之法'（leges Legum）这一本质性的观念，（自然的）法律若为合法，就应受（人为的）法律的尊重，因此任何一个立法者均不得僭越。"更为重要的是，"我们可将西塞罗的这一观念视为滥觞，那些研究自然法、万民法和立宪政体的现代理论家们若想对专制主义国家专断的权力作出限制的话，便只能从中汲取养分。法律本身就应该服从至高的原则、宪法法规和人的权利：人们不能随便制定法律，即便由'至高无上的人民'来裁定也不行。君主、国王、民众大会或民众均属国家的最高权力；但国家自身却并不居于人性之上"。[33]显而易见，"高级法"的观念和立宪主义的精神，在西塞罗的著作中得到了清晰明确的说明和阐发。这亦是他对法律学说与法治理论的重要贡献。

符合自然法的正义和法律如何得以实现？西塞罗把实现上述真正的法与正义的希望寄托在"高尚的人"身上。在他看来，恰恰是那些高尚的人们应当去追求真正的法与正义："应该为了法和各种高尚品性本身而追求它们。实际上，所有高尚的人都喜欢公正和法本身，并且高尚的人不应该发生这样的迷误：珍视不应该受珍视的东西。就这样，法由于自身而要求人们追求和培养。既然法是这样，那么正义也应该是这样。"（《论法律》，I.18.48）他认为，如果那些高尚的人都不追求法和正义，那么就没有什么人追求法和正义了。这也是西塞罗推崇贵族政治的部分原因。

三　混合政体与法治

在任何国家或共和国中，都必定有行使其统治权和治理职能的人与制度，从而必定形成各种不同的政制或政体。某种政体、体制当然是某种政法思想的体现，但"恰是西塞罗本人观察到，法律——政治的实践行为与体制如同观念一般均能传播文化并塑造社会"[34]。西塞罗认为，人民集合成为国家之后，为了使国家能长久地存在下去，需要由一定的机构来管理。这种机构应该具有相应的权力与职能，并将其授予人来行使。而被授予权力与职能的人或者是一个人，或者是挑选的少数人，或者是多数人或全体公民。由此，也就有了不同的政体类型：

> 当全部事务的最高权力为一人掌握时，我们称这位唯一的掌权者为国王，我们称这样的国家政体为王政制。当全部事务的最高权力为一些挑选来的人掌握时，我们称这样的城邦由贵族意志统治。人民的城邦（因为人们就这样称呼）即其一切权力归人民。（《论共和国》，I.26.42）

由此可知，在前引西塞罗的"共和国"定义中，res publica 与近现代的"共和国"或"共和政体"有很大的不同。[35]实际上，西塞罗讨论"共和国"所实行的政体，包括了君主政体（王政制）、贵族政体和民主政体。也就是说，这三种政体都可以是"共和国"（国家）的政体。

对于上述三种政体，西塞罗认为，尽管它们都不是真正完善的，当然也不是最好的，但在其未被破坏、混合而保持原有状态时，仍然能够让人们接受；并且，在杜绝了不公（不正义）和贪欲之后，它们都可以具有稳固性和延续性。同时，他亦强调，这些政体各有其优点与缺点，不过其中也有较为良好的政体品种。

根据西塞罗，判断一种政体是否优良，并非只有某种单一的标准，而是有多种标准。他主要提出了四个判断标准：自由、公正（正义）、稳定和法治。质言之，一种政体的优劣良窳，主要看在该政体下能否实现自由与公正；该政体能否维持自身的稳定，包括能否不蜕变为败坏的形态和走向毁灭；以及该政体是否是法治的——自由、公正以及政体的稳定必须依赖于法治。

依照上述标准，在西塞罗看来，如果一定要在三种政体中选择一种更值得赞赏的优良政体，那只能是君主政体。在这种政体之下，"国王"这个称号，就像"父亲"一样，因而他关心、热爱其国民也会像父亲关心、热爱自己的孩子。可以说，"单个人的统治是最好的统治，只要这些掌权人是公正的"（《论共和国》，I.39.61）。公正的统治，才是最好的统治。因此，公正应当是人们赞赏和服从君主政体的主要理由。但是，君主政体所存在的严重缺陷，恰恰在于它不容易实现和保持公正——一个高高在上的君王要一直公正行事，是极其困难的。不仅如此，它还具有奴役性，缺乏自由，从而难以持续。一方面，君主政体统治下的人民缺少自由，"仅由一个人的意志和权力管理"，而"其他人被过分地排除在公共司法和协议之外"。这就公开或无从置疑地存在着奴役。（《论共和国》，I.27.43）另一方面，君主一人的统治和治理容易招致灾祸。由于"市民的幸福、平等和安宁依赖于一个人的永久性权力、公正和他的全部智慧"，因此，"这样的国家政体最容易发生变化，原因就在于很容易由于一个人的过失而陷入严重危机，招致毁灭"。（《论共和国》，II.23.43）这也是任何"一人之治"的最大问题之所在。

此外，因缺乏法治，君主政体也容易崩塌瓦解，包括朝代更替。"在王政制度下，最重要的、最不可避免的变化是：当国王变得不公正时，这种政制会立即崩溃，统治者会成为僭主，成为既是最不好的，却又是接近于最好的一种政体。"[36]（《论共和国》，I.42.65）这里说"接近于最好的"，是指接近于公正的君王，如波斯帝国的开国之君居鲁士；而"最不好的"，则是君主变成了专制暴君，如"高傲的塔克文"[37]的罪恶行径和不公正就败坏了罗马的王制，即"国王"变异为"暴君"。"当这位国王一开始变得不那么公正时，他就立即变成为僭主，简直难以想象有什么动物比这种僭主更可恶、更丑陋、更令天神和凡人憎恶。尽管他具有人的外形，但他的习性残暴时超过各种最凶残的动物。事实上，有谁还会照常称呼这样一个不希望与自己的市民们，甚至与整个人类有任何法的共同性，有任何仁爱的社会联系的人为人?"（《论共和国》，II.26.48）这导致在古罗马"王"这个词的含义，与希腊语中的"僭主"一词相近。

所以，西塞罗认为，即使有公正且智慧的人成为国王，这种政体"仍然不是值得特别追求的"（《论共和国》，I.27.43）。尤其是如果因一个人（君王）的过失，人民处于奴隶状态，国家容易变坏，并堕入毁灭性状态，那么，人们就更不应追求君主政体了。

贵族政体处于君主政体与民主政体之间的适中地位，故而它"是一种最富有节制的统治状态。当国家由贵族管理时，民众必然会感到无比幸福，因为他们被从一切忧虑和不安中解放出来"（《论共和国》，I.34.52）。不仅如此，贵族们的智慧之和无疑会超过君主一人，并且比人民更加公正和诚信。不过，按西塞罗的看法，其弊端则如君主政体一样，即"在贵族统治下，民众未必能享受到自由，因为他们被剥夺了参与任何公共审议和行使权力的可能"。故而，被挑选出来的统治者与治理者，哪怕非常杰出和公正，人民"在某种程度上仍然类似于奴隶状态"（《论共和国》，I.27.43）。在此问题上，18 世纪的孟德斯鸠也持有与西塞罗完全相同的观点。

民主政体的优点在于，人民能够争取享有平等的自由。这样的自由，在君主政体和贵族政体之下是无法产生和存在的。"除非一个国家的人民权力无比强大，否则在任何国家都不可能有自由可言。确实没有什么比自由更美好，但是如果不是人人都能平等地享受自由的话，那自由也就不可能存在。"（《论共和国》，I.31.47）平等是民主政体的最大特质。所以，拥护民主的人们认为：

如果民众保持自己的权利，便没有什么比那更美好、更自由、更幸福的了，因为他们是法律、审判、战争、和平、缔约、每个市民的权利和财富的主人。他们认为，只有这样的政体才堪称为国家，即人民的事业。因此，按照他们的说法，常常是"人民的事业"力求从国王和元老们的统治下摆脱出来，而不是自由的人民需要国王或贵族们的权势。（《论共和国》，I.32.48）

而正是这样的政体，相比于君主政体和贵族政体，才是更为稳定的政体。

但是，西塞罗又明确指出，民主政体是"最不值得称赞"的，即"三种国家体制中没有哪一种比这一种更不受称赞"。他甚至很反感这一政体，认为人们宁可要王政而不要"自由的"人民的管理。（《论共和国》，I.26.42；III.34.46；III.35.47）这主要出自两个方面的原因：第一，因为"当一切都按照人民的意愿进行时，即使是公正和温和的，但既然不存在任何地位等级，公平本身仍然是不公平的"。这主要是指在人民之中，地位崇高的人和地位低下的人享有同等的荣誉，这种公平本身便是最大的不公平。（《论共和国》，I.27.43；I.34.53）第二，如同柏拉图所揭示的，民主政体下过分的自由会导致奴役状态和僭主的诞生。[38] 人民对自由近似狂热的渴望和追求，会导致漫无节制的放纵和蔑视秩序与法律，最终将会迎来僭主或暴君，于是人民重新回到奴役状态。

由上观之，西塞罗指出了上述三种政体的危险：它们都容易"通向这种或那种临近的堕落"，即蜕化为变态政体。君主政体的危险在于，君主很容易堕落为暴君，从而使君主政体蜕化为僭政或暴君政体。西塞罗以公元前 6 世纪中期的西西里暴君法拉里斯为喻，说在居鲁士那样的贤君身上，"也仍然潜藏着那位无比残酷的法拉里斯，强制他改变习性，因为独裁政权都会模仿法拉里斯的政权"（《论共和国》，I.28.44）。西塞罗认为尽管僭主各有不同，但人民被其奴役则并无差别："由于僭主可能是宽和的，也可能是残暴的，因此对于人民来说，差别仅在于是为奴于一个温和的主人，还是为奴于一个暴戾的主人。"于是，在僭主统治之下，"要民众完全不处于奴隶地位是不可能的"（《论共和国》，I.33.50）。而贵族政体则可能演变成寡头制，或者类似于在雅典存在过的三十个僭主的统治（西塞罗将"僭主"视为"暴政"的同义语）。至于民主政体，民众很容易在激情的狂热支配下趋向于暴民统治，就像雅典人民拥有支配一切事务的权力，也就难免"变成民众的疯狂和专横，成为灾难"（《论共和国》，I.28.44）。总而言之，君主政体、贵族政体和民主政体都可能蜕化为"堕落的"政体，分别为暴君政体、寡头政体和暴民政体。这样看来，上述三种政体都不是最好的政体。

那么，最理想、最优良的政体又是哪种？西塞罗基于上述三种政体所存在的各种优点及其严重缺陷，认为混合政体（a mixed constitution）——第四种政体——最好。在《论共和国》中，他多次阐明对混合政体的偏好与推崇。在根本上，混合政体的优胜之处，"一方面是为了满足大众对自由的渴望，另一方面也是为重新恢复王者统治所特有的智慧和美德的地位"[39]。在一个优良政体中，人民、君王和贵族都是不能缺席的。西塞罗总结道：

> 鉴于上述情况，在三种基本的国家政体中，在我看来，以王政制为最优越，但可能有一种政体比王政制更优越，它乃是由三种良好的国家政体平衡、适度地混合而成的。要知道，最好是一个国家既包含某种可以说是卓越的、王政制的因素，同时又把一些事情分出托付给杰出的人们的权威，把另一些事情留给民众们协商，按他们的意愿决定。首先，这种政体具有某种巨大的公平性，自由的人们是难以在较长的时间里缺少它的；其次，这种政体具有稳定性，因为那几种基本政体很容易变成与它们相对应的有严重缺陷的状态，国王变成为主宰，贵族变成为寡头集团，人民变成为一群好骚动的乌合之众，并且那些政体常常被一些新的政体所更替，那种情况在这种综合性的、合适地混合而成的国家政体里几乎是不可能发生的，除非首要人物们出现巨大的过失。要知道，由于在这种政

体中每一个市民都被稳定地安置在自己应处的地位，因此不存在可以引起变更的原因，也不存在它可以趋向崩溃和毁灭的政体形式。（《论共和国》，I.45.69）[40]

根据这段论述，西塞罗定义和论述的那种 res publica，不能直接而简单地等同于"国家"（state）。的确，在近代之初，"state"的国家概念和"republic"的非君主制含义出现之前，res publica 可以指一切政体形式的国家。但是，需要加以注意的是，res publica 往往又与理想国家、混合政体联系在一起，即大致等同于采取亚里士多德所谓"正宗政体""优好政体"的国家，而理想的共和国则是采用了"混合政体"的国家。[41] 在西塞罗那里，"res publica"代表了一种政制的理想和愿景。

西塞罗对混合政体的推崇，不仅是继承和吸取柏拉图、亚里士多德（分别参见本书第二、三章）与波里比阿等人的混合政体学说的结果，而且也来自他对罗马共和政体的偏爱：实际存在的罗马政体乃是最好的政体品种。在政体类型学以及优良政体问题上，"希腊哲学为他提供了理论分析工具，罗马为他提供了原料"[42]。西塞罗抱有的一个理想的混合政体模型——最完美和最稳定的统治形式——其实就是他所赞许的罗马共和国的政体形式。也就是说，在西塞罗心目中，作为最优越的国家政体，罗马共和国的政体是所有国家体制的范例。[43] 其原因在于，这种国家政体既出自历史上许多人的智慧，也是经过历史的积淀与传承形成的，几乎是一个自然的发展过程，而非某一个天才人物的臆想与建造。[44] 职是之故，西塞罗也不准备臆造一个最优越的混合政体，而是通过追溯与描述罗马特别是其共和国的历史来描绘自己心目中理想的混合政体。在《论共和国》的第二卷中，西塞罗讲述了罗马王政时代和共和国时代的种种制度，如元老院、人民的权利等等。他认为，正是这些制度，才是罗马强大的真正原因："罗马人民强大起来不是偶然的，是由于智慧和制度。"这些制度成分，也恰好构成了一种混合政体。"是以最优越的政体组成的国家，它由王政的、贵族的和人民的这三种类型的政

体适当地混合而成。"（参见《论共和国》，II.16.30；II.23.41）

西塞罗认为，假若把三种单纯的政体形式结合起来，特别是使其各自的优势聚集一处，就可以形成叠加的力量以治理国事，并能够避免各自的种种缺陷，以及克服各自可能面临的严重危机。例如，这个政体首先应体现人民的权力。"因为一切权力、命令、委任都应来自整个罗马人民，这才是恰当的，尤其是涉及那些为了全体人民的福利和权益而建立的权力时。"[45] 还有，让最优秀者发挥其才德，大众享有自由，人民有公正的平等，法律又得到各方的遵从，理想的国家和政体莫过于此。相反，"如果一个国家不存在权利、义务和职责的公平分配，使得官员们拥有足够的权力，杰出的人们的意见具有足够的威望，人民享有足够的自由，那么这个国家的状态便不可能保持稳定"（《论共和国》，II.33.57）。这就是西塞罗把混合政体视为"最值得推荐"的第四种政体形式的基本理由。他曾经满怀信心地说："就这样，国王以慈爱吸引我们，贵族以智慧吸引我们，人民以自由吸引我们，以至于在对它们进行比较时你很难选择，哪一种令你最喜欢。"（《论共和国》，I.35.55）在作为一种政制类型和制度结构的混合政体之中，国王、贵族和人民亦即慈爱、智慧和自由，不仅可以各安其位，而且也可以各享其尊，更可以混成一体。最优良的政体，自然就非此莫属了。

西塞罗对"智慧"（贵族）在混合政体中的地位，给予了非同寻常的重视。《论法律》在讨论元老院的问题时指出，维持混合政体的重要条件，是允许元老这个等级以智慧来进行治理。这些元老都应该是超群出众、德才兼优的人物，他们要熟悉公共事务，懂得通过法令的习惯性程序，了解祖先传下来的先例，还要知识广泛、努力勤奋、记忆超凡等。为此，他特别提出了一条重要的法律："元老这一等级不应有任何耻辱，应当成为其他公民的榜样。"他解释说："因为如果显贵们的贪欲和恶行通常会感染整个国家，那么他们的节制同样也会使整个国家得到医治和改善。"贵族的品德和做派如何，是影响一个国家不断向上攀升还是向下沉沦的重要因素。对于政治权力及其高位掌权者对国家和社会所具有的不可轻忽的正负两面的影响，西塞罗进一步阐述道：

> 问题的严重性在于不只是显要人物犯法作恶，尽管这本身便是很不幸的事，而且更在于他们有许多模仿者。如果你也同意回首过去，那便可以看出，处于国家最高地位的人们怎么样，国家便会怎么样，显要人士们的风习出现什么样的变化，人民中间便会随之发生类似的变化。这种看法比我们对柏拉图的看法更为合理。柏拉图说，当音乐曲调发生变化时，国家体制也会发生变化。我却认为，当贵族们的生活方式发生变化时，国家风俗也会发生变化。品行恶劣的显要人士们从而会给国家造成更大的危害，因为他们不仅耽于腐败，而且还将其扩散于国家。他们的危害不仅在于他们自己堕落，而且还在于使他人堕落，他们的示范性质比他们的实际行动更加有害。不过，尽管这条法律适用于整个元老阶层，但甚至可以被狭窄地理解，因为只是少数人，甚至只是极少数人，他们的崇高的社会地位和巨大的声望既可以腐化市民的道德，也可以纠正它。（《论法律》，III.13.31—14.32）

优良的统治，必须保留"智慧统治"的成分。西塞罗多次对智慧给予高度的和应有的称赞，因为智慧旨在善治人民、确立法规、养成德性、谴责邪恶。"当国家由贵族管理时，民众必然会感到无比幸福，因为他们被从一切忧虑和不安中解放出来。"不仅如此，"当智慧处于统治地位时，便不可能有情欲、愤怒和暴戾的位置"。所以，良好的政体绝不应该"把智慧赶走，由难以胜计的欲望和愤怒来控制一切"。（《论共和国》，I.34.52；I.38.60）

对于西塞罗来说，罗马共和国后期的权力纷争和政体危机，是妨碍他的理想政体和法律得以实现的主要障碍。身为政治家，西塞罗深切思虑的是，当人民的命运和共和国的事业，"寄托于一个人的意志，或者说寄托于一个人的习性的时候，是不稳定的"（《论共和国》，II.28.50）。

对可能出现的不公正以及拥有绝对权力的君主的畏惧，使西塞罗一方面更加确信自己的均衡政体理想，但另一方面，鉴于历史上的政治经验，他又希望有优秀的政治家治理国家。他看到，一切古代民族的君主都是在正义和智慧上杰出的人们；有些国家的宪制，几乎都是一个人即这些国家法律和制度的制定者创制的，如克里特的米诺斯，斯巴达的莱喀古斯，雅典的忒修斯、德拉科、梭伦、克里斯特尼斯、伯里克利等。罗马共和国也是建立在许多人而不是一个人的天才之上的。基于对这些历史的观察和体味，西塞罗要求政治家必须熟悉法律和司法，并具有优秀的品性和才德。[46] 智慧、品行优异的人，不仅先于其他人拥有其所倡导的品质和德行，做一个己已立而立人、己已达而达人的身先者，而且坚持"己所不欲，勿施于人"的原则。否则，他就不是一个伟大人物。

由上可知，西塞罗的混合政体思想尤其申述了"贵族"成分，是偏向于贵族制的。[47] 这使我们可以透视到西塞罗渴望通过"优秀人物"来实践他理想的均衡政体的内心，也可以使我们了解到均衡政体以及法治其实是有赖于"优秀人物"的。易言之，"贵族"成分赋予了混合政体与法治以不同的成色。这与均衡政体的原则和法治并不矛盾。从柏拉图到西塞罗，均衡的或混合的政体的构想都说明了这一点："在不可能有智慧者的绝对统治的地方，混合政体允许政治家努力促成民众同意智慧的统治，从而实现绝大多数社会所能达到的、近似最好的政体。混合政体体现着我们后来称为'法治'的那种特征。它力图将智慧的奠基者的训诫具体化于国家的基本法中，而且还要确保其后这些法律的实施和完善落于这样的人手中，他们最不背叛它们，而是最可能根据渗透于它们之中的精神来实施它们。"[48]

这意味着，也许只有在混合政体及其法治之中，自由、民主、公正、美德和智慧才能达到有机的、接近最佳的组合。但正因为如此，实现这种混合政体及其法治的困难，也超乎寻常。一种政体要实现上述价值之一种已属不易，更何况同时实现这若干种价值，其难度是可想而知的。

四 "政体法"：混合政体的法律构成

既然混合政体是法治的，那么，对于混合政体的法律构成，以及其所需要的法律，无疑必须给予专门的讨论。而《论法律》的主要任务，就是探寻与共和国的混合政体相适应的法律。或者说，通过设想理想的法律以呈现混合政体的制度形态。[49]

西塞罗对昆图斯说，《论共和国》已经说服我们："我们的国家在古代是所有国家中最完美的，那么你认不认为必须制定与最完美的国家相适应的法律？"若果真如此，"那么你们必定期望会有能够维护我们那个最完美的国家体制的法律，如果我今天给你们提出的法律在我们国家现在没有，以前也未曾存在过，但它们仍然会与我们先辈的，当时曾具有法律效力的习俗相吻合"。（参见《论法律》，II.10.23）如同在政体问题上一样，他极为重视本国的法律——罗马法的成就及其教训。[50] 这就不难理解，西塞罗关于政体与官吏的法律，主要是罗马已经存在的公法。他解释说，自己所提出的那些法律，"差不多都是属于我们国家的……因为这个国家是由我们的先辈以极大的智慧、极其恰当地建立起来的，因此在法律方面我认为几乎没有什么需要补充的"。但是，西塞罗"也补充了一些新的方面"，即有一些法律制度的创新。（《论法律》，III.5.12）[51]

所以，西塞罗立足于过去的事实列举种种法律，并非旨在描述罗马共和国的政制史与公法史——他不是去做罗马法律史家，而是具有"对历史的想象性再创造，它可以不受真实性原则的约束"。因此，"他并不想重述早期共和国真实的政制，而是要创造一个理想的系列法规，体现未腐败的共和国的原则"。[52] 可以说，他是古代立法家的模仿者。其心中理想的法律，一方面是哲学家理智思虑的产物，另一方面也是出自对罗马共和国法律实践经验的反思和提炼。

关于理想的法律，西塞罗是在《论法律》的第二、三卷中加以确定和阐释的。其第二卷在说明了法律乃是一个国家最好的事物之一（最大的善之一）后，首先提出并解释了一套关于宗教的法律。其中也涉及国家政体问题，如祭司和占卜官的法律。在该卷的最末尾，西塞罗提出了另一个重要的议程，就是在宗教法律确立之后，必须谈"官职"（政体法）问题，因为"这个问题对于国家无疑是至关重要的"。（《论法律》，II.27.69）以此认识为基础，《论法律》第三卷就开始讨论整个政体法的问题。

在西塞罗的混合政体中，核心制度是对官员及政治权力的设置和安排。他提醒人们："你们要清楚地认识到：国家是靠官职和履职者维持的，其组成情况构成一个国家的特点。"（《论法律》，III.5.12）整部《论法律》结合罗马共和国的历史，专门讨论有关统治者与官吏的法律框架问题，以寻找适宜的官制——政制——来贯彻混合政体的均衡精神。政体法的前提在于，混合政体的国家与一切国家一样，必须拥有统治权、治理权与官吏。"没有治权，便不可能存在任何家庭、市民社会、民族和整个人类。"与此同时，"需要有官员，因为国家没有官员的智慧和尽心，便不可能存在，整个国家管理靠官员之间的权力分配来维持"。（《论法律》，III.1.3；III.2.5）正是官吏法特别是高级官吏的法律决定了一种政体的基本属性，而不同的官吏法使得其政体不同于别的政体。

政体法的根本，不仅在于对官员的权力限度作出规定，而且还要对公民服从官员的程度和方式作出规定。这些规定，足以显示出一个国家政体的基本价值观与主要特点。[53] 这些规定之中的关键性的内容，是防止非法的、无限的权力和个人可能出现的专断。非法的、无限的权力，往往会蜕变为作恶的权力，从而剥夺人类的自由、压制才德的发展等。例如僭主，其权力既是非法攫取的，又在范围和手段上无所限定。特别是在共和国里，绝不能容许出现这样的统治者。建立共和国的基本目的之一，就是防止出现掌握无限权力的暴君（无论是个人还是人民）。[54] 所以，共和国的任何政治统治与治理，其权力一方面必须由法律来授予，另一方面又应当有一种适度并且明智的限制和约束。为此，需要按照均衡政体的原则安排政治权力，使之互相牵制和平衡。拥有这样的政制安排，共和国就会长治久安，长盛不衰。

在西塞罗看来，法治的要义是官员服从法律。对此，他写下了数个世纪以来为法治的拥护者与信仰者所传诵的经典名句：

> 官员的职责在于治理和发布正确的、有益的、与法律相一致的政令。犹如法律指导官员，官员也这样指导人民，因此完全可以说，官员是说话的法律，法律是不说话的官员。（《论法律》，III.1.2）

如上所述，在西塞罗考察与设想的共和国中，法律是一个实质性的要素。如果一个国家没有法，它根本就不是一个国家。因为国家本来就是一个由人民和法律所组成的法人团体。同样，如果法律没有至高无上的权威，一个国家也不可能成其为法治的国家；所以，在国家这个团体中，官员对法律的信奉和遵从，不仅是该团体得以存续的基本条件，而且是国家行使权力妥善治理政事的根本保障。当国家权力依从法律进行治理，权力与法律就合而为一，国家及其官员的威信与法律的尊严也就自然融为一体。

对于理想的官职或政体法，《论法律》第三卷的第三章至第四章作了详细列举，随后又在其第五章至第二十章进行了解释和论证。西塞罗使用"官职"一词来概括其讨论的主题，但其内容不仅包含官吏问题，更重要的是政制，如元老院和人民会议的设置。他认为，为了将政治权力置于法律之下，首要的事情是制定适合于理想国家——混合制共和国——的法律，并提供一个法律体系，特别是政体法的体系。其中，必须明确界定官员们的合法权力。而且，对任何违反共和国法律的罪行，都应施加与该罪行相当的惩罚。

简而言之，只要有了一种优良的政制和一套良好的法律，加上严格的司法以及"法律卫士"对法律的护卫，法律对政治权力的约束不是一个难以解决的法治难题。

从混合政体及其法治的角度来看，西塞罗的政体法所强调的重点在于以下几个方面。

规定公民与官吏（权力）的关系

官—民关系的法律，是西塞罗提出的第一条法律。在他看来，官—民关系的实质乃是统治者（治理者）与被统治者（被治理者）之间的支配与服从关系，因而应当是一种法治化的关系。[55] 这包括官与民两个方面：一方面，官吏的权力必须是合法的，同时官吏有权运用罚款、拘禁或鞭打等惩治违法的公民。正如林托特指出，这显示"西塞罗宪政规则的核心是执行权"。因为"在指挥链条上，高级官员是从法律到人民的基本中间环节"。但另一方面，公民对官吏行使权力的惩治行为有权提出申诉，即享有上诉权，以保护自己。"上诉权后被视为罗马公民个人的一项主要权利，是对抗不经审判就被处死的理论保证。"尤其是"从长远的观点看，与对保民官的上诉一道，上诉权成为平民争取个人自由斗争中的一个主要成果"。[56] 西塞罗显然捍卫了这一主要成果。只有上述两个方面同时并存而又相互制衡，才能形成公正且法治化的官—民关系。

国家的政制安排

罗马共和国的政制，通常包括高级官员、元老院和人民大会三个要素及其相互关系。西塞罗对此都有自己的设想和阐释。

1. 高级官员主要指执政官、监察官、裁判官和护民官。对于执政官，西塞罗授予其国王一般的执行权，尤其是担当最高军事统帅所享有的权力。执政官所应遵循的原则或"最高法"，就是人民的安全与幸福。执政官是法律的执行者。[57] 西塞罗鉴于执政官强大的权力，主张用护民官来予以制衡。他认为，"执政官的权力必然会令人民觉得太傲慢、太强暴"（《论法律》，III.7.17），不免让人担忧执政官会蜕变为希腊的僭主或"高傲的塔克文"，所以需要对其有一种适度的、明智的、确定的限制，于是就设立护民官，由护民官来制衡执政官。

监察官的职责则非常广泛，包括调查登记居民的年龄、子孙后裔、家庭人员和财产状况；管理城市庙宇、道路、水道、国库和赋税征收；

按地区登记居民，然后按财产、年龄和社会地位进行划分，确定应参加
骑兵和步兵的青年；禁止独身；监督居民风俗；监督元老院成员，不让
行为不端者继续留在元老院；维护法律文本的真实性；以及接受卸任官
员的履职报告。（参见《论法律》，III.3.6；III.4.11）监察官应有两人，其
任期与任期一年的官职不同，应任职五年，以保持其独立性。特别是，
监察官的职位不得空缺，其权力的行使也不得被终止，从而强化其权力
与功能。

裁判官，主要负责对有关法的问题进行裁断、对私人讼案设庭审理
或命令设庭审理。[58]

护民官制度是西塞罗讨论的一个重点。由于一些护民官常常有不当
行使权力或滥权的现象，包括对西塞罗本人的严厉处置——公元前 58
年，因被认为对"喀提林阴谋案"的处理有违法律，根据《放逐西塞罗
法》，西塞罗被护民官克洛狄乌斯放逐——并且"因为在这一职权出现
之后，贵族的影响降低了，民众的力量增加了"，从而引发贵族的忧虑
和对抗，所以被批评是"一件很坏的事情"："这种职权是有害的，因为
它产生于动乱，也是为了动乱。"不仅如此，它还"变得更加可鄙，更
加令人厌恶"。总而言之，一些人严厉指责护民官："实际上，有什么不
好的事情它没有干过？它首先——与它那邪恶的本性相称——剥夺了
元老们的所有荣誉，使得一切卑鄙与崇高等同，把一切搞乱、搅浑。即
使在它使显贵们的权威受到严重伤害之后，它仍从未平静过。"（参见
《论法律》，III.8.19）

可见，护民官制度绝非完美无缺，而是存在不少弊病和问题。但
是，西塞罗在抨击护民官的同时，仍然为护民官制度进行了有力的辩
护。他认为，不应否认护民官的职权有其弊端和种种不足，然而这并不
意味着应当取消护民官制度，因为"无论批评什么事情，只是列举它的
坏的方面，指出它的不足，却忽视它的好的方面，这是不公平的"。甚
至"如果没有那种不足，我们便不可能得到人们在其中发现的那种好
处"。（《论法律》，III.10.23）这是相当辩证而周全的看法。对任何制度、

规范的评价，抛开价值标准不论，关键在于其能否达到其设定的目的。人类社会的任何事物，总是"利"与"害"相生相随的。以"完美"和"有利无害"作为取舍的标准，显然行不通，甚至有害——追求完美主义所带来的破坏性，有时比它尽力避免的那种"害"还要可怕——因而是不可取的。

在西塞罗看来，护民官制度之所以应予保留，主要在于护民官对执政官和人民这两种政治力量均有所制衡，而这是罗马共和国时期重大的政治问题——在权力上，强大的执政官和同样强大的人民会不断冲击和侵蚀共和国及宪制结构，需要护民官对双方都起制衡的作用。一方面，护民官具有制衡权力巨大的执政官的强大作用。[59] 强大的执政官，只能由同样强大的护民官来制约。这已经是一种"以权力制约权力"的模式。另一方面，护民官对同样拥有巨大权力而又难以控制的人民也具有制衡的功效。"'平民保民官们的权力太大'，谁会否认这一点？但是人民的力量更凶猛、更激烈；当它有一个领袖时，它有时会变得比没有任何领袖时温和些。须知，领袖会认为他自己是在冒风险，而处于愤激中的人民却不会有危险意识。"事实上也是如此，在设立平民护民官一职（公元前494年）之后，"平民们放下了武器，暴乱被平息。终于找到了解决的方案，根据那一方案，卑微者认为自己同显贵处于平等地位，也正是由于那种解决方案，国家得到拯救"。（参见《论法律》，III.10.24）由此，护民官不仅确保了人民自由，而且维护了国家和政制的稳定。

西塞罗建议的护民官制度包括：护民官为十位，由平民推举；他们有权主持元老院会议；他们应提出有益的议案供平民审议；他们作出否决或向平民提出通过的法案，均应具有法律效力；护民官神圣不可侵犯，从而让平民得到他们的保护。（参见《论法律》，III.3. 9；III.4.10）尤为重要的是最后一条，即护民官的人身不可侵犯。这一规则，成为护民官履行职权的根本保障。[60]

2. 元老院。在罗马共和国的政体中，元老院举足轻重。"元老院的影响，源自下述需要：有效管理罗马事务，保证贵族的团结，对高级官员的权力进行遏制和协调。元老院是共同政策得以形成、贵族之间的分歧得以调和与联结的天然论坛，它在政治上的分量，适应了宪政与社会的双重需要。"[61]所以，西塞罗的政体法较多涉及元老院，也就不足为奇了。按西塞罗提出的法律设想，元老院的基本制度包括五个方面：

第一，元老院的职权。西塞罗论及的元老院职权，主要有审判权、占卜权和决定权。赋予审判权是为了确立人民的权力，因为可以向它申诉。赋予占卜权是为了使能令人信服的延期理由，得以阻止可能会带来有害后果的人民大会的召开。赋予决定权，一方面在于发生严重战争或市民纷争时，元老院可决定由一人不超过六个月地拥有两位执政官享有的权力；另一方面，元老院对于公共设施、社会治安、财政预算、对外政策等事务作出决议。

第二，元老院成员的资格和条件。西塞罗认为，元老院"由那些担任过官职的人员组成，这符合人民的利益，使得任何人只有根据人民的意愿，才能达到最高地位"。那些担任高级官职的人员是民选的，因而实际上元老院由民选人员组成，反映了人民的意志。这些元老应熟悉公共事务，包括知道国家事务——国家有多少军队，国库情况如何，有哪些同盟者，有哪些朋友，有哪些纳贡者，关于他们有些什么法律、协议、条约等。元老还应该知道立法程序，以及先辈的范例。"没有这些知识，怎么也不能认为一个元老已经具备了履行职务的条件。"（参见《论法律》，III.12.27；III.18.41）

第三，元老院会议召开的规则。西塞罗所强调的规则包括：执政官、裁判官、人民首领和骑兵长官以及元老们委以选举执政的人，有权主持元老院会议；元老必须出席元老院会议，如果元老缺席，他应做出解释，或是被视为过错；元老在元老院的发言要按次序进行，并应保持适度与克制、平和，这被西塞罗认为是一条非常好的规则。

第四，元老院决议的效力。"元老院的决议应具有法律效力，但如果有同等权力或较高权力的官员否决，则决定保留于记录。"（《论法律》，III.3.10）赋予其决议以法律效力，无疑可以确保元老院享有权威。

第五，元老阶层应该"完美无瑕"，从而"成为其他等级的榜样"。西塞罗指出："如果确实有人愿意服从这些法律，因为法律要求这一等级完美无瑕，因此任何一个沾有污点的人都不得进入这一等级。"（《论法律》，III.13.29）对于共和国来说，这一点如此重要，以至于"如果我们能坚持这一点，我们便可能坚持一切。因为如果显贵们的贪欲和恶行通常会感染整个国家，那么他们的节制同样也会使整个国家得到医治和改善"（《论法律》，III.13.30）。在这里，西塞罗遵循"率先垂范"的准则，把元老院定义为守法树德的楷模，使民众追随元老们的风范，以改善共和国的法治与风俗。反之，如果元老们违法、败坏和堕落了，共和国的法治与风俗将不会有什么希望。这一判断也意味着，贵族政治在西塞罗的理想共和国中，占据了十分突出的位置。

3. 人民会议（人民大会）。西塞罗主张，人民会议由执政官、裁判官、人民首领和骑兵长官以及元老们委以选举执政的人主持。每次会议应仅限于讨论一个问题，并应由官员或个人向人民解释事由。西塞罗建议的法律还专门规定，不得提议针对某个人的特别法律，因为法律的意义在于对所有的人适用和有效。如果制定了这种法律，那就是更大的立法的不公平。在人民会议中，与元老院一样，发言应保持适度与克制、平和。同时，人民会议应尊重否决权。[62] 正是人民大会的权威性及其投票程序，赋予其通过的法律以合法性和权威性。

西塞罗对人民会议的秩序与和平给予了特别的关注。如果会议过程中发生混乱，应由会议主持者承担责任。[63] 他尤其认为第一位，也是最重要的，就是应禁止在人民会议上使用暴力。[64]

在上述国家政制的安排中，西塞罗的混合政体法制，不仅由执政官、护民官、元老院与人民会议等所构成，而且还蕴含着制约与平衡的原则。如人民会议享有最高权力，而元老院享有权威；元老院和人民会议由高级官员主持；元老院和人民会议的决议具有法律效力，一切官员都应当服从。在官吏之中，护民官制衡执政官；监察官监督卸任官员，甚至元老院的元老：监察官有权将行为不端的元老排除出元老院。在这种混合与制衡的政体之下，法治得以达成、巩固和持续。

其他官职的规则

除上述两个主要方面之外，西塞罗还对官职设置了一些法律，如任何人不得在十年之内担任同一官职；官员年龄应遵从担任各种官职的最低年龄规定。此外，官员"不得收受或馈赠礼品，无论是为了获得权力，或是在履职期间或是在卸职之后"。如若有人违反上述规定，应当受与罪行相应的处罚。他还增加了一些处罚：施暴处以死刑或剥夺市民权，贪婪处以罚金，贪图功名处以玷辱名誉。此外，应当像希腊人那样选举"法律卫士"。这些"法律卫士"不仅保管法律文本，如同罗马先前所做的那样，"而且甚至监督人们的行为，要求他们遵从法律"。西塞罗把这种"法律卫士"的责任分派给监察官，让监察官在官吏离职时裁断其公职行为是否公正、合法。（参见《论法律》，III.4.11；III.20.46—47）

在《论法律》第三卷中，当被问及还有什么问题需要讨论时，西塞罗提到法院问题："关于法庭审判问题，因为这一问题与官职问题相关。"（《论法律》，III.20.47）但是传世的《论法律》文本未见继续论述这一问题。有人猜测，这一问题可能是其第四卷的主题。不过，他在一些辩护词中多次谈及法庭的重要性，以及其客观、公正的司法准则。例如，他将保护法庭的地位、公正和权威性视为拯救共和政体的壮举："我感到自己是在抢救我们政体的一个重要部分，一个已经重病缠身、行将就木、难以康复的部分。"[65]他指出法庭应根据事实真相捍卫正义和法治："若你作为法官不能为孤立无助者和困顿者提供保护，反抗暴力与私利，要是在这个法庭上审判案件的标准是权势的平衡，而不是事实真相的平衡，那么神圣与纯洁在这个国家确实已经不复存在，法官的权威和正直也不足以给卑微的公民提供任何安慰。"[66]这些可看作西塞罗所设想的混合政体法制的补充部分。

在《论法律》第三卷的结尾处，西塞罗表示应研究官员权力的法律基础及其限制。这是法治与混合政体中十分重要的问题。但可惜的是，因其后面的部分都遗失了，所以无从知晓西塞罗在这些问题上的基本观点。

法国学者菲利普·内莫认为，西塞罗"乃是政治哲学史上的重要作家。他常常遭到法国人作品的忽视，而盎格鲁-撒克逊的作者却很重视他，正确地将之视为法治（rule of law）学说之父"[67]。由以上所述以及本书关于哈林顿等人法治政体思想的阐释可知，菲利普·内莫所言，当为确论。

注释

1　参见 [法] 皮埃尔·格里马尔：《西塞罗》，董茂永译，商务印书馆 1998 年版。

2　[法] 孟德斯鸠：《罗马盛衰原因论》，婉玲译，商务印书馆 1962 年版，第 75 页。

3　[古罗马] 西塞罗：《论演说家》，王焕生译，中国政法大学出版社 2003 年版，第 227 页。

4　[法] 皮埃尔·格里马尔：《西塞罗》，第 80 页。

5　[美] 列奥·施特劳斯：《自然权利与历史》，第 328 页。

6　参见 [法] 皮埃尔·格里马尔：《西塞罗》，第 143、145 页。

7　[法] 菲利普·内莫：《罗马法与帝国的遗产——古罗马政治思想史讲稿》，张竝译，华东师范大学出版社 2011 年版，第 105 页。

8　[古罗马] 西塞罗：《论共和国》，第一卷第二章第三段（简称《论共和国》，I.2.3）。《西塞罗文集》（政治学卷），王焕生译，中央编译出版社 2009 年版。本章所引《论共和国》，均出自该书，将在引文后注明所属卷、章与段数，而不再　详注。

9　西塞罗认为，政治家必须依据哲学家的议论来治理国家："对美德的最好运用在于管理国家，并且是在实际上，而不是在口头上，实现那些哲学家们在他们的角落里大声议论的东西。要知道，哲学家们议论的东西——这里指正确、公正地议论的东西——没有什么未曾被为国家立法的人所发现和肯定。"（《论共和国》，I.2.2）

10　[美] 列奥·施特劳斯、约瑟夫·克罗波西主编：《政治哲学史》，第 146 页。

11　[美] 施特劳斯讲疏，尼科尔斯编订：《西塞罗的政治哲学》，于璐译，华东师范大学出版社 2018 年版，第 96 页。

12　西塞罗对罗马共和国富有炽热的爱惜之情："一种情感贯穿于整个对话录：对那些将城邦'据为己有'、破坏共和政体观念的专制君主的仇恨，因为这共和政体观念正是属于全体公民所共有的东西。在这之后的几年中，西塞罗曾多次指出：'我们已不再有共和国了'，共和国已名存实亡。这种仇恨的感情在他身上表现得十分强烈，以至于使他萌生了希望凯撒真的死掉的念头，那是当后者即将成为整个这座共和国大厦主宰的时候。因为这座共和国大厦本该是属于共同体的不同成员的，每一个成员根据其地位在其中都应该拥有相应的位置。"参见 [法] 皮埃尔·格里马尔：《西塞罗》，第 99 页。

13　[古罗马] 西塞罗：《论法律》，第一卷第五章第十五至十七段。《西塞罗文集》（政治学卷），王焕生译，中央编译出版社 2009 年版。本章所引《论法律》，均出自该书，将在引文后注明所属卷、章与段数，不再一一详注。

14　[英] 克林顿·沃克·凯斯：《英译本导言》，转见 [古罗马] 西塞罗：《国家篇 法律篇》，沈叔平、苏力译，商务印书馆 1999 年版，第 137、141 页。

15　[英] 安德鲁·林托特：《罗马共和国政制》，晏绍祥译，商务印书馆 2014 年版，第 253 页。

16　[美] 乔治·霍兰·萨拜因著，托马斯·兰敦·索尔森修订：《政治学说史》（上卷），第 206 页。

17　参见萧高彦：《西方共和主义思想史论》，商务印书馆 2016 年版，第 83 页。

18　在国内所见《政治学说史》两个汉译本中，盛葵阳、崔妙因译本就将西塞罗定义中的 commonwealth 译为"共和国"。参见 [美] 乔治·霍兰·萨拜因著，托马斯·兰敦·索尔森修订：《政治学说史》（上册），第 206 页。邓正来译本则未译出 commonwealth，而是译为"commonwealth 是人民的事业"。参见 [美] 乔治·霍兰·萨拜因著，托马斯·兰敦·索尔森修订：《政治学说史》（上卷），第 212 页。

19　[意] 桑德罗·斯奇巴尼：《关于西塞罗的〈论共和国·论法律〉中译本》，王焕生译，《比较法研究》1998 年第 2 期。

20　"我看到，那些非常著名的哲人认为，法律不是由人的智慧想出来的，也不是各个民族的什么决议，而是某种凭借允行、禁止之智慧管理整个世界的永恒之物。他们说，那第一的和终极的法律乃是靠理性令一切或行或止的神明的灵智。因此，法律由神明赋予人类，它理应受到称赞，因为这是智慧之士允行、禁止的理性和心智。"（《论法律》，II.4.8）

21　[法] 菲利普·内莫：《罗马法与帝国的遗产——古罗马政治思想史讲稿》，第 167 页。

22　[英] 汤姆·霍兰：《卢比孔河：罗马共和国的胜利与悲剧》，杨军译，上海远东出版社 2006 年版，第 4 页。雷蒙德·格特尔（R. G. Gettell）在《政治思想史》（1924 年）中指出："罗马人对国家和个人进行了严格的区分，它们各自有其特定的权利和义务。国家是社会性存在的一种必须的和自然的框架，但是个人而不是国家才是罗马法律思想的中心。与此相应，对于个人权利的保护被认为是国家存在的主要的目标。国家因此被视为一个法人，它在确定的界限内行使自己的权力。公民也同样被视为一个法人，他拥有受到法律保护的不受别人以及政府自身非法侵害的权利。"转见唐士其：《西方政治思想史》，第 126 页。

23　[古罗马] 西塞罗：《为克伦提乌辩护》（公元前 66 年），载《西塞罗全集·演说词卷》

（上），王晓朝译，人民出版社 2008 年版，第 746 页。

24　[古罗马] 西塞罗：《为凯基纳辩护》（公元前 68 年），第 668 页。

25　[古罗马] 西塞罗：《为克伦提乌辩护》（公元前 66 年），第 741—742 页。西塞罗在《论责任》中还指出："那些靠武力使人臣服的人当然不得不使用严酷的手段，比如说，主人对待奴隶，当其他任何方法都不能制驭奴隶时，主人就只好使用暴力。但是在一个自由的国度里，谁要是处心积虑地使自己处于让人惧怕的地位，那他就是世界上头号大疯子。因为，法律决不可能这样容易为个人的权力所制伏，自由精神决不可能这样容易被个人的权势所吓倒，它们迟早会在无声的公众情绪中，或在选举国家重要官员的无记名投票中，显示出自己的威力。一度受到压制而后又重新获得的自由，比从未经历艰险的自由更强劲牢固。"（[古罗马] 西塞罗：《论老年 论友谊 论责任》，徐奕春译，商务印书馆 1998 年版，第 176 页）

26　参见 [英] 弗里德利希·冯·哈耶克：《自由秩序原理》（上），邓正来译，生活·读书·新知三联书店 1997 年版，第 209 页。

27　[古罗马] 西塞罗：《论老年 论友谊 论责任》，第 184—185 页。

28　参见 [古罗马] 西塞罗：《反凯西留斯》（公元前 70 年），载《西塞罗全集·演说词卷》（上），第 185 页。

29　[古罗马] 西塞罗：《为凯基纳辩护》（公元前 68 年），载《西塞罗全集·演说词卷》（上），第 666 页。

30　[古罗马] 西塞罗：《向人民致谢》（公元前 57 年），载《西塞罗全集·演说词卷》（下），第 42—43 页。

31　[美] 乔治·霍兰·萨拜因著，托马斯·兰敦·索尔森修订：《政治学说史》（上卷），第 208—209 页。

32　西塞罗在关于《土地法案》的演说中也指出："在所有法律中，我认为由临时执政的元老卢西乌斯·福拉库斯颁布的涉及苏拉的这部法案最不公平，最不像法律。其中提到，凡是苏拉颁布的法令，无论内容如何，都应当批准。因为，在其他所有国家，一旦建立了暴君统治，所有法律都被废除和取消，而福拉库斯用他的法案在一个共和国里确立了一名暴君。如我所说，这是一部令人痛恨的法案，但它的出现有某些原因，它似乎不是一部人的法律，而是一个时代的法律。但若我指出这部法案更加可耻，那又如何？"参见 [古罗马] 西塞罗：《论土地法案（三）》（公元前 63 年），载《西塞罗全集·演说词卷》（上），第 176 页。

33　[法] 菲利普·内莫：《罗马法与帝国的遗产——古罗马政治思想史讲稿》，第 156 页，及其注②。

34　[法] 菲利普·内莫：《引言》。

35　有的英译本将西塞罗的《论共和国》译作 On Republic 或 On the Republic，但是，需要注意的是，在近现代政体学说中，Republic 通常被认为是君主国或君主制的反义词。当然，有些学者提到了 republic 与 res publica 在语义渊源上的联系，例如英国政治学家安德鲁·海伍德（Andrew Heywood）定义曰："共和国（republic）一词不仅意味着没有君主，而且根据其拉丁词根（res publica，意为'共同的'或'集体的'事务），它还意味着独特的公共领域和大众统治。"（[英]安德鲁·海伍德：《政治学核心概念》，吴勇译，天津人民出版社 2008 年版，第 225 页）不过，径直将 res publica 译为 Republic，则容易引起误解，让人以为西塞罗的共和国是区别甚至对立于君主国或君主制的。

36　西塞罗还谈道，在国王掌握最高权力时，"会经常存在一种疑惧，就是担心国王会变得不公正——这样的情况确实经常发生。就这样，当人民的命运，它如前所述，寄托于一个人的意志，或者说寄托于一个人的习性的时候，是不稳定的"。（《论共和国》，II.28.50）

37　卢修斯·塔克文·苏佩布，罗马王政时代第七任也是最后一任君主，因专横残暴的统治而被推翻，古罗马由此进入共和国时代。

38　西塞罗指出："要知道，如同当权者们的过分的权力产生了他们自身的毁灭一样，这种自由本身也会使过分自由的人民陷入奴隶地位。一切过分的快乐，不管是在大自然中，还是在田野上，还是在人体里，几乎都会变成它的相反状态。这种现象在国家事务中尤为常见，那种过分的自由，无论对人民来说，或是对个人来说，都会转变成过分的奴隶状态。就这样，由这极端的自由会产生出僭主，产生出那种极不合理、极其残酷的奴隶制。"（《论共和国》，I.44.68）

39　[美]列奥·施特劳斯、约瑟夫·克罗波西主编：《政治哲学史》，第 155 页。

40　西塞罗反复赞扬混合政体："第四种国家政体特别值得称赞，它由我前面谈到的那三种国家政体适当地混合而成。"（《论共和国》，I.29.45）"因为我对它们中任何一种单独的政体都不赞赏，而是认为由这三种政体混合而成的那种政体比它们每一种都要好。"（《论共和国》，I.35.54）"要知道，我首先规定了值得称赞的国家类型，一共三种，同时提出了同等数量的、与这三种类型相对的、有害的国家类型，指出其中没有哪一种是最好的，但由前三种国家类型适度地混合而成的那种国家政体要优于其中任何一种。"（《论共和国》，II.39.65）

41　参见刘训练：《共和主义：从古典到当代》，人民出版社 2013 年版，第 4—10 页。

42　[英]克里斯托弗·罗、马尔科姆·斯科菲尔德主编：《剑桥希腊罗马政治思想史》，第 489 页。

43　英国的政治学家沃格林认为："理想的国家对西塞罗根本不是问题；他不必从他的灵魂中去创造它；他只要环顾四周：罗马就是个理想的国家；他所要做的就是描述罗马的政治组织、民法和宗教法。"参见[英]沃格林：《政治观念史稿·卷一：希腊化、罗马和早期基督教》，谢华育译，华东师范大学出版社 2007 年版，第 170 页。

44　"我们的国家的存在不是靠一个人的智慧，而是靠许多人的智慧，不是由一代人，而是经过数个世纪，由数代人建立的。"（《论共和国》，II.1.2）他颇为自豪地宣称："所有国家中没有哪一个国家无论是按自己的基本体制，按自己的权力划分，或者是按自己的教育原则，能与我们的父辈承继于祖辈而留给我们的那种国家政体相比拟。"（《论共和国》，I.46.70；I.47.71）

45　[古罗马]西塞罗：《论土地法案（二）》（公元前 63 年），载《西塞罗全集·演说词卷》（上），第 136—137 页。

46 "有什么能比国家由德性治理更美好呢，那时统治他人者不为任何欲望所惑动，凡是他教导、号召市民应该拥有的一切品质，他自己就拥有，他从不强求人民执行连他自己也执行不了的法律，然而却把自己的生活如同法律规范向自己的市民示范。"（《论共和国》，I.34.52）

47 "如果认真加以考察，这种混合政体在最重要的方面原来仍是贵族政体。政权组织的目的是为了确保贵族制，因而智慧者或贤者被指定来起决定性作用。虽然有一部分权力要授予人民，但预料实际的权威将掌握在元老院手中，因为自由将表现为'人民被许多优秀的法规引导来服从贵族的权威'。这一'平衡、和谐的政体'的成功在很大程度上有赖于最优秀人物的不断存在，他具备西塞罗在《论法律》中所描述的那些杰出品格。西塞罗在那里指出，最优秀的人物必须'没有任何污点'，而且必须是'所有其他公民的楷模'。"参见 [美] 列奥·施特劳斯、约瑟夫·克罗波西主编：《政治哲学史》，第151—152页。

48 [美] 列奥·施特劳斯、约瑟夫·克罗波西主编：《政治哲学史》，第155页。

49 传世的《论法律》文本只有三卷。"现存的是这三卷中的绝大部分。第一卷是引言，主题是法和正义通论。在第二卷中，西塞罗提出并解说了他的理想国家中的宗教法，而第三卷专门表述和答辩的法律主要与国家官员有关，但对国家的立法、司法以及行政权力也给予了相当的关注。在我们现有的第三卷的结尾，西塞罗提出要讨论与该卷基本内容有联系的一个专题，可能是讨论国家官员权力的法律基础和限制，但他的这些论述遗失了。"参见 [英] 克林顿·沃克·凯斯：《英译本导言》，转见 [古罗马] 西塞罗：《国家篇法律篇》，沈叔平、苏力译，商务印书馆1999年版，第138页。

50 在《论演说家》一书中，西塞罗极为赞赏罗马法："在我看来，如果有谁想寻找法律的源泉和要义，一本《十二铜表法》小书以自己巨大的权威性和丰富的有益性超过了所有哲学家的著作。"他认为，罗马共和国的巨大智慧"包含在法律制度中"，这些法律超过了古希腊的那些著名的立法，如吕库尔戈斯、德拉孔、梭伦的法律，因而人们"会从研究法律中感受到快乐和满足"。参见 [古罗马] 西塞罗：《论演说家》，第139—143页。

51 正如菲利普·内莫所阐释："西塞罗说，无须像柏拉图那样弄出一套新的制度。他说，最佳的政体就是罗马的传统政体。西塞罗并未如柏拉图那般采取理智主义的（intellectualiste）方法，这一方法在于先验地（a priori）设想出某种制度，而忽视经验所带来的教训，且将传承下来的价值视为单纯的'意见'而加以拒绝。他甚至提出了一个独特的论题：法律与政体均是长期演变的成果，许多代人均投身其中。"（[法] 菲利普·内莫：《罗马法与帝国的遗产——古罗马政治思想史讲稿》，第159—160页）

52 [英] 安德鲁·林托特：《罗马共和国政制》，第260—261、269页。

53 参见《论法律》，III.2.5；III.1.3。

54 西塞罗告诫罗马人——也可以视为告诫所有民族和各国人民——要对没有约束的权力保持警惕："哦，罗马人啊，迄今为止你们看到的仅仅是僭主的外貌。你们看到了权力的标志，但还没有看到权力本身。有人也许会说：'吏员、侍从官、法令宣读员或照料圣鸡的人会给我带来什么伤害？'未经你们的批准拥有这些事物的人要么像个国王，要么像个人们无法容忍的疯子。只要看一下赋予他们的巨大权力就可以明白这一点。你们会认识到，这不是某个人的疯狂，而是令人无法忍受的国王式的蛮横。首先，他们拥有无限的权力，有权聚敛大量金钱，不是通过税收，而是通过出让税收；其次，他们有权未经审判就拷问世上每一个人，未经申诉就予以处罚，未经保民官调解就进行惩罚。因为在长达五年的期限里，甚至连保民官自己都有服从他们的义务，而他们却不用对任何人负责。他们有行政官员的权力，但自己却不受任何审判；他们有权购买喜欢的任何土地，愿意付多少钱就付多少。他们有权建立新殖民地，恢复旧殖民地，使之布满整个意大利。他们带着绝对的权威视察所有行省，没收自由民的土地，出售整个王国。只要喜欢，他们可以呆在罗马，而在方便的时候，他们可以随心所欲地到处闲逛，带着支配一切的绝对权威，军事的或司法的。同时，他们可以把刑事审判放在一边，由个人决定最重要的事情，让一名财务官代行他们的权力，他们有权派出调查员，有权批准调查员向他派出的某个人所做的报告。罗马人啊，每当我想起这种国王一般的权力时，我找不到恰当的语言来描述它，但它肯定比我讲述的更大。因为还从来没有一位国王的权力是不受任何约束的，即使不受法律的限制，但至少要有某些限制。"参见 [古罗马] 西塞罗：《论土地法案（二）》（公元前 63 年），载《西塞罗全集·演说词卷》（上），第 144—145 页。

55 "权力应是合法的，市民应顺从地、无异议地服从它。官员应以罚款、拘禁或鞭打惩治不愿服从的、有罪的市民；如果拥有相等权力或较高权力的官员或者人民不阻止这样做，该市民有权向他们申诉。官员作出判决或裁定后，应由人民对罚款数和惩罚形式做出决定。不得对行使战争统帅权的官员的命令提出申诉，战争指挥官发布的一切命令都是合法的、有效的。"（《论法律》，III.3.6）

56 [英] 安德鲁·林托特：《罗马共和国政制》，第 46—47、267 页。

57 西塞罗在《论责任》中指出："一个行政长官特别要记住的是，他代表国家，他的责任是维护国家的荣誉与尊严，执行法律，使所有的公民都享受到法律所赋予他们的权利，不忘记所有这一切都是国家托付给他的神圣职责。"参见 [古罗马] 西塞罗：《论老年 论友谊 论责任》，第 147 页。

58 "他应是市民法监护人。他们应有元老院规定的或人民要求的一定数目的等权同僚。"（《论法律》，III.3.8）

59 "执政官拥有法律赋予的这样的权力：所有其他官员都服从于他，只有保民官除外；这一职务是后来设立的，为的是不让再出现以前出现过的情形。这首先是缩小了执政官的权力，因为出现了一个不受他管辖的人，而且因为此人保护其他人——不仅保护其他官员，而且保护不服从执政官的普通人。"（《论法律》，III.7.16）

60 法国学者库朗热对护民官的不可侵犯性作了非常详细的论述。他指出："无论如何，护民官是不可侵犯的，贵族的手若碰到他，就犯下了大不敬之罪。有一条法律承认和保障这种不可侵犯性。它写道：'任何人不得施暴于护民官，不得殴打他和杀害他。'又说：'凡犯下这样罪的人就是大不敬，他的财产充公给刻瑞斯（Cérès）神庙用，而任何人皆可对他格杀勿论。'末尾又说：'无论官员或什么特别人物，遇有护民官时不得有任何举动。'这句话后来对护民官的发展帮助很大。所有的公民都必须按着'神物'宣誓，保证永远遵守这项奇怪的法律，并在祷词中说，若违背了这条法律，情愿受神的惩罚；又说，谁若袭击护民官，他就犯下了最严重的罪。护民官不可侵犯的特权是如此之大，以至于延伸到他身体的直接行动上。当平民被长官欺负，判他入牢，或被债主扭住，护民官便出来，站在他们中间，让贵族住手。试问，谁敢'有为难护民官的举动'，或敢碰他呢？……这一切，都是由于他是神器，具有不可侵犯性使然。任何力量都管不着他。自贵族庄重地宣誓说，接触护民官者不洁起，他们对护民官无计可施了。法律说：遇见护民官时，不得有任何举动。因此护民官若要召集平民，平民就被召集，没有人能够解散它，因为当护民官在场的情况下，贵族或法律就无效力了。如果护民官进入了元老院，任何人都不敢将他逐出。如果护民官抓住了长官，就没有人敢在他的手中夺走。护民官勇不可当。能够与护民官抗衡的，只有另一位护民官。"（[法]库朗热：《古代城邦——古希腊罗马祭祀、权利和政制研究》，谭立铸等译，华东师范大学出版社2005年版，第277—279页）

61　[英]安德鲁·林托特：《罗马共和国政制》，第234页。

62　"法律要求服从否决，这是最好的行为方式，因为宁可好事遇阻碍，也不要让坏事得以通过。"因此，对坏事行否决权的人，应被视为优秀出色的市民。"当法律对一个人如此高度地赞赏时，有谁会不奋力为国家效力呢？"（参见《论法律》，III.18.42；III.19.43）

63　"若不是由于那个会议主持人的愿望，发生骚动是不可能的，因为当一发生否决和动乱时，他便完全可以宣布散会。在讨论问题已不可能的情况下，有人仍然继续开会，他显然在追求暴力，根据这条法律，他应承担责任。"（《论法律》，III.19.42）

64　"要知道，没有什么比在一个有秩序的、法制完备的国家采用暴力实现某件事情对国家更有害，更有悖于法制，更缺乏市民性和人道性。"（《论法律》，III.18.42）

65　[古罗马]西塞罗：《控威尔瑞斯——二审控词》（公元前70年），载《西塞罗全集·演说词卷》（上），第231页。

66　[古罗马]西塞罗：《为昆克修斯辩护》（公元前81年），载《西塞罗全集·演说词卷》（上），第3页。

67　[法]菲利普·内莫：《罗马法与帝国的遗产——古罗马政治思想史讲稿》，第117页。

第五章 英国中世纪

君主制与"法在王上"思想

　　无论如何，如果我们没有意识到，在中世纪，正义概念在法律中表现出其重要而有效的形式，以及它在国家中的权威性，就会陷入极大的错误。在9世纪大量的论文中，一大部分是劝诫国王维护正义的内容。如果我们问，他们所说的正义指什么，很显然，他们首先是指法律，是与统治者任性和变化无常的意志截然不同的法律。这就是耶路撒冷王国议会所宣布的"女主人和男主人只有依法律或正义行事的权力"的含义。索尔兹伯里的约翰（John of Salisbury）在谈到国王与暴君的区别时说，国王遵守法律，而暴君轻视法律。布莱克顿（Bracton）以不朽的语言表达了这样一个原则：尽管国王在众人之上，但却在上帝和法律之下；如果抛开法律而随心所欲地统治，也就没有国王。……我们有理由认为，中世纪政治社会的首要原则不是君王至上，而是法律至上，因为法律是正义的化身。

——［英 ］A. J. 卡莱尔：《中世纪政治思想的特质》

　　从政治思想与政治制度上讲，欧洲的中世纪与近代（Modern，亦通译为"现代"）早期[1]，是君主政制的时代。在这个时期，一些颇具代表性的政治哲学家，诸如索尔兹伯里的约翰、托马斯·阿奎那、奥康姆的约翰、约翰·福蒂斯丘、博丹、格劳秀斯、菲尔麦，以及一批声誉卓著的启蒙思想家，都拥护君主政制。事实上，在美国与法国建立共和国之前，"开明专制"甚至成为广受赞誉和欢迎的政府形式。伏尔泰和其他一些人，就曾寄希望于强大的开明君主来推进社会进步乃至改革政策。

与此同时，在中世纪，法律成为君主政体与治理的一个关键因素，从而也成为政治哲学的一个中心议题。"任何关于立宪问题的讨论都必须从君主制度开始谈起。君权象征着国家的统一，在一定程度上得到臣民的尊敬，有时近乎盲目崇拜。中世纪早些时候王权的衰落为下一个时代对君主制的过度忠诚奠定了基础。因为，正是通过君主政体才有了一种世俗的拯救，人们不必为屈从于新的救世主而大惊小怪。君主的力量是强大的，从传统的意义上说，他是上帝在人间的代言人，是统治者和管理者，是正义的源泉和封建等级制度的头领……说得更实际一点，他是一切荣耀和成就的源泉。"[2] 所以，中世纪直至 17、18 世纪，那时的法治思想理所当然地是与君主制关联在一起的。而在近代早期，包括英国、美国和法国的革命时代，法治与政体的关系也是各国思想家尤其是启蒙思想家思考的一个法政主题。

中世纪的法政思想，不仅是欧洲现代早期法政哲学的一个基本渊源，而且深刻影响了西方现代的政治与法律观念。正如英国著名的中世纪史专家沃尔特·厄尔曼指出："说中世纪对现代有很深的影响早就是老生常谈了。尤为明显的是，中世纪的政治观念确实塑造了那些直到现代才完全成熟的政治概念。确实，只有在思想领域中才能见到一种如此明显的持续发展过程。"所以，对中世纪的研究，绝非所谓"中世纪癖"。

对中世纪政治观念的研究完全不同于这种好古癖，因为在中世纪占据主导的政府与政治观念已经创造了我们所处的这个世界。我们的现代概念、我们的现代制度、我们的政治义务与宪政观念，不是直接起源于中世纪，就是在直接反对中世纪的过程中发展起来的。没错，由于得势的是自下而上论，在如今自上而下政法论的表现已经很少了——虽然愿意承认它的人可能并不是个别的。但是，为了理解自下而上论是为何、如何在漫长而血腥的斗争中取得优势的，思考者就不能满足于对组织、宪法或制度的描述，而应当力图理解它们是怎样形成的。中世纪政治思想研究的价值还表现在，它告诉现代研究者政府与政治观念最初是如何产生的。[3]

鉴于欧洲中世纪与现代早期思想图景的丰富性与复杂性，我们先梳理英国与欧陆中世纪的相关观点，然后再对那些重要的思想家分别进行阐述。

对英国的政体，法国启蒙思想家伏尔泰曾作出了如下精准的判断："英国在纷扰之中播下奇特的政治制度的种子，这种子的根虽然总是被人砍断，一直鲜血淋漓，却终于在若干世纪以后，出乎各国的意料，出现了一种自由与王权平分秋色的混合体。"[4]在这个政体的演变过程中，逐渐凝结并落实法治的原则。而且，一些政治机构如议会，在将这种观念发展成为政治法律的根本原则及使之逐步制度化、结构化的过程中，发挥了某种关键性的作用。

迄至 17 世纪，通过"光荣革命"和洛克等思想家的理论阐释，英国人最终贡献出了依靠法或法律约束政治权力的基本理念和某些制度架构——立宪主义和立宪君主制。

一 12 世纪索尔兹伯里的约翰：国王服从法律

英国中世纪的一个主要政治、法律问题，就是国王的地位和权力问题。因此，"国王应该受到法律约束"的法治观念，实际上就表现为"法在王上"（或者"王在法下"）的主张。虽然"在政治思想领域，西欧罗马法研究复兴的影响波及英伦半岛。但是，罗马法中有关王权专制思想的内容很难发挥效力，主要原因是这些内容中蕴涵的专制色彩被刻意过滤掉了。法律与王权的关系仍然是讨论的核心话题，流行的政治观念仍然是'王在法下'"。[5]西方的法治理论家和立宪史家一般认为，在中世纪以来的西方，英国较早也较为系统地萌生了"君主应该受到法律的约束"的观念。[6]这一观念，促使和推动英国到17世纪真正形成了"法治的君主政体"。

早在盎格鲁-撒克逊时代，英国就已经产生了通过法律约束和限制国王的思想。例如，由古代民众大会演变而来的贤人会议对国王进行约束。一方面，贤人会议有权与国王一起制定法律。公元7世纪末的《怀特莱德法典》、公元8世纪末的《阿尔弗雷德法典》都是由国王出示给贤人会议同意的，并且大家一致表示要认真遵守。[7]另一方面，贤人会议有权以"违法"为名废黜国王。如757年威塞克斯国王希格伯特因"违犯习惯法"而被贤人会议褫夺王权；774年诺森伯利亚国王阿尔莱德因行为不轨被废；779年塞尔莱德国王亦因失职被废。此外，国王还要尊重贤人会议对一些重要案件作出的判决。这些都是英国早期历史上种下的"法在王上"的种子。只要有适宜的政治土壤和思想氛围，这颗种子就会发芽，并进一步生长起来。忏悔者爱德华时代（1043—1066年）的一位律师在《法官之鉴》中就国王与法律的关系写道：人民选举的国王统治人民，"根据法律的规定，他要保护他们的人身和财产安全。……根据法律而非个人意志来引导他们，并且和他们一样服从法律"。[8]这在一定程度上描述了当时的"法在王上"的理想和实际状况。那时的新国王在加冕誓词中，要宣誓"仁慈施政"，"在司法审判中惩恶扬善，伸张正义"等，而违背誓词就是违法行为。按照传统或惯例，几乎每个君主登基时都要宣誓尊重法律，以换取臣民的拥戴与支持。这近似于一种政治契约。

据著名历史学家吴于廑分析：

在立君大典中由臣民表示对君位认可的"欢呼"或"选举"，也丝毫不意味着被认可的君权就是高踞法律之上的君权。在中世纪的法律观念里，这种对君位的认可不同于某些罗马法学家所说的

"最高权力的让与"（translatio imperii），国君并不能根据这种认可而取得制定和废止法律的权力。在国君登位的宪法程序之中，臣民的"欢呼"不是无条件的。接受"欢呼"的条件是新君宣誓遵守国家既有的法律。按封建法的原则，封臣对封主的效忠，包含"取"和"与"的两个方面。封臣"与"封主以忠诚，也从封主"取得"对他合法权利的承认。在国君登位大典中的"欢呼"，同样也包含这两个方面。臣民"与"国君以君位的认可，同时也从国君"取得"维护既有法律秩序的宣誓。撒克逊国王的加冕誓词，就列举了国君对臣民的许诺。第一是护教会和人民享有其正的安宁，第二是禁止对各色人等的不法行为，第三是保证在一切审判中履行正义和仁慈。这些许诺的内容，无一不是指维护法定的秩序。[9]

诺曼底公爵威廉 1066 年入主英国之后，就宣誓要遵守行之有效的英国本土的法律——愿意保持爱德华国王有关土地及所有其他事项的全部法律。征服者威廉所制定的为数极少的立法中，有一条就是他对于英国法的肯认："我在此决定并命令，所有人都将拥有并遵守爱德华国王时期关于土地和所有其他事务的法律；此外，为了英国人民的福祉，我还在这些法律之上增加了一些条款，它们也将一并得到遵守。"亨利一世即位时（1100 年）又重新肯认了英国法："我将过去爱德华国王时期的法律返还给你们，同时还有我父王在其贵族的建议下对它们做出的修订和改进。"[10]虽然强大的王权不断得到巩固，国王滥用权力或凌驾于法律之上的非法之举也屡屡发生，如"红脸暴君"威廉二世（1087—1100 年在位）对臣民进行非法压迫，动辄对叛逆者施以割耳、削足等残酷的刑罚，结果在狩猎途中被暗杀；但是，国王始终没有在法理上获得超越于法律之上的权力。而亨利一世即位时颁布著名的《加冕章程》，就许诺要摒弃"所有使英国臣民受到非法压迫的罪恶习惯"，从而承认了国王在行使权力时并非是绝对的，而是在法律上有所约束。[11]这种法政契约——国王服从法律，臣民接受和拥戴国王——其实是对"王在法下"思想的一种表白和重申。

12 世纪，索尔兹伯里的约翰（John of Salisbury，1115—1180，本节以下简称"约翰"）阐发了"法在王上"法治思想。约翰出生于英格兰的老塞姆区，青年时代在法国的巴黎等地学习，研读过柏拉图的《理想国》、西塞罗的《论共和国》和《论法律》等古典著作；曾任坎特伯雷大主教西奥巴尔德的秘书与法律顾问；后任国王亨利二世的书记官，但因反对亨利二世对教会的征税而于 1156—1157 年被驱逐出英格兰；后又任亨利二世时期坎特伯雷大主教贝克特的秘书，1176 年任查特斯大主教；他还与教皇尤金三世与哈德良四世等教会高层人士有密切的关系；著有《论政府原理：奉承者的轻薄与哲学家的足迹》（*Policraticus: of the Frivolities of Courtiers and the Footprints of the Philosophers*）等著作。

约翰撰写的《论政府原理》，被视为中世纪第一本，也是亚里士多德《政治学》被发现之前的唯一一本系统阐述政治学说的著作："在接受亚里士多德之前，它是唯一的政治论著，以至于在某种意义上称得上是关于中世纪政治理论的前托马斯大全。"[12] 在这本著作中，约翰尝试将古典政治哲学、神学、罗马法理论等多方面的观点和材料进行综合，以建立其政治学说。他所表达的基本理想是：由法律统治国家，君主必须受法律的约束。不容否认，约翰首先倡导"君权神授"学说，认为君权来自上帝，是神权的一部分，因而是神圣的。但是，他又主张君王应依法统治，并服从法律的约束。他不仅模仿西塞罗的自然法观，宣布有些法具有永恒的必然性，在所有民族中具有法律效力，是绝对不能违背的，而且明确宣告法律对君王的权威性。

对于统治者，约翰将"君王"用来指"任何统治者，即一般意义上的统治者"。在这个意义上，"君王可以是皇帝、国王、公爵、伯爵或某个其他统治者。君王的臣属在君王统治的地域范围内组成一个 res publica（一个'共和国'[republic] 或'联合体'[commonwealth]）"。由此看来，"在《论政府原理》中，君王这一术语意味着某种非常类似于以后一些世纪的学者称为国家的东西，尽管它们两者还不能完全等同。它意味着'一种公共权力的形式……这种权力在某一界定的地域内构成最高的政治权威'。实际上，在《论政府原理》中，君王被明确界定为'公共权力'"。这使得"君王"这个词具有更加普遍而抽象的意涵，并使约翰"能够发展出一种建立在区分两种一般类型的君王的基础上的政府理论"。[13] 所谓两种一般类型的君王，是对"暴君"与"国王"的明确区分：前者毁灭法律，依靠暴力来统治和压迫人民；后者则是守法之王，即服从法律且依照法律来行使统治权。约翰指出：

> 暴君和国王之间唯一或主要的区别在于，后者服从法律（obedient to law），并且依照法律的命令统治他的人民，只是将自己视作他们的仆人。正是依凭法律，国王才使他自己在其他人之上，从而处于首要的和主要的地位。……国王是法律的体现者，是法律与公平的仆人。……国王完全服从法律，但不是因为他惧怕法律的惩罚，而是因为他热爱正义，珍视公正，追求公共利益，在所有的事情上把他人的利益放在他自己的利益之前。[14]

在他看来，法律是公正与正义的标准，是公共利益与社会团结的守护者。[15] 而"君主"（rex）这个头衔本身源于行正当之事，即依法（recte）行事。[16] 约翰认为，国王既是作为一个有机体的国家的"头"——国家是一个类似于有机体的躯体，国王是它的大脑——也是公共利益与正义的护卫者，服从法律自然是他的基本责任和品德。如果国家的"头"不服从法律，那么其他部分也会不服从法律，法律就难以具有权威性，从而国家将难以长久，公共利益将遭受损害，正义也不会得到伸张。国王的权威，其实就来自对法律的服从。而"暴君"则依靠武力统治，随心所欲地践踏法律，使法律化为泡影，并且毁弃自由、役使人民从而使人民沦为奴隶。在暴君的统治下，没有公平正义，甚至某些有罪的人也不会受到惩罚。暴君是邪恶的化身。[17]

在区分"暴君"与"国王"的基础上，约翰提出了著名的诛杀暴君理论。他认为"诛杀暴君"具有正当性和合法性："诛杀暴君不仅是合法的，而且是正确和正义的……对于践踏法律的人，法律应当拿起武器反对他。"他指出，人们当然不应当随意、轻率地反抗暴君，然而每个人都有权利和义务诛杀一个把自己置于法律之外的暴君，甚至"谁试图使他不受到惩罚，谁就是对自己和整个人类共同体犯罪"[18]。这一诛杀暴君的理论，产生了持久的影响。"在关于暴君的基督教理论历史上，这是首次有思想家支持谋杀，而且此后的诛杀暴君论支持者都以约翰来支持他们的理论。……尽管《论政府原理》并未导致连续出现一系列探讨诛杀暴君问题的理论，但它仍很重要。"[19]而对违背法律的暴君进行反抗，甚至予以诛杀，也使"法在王上"的观念与原则拥有得以实现的最后的一种社会力量。[20]

约翰的上述观点和主张，完全可以说，"预示着中世纪对现代政治理论的独特贡献——即所有政治权威具有内在限制的思想。正是从这种观点出发，约翰解决了罗马法中主张君主乃'绝对的立法者'（legibus solutus）且'他所喜欢的皆具有法律效力'等条文的麻烦"。[21]历史地看，这些观点和主张也为英国"法在王上"的思想传统奠立了一块坚实的哲学基石。

二　1215 年的《大宪章》：肯定"法律至上"的法治思想

到了 13 世纪，英国"法在王上"思想的发展不仅达到了一个新的高度，而且在政治制度和司法实践中获得了有力的支持。当时的一位佚名诗人对"法在王上"的传统大加称赞：

> 法律高于国王的尊严。
> 我们认为法律是光亮。
> 没有光亮人就会误入迷途。

如果国王不要法律，他就会误入迷途。

……

法律这样说：依靠我，国王才能统治，

依靠我，制定法律的人才能受到公正的对待。

国王不可以改变确定的法律，

他只可以按照法律激励和完善自身。

依法者存，违法者亡。[22]

英国 13 世纪最重要的一个事件，无疑是 1215 年《大宪章》（Magna Carta，也被称为《自由大宪章》，The Great Charter）的颁布。这份宪章的雏形是稍早的《无名自由宪章》，主要记载了传统与习惯中已有的一些权利和自由。从英国法治史和英国立宪史的角度来诠释《大宪章》，可以发现，该宪章标志着以"法在王上"为核心原则的立宪政治的成长。

《大宪章》共有 63 条，但其主要的贡献，蕴藏在那些关键性条款所表述的内容之中。具体来看，其贡献主要在于五个方面：

第一，通过重申自由民的习惯权利和增加某些新的权利的方式，向君主阐明了自由民应有的或法律上的权利，如被协商权、人身自由权等。如第 1 条规定："我们及我们的子孙后代，同时亦以下面附列之各项自由授予我们王国内一切自由民，并严行遵守，永矢勿渝。"

第二，禁止国王未经王国民众的同意而征税，即第 12 条宣布：国王征收除传统封建捐税外的任何赋税都须"经全国公意许可"。

第三，确立正当法律程序和公正审判。包括第 39 条规定："任何自由民，如未经同侪的合法裁判，或经国法判决，皆不得被逮捕、监禁、没收财产、剥夺法律保护权、流放或加以任何其他损害。"第 40 条规定："我们不得向任何人出售、拒绝或延搁其应享的权利与公正裁判。"

第四，其第 61 条尝试把《大宪章》纳入一个制度化的机制中，使其具有强制性的约束力。这个机制包括为强制国王遵守《大宪章》而专设的二十五人委员会和不久后根据《大宪章》创立的议会。[23]

第五，确认了法律至上、王权有限的思想。在这方面，《大宪章》不仅宣布了国王所受到的法律制约，而且使《大宪章》的存在本身成为国王应当遵守法律的一个象征。凡此种种，导致"产生了这样一种认识，即存在一个明确且得以清晰表述的权利体系（它们被白纸黑字的宪章记录下来，并加盖了约翰王的印章），而国王又必须遵守之；这一观念又为如下事实所强化：国王认可贵族们拥有强制执行权。除那些针对具体迫害的任一或全部救济条款外，这是一个具有持久价值的原则。'在亨利三世的统治危机缓慢发展之时，人们通过《大宪章》所看到的他们与国王的不同之处，并不在于一个具体的法律体系，而在于国王的行为受到了约束和限制，而公众手中握有对他予以强制的权利'"。[24] 而归根到底，《大宪章》的精髓只有一点，就是"法律居于国王之上"这一法治原则和政制体系：

> 《大宪章》的整体价值，要比仅仅是单个部分价值的总和更大。它最重要的地方并不在于任一或者全部条文的确切表述，而在于它宣示了一个明确的法律体系，并声称该法律高于国王的意志，而约翰也承认了这一点。正如我们最权威的专家评价《大宪章》时说的那样："简而言之，它意味着国王在且应在法律之下。"国王通过颁布宪章承认自己并不是一个不受限制的统治者——在他经常违反的法律中他拥有一个主上，现在他宣誓会遵守法律。正因此，人们认为《大宪章》真正阐明了戴雪教授使之声名远播的表述——"法律的统治"（the reign of law）或"法治"（rule of law）。[25]

正因为如此，在英国历史上，从 13 世纪到 16 世纪，各种政治、思想上的斗争曾迫使王室 32 次重新确认《大宪章》，重申接受《大宪章》的约束。甚至在爱德华三世统治接近晚期的 1369 年，王室确认书还宣布，与《大宪章》相悖的成文法规"必然是无效的"。这些确认只是

"表达了想让国王总体上承认他应受法律约束这一愿望"。[26] 同时，这些确认及其背后的政治推动力的不断积累以及不断显露，也意味着，《大宪章》的精神一直在英国的历史特别是政制史中顽强地寻找生存的支点，它的生命史一直在延续。

值得注意的是，《大宪章》的生命延续史，几乎构成了英国"法律高于国王"观念及其制度结构的演变史。正如 W. S. 麦克奇尼（W. S. Mckechnie）在对《大宪章》及其阐释史进行观察后所作的评论："与英国的权利与法律发展密切联系，它的出现，宣告了文明社会最有价值的政府体系在其成长的道路上迈出了关键的第一步。"[27] 因此，《大宪章》不仅仅是一份关于权利与自由的人权宪章，而且也是政府体系即君主政体的基本宪章。

三　13 世纪的布雷克顿："国王应受制于法"

《大宪章》表达的"法律高于国王"的观念，在政治法律思想中也得到了阐发和支持。对于这种阐发和支持，西方政治理论史和英国立宪史的研究者们关注与分析的第一个人物，是 13 世纪中叶的 H. D. 布雷克顿（Henry de Bracton）。

布雷克顿出生于德文郡（Devon），获牛津大学罗马法与教会法博士学位。他自 1245 年至 1246 年，担任总巡回法官（justice of eyre）；自 1248 年至其去世之前，担任裁判法庭（assize）的法官；自 1248 年到 1257 年，担任王座法院的法官，是国王御前会议（the King's Council）的重要成员之一；1267 年被任命为一个审判委员会的成员。[28] 布雷克顿在 1240 年左右撰成《论英国的法律和习惯》（De legibus et consuetudinibus Angliae），并流传后世。[29] 在这部被麦基文称为"中世纪关于英格兰法律和宪政的最伟大的著作"[30] 的书中，布雷克顿在法律的框架中论说君主的权力，尤其是经典性地表述了"国王源于法故受制于法"的思想，这就是那段常常被人引用的话：

国王本人不应该受制于任何人，但他却应受制于上帝和法，因为法造就了国王。因此，就让国王将法赐予他的东西——统治和权力——再归还给法，因为在由意志而不是由法行使统治的地方没有国王。

布雷克顿又进一步写道：

因此，让国王依法来驯化他的权力，法是对权力的约束。……同样，对于帝国而言，没有什么比依照法律生活更恰当的了，而使君主统治服从于法比依法维系的帝国要更伟大。[31]

布雷克顿与索尔兹伯里的约翰一样，并不否定君主制，而是赞赏英国的国王，说国王的地位至高无上，没有任何其他人高于国王。再加上"国王不会为非"（the king can do no wrong）的格言得到了充分的认可，国王即使违法也不能被起诉和惩罚，国王遵守法律的义务"最多不过是一种道德义务"。故而，"如果国王违法，那么唯一的救济措施只能是向他请愿，请求他做出补偿"。或者说，"13 世纪通行的观念还不是审判或惩罚国王的权力，而是起义权、向国王宣战的权利"。[32]当然，还有废黜的权利。

不过，布雷克顿如同索尔兹伯里的约翰区分"暴君"与"国王"一样，明确区分了英土统治权力的两种不同性质：一种是"个人决断的统治"（Gubernaculums），一种是"依法而行的统治"（Jurisdictio）。Gubernaculum 之原意是"掌舵"，顾名思义，其为"个人权衡"之意；Jurisdictio 原意为"法律所言"，即"依法而行"之意。布雷克顿显然赞赏后一种权力。[33]所以，国王不因其非法行为而受法律制裁，"决不意味着是对国王高于法律的认可"。布雷克顿还引证过《法学阶梯》的一句名言："君主的意旨即法律。"这看起来意味着君主高于法律。但是，"在布雷克顿那里，我们可以看到一个明显的进步——虽然他引用了

《法学阶梯》中的那句名言，但目的却是为了赋予其新的含义"。这新的含义就是，并非君主的随心所欲与肆意妄为即为法律，而应经过包括贵族参与的审议与讨论程序，从而对君王的立法有所限制。梅特兰的解读则带有几分俏皮：或许布雷克顿"有意作对，并有点开玩笑的意味；他知道这句话的字面含义并不适合于亨利国王——是法律成就他为国王，他要借助法律进行统治，而且这一法律却对国王的意志（placita principis）进行了限制"。[34] 所以，布雷克顿总是从正面反复强调，君主应服从法律。

不仅如此，布雷克顿还从《大宪章》第 61 条的规定中寻找到了制约手段："凡加入团体的人皆有一个管束他的上司，所以，如果国王没有约束，就是说如果没有法律来约束，那么这些法官和男爵们应当给国王施以约束。"[35] 这里已有对君主进行制度性约束的萌芽。

虽然布雷克顿还没有现代的"法治"概念，因而这种制约手段难以成为政治制度和法律体系上的有效控制，但是他使《大宪章》的精神和思想更加系统化和明确化，从而为后人反对国王专制、维护法律至上提供了重要的思想支持。在 17 世纪的历史中，"正是依据布雷克顿的陈述——法律高于所有人，国王与臣民应一体守法，并依据 14 世纪与 15 世纪普通法的法学家们提供的中世纪先例，议会中的政治家们才能与斯图亚特王室据理力争。正是借助布雷克顿的著作，人们才保住了普通法至高无上的地位，并取得了议会斗争的胜利，以至于最终推翻了君主专制政体。因此，我们可以认为，布雷克顿及其著作不仅影响了英格兰法的发展，而且影响了英格兰政治与宪制的发展"[36]。在本书第七章中，我们会看到，柯克引证布雷克顿的主张，为自己的法治观点张目。

1290 年发表的《弗里塔》（又名《英格兰法律摘要》）——伦敦弗里塔监狱中一名囚犯（相传是一名律师或法官）讨论法律的书——也反映了法治的思想。梅特兰认为，这部用拉丁语写成的著作"不过是布拉克顿著述的简编本"[37]。在该书中找到上文所引布雷克顿所写的一段话，以回答"如果国王不服从法律又将怎样"这一现实问题：伯爵与男爵是国王的导师，如果国王违法，他们就必须约束国王。[38] 此外，该书还把下列原则作为一切法律的基础传给后人：任何法律若违背了神律或自然法，换句话说，如果违背人类的理性，便不能被认为是有效的法律。同时，很显然，司法权原来是属于人民的，英国人并没有援引任何"皇室法"把它交付给国王，英国国王除依据既定的法律外，便不能也从没有审判过任何人。[39]

这种"非法之法律"的提法背后隐含的"高级法"思想，以及国王没有司法权的主张，成为后世英国法治思想的重要资源。

四 15 世纪的福蒂斯丘：英格兰的政制与法律的统治

在布雷克顿之后两个世纪，同样是大法官的福蒂斯丘，在 15 世纪 60 年代陆续发表了《论自然法的属性》（1461—1463 年）、《英格兰法律礼赞》（1469 年）与《论英格兰的政制》（1469 年）三部重要著作。约翰·福蒂斯丘（Sir John Fortescue，约 1395—约 1477）出生于德文郡，分别于 1425 年、1426 年及 1429 年担任林肯律师会馆的主官；1429 年或 1430 年，成为高级律师；在 1421—1436 年间，八次被选举进入议会；1441 年，成为国王的御前律师，并于 1442 年成为亨利六世王座法庭的首席法官，随后受封为爵士。福蒂斯丘一生曾在 17 个郡和市镇做过 35 任的法官，接受过 70 多个参加巡回审判的委任状，参加御前会议，审理上诉到议会的案件。1463—1470 年，流亡法国，这促使他成为英国 15 世纪著名的政治理论家：其三部重要著作中的后两部，正是在此期间发表的。[40] 在被柯克和布莱克斯通等人反复引用的著作中，福蒂斯丘回应了 15 世纪的英国所经历的"政制危机"，提出了在政体与法治问题上的核心方案——断言英国政体乃是普通法统治下的"政治且王室的统治"。质言之，他一方面阐述法律统治的必要性，另一方面讨论了不同的统治类型或政体，并侧重于从统治类型上解决法律统治的问题，进而把法律统治与统治类型关联起来。

对于法律统治，在《英格兰法律礼赞》中，福蒂斯丘表达了与布雷克顿类似的法治思想："除了最好的法律，人不能被任何事统治。"[41] 这也是他心目中的君主制最重要的一项基本原则。他认为，一个君王的职责，不外乎对外抵御外侮，保卫其王国；对内遵循正义，保护他的人民不受侵害。而要履行这样的职责，必须实行法律的统治。福蒂斯丘将政治体或王国比喻为一个自然之体——类似于索尔兹伯里的约翰的国家有机论——来说明君王、人民与法律之于政治体或王国的关系。一个自然之体必须有头颅、心脏和肌腱：头颅起着指挥或发号施令的作用；心脏蕴含着血，并把它送到身体各部分，使之激发生长；而肌腱则旨在维系自然之体。在一个政治体或王国中，君王就是那个头颅：政治体或王国由一人统治，有如头颅。人民是其心脏，"它本身蕴涵着血，也就是合乎人民利益的政治筹谋，它把它输送到那首脑和所有的政治体成员，这政治体借此而获得营养和激励"。而法律则是肌腱，是一个民族、王国得以形成、护卫和维系的基本的规范，君王不得擅自予以改变，正如头颅不能改变躯体：

> 实实在在，法律就像自然之体上的肌腱，一群人借助法律而形成一个民族，正如自然之体通过肌腱而维系起来；这神奇的实体借助法律而维系并且成为一体，"法律"一词就是从"维系"（Binding）派生而来。并且，这身体的组成部分和骨骼，正象征着那真理的坚实基础，这共同体就是借此而得以存在，它凭借法律而捍卫人的权利，正如自然之体凭借肌腱所为之举。并且，正如自然之体的头颅不能改变它的肌腱，或是拒绝它的组成部分的正当力量和血里的营养，一个王作为一个政治体的首脑，也不能改变那实体的法律，或是擅自剥夺人民的财货，或是对抗他们的意志。[42]

在福蒂斯丘看来，法律是公正而神圣的，这是法律的本性之所在。这也就意味着，正义实实在在"是王室所有统治的目的，因为它不在时，王的判决就不公正……这正义如若得以实现，实实在在被遵守，王的全部职责也就得到公平实现了"[43]。由此，国王服从法律并依法统治，也就是实现正义，从而其统治也就是正义的统治。

福蒂斯丘对法律的种类和内容也进行了论述。他认为，所有的法律不外乎包括自然法、习惯法以及制定法或成文的法律：自然法在所有地方都是一样的，其《论自然法的属性》对这种法律进行了探讨，指出王权是符合自然法的，但君王应通过法律进行公正的统治；习惯法是英格兰古老的法律，是最优良的法律；英格兰的制定法也是庄重颁行的，不仅由人民同意，而且经历了审慎的讨论程序。这些法律对英格兰王国的统治而言无疑是良好和有效的。

因此，福蒂斯丘告诫英格兰王子，对法律的无知会导致对法律的轻蔑，要怀着满腔热忱来研习法律。不仅如此，王子还能通过法律获得快乐、福佑，并勇于实现正义。"每一个王，当他不单知道他所凭借的法律是最正义的，而且他自己就精通那法律的形式和本质，他就将勇于正义。"[44]他的《英格兰法律礼赞》正是讨论王子学习法律的问题，包括学习法律的意义、态度和基本内容，尤其是要掌握英格兰的法律。

但是，问题在于，法律的统治是什么样的统治？它是如何实现的？例如，只要君主表示愿意守法就可以吗？在福蒂斯丘看来，这些问题只有关切于统治的类型，才能有正确的答案。他分析了三种都与法律的统治相关的统治类型："政治的统治""王室的统治"以及"政治且王室的统治"。在《论自然法的属性》中，他已经分析了这二种统治："王室的（royal）统治"是君王根据自己制定的法律、意志和喜好实施的统治；"政治的（political）统治"是根据人民业已确立的法律实施的统治；"政治且王室的（political and royal）统治"，就是君王加人民同意之法律的统治。[45]其《论英格兰的政制》一开篇又更进一步论述了"王室的统治"和"政治且王室的统治"之间的区别：

　　　有两种类型的王国，其中一个的统治称为——用拉丁语表示就是 dominium regale，另一个的统治称为 dominium politicum et regale。它们的区别在于，第一个王可以凭借他自己制定的那等法律来统治他的人民，故此，只要他自己愿意，他可以向他们征敛税银和别的赋役，而无需他们的同意。第二个王只能凭借人民同意的那等法律统治他们，故此，没有他们的同意，他就不能向他们征缴赋税。[46]

"王室的统治"与"政治且王室的统治"，是福蒂斯丘政治理论的两个基本且重要的概念。[47]

"王室的统治"即"纯粹王室的政体"，是凭借"王法"（王室法律）实施的统治。这是一种君主专制的类型。在福蒂斯丘那里，"王室的统治"的王国，就是法兰西王国。它起源于强权人物依靠暴力建立的统治秩序。在那个王国里，统治者"用专制暴政叫它屈服于自己，他不会叫它接受别的法律或统治，而只能接受他自己的意志；他就是凭着这意志并为了实现这意志才造就这王国"，"因此他是一个专制暴君，被称为'暴君中的第一个暴君'"。[48] 其后的统治者一仍其旧，代代相沿，逐渐建造了"王室的统治"。在这种统治之下，如果碰上了善良的君主，法律就会很好，正义也能实现，从而国家就像神的王国一样完美。福蒂斯丘也注意到亚里士多德在《政治学》中表达的一个观点：一个城邦，接受最优秀之人的统治，要胜过法律的统治。因此，一个君王如果不堕落成为一个暴君，生活在仅仅凭借王室权力施行统治的君王之下的人民，也可以享有一些权利、公正和幸福。但是，问题在于，这样的君王并不常见，甚至极为罕见，而且是可遇不可求的——只能看偶然的机遇。

福蒂斯丘提醒人们注意，"王室的统治"的根本原则，就是"王者所喜之事，便有法律效力"。这种统治"不是基于任何形式的同意，而仅仅是基于听从并接受他的法律的统治，这法律乃是他的喜好，那人民就根据他的意志而被构造为一个王国"。于是，"王室的统治"乃是国王依其所喜好的法律实施统治。然而，归根到底，这种统治所依据的法律，并不是什么好法律，甚至糟糕得像渣滓[49]，更严重的是，这种统治有一种走向专制暴政的趋势：

> 尽管假以"王室的法律"的旗号，它却是暴君专制。这道理
> 是，如圣托马斯说，当一个王统治他的王国，仅仅为了他自己的好
> 处，而不是为了他的臣民的利益，他就是一个暴君。希律王（King
> Herod）"靠着王室的权力"统治犹太人，但是当他杀死以色列的孩
> 子，他就是一个暴君了，就算那法律这样宣称："王者所喜之事，
> 便有法律效力。"……有鉴于此，这样的王做出任何违背神法或是
> 违背自然法的事，就是在作恶，不论先知宣称的那法律如何。[50]

这里也表明，福蒂斯丘对专制暴君进行了明确的谴责，意在警告君
主政体下的君王滑向专制暴君的危险。

与"王室的统治"不同，"政治且王室的统治"，即"政治且王室
的政体"，是凭借"政治且王室之法律"实施的统治。例如英格兰王国，
福蒂斯丘认为其既不是"王室的统治"，也不是"政治的统治"，而是
"政治且王室的统治"。

> 在英格兰王国，不经三个等级（Three Estates）的同意，王不制
> 定法律，也不向他们的臣民强征捐税；并且，即使是王国的法官，
> 根据他们的誓言，也不能作出违背王国法律（leges terre）的审判，
> 哪怕君主命令他们背道而行。如此这般，这统治却不可以称为政治
> 的，这就是说，它不是许多人的统治。而尽管臣民自己没有王的
> 权威就不能制定法律，并且，这王国也是从属于王的尊贵，为王以
> 及他的继承人的世袭权利所拥有，没有哪里可以施行纯粹政治的统
> 治，但是，它也不当被称呼为王室的统治。[51]

他诉诸历史，对于这种统治的起源进行追溯。在《英格兰法律礼
赞》中，福蒂斯丘写道，布鲁图斯缔造了不列颠，并被选为王。这是一

个"政治王国"。"这样的王所以设立，是为了捍卫这法律，捍卫这臣民，和他们的身心与财物，并且，他这权力乃是来自人民，要他凭借任何别的权力来统治他的人民乃是不可能的。"所以，英格兰王国就发展为一个政治且王室的王国。不仅如此，苏格兰也这样同时发展为一个政治且王室的王国。[52]《论英格兰的政制》亦指出："人们和那王约定：这王国要靠他们全体同意的法律实施统治和管理，这等法律因此被称为'政治的'，并且，因为它由王实施，它也称为'王室的'。"[53]在福蒂斯丘心目中，英格兰王国的这一统治类型，不同于法兰西王国。

什么是"政治的"？何为"王室的"？福蒂斯丘所理解的"政治"（policia），源自 poles（众多）和 ycos（智慧），所以，"政治的"政府就是靠着众人的智慧和众人商议实施管理的政府，主要体现为人民对法律的同意。而"王室的"指作为立法者的君王同时也是法律的执行者，即依法实施统治与管理。[54]这样的统治，由于有"政治的"成分做保障，至少不会堕入专制暴政。

福蒂斯丘认为，"政治且王室的统治"最重要的一个特点和保障，就在于它是"政治的"，是以人民同意的法律进行统治，而国王不能随意改变法律。《英格兰法律礼赞》就此指出：

> 因为英格兰的王不能随心所欲地改变他的王国的法律，这道理是，为施行对王国臣民的统治，他的政府不单是王室的（royal），也是政治的（political）。假使他对他们实施统治所凭借的权威是纯粹王室的，他就可以改变王国的法律，并且可以不用咨询他们而向他们征缴捐税和别的费用；这正是民法体系的它们宣称"王者所喜之事，便有法律效力"。一个王用政治的方式来统治臣民，那情形就要相去甚远，这道理是，不经他的臣民赞同，他就不能凭借自己来改变他们的法律，也不能用怪异的课税名目向不情愿的人民加税；如此说来，接受他们自己喜欢的法律的统治，那人民便自由享有他们的财货，不论是他们自己的王，还是别的什么，都不能劫掠

他们。……在这法律之下，在最好的王统治之时，那王国还是会欢腾的。[55]

这就把国王的权力受法律约束或国王依法统治的观点，同法律来源于人民的同意这一思想联系在一起。因此，福蒂斯丘对这种统治大加赞赏，说"一个靠着政治权力统治的王，他的王国的法律最为稳固地规范着他实现公正的审判，他的权柄和自由并不逊于那靠着王室权力统治的王"。而且，"那经人民同意而完美建立起来的政治的法律，在功效和美德上，也不逊于那最好的君主最为公正地颁行的王室法律"。[56] 这也是他赞美英格兰政制与法律的主要缘由。

福蒂斯丘对"政治且王室的统治"的偏爱，也体现于他对英格兰政制与法律的礼赞。他高度赞赏英格兰的"政治且王室的统治"，并认为其法律也是最好的："这法律将永远是这世上所有法律中最为优秀的，我看到它的闪耀，就如维纳斯在群星之间。"[57] 他借用"并列的对立物相互彰显"的考察方法，对"王室的统治"与"政治且王室的统治"进行比较，以论证英格兰政制与法律的优点。他一方面列举"法兰西王国纯粹王室政府产生的邪恶之事"，亦即在"王室的统治"之下，不仅赋税沉重，致使人民生活在苦难之中，而且司法程序往往遭到破坏，因非法定罪而死的人，要比通过法律正当程序而定罪的人多得多。另一方面，他赞美"英格兰王国政治且王室的政府产生的良善之事"，如英格兰人所享受的人身安全、财产保障、交易自由与正当法律程序的保护。尤其是，在英格兰，"不经议会代表的王国全体上下的认可或同意，王也不能向他的臣民征收各种赋税、特别津贴或者施加别的任何负担，或是改变他们的法律，或是制定新法"。

福蒂斯丘特别论述了英格兰的制定法所具有的同意和审慎的品格：

这些法律，实实在在，不是从君主自己的意志中而来……因为它们的制定不单要根据君主的意志，还要根据整个王国的同意，如此，它们既不能有损于人民，也不能疏于保证他们的利益。再要说，它们包含了必要的审慎和智慧，这事必须为我们认同，因为它们颁行之时所凭借的审慎，既不是出于一个御前顾问，也不仅仅是一百个，而是出于三百个以上的选举出来的人物。……并且，假使以这等郑重和审慎而制定的法律，恰好不能完全满足立法者的初衷，它们就可以被迅速地修正，那方式就是最初制定它们的方式。[58]

正是这种人民的同意和审慎的立法过程，才能确保法律不被君王随意修改。正是这一点，构成了"政治且王室的"的统治类型对法律统治的保障。

通过上述比较，福蒂斯丘认为，"王室的统治"下的种种错误、灾难和邪恶，"不是基于法律的缺陷而出现，而是出于那种统治体制的疏忽和肆意"。易言之，它是统治体制之病，是政体之病，而不是君主个人之错，更非法律之错。这样，"凭借王室权力实施统治的王更难实施他的统治，更难保证他自己和他的人民的安全"。因此，"对那审慎的王来说，把政治政府改换为纯粹的王室政府是得不偿失的"。[59]这是在警示英格兰，不要仿效法兰西王国。对于福蒂斯丘来说，法兰西式"王室的统治"之于英格兰，显然不是一个好政体的榜样，而是应当避免的坏政体。

在当时英国的政治生活中，"政治的"统治的制度化方式和途径主要是议会，所以福蒂斯丘最终把约束国王和实行法律统治的希望寄托在议会这个政治组织及其运作体系之上。[60]从历史上观察，英国议会的创立，为《大宪章》的法治精神及其法律的完整性、一致性和权威性找到了最重要的一位"特定保护者"。[61]这是后世各国均由议会或国家最高权力机关确保政府执行法律的开端。

"议会"一词首次使用于1217年，1295年确定了经常为后世所效仿的议会模式，并明确地获得了议会（parliament）的称谓。[62]而其组织结构的构建和功能运作，则始于13世纪中叶。而伴随着议会对国王斗争的不断胜利，议会的权力、组织形态及程序规则在14世纪通过各种成文法逐步加以制度化，形成了议会制度的基本架构和议会约束国王的组织与制度框架。14 世纪，英国议会曾两次废黜国王，彰显了"法在王上的思想传统"。[63] 一次是 1327 年针对爱德华二世（1307—1327 年在位），议会对他进行审判并判决废黜他的王位。另一次是 1399 年针对理查二世（1377—1399 年在位），议会列举了他所犯的 33 条罪状，其主要罪行是"独裁、破坏自由和法律，不正当地利用议会，践踏议会法规……狂妄地凌驾于法律之上，妄称立法权为国王所独有"，等等。[64] 西方的一些法律史家与立宪史家如 F. W. 梅特兰、W. 斯塔布斯、G. B. 亚当斯认为，这次废黜是在议会中按照法律程序完成了"一次反对专制主义的革命"。

几乎毋庸置疑，理查二世不仅决定像一个绝对专制者那样行事，而且还有一套绝对专制的理论。他"决心要摧毁而非规避"那些已强加给其先辈诸王的限制，他还拥有一套将这种努力正当化的理论；对于一种不受限制的特权来说，上述限制是徒劳的。当他垮台时，不仅他的做法而且他的理论也受到了谴责——他被指责有很多违法之举，更重要的是他还将自己置于了法律之上：他说过法律即其所思，民众的生命和财产都属于国王——一句话，君主意旨即具法律效力。理查二世被废黜了，作为另外一种不同理论（国王位于法律之下）之代表的兰开斯特家族即将开始统治。布拉克顿在一个多世纪前就说过，法律造就了国王，因此法律位于国王之上。英国 15 世纪最伟大的法律家约翰·福蒂斯丘爵士（Sir John Fortescue）不断重复而且清楚地阐释了这一原则。[65]

对理查二世的废黜，不仅维护了"法在王上"的立宪精神与法治原则，而且导致了 15 世纪兰开斯特王朝的立宪主义政治的发展，就像斯塔布斯所言，这个王朝"是从倡导宪法起家的，也是根据宪法进行统治的"[66]。即使在专制王权达到顶峰的伊丽莎白女王时代，也仍然在一定程度上保留了法律至上或法律统治的思想传统。

近三个世纪的历史表明，围绕着"法在王上"的思想和传统，《大宪章》的命运和议会的发展互为表里、互为支撑。16 世纪都铎王朝时代的王权扩张几乎达到专制的程度，但是"王在议会"原则的形成，又使国王成为议会"三位一体"（国王、上议院和下议院）的组成部分，反而提高了议会的地位和权威，并有利于在议会中约束国王。[67] 因为按照"王在议会"的原则，英国的最高统治权力不是由国王单独掌管，而是存在于议会之中。国王的权力，只有在议会中或通过议会才能体现出来。所以，这个王朝也没有一个国王敢于公开声明其地位凌驾于法律之上。

注释

1　对于"中世纪"的时间，在历史学家中有不同的界定。美国爱德华·麦克诺尔·伯恩斯和菲利普·李·拉尔夫的《世界文明史》，以及英国乔治·克拉克主编的《新编剑桥世界近代史》对西方历史的分期法，大致上称公元 5—11 世纪中期为中世纪的早期；称 11 世纪中期—15 世纪为中世纪的后期；称 15 世纪末或 16 世纪—法国大革命时期为近代（现代）早期。美国的托马斯·埃特曼在《利维坦的诞生：中世纪及现代早期欧洲的国家与政权建设》（郭台辉译，上海人民出版社 2010 年版）一书中，称公元 500—1450 年为中世纪，1450—1789 年为欧洲现代早期。而中国的一些历史学家将中世纪延伸至英、美、法国的革命之前，其革命为"近代史"的开端。但也有思想史家认为，中世纪的起止时间应定为 5—15 世纪，并分为中世纪早期：5—10 世纪；中世纪中期：11—13 世纪末；中世纪晚期：14—15 世纪中期。参见丛日云主编：《西方政治思想史·第二卷：中世纪》，天津人民出版社 2005 年版，第 4—5 页。本书依据《新编剑桥世界近代史》的历史分期。

2　[英] G. R. 埃尔顿编：《新编剑桥世界近代史·第二卷：宗教改革》，中国社会科学院世界历史研究所组译，中国社会科学出版社 2003 年版，第 575 页。

3　[英] 沃尔特·厄尔曼：《中世纪政治思想史》，夏洞奇译，译林出版社 2011 年版，第 7、227 页。

4　[法] 伏尔泰：《风俗论》（中册），梁守锵等译，商务印书馆 1997 年版，第 286 页。孟德斯鸠也有过类似的认定："在英国，常常可以看见从纷乱与叛变的火花中产生自由；在不可动摇的宝座上，君主却永远是摇摆不稳的。"（[法] 孟德斯鸠：《波斯人信札》，罗大冈译，人民文学出版社 1958 年版，第 236 页）

5　参见丛日云主编：《西方政治思想史·第二卷：中世纪》，第 247 页。

6　例如，哈耶克认为："正是由于英国较多地保留了中世纪普遍盛行的有关法律至上（the supremacy of law）的理想——这种理想在其他地方或国家则因君主专制主义

（absolutism）的兴起而遭到了摧毁——英国才得以开创自由的现代发展进程。"（[英]弗里德利希·冯·哈耶克:《自由秩序原理》, 第 204 页）

7　参见 [英] 威廉·布莱克斯通:《英国法释义》（第 1 卷）, 游云庭、缪苗译, 上海人民出版社 2006 年版, 第 169—170 页。

8　转见 A. Sharp, *Political Ideas of the English Civil War, 1641—1649*, Longman, 1983, p.134。

9　吴于廑:《从中世纪前期西欧的法律和君权说到日耳曼马克公社的残存》,《历史研究》1957 年第 6 期。吴于廑所述撒克逊国王的加冕誓词, 出自艾塞尔雷德国王的宣誓, 其内容如下:"我以圣父、圣子、圣灵的名义向王国境内的基督教臣民宣誓, 保证做到以下三件事:第一, 保证我王国境内教会和所有教众享有真正的太平;第二, 禁止对任何人（无论什么阶层）有暴力或不公正行为;第三, 保证判决公正和仁慈, 公正和仁慈的上帝将以他永远的仁德宽恕我们。"（[英] 梅特兰:《英格兰宪政史》, 李红海译, 中国政法大学出版社 2010 年版, 第 65—66 页）

10　[英] 梅特兰:《英格兰宪政史》, 第 5—6 页。

11　参见程汉大:《英国政治制度史》, 中国社会科学出版社 1995 年版, 第 47—52 页。

12　[美] 沃格林:《政治观念史稿·卷二:中世纪（至阿奎那）》, 叶颖译, 华东师范大学出版社 2009 年版, 第 119 页。伯尔曼亦有类似的评价:"在一个多世纪里,《论政府原理》在整个西方被认为是有关政府本质问题的最权威的著作。直到托马斯·阿奎那依靠亚里士多德的《政治学》发表了他的《论王权》（*De Regimine Principum*）一书,《论政府原理》的最高地位才受到了挑战。然而, 甚至在那时, 人们也公认阿奎那不仅依靠亚里士多德, 而且还有赖于索尔兹伯里的约翰。"（[美] 哈罗德·J. 伯尔曼:《法律与革命——西方法律传统的形成》, 贺卫方等译, 中国大百科全书出版社 1993 年版, 第 338 页）

13　参见 [美] 哈罗德·J. 伯尔曼:《法律与革命——西方法律传统的形成》, 第 340—341 页。

14　John of Salisbury, *Policraticus: of the Frivolities of Courtiers and the Footprints of the Philosophers*, "剑桥政治思想史原著系列"（影印本）, 中国政法大学出版社 2003 年版, 第 28—30 页。

15　"法律是上帝的赠礼, 公正的尺度, 正义的标准, 神意的体现, 福祉的卫士, 人民团结的纽带, 抵御恶行和破坏者的屏障, 对暴力和错误行为的惩罚。"参见 John of Salisbury, *Policraticus: of the Frivolities of Courtiers and the Footprints of the Philosophers*, "剑桥政治思想史原著系列"（影印本）, 第 90 页。

16　[美] 爱德华·S. 考文:《美国宪法的"高级法"背景》, 强世功译, 生活·读书·新知三联书店 1996 年版, 第 11—12 页。

17　约翰在其诗集《恩特替卡斯》中描述了暴君（tyrannus）, 那些邪恶的人, "俘获英格兰并认为自己是国王, 统治了很长时间, （人民）深受暴君的折磨"。在这些施行暴政的人中, 约翰自创的国王厄卡努斯（King Hircanus）尤为突出:"压迫人民, 轻视法律和公平, 与他相比, 豺狼和老虎都更为温和, 他比猪肮脏, 比公山羊更为冲撞, 出卖教会, 以背叛著称……在他的统治下, 没有公平正义, 有罪的人没有受到惩罚, 不是依靠理性和法律治理国家。"毫无疑问, 厄卡努斯就是暴君的形象。约翰继续从这位暴君身上总结出一般暴君都会有的特征。尽管暴君也会寻求和平，但君主是依靠法律和公平正义统治，而"人们不应该保护暴君的和平，因为他们不管做什么都不会依靠法律。公平正义不存在，神圣的法律被颠覆，他们宣布政令代替法律"。参见赵卓然：《索尔兹伯里的约翰"诛杀暴君"理论探析》，《东岳论丛》2015 年第 5 期。

18 John of Salisbury, *Policraticus: of the Frivolities of Courtiers and the Footprints of the Philosophers*, "剑桥政治思想史原著系列"（影印本），第 25 页。

19 [美] 沃格林：《政治观念史稿·卷二：中世纪（至阿奎那）》，第 130—131 页。

20 历史学家吴于廑指出："君在法下显然是当时的一个确立不移的原则。然而仅仅从概念上承认这样的原则，并不能保证国君不发生违法的或越出法律的行为。强悍有力的国君，往往在事实上实行专制的统治。对于他们，法律本身并不能发生限制的作用。可以制止国君违法行为的，是臣民因不满而可能发生的反抗。因此关于臣民反抗的问题，在当时的法律观念中也得到反映。《撒克逊法鉴》的作者说：'一个人必须抵抗行为不轨的国君和法官，而且必须以一切方式来对他抵制……'因此抵抗国君的违法行为是履行对于法律的责任，目的是为了维护自古就已存在的、不可移易的法度。"（吴于廑：《从中世纪前期西欧的法律和君权说到日耳曼马克公社的残存》，第 33 页）

21 参见 [美] 爱德华·S. 考文：《美国宪法的"高级法"背景》，第 11—12 页。

22 转见沈汉、刘新成：《英国议会政治史》，南京大学出版社 1991 年版，第 16 页。

23 第 61 条："我们愿再以下列保证赐予之。诸贵族得任意从国中推选贵族二十五位，此二十五位贵族应尽力遵守、维护、同时亦使其余人等共同遵守我们以本宪章所赐予和确认的和平与自由。如我们或我们的首席政法官、执行吏或任何臣仆，在任何方面侵犯任何人，或破坏任何和平条款或保障条款，而为上述二十五位贵族中的四人发觉时，此四人可即至我们面前——如我们不在国内时，则至我们的首席政法官前——指出我们的错误，要求我们立即设法改正。自错误指出之四十日内，如我们，或我们不在国内时，我们的首席政法官，没有改正此项错误，则该四人应将此事提交于二十五位贵族的其余诸位，而此二十五位贵族即可联合全国人民，以一切方法向我们施以抑制与压力，诸如夺取我们的城堡、土地与财产，及其他他们认为合理的方式，只不过不准伤害吾本人、王后及孩子，务必使此项错误依照彼等的意见改正为止。但对我们及我们王后与子女的人身不得侵犯。错误一经改正，彼等即应与我们复为君臣如初。"上述条文均引自 [英] 詹姆斯·C. 霍尔特：《大宪章》（第二版），毕竞悦、李红海、苗文龙译，北京大学出版社 2010 年版，第 503—511 页。

24 [英] 威廉·夏普·麦克奇尼：《大宪章的历史导读》，李红海编译，中国政法大学出版社 2016 年版，第 162 页。

25 [英] 威廉·夏普·麦克奇尼：《大宪章的历史导读》，第 162 页。丘吉尔亦曾指出："《大宪章》整个文件都暗示它的法律地位凌驾于国王之上，甚至国王也绝对不能破坏它。在一个全面性的宪章中，对于法律至上予以重新肯定，这就是《大宪章》的伟大成就，单单这一点就充分说明人们对它的尊敬确实有理。根据最受人尊敬的权威人士所言，亨利二世统治时期人们首创了法治，但是这项工作当时并未完成，王权仍高于法律：亨利所创造的法律系统就像约翰的《大宪章》一样，成了压制的工具。现在国王首次受到法律的约束。《大宪章》的基本原则注定会历经许多世代而存活，并且在 1215 年的封建背景褪色之后还能永垂不朽。《大宪章》变成了一个持久的见证，证明王室权力不是绝对的。"（[英]温斯顿·丘吉尔：《丘吉尔论民主国家：大不列颠的诞生》，刘会梁译，上海三联书店 2017 年版，第 203—204 页）丘吉尔所说到的亨利二世（1133—1189），是金雀花王朝的首任国王，因进行法律改革而闻名于世。

26 参见[美]爱德华·S.考文：《美国宪法的"高级法"背景》，第 28 页、第 112 页注释[28]。麦克奇尼认为：1369 年的一项制定法需要特别关注。它规定："大宪章和森林宪章及其所有内容依然有效，如果任何制定法与其相悖，则无效。"（[英]威廉·夏普·麦克奇尼：《大宪章的历史导读》，第 195 页）

27 转见[美]迈克尔·V. C.亚历山大：《英国早期历史中的三次危机：诺曼征服、约翰治下及玫瑰战争时期的人物与政治》，林达丰译，北京大学出版社 2008 年版，第 104 页。

28 参见[英]威廉·塞尔·霍尔斯沃思：《英国法的塑造者》，陈锐等译，法律出版社 2018 年版，第 22—23 页。

29 首次出版于 1569 年，1640 年再版，1878—1883 年在伦敦又出版修订的六卷本。哈佛大学出版社于 1968 年出版了乔治·E.伍德拜因所编《布雷克顿论英国法律与习惯》（ *Bracton on Laws and Customs of England* ）四卷本。

30 [美]C. H.麦基文：《宪政古今》，翟小波译，贵州人民出版社 2004 年版，第 56 页。

31 转见[美]爱德华·S.考文：《美国宪法的"高级法"背景》，第 21—22 页。

32 对于国王是否应受法律强制这一问题，人们有不同的判断："那么国王的法律地位又是怎样的呢？我想首先我们可以比较肯定地说，法律并无针对国王的强制程序；国王不能依据某种法律程序被惩罚或被强迫做出补偿。但这一点已为如下论据所否定：后来有一位法官说他看到一则发给亨利三世的令状——一则以指令亨利国王为开头的令状——一则理论上说是从国王处签发的当然令状，指令郡长命令国王亨利出席法庭，并在一起诉讼中进行答辩。但这一说法现在已遭到普遍质疑。相反，从亨利三世统治时起，我们从布拉克顿和法庭诉讼卷宗那里得到了国王是不能被起诉和惩罚的非常正面的陈述。"参见[英]梅特兰：《英格兰宪政史》，第 67 页。

33 参见陈思贤：《西洋政治思想史·近代英国篇》，吉林出版集团有限责任公司 2008 年版，第 7—8 页。

34 参见[英]梅特兰：《英格兰宪政史》，第 69 页。

35 转见[美]爱德华·S.考文：《美国宪法的"高级法"背景》，第 23 页。

36 [英]威廉·塞尔·霍尔斯沃思：《英国法的塑造者》，第 29 页。

37 [英]梅特兰：《英格兰宪政史》，第 15 页。

38 参见[英]威廉·塞尔·霍尔斯沃思：《英国法的塑造者》，第 25 页。

39 参见[英]约翰·弥尔顿：《为英国人民声辩》，何宁译，商务印书馆 1958 年版，第 166 页。

40 "他的流亡经历使他成了一名政治思想家。福蒂斯丘利用闲暇时间，对自己的国家及法律的状况进行了反思，并将反思的结果表达自己的著作中。"特别是"对于使他的国家蒙难的罪恶之因，他正确地予以了诊断，并提了补救性措施"。因而，"他的这些著作在英国宪制史和法律史上有着持久的影响"。参见 [英] 威廉·塞尔·霍尔斯沃思：《英国法的塑造者》，第 69—70 页。

41 [英] 约翰·福蒂斯丘爵士著，[英] 谢利·洛克伍德编：《论英格兰的法律与政制》，袁瑜玎译，北京大学出版社 2008 年版，第 43 页。

42 [英] 约翰·福蒂斯丘爵士著，[英] 谢利·洛克伍德编：《论英格兰的法律与政制》，第 52 页。

43 "所有的人的法律，都归于神圣，因为法律的定义是用这些字眼来说出的：'法律乃是一个神圣的命令，它命令正直之物，而禁止相反之物。'这道理是，凭定义就神圣的物一定是神圣的。法律也可以说成是，它乃是善与公正的艺术。"参见 [英] 约翰·福蒂斯丘爵士著，[英] 谢利·洛克伍德编：《论英格兰的法律与政制》，第 35、38 页。

44 "君主不应当对法律愚昧无知，也不允许以军事义务为借口而忽视法律。"参见 [英] 约翰·福蒂斯丘爵士著，[英] 谢利·洛克伍德编：《论英格兰的法律与政制》，第 32、114 页。

45 沃格林认为，福蒂斯丘所阐述的"人民的同意"，实际上是指人民的"赞成"或"赞同"。但是，必须注意的是："赞成（approval）或赞同（assent）在当时完全没有现代的那些内涵。这里的赞同并不是现代宪政意义上的权利，它既不能被剥夺，也不能被给予。赞同或赞成与参与有关——参与王国各等级之间在涉及王国之维系的事项上所达成的协议。在这一时期，平民的赞同更确切来说是封建关系向新近连属的社会阶层延伸，在这种关系里，平民们必须差不多要像男爵们一样履行自己的义务，然而他们一方也可以坚持要求国王履行其王国保卫者和法律执行者的职位所带来的义务。"（[美] 沃格林：《政治观念史稿·卷三：中世纪晚期》，段保良译，华东师范大学出版社 2009 年版，第 174—175 页）

46 [英] 约翰·福蒂斯丘爵士著，[英] 谢利·洛克伍德编：《论英格兰的法律与政制》，第 117 页。有译者依照晚清的译例将 dominium regale 译作"君主"，将 dominium politicum et regale 译为"君民共主"。（[美] 沃格林：《政治观念史稿·卷三：中世纪晚期》，第 169 页）梅特兰的《英格兰宪政史》中译本（第 128 页）则将 dominium regale 译作"君主独治"，将 dominium politicum et regale 译作"君民共治"。应当说，"主"字比"治"字更为妥当。因为"主"代表着统治，有"政治"含义，如"人民当家作主"之"主"，即人民的统治。而"治"容易限于"治理""管理"之意，突出"行政"含义，由此就丢掉了"统治"这一意涵。

47 "这两个概念有三种功能：（1）它们用来指两种起源不同的统治形式；（2）它们用来指统治演化过程中的两个阶段；（3）它们用来指当时不同的统治类型，不考虑起源和演化阶段，比如法国和英国。这三组含义没有被系统地区分，它们是根据语境的要求而使用的，有时则搅和在一个段落里，然而它们有同样一个目标：对英格兰政治体加以恰当地说明。"参见 [美] 沃格林：《政治观念史稿·卷三：中世纪晚期》，第 169 页。

48 参见 [英] 约翰·福蒂斯丘爵士著，[英] 谢利·洛克伍德编：《论英格兰的法律与政制》，第 119—120 页。

49 "在那王国里，制定法常常只是为了保证那立者的利益，并因此导致那臣民的损失和破败。并且有时，由于那君主的随意疏忽和那御前顾问的怠惰，那制定法会没头没脑地颁行出来，以至于那制定法与其称为法律，倒不如称作渣滓更为般配。"参见 [英] 约翰·福蒂斯丘爵士著，[英] 谢利·洛克伍德编：《论英格兰的法律与政制》，第 58—59 页。

50　[英] 约翰·福蒂斯丘爵士著，[英] 谢利·洛克伍德编：《论英格兰的法律与政制》，第 126 页。

51　[英] 约翰·福蒂斯丘爵士著，[英] 谢利·洛克伍德编：《论英格兰的法律与政制》，第 163—164 页。

52　参见 [英] 约翰·福蒂斯丘爵士，[英] 谢利·洛克伍德编：《论英格兰的法律与政制》，第 53 页。

53　[英] 约翰·福蒂斯丘爵士著，[英] 谢利·洛克伍德编：《论英格兰的法律与政制》，第 121 页。

54　用梅特兰的话讲，就是 "国王还享有执行性的（executive）、实施性的（administrative）或管理性的（governmental）权力。……当我们标示了立法工作（将普遍性的法律施于民众）和司法工作（听审刑事指控和民事诉讼）外，还剩余了一大片行事的领域，我们就可以用上述术语来表示。'governmental'（管理性的）在我看来是最好的术语；'executive'（执行性的）和'adminstrative'（实施性的）意味着我们所讨论的工作仅限于执行或实施法律，将法律产生实效。但实际上在这之外还有很多事情要做，没有哪个国家能够完全依靠普遍性的规则而得到治理"。（[英] 梅特兰：《英格兰宪政史》，第 127 页）

55　[英] 约翰·福蒂斯丘爵士著，[英] 谢利·洛克伍德编：《论英格兰的法律与政制》，第 47—48 页。

56　福蒂斯鸠认为英格兰法律具有 "政治的"这一特点，无疑是有历史根据的。这就是梅特兰所指出的："我们已经知道，早在 1322 年就宣布了这样的原则：立法需得到王国高级教士、伯爵、男爵及平民之同意。这种同意对于制定法来说是必需的；自那时起，两院同意对制定法来说是必需的看来已被接受为一条基本原则。"在英格兰 15 世纪制定法的立法表述中，也不断强调贵族甚至平民的 "同意"。'我们的统治者亨利七世国王在威斯敏斯特召开的这次议会上……根据本议会僧俗两界贵族和平民的同意，以本议会之权威，将以如下形式制定某些法律和条例。' 这是国王制定的东西，通过时征得了议会中教俗两界贵族和平民的同意（有时表述为 '经其建议并征得了其同意'），依据的是本议会之授权。最后的这些语词非常新，以本议会之权威（by the authority of the sarne parliament）；据说它首次是作为议会制定法之序言的一部分出现于 1433 年，尽管早在 1421 年时它就以一种更为随意的方式出现过。因此，为人们所认可的是，制定法的权威来源于整个议会。我们还注意到，平民现在处于与贵族同样的地位，其在立法事务中的职能也是提出建议、表示同意和赋予权威。但这种表述并未总被使用。整个 14 世纪，平民通常都处于附属地位：本制定法由国王在高级教士、伯爵和男爵同意下，应议会中之郡骑士和平民的请求而制定（偶尔也提到经平民同意）。这在 15 世纪变得更为普遍；1435 年和 1436 年的表述是，'应平民之特别请求，在贵族的建议和同意之下'；1439 年为 '经贵族和平民的建议和同意'，这一表述用了好几年。但 1450 年时又返回到了 '应平民之请求，经贵族之建议并同意'，1455 年用的是一种表述，而 1460 年则用了另外一种。爱德华四世统治期间,这两种表述被混杂使用。"参见 [英] 梅特兰:《英格兰宪政史》,第 121、120 页。

57 [英] 约翰·福蒂斯丘爵士著, [英] 谢利·洛克伍德编:《论英格兰的法律与政制》,第 115 页。

58 [英] 约翰·福蒂斯丘爵士著, [英] 谢利·洛克伍德编:《论英格兰的法律与政制》,第 58—59 页。

59 参见 [英] 约翰·福蒂斯丘爵士著, [英] 谢利·洛克伍德编:《论英格兰的法律与政制》,第 82—88、122—127 页。

60 "14 世纪以后议会君主制的成长毕竟为福特斯鸠的理论思考提供了可资借鉴的'经验事实',使他能够超越其布莱克顿等前辈,从道德、观念层面的'法治'推演到议会对君主的制度限制。他将国王本人和'君权'分离开来,反对'王家'的独裁专制,主张实行'政治的和君主的统治',正是他认同议会限制君权之效用的结果。"参见孟广林:《试论福特斯鸠的"有限君权"学说》,《世界历史》2008 年第 1 期。此处福特斯鸠即福蒂斯丘。

61 [美] 爱德华·S. 考文:《美国宪法的"高级法"背景》,第 29 页。

62 [英] 梅特兰:《英格兰宪政史》,第 108 页。

63 "显然,当时通行的观念是可以废黜那些未依照法律进行统治的国王。"([英] 梅特兰:《英格兰宪政史》,第 68 页)

64 据梅特兰《英国宪政史》记载:"1389 年,平民们请愿说,大法官和咨议会不得制定与普通法和制定法相冲突的条例。国王的回答是,已做之事将来还要做,并保留了国王的特权。理查拥有的是一套绝对君主专制理论,于是他被废黜了。对他所提出的一项指控是,他曾说过他所言即为法律,而且经常是他所想就足以成为法律。"([英] 梅特兰:《英格兰宪政史》,第 122 页)

65 [英] 梅特兰:《英格兰宪政史》,第 124、128 页。

66 转见程汉大:《英国政治制度史》,中国社会科学出版社 1995 年版,第 135—136 页。

67 正如有评论说:"从一定意义上说,都铎时期的英国是一个尊重法律的社会,法律享有最高的权威,或者说至少在名义上享有最高地位。从没有一个君主宣称他(她)位于法律之上。这里的法律既包括本朝新制定的法律,也包括继承下来的普通法。贯穿整个中世纪英国的特点之一是王权相对强大,所以在中世纪前期封建习惯基础上产生的普通法并不构成对王权的威胁,因此都铎时代王权的加强并未伴随普通法的毁灭。每个都铎霸主登位时都宣誓尊重法律,依法行事,以至 16 世纪末的政论家胡克宣称,是'法律造就了国王'。"(刘新成:《英国都铎王朝议会研究》,首都师范大学出版社 1995 年版,第 307—308 页)法国历史学家也总结说:"我们回顾 16 世纪末英国的自由制度时,可以发现:第一,自由的基本法规和原则,它们是全国和立法机构从未忘记的;第二,先例,自由权的事例,其中固然掺杂了一些不一致的事例和先例,但足以使自由的要求合法化并加以维护,而且在与暴政和专制的斗争中给予自由的保卫者以支持;第三,特殊的地方性的制度,其中饱含自由的种子,如陪审制、集会自由权、持有武器权、地方行政和司法的独立；最后第四，国会和它的权力，这是国王当时极为需要的，因为王室的独立收入、领地和封建权益等等已挥霍殆尽，需要国会同意增加征税。"（[法] 基佐：《欧洲文明史》，程洪逵、沅芷译，商务印书馆 1998 年版，第 206—207 页）

第六章　16 世纪欧陆

"反君主专制"

反暴君派的重要性远远超出了他们曾努力实现的极其有限的目标。专制的中央集权在 16 世纪中正如火如荼，在这样的一个时代里，给无限的权力一个卓有成效的抗议，这本身就是弥足珍贵的。……并且整个反暴君运动指明的教益是：17、18 世纪的政治自由乃是抗议宗教不宽容的结果。如果没有那种抗议，欧洲的普遍情况将与路易十四治下的法国差不多——通过中央集权与落后的专制主义毫无生气的人民挤压进万马齐喑的臣服中。

——[英]哈罗德·拉斯基:《历史性引言》

近代早期的专制主义，大约是从中世纪后期的最后一两百年间（14—15 世纪）开始生发和积累的。随后经过近三个世纪的演变和发展，到 17、18 世纪的法国波旁王朝最后三位国王（路易十四至路易十六）时达到了历史的顶点。也就是说，从 15 世纪末至法国大革命，至少在法国，是一个专制主义逐渐演生与发展的时代。

专制主义的兴起，有着复杂的历史和社会政治方面的原因。概而言之，中世纪的封建体制的瓦解和王权的壮大，为专制主义的兴起创造了历史前提；专制主义的政治法律理论，论证了君主专制的正当性和合法性，国王们毫不犹豫地实践这些理论；16、17 世纪发生的战争现实地要求中央集权和至上的君权；而宗教改革则使国王的权力从管辖世俗领域扩展到管辖宗教事务等。

但是在这个过程中，也出现了种种"反君主专制"以及主张法律至上的思想学说，"反暴君论"就是其中重要的一支。随后，法国大革命终结了君主制，开创了法国共和政制的历史。

一　从专制主义到"反暴君论"

从法律的渊源、地位、功能和权威性等方面言之，专制主义的思想内核和制度精神，或许可以用"朕即国家"（L'état c'est moi）或"朕意即法律"这句路易十四的名言来概括。这句名言的真正含义，就是 17 世纪法国神学家、路易十四时代专制学说的首席理论家波舒哀·雅克在《圣经文本的政治》（*Politics Taken from the Words of Holy Scripture*）中所归纳的：

> 国王的权威有四个方面基本特征或特质：
> 第一，国王的权威是神圣的。
> 第二，它是世袭的。
> 第三，它是专制的。
> 第四，它是受理性约束的。[1]

专制的国王，就是不受法律限制但受理性约束的神圣权威。[2] 人们通常将专制君主称为享有绝对权力的政治统治者，但必须注意的是，所谓"绝对权力"一词，往往有不同的理解。很可能它最主要的含义，不是在权力的来源或大小的意义上，而是指这种权力不受明文的法律的限制和约束。[3] 篡夺的权力是非法的，但不等于具有绝对性。君主权力常常是世袭的，但也不等于没有绝对性。同样，20 世纪以来的政治统治者与管理者的权力，显然比君主的权力（如范围等）大得多，然而由于它受到宪法和法律的制约，所以不是绝对的。总之，只要一种权力不受法律的限制和约束，不论它是人民授予的还是世袭的，也不论其极大或很小，它就是绝对的权力。在这个意义上，"绝对权力"与专制是同义的。

当然，在 16 世纪，法律至上的观念仍为一些人所倡议和阐述。纪尧姆·代比通过《罗马法论文注释》（1509 年）和《君主制》（1515 年）赞颂君主制的政府形式，认为由一位君主统治的政体是唯一有效的制度，并把法国国王推崇为"唯一合法的君主"。不过，代比希望"君主应表明自己拥有智慧，要尊重王国的法律，处事谨慎，铲除国内的'一切不公正和混乱现象'，管理司法，保障每个人应有的权利"。这个阶段的君主制理论还没有包含"绝对君主"的思想，"尊重法律的政治训诫"不时地由政论家们所提起。除纪尧姆·比代之外，为法国国王服务的教士克劳德·德·塞赛尔，因路易十二尊重法律并实行一种"有规则的君主制"而对其大加称颂。他还在路易十二去世后发表了《法国君主制》（1519 年），确定了君主的形象：君主应尊重宗教、司法和传统——作为一个整体，这三者是一个管理良好的君主国的根本性法则，可以防止君主变为暴君。法国贵族菲利普·德·科明尼斯（1509 年去世）在《回忆录》中也主张君主应尊重法律。[4] 还有纪尧姆·德·拉·佩里埃尔，在 1555 年发表的《政治》中，也坚持认为法律是至高无上的。而在法国以外，例如波兰的一些学者，更明确、大胆地倡导法律至上原则。斯坦尼斯拉斯·奥热霍夫斯基所撰《怎样成为一个好的统治者》——以《忠实仆人》为标题献给 1549 年新登基的国王西吉斯孟·奥古斯都——写道：

> 国王是为王国而挑选出来的；但王国并不为国王而存在。这是因为法律——王国的灵魂和精神——的权力毫无疑问大于王国，自然也就大于国王……因此，如果有人像古罗马公务员特里波尼安和乌尔皮安那样阿谀奉承，说你在你的王国里是至高无上的，你可不能听信，并且要告诉他，是法律在统治你的国家。

另一位波兰学者安杰伊·弗里茨·莫杰夫斯基的《共和国的改革》，吸收了西塞罗关于共和国的定义以及混合政体的理想，认为国王应当根据其统治才能通过选举产生，法律必须得到骑士等级和参议院的批准。当选的国王，不仅"无权运用自己的权力去制定法律或者随心所欲地强迫别人缴纳贡金"，而且"做任何事都要征得各阶层的同意，都要遵守法律的规定"。[5] 可见，这些政论家期盼的是一种以遵守法律为原则的法治君主制。

如果说中世纪后期的政治、法律理论，包括王权派理论家的思想，往往反对任何形式的专制主义，那么16、17世纪的政治法律理论的倾向就是专制主义。这种专制主义在13、14世纪已经为一些法学家所倡导，以增强国王对抗教皇的权力，但并未占统治地位。[6] 但在16、17世纪，专制主义的倾向更加强烈。这对君主专制的创立和施行产生了重要的推动作用。一方面，专制主义的政治、法律理论，差不多摧垮了中世纪后期的某些法治思想或法律高于国王的观念，为君主专制扫清了思想障碍。[7] 另一方面，专制君主的专制行为和专横政策，也从专制主义的政治、法律理论中找到了强有力的根据、意识形态的支持和理论上的向导。因此，专制主义的政治、法律理论的崛起，是专制君主或专制政府产生和发展的一个重要原因。

在16、17世纪的欧洲大陆，专制主义初步兴起的一个标志，是把君主看作一切政治权力的源泉，且高于法律。过去"合法君主"的概念，逐渐被"全权君主"的概念所代替。譬如在法国，君主专制达到了前所未有的新高度。历史学家指出：

> 路易十一、路易十二以及弗兰西斯一世的努力则导致了一个表面上看似中世纪、实质上则更像17世纪开明专制主义的君主政体。到1546年时，有一位威尼斯使臣认为，法国人把一切自由都交给了他们的国王。尽管法王的权力，诸如立法、任命官员、决定和平与战争、行使最终裁判和铸币等，在法学家经过反复推敲后写成的

特权条文中有规定，但是，法国君主的行为只要身体条件允许是没有限制的，或者说是不受规定权利的限制的。虽然法王的立法权要受不可变更的基本法概念的限制，但事实证明，这些基本法是毫无意义的；省大理院，尤其是巴黎大理院可以拒绝登记某项敕令从而使之无效，但他们从未这样做过。在其理论、权力和无限制的行动自由方面，法国的君主政体为所有君主主义者树立了榜样，早在16世纪30年代就有人给法王安上了暴君的绰号。[8]

而为君主专制寻求正当性和合法性的政治、法律思想，也开始取代中世纪的某种意义上的法治主义。特别是在法国，政论家们力图通过他们的理论解释，"铲除权力来自人民的理论，并借以排除出现政治反对派的危险。法国图卢兹派的法学家最倾向于这种独裁主义解释，他们竭力使传统的法律语言适应历史的现实，对主张民族君主制的政治思想的形成发挥了重大作用"。罗马法是他们为有权制定法律的国王进行辩护的主要工具。让·费罗在16世纪初写作的《法兰克人基督教王国的20个特殊标志》中，列举了法兰克国王享有的二十项"特权"，以使"法兰克国王在世俗方面拥有最高地位"。在稍晚的年代里，专制主义的政治、法律理论也得到了一些政论家的支持和阐述。如皮埃尔·格雷古瓦出版了二十七卷的《论国家》（1578年），该书发展了独裁专制政体学说，主张专制君主不从属于任何人，它只对上帝负责，而无须求助于代表机构的建议。[9]

从欧洲的政治思想史上检视，专制主义的一个重要方面就是支持或容忍暴君的思想。在中古的基督教神学中，一些教会神学家鼓吹暴君统治的合法性与神圣性，如圣伊西多尔指出暴君统治是上帝对有罪之人民的惩罚。上帝任命暴君或仁君的决定是根据一个国家人民的情况而作出的，"如果他们是善良的人民，上帝就给予他们一个仁德的统治者；如果他们是邪恶的人民，上帝就将让一个苛暴的统治者来对其统治"。圣格里哥利除了坚持这种看法外，还特别强调，"好的臣民甚至不应当粗

暴地批评一个苛暴君主的行为，因为抵抗或冒犯一个统治者，就是冒犯
将这个君主置于他们头上的上帝"。[10]16 世纪的博丹也否定了反抗暴君
的思想。[11] 他认为，对于"暴君"，"无论任何个别臣民，或是作为整体
的民众，都不能对君主的荣誉和人身实施攻击，而不论是通过暴力的方
式，还是通过法律的途径"。例如，即使通过法律途径审判"暴君"，也
是行不通的，因为没有人享有这样的权力。进而，不仅那些杀死君主的
人犯了"一级叛国罪"，而且试图、教唆、希冀弑君甚至脑子里有这种
想法的人，也构成叛国罪。[12]

但是，即使在专制主义的政治、法律理论不断发展并逐步制度化的
过程中，对专制主义的抨击也没有停止或消失。实际上，正如弊政使明
智的人们产生限制政治权力的强烈愿望，专制主义的政治、法律理论也
引发了不同人们的忧虑和反对。更重要的是，在 16 世纪末 17 世纪初出
现了"反君主专制派"（也称"反暴君派"）；而从 17 世纪下半叶开始，
一些反对君主专制的政治理论家，提出了"合法君主制"的概念，主张
君主应当受到法律的约束。

"反暴君派"的理论——广义上包括反抗、废黜、诛杀暴君的理
论——主要是围绕政体，特别是专制政体（暴政）问题的争论而发展
起来的。政体的核心问题是如何安排政治权力，包括是否用法律限制和
约束他们的权力。那么，如何看待和处置暴君？一方面，博丹等人不赞
成反抗暴君；但另一方面，反暴君的思想也不时兴起。对这一思想，人
们可以追溯到古典的政治哲学和正义思想。而进入中世纪，在英国，索
尔兹伯里的约翰率先提出了反暴君的理论；14 世纪的奥康姆的威廉阐发
了废黜暴君的正当性；16 世纪的乔治·布坎南也是反暴君论的代表性人
物。在欧洲大陆，从 11 世纪开始，反暴君论同样不断高涨。如 13 世纪
的托马斯·阿奎那就认为，拒绝服从暴君且反抗暴君的行为是合法的，
人们应当废黜暴君。

16 世纪的欧洲大陆，"反暴君论"思想家——被威廉·巴克利在
1600 年称为"国王杀手"——不断诞生。巴尔托洛在其重要的著作《论

暴政》中，不仅在"不具有合法权力的暴君"与"具有合法权力的暴君"之间作了法律上的区分，而且在"显性"暴政与"隐性"暴政之间也作了区分，认为在尊重法定的政府形式的同时也可能实行"隐性"的暴政。科卢齐奥·萨路塔蒂在《论暴君》的论文中指出，任何以不正当方式实施权力的君主政府都是暴政，从而谴责了利用权力压迫臣民的暴虐君王。[13] 法国作家艾蒂安·德·拉博埃西（Étienne de La Boétie）的《论自愿的奴役》，对奴役和暴君进行了深刻、激昂的控诉。西班牙法学家胡安·德·马里亚纳（Juan de Mariana）所著《论国王与对国王的教育》，使其成为天主教中反暴君派的代表人物。他认为，君主不是"不受法律约束的"，否则应当予以反对。[14] 此外，法国胡格诺派——曾遭到大肆屠杀的新教派——法学家弗朗索瓦·奥特芒在《法兰克—高卢》这篇论文中，把某种等级代议制度与自由认作一体：自由等同于代议制，并在这种意义上把自由看作合法国家的基本标志。他以暴政与自由的对比，说明自由是制度合理的政府必不可少的元素。而且，在这样的合法国家里，拥立或废黜国王、宣战或媾和、制定法律和任命官职这些最高权力都属于民众会议或三级会议。[15] 这些观点近乎现代的自由立宪思想。

二　布鲁图斯的"反暴君论"与法治思想

从法治与政体的角度观之，最重要的"反暴君"理论，无疑出自作者不明的《为反抗暴君的自由辩护》（Vindiciae contra tyrannos，1579年，署名"布鲁图斯"，其真正作者有争议）。该书原名为《论反抗暴君的自由》，1963年英译本《为反抗暴君的自由辩护》（A Defence of Liberty against Tyrants）由英国政治学家哈罗德·拉斯基编辑并撰写导言《历史性引言》。[16]1572年，圣巴托罗缪节前后，法国胡格诺派遭遇大屠杀，仅巴黎一地就有三千多人被杀。[17]七年后，《为反抗暴君的自由辩护》在法国面世。该书被认为发展了稍早的狄奥多尔·贝扎的思想。

贝扎在《行政官员对其属民的权利》（1576 年）中，实现了从神权政治理论向世俗国家理论的转变，因为他认为具体的统治者是人民任命的，由此应该就其权力运用的正确与否向人民负责。他主张，法国的等级会议可以废黜暴君。而《为反抗暴君的自由辩护》作为胡格诺派的一部抗议书，追寻"诸政治权力的哲学基础，并且努力证明君主专制制度是与作为所有统治之基础的普遍正当规则（universal rules of right）大相径庭的"[18]。其所表达的信念，已接近于后世才流行开来的民主、人权与法治的主要观念。

《为反抗暴君的自由辩护》首先从宗教的角度探讨的一个问题就是："当君主的命令违背上帝法时，臣民是否有义务服从？"布鲁图斯给出的答案自然是否定的。他认为，根据契约观念，既然"国王在立约时要宣誓作为臣仆遵守上帝的法律，并承认上帝是凌驾于一切之上的主人"，那么，"国王如果违背誓言、违犯法律，就可以说他已经失去了王国，正如臣仆如果犯罪就会被剥夺封地"，因而臣民没有义务服从他 / 她。[19]该书接着讨论："当君主侵犯上帝法或破坏教会时，反抗是否合法，由谁反抗、如何反抗、反抗的限度何在？"布鲁图斯指出，在上述情形之下反抗是合法的，而反抗的主体就是人民："谁能够惩罚国王呢？（这个问题指的是现世的和肉体的惩罚）当然是全体人民，因为国王受到人民的约束，正如人民受到国王的约束一样。"至于反抗的方式，基本原则是与君主之施暴的方式对等。"如果君主用言语施暴，他们也同样要用言语防卫；如果君主对他们刀剑相向，他们也同样要揭竿反抗。反抗的方式到底是言语还是武力，都要视环境而定。"[20]也就是说，反暴君的原则，就是"以其人之道，还治其人之身"。

布鲁图斯分析的一个重点问题，是反抗"暴君"的合法性与主体力量，即一个君主压迫或要毁灭国家时，反抗他是否合法？由谁反抗，如何反抗，依据何种法律或权利反抗是被允许的？为此，他先分析了"君主是否应该服从法律"这一问题。如何回答这一问题，是人们是否拥有反抗暴君的权利之前提——如果君主不必服从法律，当他实施专制、暴政时，人们有什么权利反抗他/她呢?

如同索尔兹伯里的约翰等人，布鲁图斯对"国王"（"合法君主"）、"君主制"与"暴君""暴君政体"进行了明确的划分，其基本的一个划分标准，就是君主是否服从法律。

在布鲁图斯看来，人民是天生的，而君主并非天生，因而国王是由人民确立的，人民用选举表达他们对国王的支持。布鲁图斯公开宣布："没有人生下来就头戴王冠手握权杖，也没有人能离开人民而自称为王。"他认为，所有的人赤条条生下来，除了性别、重量等差异外，别无不同。没有人出生时就是已命定为君王的。而且，人民永远先于君王而存在。因而，"人民靠自己就能生存，在过去没有国王的时代他们一直如此，因此国王理所当然地首先要由人民任命"。这表明"人民的全体高于国王"。而人民设立、任命国王的目的，不是求得不公正、奴役和暴虐，而是为了满足人类"热爱自由而憎恨奴役"的天性，维持正义，保护公众和个人免于伤害与暴行，以及保护人民的合法财产。在人民创造了国王之后，人民与国王之间就签订一份政治契约。²¹ 在这个契约中，一方面君主按约服从法律，而人民服从君主；另一方面，若君主违约，人民则有权解除服从君主的承诺。

在上述基础上，布鲁图斯对"国王是否高于法律"，亦即"主持司法执行的国王是否有权力根据他自己的意愿和喜好去裁定事务；是国王必须臣服于法律，还是法律依赖于国王"这类问题，作出了非常明确的法治主义的回答：

没有任何事能使国王免于服从法律，他应当承认法律是他的女主人。……他们不应该认为法律的限制会削弱他们的权威，因为法律是来自天上的神圣赠礼，人类社会荣幸地被它统治，并在它的引导下走向最好的、最值得祝福的归宿。一个以遵守法律为耻的国王是可笑而该受藐视的，因为他就像是一个以使用直尺、圆规、链条等工具（精于勘测技艺的人都惯于使用它们）为耻的勘测员，或一个宁肯靠自己的幻想去触礁也不依靠指南针和罗盘来指导航线的舵手。服从法律而不是服从国王——他只不过是一个人罢了——是更有利和更方便的，对此谁会怀疑呢？法律是一个好国王的灵魂，它赋予他动作、感觉和生命。国王是器官和肢体，法律通过他来展现它的力量，行使它的功能，表达它的观念。显然，服从灵魂而非身体是更加理智的；法律是用文字记忆下来的无数贤者智慧的结晶，多数人的思考无疑要比一个人的思考更为通彻、更加深远。服从法律要比服从某个人的意见好得多，因为他永远不能如此敏锐。法律就是理性和智慧本身，它不会被动摇，不受愤怒、野心、仇恨和偏袒的左右。[22]

这段话对法律给予了高度的赞美，并反复说明国王服从法律的诸多益处。按照这一法治思想，他明确宣告，"君主只是法律的大臣和执行者"，包括君主在内的所有官长，"无论其地位高低，都是活的、会说话的法律"。[23] 这无疑是对西塞罗那句法治名言——"官员是说话的法律，法律是不说话的官员"——的直接仿效和重申。

由上可见，布鲁图斯主张君主服从法律，乃是奠基于人民选举了君主以及人民与君主之间的政治契约（也是一份法律契约）。根据这一契约，一方面，法律是君主从人民那里接受来的，理当服从；另一方面，只有遵循法律，君主的行为才具有合法性、公正性和权威性。[24] 而且，服从法律也会给君主带来尊严和荣耀。[25] 法律的权威等于国王的权威，法律的尊贵就是国王的尊贵，法律的荣光等于国王的荣光，而不是相反。当法律在国王面前变得无足轻重或者什么都不是的时候，国王也就暗淡无光了，尽管他/她还拥有王冠和权杖。

如果一位君主违背其与人民达成的契约，不愿意服从法律，甚至践踏法律，那么他就迈向暴君和暴政了。布鲁图斯专门分析了"什么是暴君"这一问题。按他的定义和描述：

如果君主故意要毁灭国家，蛮横地扭曲并反对法律程序和合法权利，漠视信仰、契约、公正及虔诚，视其臣民如同仇寇——简言之，如果他所有的或主要的行为都如我们之前所描述的，那么我们可以断定他就是暴君，是上帝和人类的共同敌人。因此，我们所说的不是一个不太良善的君主，而是一个邪恶透顶的君主；不是一个不太明智的君主，而是一个歹毒奸诈的君主；不是一个处理法律纠纷时不够睿智的君主，而是一个执迷不悟地扭曲正义与公正的君主；不是一个不好战的君主，而是一个狂暴地毁灭人民、掠夺国家的君主。[26]

总之，暴君就是一个残害臣民、蔑视公义和毁弃法律的君主。

布鲁图斯还进一步对"国王"与"暴君"进行了鲜明的比较：国王是合法地统治王国的人。"实际上这样的君主本身就是一部有生命的、会说话的法律。因此，当有人无所不用其极地毁灭法律，削弱其效力和活力时，他就不再配得上合法君主的称号。"[27]而"暴君"则是"国王"的反面和对立物。不论其王位是通过暴力或欺诈的手段得来的，还是通过合法的选举或继承登基，暴君都是"没有依据法律和公正进行统治，或忽视了那些在他即位之时就受其约束的契约和协议"[28]。简言之，"国王"是公正的法治之王，"暴君"是残暴的人治之君。

在布鲁图斯看来，暴君犯有最严重的恶行，具有最严重的恶性和破坏力，而且是诸恶之源，因而人们必须予以反抗。[29]反抗这样的暴君不仅是正当的，而且是合法的。人民反抗暴君的方式包括审判、废黜乃至武力推翻。不过，布鲁图斯将这种反抗暴君的权利，交由作为上述政治契约的监护者和保障者的王国官员，而不是普通个人。[30]

布鲁图斯的上述思想，与先前的博丹等人关于君王的政治、法律理论有着不言自明的差别。反暴君思想是欧洲中世纪和现代政治契约观念、自由思想与法治理论的一个重要分支，从而促进了欧洲现代性法政历史的演变进程。在历史上，《为反抗暴君的自由辩护》曾经产生了不容忽视的影响。17 世纪早期，荷兰共和党人为了同西班牙进行抗争，参照过该书。该书尤其在英国产生了重大影响，尽管英国不乏同样的思想。1589 年，该书首次被译为英文，书名为 *The Defence of Liberty against Tyrants*，于 1640—1689 年英国革命期间重印。英国有人为证明对查理一世的审判和行刑的正当性，亦曾援引过该书；1688 年"光荣革命"时同样援引了该书。[31]

在一个专制主义时代，这些反专制主义的信念护卫着权利与法治的精神，记载着法律高于国王的原则，从而具有一种深远的意义。

注释

1　转见 [美] 爱德华·麦克诺尔·伯恩斯、菲利普·李·拉尔夫：《世界文明史》（第 2 卷），罗经国等译，商务印书馆 1987 年版，第 258 页。法国历史学家基佐指出："君主制在 16 世纪间发生的变化是在这一制度的原则上，它的理论体系上，而不是在权力的实施方面。君王掌握绝对权力，自命高于一切，高于君王们曾经宣布应该尊重的法律。"（[法] 基佐：《欧洲文明史》，第 204 页）

2　"按波舒哀的观点，王权是专制的，但不是专横的。不是专横，因为王权务须合理、公正，宛如所反映的上帝意志；是专制，因为王权不受高等法院、三级会议或国内其他从属机构的支配。因此，法律就是至高无上的国王意志，只要这种法律符合原是上帝意志的那种更高的法律。……统治者是'专制的'，因为他在法律上不受国内任何人或任何组织机构的约束。"参见 [美] R. R. 帕尔默等：《现代世界史》（插图第 10 版），何兆武等译，世界图书出版公司北京公司 2008 年版，第 147 页。

3　美国学者沃勒斯坦对"绝对"一词进行了很有意义的辨析："'绝对'一词无论在理论上还是在事实上都是不恰当的。在理论上，绝对并不意味着不加限制，因为正如哈通和莫斯尼尔所指出的，它受'神法与自然法的限制'。他们认为，'绝对'一词不应读作'不受限制'，而应读作'不受监督'（pas contrôlée）。王权之所以是绝对的，是对比过去的封建权力分散而言。'它并不意味着专横施暴政。'"同样，马拉瓦利说道："无论近代国家的初期或后期，'绝对王权'都不意味着不受限制的君主政体。它是一种相对的专制。关键性的可行主张是，君主不应受法律的约束限制：ab legi bus solutus。"参见 [美] 伊曼纽尔·沃勒斯坦：《现代世界体系》（第 1 卷），尤来寅等译，高等教育出版社 1998 年版，第 182 页。

4　参见 [意] 萨尔沃·马斯泰罗内：《欧洲政治思想史——从十五世纪到二十世纪》，黄华光译，社会科学文献出版社 1998 年版，第 12—17 页。

5　参见 [英] G. R. 埃尔顿编：《新编剑桥世界近代史》（第 2 卷），第 607、625—626 页。

6 参见 [法] 菲利普·内莫:《教会法与神圣帝国的兴衰——中世纪政治思想史讲稿》,第374—380 页。

7 "正如时间流逝所揭示的那样,一旦专制主义具有了维护其统治的相应主张,这种观念就完全没有能力来抵制专制主义,就像从 16 世纪开始以来的情形那样。"参见 [美] 爱德华·S. 考文:《美国宪法的"高级法"背景》,第 16 页。

8 [英] G. R. 埃尔顿编:《新编剑桥世界近代史》(第 2 卷),第 576 页。

9 参见 [意] 萨尔沃·马斯泰罗内:《欧洲政治思想史——从十五世纪到二十世纪》,第57 页。

10 参见孟广林:《英国封建王权论稿——从诺曼征服到大宪章》,人民出版社 2002 年版,第 201 页。

11 他的结论是:"绝不允许一个臣民去攻击君主,而无论他是一个多么邪恶和残暴的僭主。当然,臣民在服从他时,也不被允许服从他所做的有悖神法或自然法的任何行为——臣民应该逃避、藏匿或躲避僭主的袭扰,甚至安然忍受死亡,但却不应去攻击他的人身或荣誉。哎!如果能合法地杀死僭主,那到底会有多少呢?"参见 [法] 让·博丹著,[美]朱利安·H. 富兰克林编:《主权论》,李卫海、钱俊文译,北京大学出版社 2008 年版,第 190 页。

12 "臣民们对君主没有任何司法管辖权,本身所享有的一丁点支配的权力和权威还出自君主;君主不仅能废止他的官吏们的所有权力,而且他在场时,所有官吏、公会和行会和等级会议的权力和司法管辖权均被暂停行使。""一言以蔽之,就是不允许通过法律的方式来审判他的君王。"参见 [法] 让·博丹著,[美] 朱利安·H. 富兰克林编:《主权论》,第 190、183—184 页。

13 参见 [意] 萨尔沃·马斯泰罗内:《欧洲政治思想史——从十五世纪到二十世纪》,第15—16 页。

14 参见 [意] 萨尔沃·马斯泰罗内:《欧洲政治思想史——从十五世纪到二十世纪》,第59 页。

15 参见 [英] R. B. 沃纳姆编:《新编剑桥世界近代史》(第 3 卷),第 670—671 页。

16 沃格林评论该书说:"《辩护》的各种理论并不是原创的;以某种形式,在之前的和周围的大量反君主主义的小册子中就能够发现它们;但是这本小册子赢得了相当高的声誉,因为它把散布的同时代的观点系统化了,结果是,它被重印和翻译,大概对于英国革命的观点还具有某种影响。"([英] 沃格林:《政治观念史稿·卷五:宗教与现代性的兴起》,霍伟岸译,华东师范大学出版社 2009 年版,第 58—59 页)

17 参见 [法] 阿莱特·茹阿纳:《圣巴托罗缪大屠杀——一桩国家罪行的谜团》,梁爽译,北京大学出版社 2015 年版。

18 [美] 乔治·霍兰·萨拜因著,托马斯·兰敦·索尔森修订:《政治学说史》(下卷),第49 页。

19 [法] 布鲁图斯:《为反抗暴君的自由辩护》,载 [法] 拉博埃西、布鲁图斯:《反暴君论》,

曹帅译，译林出版社 2012 年版，第 139 页。

20　参见 [法] 布鲁图斯：《为反抗暴君的自由辩护》，第 156—160 页。

21　"人民以规定契约的方式要求契约的履行，而国王做出承诺。从法律上看，主约人（stipulator）规定的条件比受约人（promiser）承诺的条件更有价值。人民问国王，他是否会公正统治、依法统治？国王承诺说会。然后——而不是在此之前——人们才回答说，如果他公正地进行统治，他们也将忠诚地服从。因此，国王的承诺是完全的、绝对的，而人民的承诺是有条件的：如果契约没有得到遵守，人民就会根据理性和公正解除承诺。"参见 [法] 布鲁图斯：《为反抗暴君的自由辩护》，第 186—188、204、225、243 页。英国的历史学家对《为反抗暴君的自由辩护》所阐发的上述观念，作了一个很精辟的概述，值得在这里引录，以供玩味："在人民与国王之间，一个契约由此产生，根据这个契约，国王无条件地保证进行公正的统治，人民则有条件地保证服从——只要国王的统治是公正的。国王与暴君之间的古老的区别——暴君根据自己独断的愿望施政而国王根据法律施政——被保留了下来。但是这种区别的含义改变了。法律的地位之所以优越，与其说假定它与公正的秩序一致，不如说因为这样一个事实，即它是人民为了共同的利益而做出的决议。人民不仅是政府的根基，也是法律的源泉，因为众人的集体智慧比任何个人的单独智慧总能更好地造福于公众。因此，国王从人民那里接受的不仅仅有他的职位，还有法律。他是法律的保障和工具；法律是一个贤明君主的灵魂并赋予他行动、意识和生命。他的加冕誓言庄严地要求他履行与他的人民订立的契约并根据他们制定的法律公正从事。非常明显，这是一个政府契约，而不是一个社会契约。"参见 [英] R. B. 沃纳姆编：《新编剑桥世界近代史》（第 3 卷），第 665—666 页。

22　参见 [法] 布鲁图斯：《为反抗暴君的自由辩护》，第 208—209 页。萨拜因认为，布鲁图斯的论述表明："限制国王权力的主要理由是国王受制于法律（即自然法和国家法）的，他依赖法律，而不是法律依赖他。该作者有着一种中世纪式的对法律的尊重之心，而且他还重述了自斯多葛时代以降所积累起来的一切赞美法律的观点。"参见 [美] 乔治·霍兰·萨拜因著，托马斯·兰敦·索尔森修订：《政治学说史》（下卷），第 56 页。

23　参见 [法] 布鲁图斯：《为反抗暴君的自由辩护》，第 217、181 页。

24　他断言："没有得到法律的许可，任何事情都不是合法的。我们还要坚决抵制卡拉卡拉本人的罪恶主张：君主把法律给其他人，但不接受来自任何人的法律；我们要说，在所有正当地建立起来的王国中，国王都是从人民那里接受法律，他应当恶心地照管并维护这些法律。无论他以武力还是诡计反对这些法律，他都要被扣上不公正的恶名。"参见 [法] 布鲁图斯：《为反抗暴君的自由辩护》，第 213 页。

25　"守法的君主从人民那里接受的法律，就如同象征尊严的王冠、代表权力的权杖一样，是他们必须遵守并维护的；在法律那里，栖息着他们至高无上的荣光。"布鲁图斯还指出："也许有人会反驳说：国王的意志受到法律的约束，这有损于国王的尊贵。但我要说，使我们不受约束的欲望受到良好法律的统治，天下再无比这更尊贵的事了。我们应该做的事却没有做，这是一种遗憾；更坏的是我们想做不该做的事，最坏的是我们去做法律禁止做的事。"参见 [法] 布鲁图斯：《为反抗暴君的自由辩护》，第 211、215 页。

26　参见 [法] 布鲁图斯：《为反抗暴君的自由辩护》，第 266 页。

27　参见 [法] 布鲁图斯：《为反抗暴君的自由辩护》，第 268 页。

28 参见 [法] 布鲁图斯:《为反抗暴君的自由辩护》, 第 250 页。

29 他指出:"暴政不仅是一种罪恶, 更是诸罪恶的魁首、延伸和总纲。一个暴君会颠覆国家、掠夺人民、用诡计取他们的性命, 违背对所有人的诺言, 嘲笑曾庄重承诺的神圣义务, 因此, 可以说暴君比最卑劣的普通罪犯还要卑劣。"参见 [法] 布鲁图斯:《为反抗暴君的自由辩护》, 第 267 页。

30 布鲁图斯说:"王国的官员是这些契约的监护人和保护者。任何一位君主只要恶意地或执拗地破坏这些条款, 毋庸置疑, 他就是一个实际的暴君。因此, 国家官员可以依法对其进行审判。如若君主用强硬手段推行暴政, 而其他办法都不奏效时, 那么官员的职责就是用武力镇压他。这些官员有两种:一种是保护整个国家的, 如王室总管、元帅、贵族、巴拉丁伯爵, 他们中的每一个都负有反对并镇压暴君的义务, 哪怕其他人都在纵容或配合暴君;另一种是保护王国的某个省、市或部分区域的官员, 如公爵、侯爵、伯爵、执政官、市长、郡首等, 他们可以根据自身的权利将暴君和暴政驱逐出他们的城市、领地和政府。参见 [法] 布鲁图斯:《为反抗暴君的自由辩护》, 第 283 页。

31 参见 [美] 斯科特·戈登:《控制国家:从古雅典至今的宪政史》, 应奇等译, 江苏人民出版社 2008 年版, 第 137 页。

第七章　爱德华·柯克

"国王应受制于法律"

如果柯克确实具有一套可以称之为政治理论的东西，那么，他也一直审慎地将其隐藏在背景之中。因为，他从来没有系统地——或者哪怕是明确地——研究过对于政治理论来说至为根本的问题：谁来统治？——他甚至从来没有说过应由法律来统治。相反，他的问题一向是：什么是法律？他的回答则清楚显示了，政府是一种要么在法律之内要么在法律之外的活动，他从来不认为法律是政治的产物。……当他提到我们现在所说的政治制度时，总是在法律的语境中谈论。……在他看来，政体（the body politic）可以说是法律的一个组成部分，而不能说法律是政体的组成部分或是它的结果。

——[美] 小詹姆斯·R. 斯托纳：《普通法与自由主义理论：
柯克、霍布斯及美国宪政主义之诸源头》

在英国的中世纪历史上，尽管"法在王上"的观念在理论、思想和制度上不断得到表达和支持，但这些表达和支持也有许多局限。"法律高于国王"的观念和思想并没有发展成为系统的法治学说，从而无法抗拒相反的思想的盛行，立宪和法治的制度框架也远未形成，国王还有许多特权，包括某些超然于法律的权力。

对于与"法律高于国王"思想相反趋势的事实，美国的考文曾作了四点提示和分析：首先，法官们自己承认，国王为了所谓的公共利益，在许多事情上凭其特权而超越于法律之上。其次，那些决定这类事务的法官都由国王来任命，他们的职务系于国王一时的喜怒好恶。再次，国王享有一项非常模糊的、废止制定法的权力。最后，也是最重要的，是在1500年之后不久，"那些主张国王至少在立法能力上完全不受任何法律约束的理论大行其道"。[1]

国王作为一国之君，其天然的扩张特性，就是总是力图高于一切，包括高于法律。英国历史上就时常出现这样的君王。在整个16世纪，在法律至上这一问题上，也呈现出两面性。如在都铎王朝第二任君主亨利八世（1509—1547年在位）时期，一方面，有人主张法律高于国王。如托马斯·斯塔基（Thomas Starkey）在《对话录》（约1537年）中宣称，法律必须指挥国王的意志，国王若成为暴君，人类有权力予以废之。但另一方面，被史家称为"英国历史上第一位最专制独裁的国王"的亨利，就不把《大宪章》放在眼里："亨利权力，史无前例，他有权没收任何人的财产；他有权透过徒具形式的审判，送任何人上断头台；他有权利用国会的名义制成任何法令。"而乔治·布坎南（George Buchanan）在《论苏格兰的主权》中则认为，国王应服从法律，而且人民可以抗拒、罢黜或处死暴君。然而，他的著作被牛津大学焚毁，并遭到苏格兰议会谴责。[2]这些事实表明，君主与法律谁高谁低的争论和斗争，起伏不断，并成为英国逐步形成"法在王上"传统并最终使之制度化这一历史过程的重要特征。

但是，只有到了17世纪的斯图亚特王朝，"法在王上"原则与"绝对王权"（"君主专制"）原则之间的冲突，才达到了水火不容的地步。这种冲突的历史结局，只能是其中的某个原则全面、彻底获胜。正如法国历史学家基佐所揭示的："属于一个专制势力的社会决不允许任何其他权力存在。一切不同的倾向都会被排斥和追杀。占统治地位的原则从来不允许一种不同的原则在它的旁边显露和起作用。"[3]而在17世纪的英国，"法在王上"最终成为占统治地位的政体原则。[4]为了展现这一过程，本章将主要阐述柯克关于"国王应受制于法"的思想，以及围绕这一思想而展开的政治斗争。

作为斯图亚特王朝的第一位国王，詹姆斯一世信奉专制君主理论和君权神授学说。他感兴趣的是掌握绝对的权力，并自命高于历代君主们都宣布应该尊重的法律。他鼓吹国王是法律的制定者，而法律不是国王的设立者和造就者。他在任苏格兰国王时于 1598 年撰写的《自由君主制的真正法律》（ *The True Law of Free Monarchies* ）中，自诩享有上帝般的全能、绝对、神圣的权力。他心目中的"自由君主制"，是"自由君主"的政制，而非"自由的"君主制，其核心在于君主并非推选，而是通过世袭的权利登上王位，并具有绝对权力；国王当然是所有法律的来源，高于法律或者在法律之上。作为王国个人生命和财产的绝对主人，国王的任何行为，包括其罪行，都不允许人民进行反抗。1603 年登基之后，詹姆斯一世继续坚持和强调上述观点。他虽然在 1609 年议会的演说中表示将遵守英格兰王国的法律[5]，但同时他又极力宣扬国王凌驾于法律之上的主张：

> 君主政体是世上最崇高的事情。因为，国王不仅是上帝于尘世间的副官，享有上帝的王位……上帝有创造与毁灭的能力，做与不做全视其喜好，给人生命或置之死地，审判所有人类而不接受任何人之审判，握有相同权力者即为君主；他们对其子民有役使或不役使，擢升或贬谪及操生杀之大权，审判所有子民及所有讼事之权，除上帝外不对任何人负责。君主有权……正如人下西洋棋一样地役使其子民，移动一个主教或骑士以及像君主们花钱一样轻松赞赏或蔑视其子民。[6]

他还认为，"国王应当受法律约束的说法构成叛国罪"。在 1610 年对上院和下院发表的演讲中，詹姆斯一世再一次重述了《自由君主制的真正法律》的观点，并作出了不再有任何误解的可能性的澄清，断言"君主制国家是人间的最高事物：因为国王不但是上帝在人间的代表，坐在上帝的王位上，甚至上帝本身也称他们为上帝"[7]。由此，詹姆斯一世把君权神授学说和视法律为国王的仆役的思想明确昭告天下。可以说，在17世纪早期，"专制主义的理论和实践随詹姆斯一世（James I）一起来到英格兰"[8]。与此同时，一些理论家和法学家也支持詹姆斯一世的专制主义及其独裁政治。如1615年任王室顾问和司法大臣的弗朗西斯·培根，作为君权的代言人，明确申明信奉詹姆斯一世的政治思想，认为国王而非议会才是良好法律的制定者，法官只是"王座下的狮子"，因而必须听命于国王。牛津民法"皇家教授"阿尔贝里科·詹蒂利在《论专制王权》（1605年）中，从博丹的"主权"概念出发，主张君主的绝对权力是合法的。

但是，詹姆斯一世的"国王高于法律"的主张，遭到了柯克大法官的质疑和反对。"上帝是否给予国王凌驾于普通法之上的权力？敢和国王争论这个问题的英国人只有爱德华·柯克。在詹姆斯的执政生涯中，他声明'国王不会犯错'，因此国王的行为从来不能被质疑。法官们也不敢像柯克那样主张法律高于国王的权力。"[9]柯克大法官与詹姆斯一世的这场冲突，堪称法治史与司法史上"著名的一章"。[10]柯克之所以在英国普通法、法治与立宪的历史上受到广泛称道，与这场争论和对抗（包括其后与查理一世在议会的斗争）有着密切的关系。

爱德华·柯克爵士（Sir Edward Coke）是英国著名的政治家、法学家，也是英国法律的权威，坚定相信"普通法至高无上"的观念。柯克出生于1552年2月1日，曾在剑桥三一学院和内殿律会馆接受教育，1578年4月20日获律师资格。1592年6月12日，柯克被任命为副总检察长；1593年2月19日，他担任下议院议长（1589年进入议会）；从1594年5月24日到1606年，他则一直担任总检察长之职。1606年，柯克被任命为高等民事法院首席法官。1613年，他被调任王座法院首席法官，并因试图限制国王权力——反对国王就涉及本身的诉讼时召集法官秘密"磋商"的权力——于1616被詹姆斯一世解职。柯克同时代的一个人这样说："通常的说法是四个'P'字打倒了他——

'pride'（骄傲）、'prohibitions'（禁审令）、'praemunire'（蔑视王权）、'prerogative'（君主特权）。"[11]

1621 年他再次当选下院议员，成为反对党领袖和政治风云人物。此时"柯克与议会中的反对派结盟"，这一行动"无论对议会，还是对普通法，都产生了巨大的影响：它巩固了议会与普通法之间由来已久的盟友关系，有助于议会支持人们狂热崇拜的普通法，并突出了 17 世纪宪制之争时的法律保守主义基调，那正是 17 世纪宪制之争的典型特点，也是它们取得成功的秘密"。但他因反对查理王子的婚事和为议会权力辩护等而入伦敦塔（监狱）九个月。在 1620 年、1624 年、1625 年及 1628 年的议会中，柯克都担任议会中的反对派领袖。在 1624 年，他参与起草《不满请愿书》。

1628 年，也是柯克担任议员的最后一年，他领导起草和通过了《权利请愿书》。[12] 对柯克的贡献，斯科特·戈登评价说："在 1621 年和以后的议会中，他在攻击王室转让垄断性特权、起草 1624 年的《不满请愿书》和 1628 年的《权利请愿书》、要求议会每年开会、捍卫议会成员的言论自由、改革法律的大量具体条款以及恢复下院弹劾高级政府官员的权威方面发挥了领袖作用。"[13] 此外，柯克还著有《英国法总论》，并编有 13 卷《案例汇编》。

对"法律高于国王"的原则，柯克认为："就算国王是上帝指定的天才，他还是该受到普通法的约束。法律是衡量王权由来的黄金尺度和工具，也只有靠法律，王权才得以安全与和平。"[14] 在《禁止国王听审案》一文（1608 年，柯克对一次御前会议的记录）中，柯克还写下了广为流传且深受法律人赞颂的一段话。当詹姆斯一世认为自己与法官一样具有理性因而可以裁决案件时，柯克明确反驳道：

> 确实，上帝赋予了陛下以卓越的知识和高超的天赋；但陛下对于英格兰国土上的法律并没有研究，而涉及陛下的臣民的生命或遗产、货物、财富的案件，不应当由自然的理性，而应当依据技艺

理性、根据法律的判断来决定，而法律是一门需要长时间地学习和历练的技艺，只有在此之后，一个人才能对它有所把握：法律就是用于审理臣民的案件的金铸的标杆（量杆）和标准；它保障陛下处于安全与和平之中：正是靠它，国王获得了完善的保护，因此，我要说，陛下应当受制于法律；而认可陛下的要求，则是叛国；对于我所说的话，布雷克顿曾这样说过：Quod Rex non debet esse sub homine，sed sub Deo et Lege（国王应当不受制于任何人，但应受制于上帝和法律）。[15]

这段话以及整个笔记所记录的观点之所以引人注目，是因为它"是现代法治观念和独立的司法机构的观念的一个柱础，乃是普通法历史上最为重要的法院意见书之一"。[16]这些观念当然不仅仅是在上述笔记中阐明的，所以我们需要结合柯克的其他著作和判词或案例评注来综合讨论。

柯克所阐述的法治观念，就是"国王应受制于法律"。这也意味着，"除了法律与国家认可的特权外，国王没有特权"。同时，国王也受到法律的保护。这其实是"普通法至高无上"的另一种表述。在宣告这一原则时，柯克引证的正是布雷克顿的那句名言："国王应当不受制于任何人，但应受制于上帝和法律。"不过，他并非仅仅追随布雷克顿，而是倡导关于英格兰的"古代宪法"学说。这一学说强调宪法的古老性，"在严格法律意义上，源于超出记忆的时代——在此，就是超出了人们所能发现的最早的历史记录。正是这种古代宪法的学说或神话，充斥于17世纪政治思想中"[17]。在《卡尔文案判词》中，柯克亦将法律的明智归因于历史和传统：

　　　　就我们自己而言，我们只是昔日的产物，我们的生命仅仅是尘世之中的浮云。我们属于昨天（因此需要前人的智慧），我们是无知的（如果我们没有从先辈那里获得光与知识的话），我们在尘世上的日子仅仅是幻影。在那远古的时光与流逝的岁月里，法律是由最杰出的人们来制定的，经过了无数世代，将漫长而又持续的经验进行一遍又一遍的提炼（公平与正确的审判），一个人（一生如此短暂）即使拥有全世界所有人的智慧，拥有再长的年纪，也不能达到这样的效果，获得这样的成就。因此，法律的稳定与可靠是最好的统治，任何人都不应该认为他自己比法律更有智慧。[18]

所以，"古代宪法"学说的立场是历史的而不是哲学的，它在英格兰过去的历史中发现了"宪法"及宪法权利。[19]柯克至少将"古代宪法"追溯到《大宪章》。"历史学家认为，正是柯克使《大宪章》从晦暗不明的状态中复苏过来，它在都铎王朝时期曾经式微；柯克对它的赞美表明，在他眼里，没有别的东西比它更有资格成为英格兰根本法的一个宣示。……事实上，'诸自由权利'（liberties）这个词本身，经过柯克的诠释，具有了广泛的内涵。"[20]柯克的"古代宪法"学说，在他坚持"国王应受制于法律"的原则、支持议会针对国王的斗争，包括领导《权利请愿书》形成和通过的过程中，起到了近似于神奇的证明作用。

司法独立也是"国王应受制于法律"原则的一大要义。对于司法独立，柯克主要阐述了三个方面的主张：

第一，国王无权裁决任何案件。国王之所以无权裁决案件，一方面是"因为该当事人面对国王是无法得到救济的；因而，假如国王作出判决，该当事人如何得到救济"？[21]这是司法救济及其公正性的一个根本问题。另一方面，国王也不具备审案所必需的法律理性。这就否定了国王裁决案件的权力，也反驳了国王宣称自己是上帝所委派的最高法官的言论。

第二，诉讼案件只能在法院中由法官审判，即由法官根据英格兰的普通法和习惯法来决定和裁决。这当然也涉及国王与法院的关系。柯克通过对一些判例和议会法案的研究归纳说："我们的判例集经常这样说，在法律判决中，国王永远在场，对此，他不可能不胜任；但是，判决永远是由法庭全体（Per Curiam）作出的；法官们已经宣誓按照英格兰的法律和习惯法从事司法活动。"[22] 易言之，国王可以听审，但无权判决。判决是法官的专有权力。

第三，强调法律以理性为基础，认为法律乃是最高级的理性。这种理性并非人的自然理性，而是专业的技艺理性（波考克称其为"人工理性"），所以必须经历长时间的学习和历练，才能加以理解和把握。柯克写道：

> 因为理性乃是法律的生命，因而，普通法无非就是理性而已，它可以被理解为通过长期的研究、深思和经验而实现的理性之技艺性的完美成就（artificial perfection of reason），而不是普通人的天生的理性，因为没有人一生下来就技艺娴熟。这种法律理性乃是最高的理性。因而，即使分散在如此众多头脑中的全部理性被集中于一人头脑中，也不可能造出像英国法这样的一套法律。因为，通过很多代人的实践，英国法才由无数伟大的、博学的人予以完善和细化，借助于漫长的历史，才成长得对于治理本王国而言是如此完美，就像古老的规则可以公正地证明的：没有人（仅靠他自己）会比普通法更有智慧，因为法律乃是理性之圆满状态。[23]

这种理性既包含着逻辑，也包含着历史和经验；既是知识的，也是智慧的；既是理智的，也是技艺的。它不同于一般常人的理性，而是一种独特专业的理性——萨拜因称其为"律师公会所依凭的理性"[24]。因而，一个法律人的成长，绝非一朝一夕甚至三五年之事，而是需要较长时间的专业学习、职业训练与司法实践。詹姆斯国王不可能生来就具备这样的理性，他也没有接受法律训练而获得这样的理性，而法律人之外的人也不可能具备这样的理性。由此，不仅法律有其自身的独立性，而且法官也必须是独立的，不容国王或别的人干涉，否则就会罔顾法律理性，从而败坏法律。

正是在柯克等人的努力下，英国的君主制出现了重要的变化："随着国王的特权法院的摒弃和法官的安全保障的发展，法院开始成为英国政府中的一个独立的权力中心。……在 17 世纪，不但议会被确定为一个有力的政治机构，法院作为政府和公民之间的一个保护性缓冲器在所有现代立宪政体中发挥的作用也已经被奠定了基础。"[25] 在此过程中，国王、议会和法院的三元权力结构，也就初步形成起来。

与司法独立和法院相关联的是司法审查问题。虽然柯克认为，根据传统，制定法律的权力属于议会而不是国王，但是，议会也不能滥用立法权。[26] 例如柯克认为，有悖于《大宪章》的制定法是"无效的"。在议会宣布它过去制定的法令无效时，议会本身就不止一次肯定过这一主张。[27] 由于这一见解，柯克被评论为美国司法审查制度的理论先驱。从另一方面看，柯克考虑的一个重要问题是，当议会通过法律来限制国王之后，对议会似乎也应该予以适当的约束。或者说，法治的重心开始从注意约束国王转向关注约束议会了。近代以来的英国法治和立宪所面临的一个棘手问题，就是"议会至上"与法治的关系，尤其是如何解决法律之下的议会至上问题。在这一问题上，柯克的贡献在于强调法律之下的议会至上。

柯克主张"国王应受制于法律"的另一个杰作是《权利请愿书》。柯克与詹姆斯一世的斗争，仅仅是拉开了整个 17 世纪围绕"法在王上"原则而展开的思想论争、政治冲突和政治革命的序幕。1625 年继承王位的查理一世与詹姆斯一世一样，也是专制思想的虔诚信徒。他未经议会允许强制征税、借款，违反人身保护法而擅自指令逮捕自由公民。面对这类虐政，许多英国人认为这"很近于滥用权力。于是就有人诘问，英吉利国王一向就具有这种权力吗？这种权力是他应该具有的吗"？在进行此类追问时，"人民逐渐记起他们在旧日所享有的种种自由，回忆从前经过许多努力才取得《大宪章》的颁布，以及《大宪章》之神圣化的各种准则"[28]。而议会于 1628 年 5 月在柯克等人的领导下起草和通过了《权利请愿书》，并利用自己手中的杀手锏——"掌握钱袋的权力"——

迫使国王同意这部《权利请愿书》。在很大程度上，这一行动仍然是《大宪章》的延续。"它援引了《大宪章》第29章，明确地采用了'正当程序'原则。"[29] 在下院就是否接受上院关于《权利请愿书》应当"保留"国王的"至高无上权力"进行辩论时，柯克说，这样的权力不仅不符合《大宪章》，而且也是摧毁《大宪章》、一切权利和自由以及一切法律的权力，必须坚决予以反对：

> 考察一下以前的历次请愿书吧。它们从来不是为国王的至高无上性请愿的，似乎臣民们愿意保有这样的权力似的。我当然知道，君权是法律的组成部分，但在我看来，"至高无上的权力"不是国会应当说的话。这种措辞将削弱《大宪章》等所有其他制定法的力量，因为这些制定法是绝对的，并且不能保留任何其他绝对权力。如果我们加上那一条，我们就将削弱法律的根基，因而，整个大厦必然会倒塌。……《大宪章》是这样一个家伙，它不会有这样的保留。我怀疑，保留这样的权力，并不见之于《大宪章》，也与它不相符合。根据那一保留条款隐含的意思，我们给予国王以超越于所有这些法律之上的至高无上之权力。法律的力量将被带有暴力的权力所侵夺。……这将意味着什么，只有上帝知道。它是与我们的请愿书相抵触的，我们的请愿书乃是以国会的法案为基础的一次有关权利的请愿活动。我们绝不能接受它；那是不可能的。我们要坚持根据法律我们所应有之权利。超出此上的权力乃是不适合于国王和人民的，它必将引起进一步的纷争。如果是我，我宁可拥有法案认可的君主权力，并将自己置于其下，而不愿让它成为纷争之源。[30]

这表明，柯克并不接受"主权"概念。即使有这样的主权，那也只能是受限制的、法律之下的主权。在这里，我们看到，柯克再一次依靠《大宪章》等"古代宪法"来论证自己的观点。当时下议院的一位议员明确赞同柯克的观点："如果我们不想遗羞万年，就只有一条路可走：维护共同的权利。权利是先人留给我们的，我们理所当然要传给后人。"[31] 对于《大宪章》之于《权利请愿书》的影响，本杰明·鲁德亚德爵士作了这样一个风趣的描述："《大宪章》这一货真价实、历史悠久但已近风烛残年的法律，长期以来一直足不出户且卧床不起，现在好像……又开始四处走动了。"[32]

国王的权力至上还是法律至上？这在当时无疑是一个极其尖锐的争端。在讨论《权利请愿书》的过程中，如何对待国王的绝对权力，王权派和议会的态度是根本对立的：王权派认为，君权是没有条件束缚的，因而应是至高无上的；而许多议员则反对这种看法，赞同柯克的主张。如奥尔福德说："法律给国王多少权力，我们就给国王多少权力，再不能多给。"议会的杰出政治家皮姆说："我们请愿，是为了求得英国的法律。"但是，国王的绝对权力却"好像是有别于法律的另外一种独特的权力。我晓得怎样将'无上的'字眼加于国王的身份上，却不晓得怎样将'无上的'加在他的权力上，因为我们自己手里从来没有这个东西"。托马斯·温特沃思爵士也说："我们的法律是不知道'无上的权力'的。"[33] 其结果，《权利请愿书》继承了《大宪章》的基本精神和原则，谴责查理一世国王违背法律、侵犯人民权利的种种行径，再次明确确认：在未征得共和国自由民（主教、伯爵、男爵、市民等）的同意之前，国王不得征收赋税或强迫人民承担任何税收、地租和额外负担。《权利请愿书》特别重申了《大宪章》中保护公民自由和权利的有关规定，并增加了不得根据戒严令任意逮捕自由公民、国王应严禁各种苛政和"不得违反本国之法律"等新的内容。由此观之，《权利请愿书》的核心精神，就是自由、权利和法律的神圣性。这也是英国人不断加以申述的。在大卫·休谟看来，"国王同意《权利请愿书》，就改变了政体，几乎相当于一场革命。这个结论千真万确，毫无夸大。《请愿书》的许多条款限制了王权的范围，为臣民的各项自由权利提供了额外的安全保障"[34]。而英国宪法学家戴雪则将《权利请愿书》的精义，归结为"在元首的权力中，无一权力能免除守法的责任"[35]。同《大宪章》一样，

《权利请愿书》不仅是人权法，也是政体法。

柯克不是政治哲学家，其对法治与政体问题的思考方式具有自己的独特性。对于柯克的法律和法治理论，美国学者小詹姆斯·R. 斯托纳认为，一个主要的特点是："对于法律的拥抱、对于政制的忽视。"斯托纳发现，柯克没有政体或政制的概念，"他还是几乎没有研究过这个问题。但哪怕是提出这个问题本身，也许就已经等于以有利于政制因而有利于政治学的方式决定该问题"。作为一位深研"古代宪法"和普通法的学者，为什么会如此？斯托纳指出，其根源在于，"他从来没有系统地——或者哪怕是明确地——研究过对于政治理论来说至为根本的问题：谁来统治？——他甚至从来没有说过应由法律来统治。相反，他的问题一向是：什么是法律？他的回答则清楚显示了，政府是一种要么在法律之内要么在法律之外的活动，他从来不认为法律是政治的产物"。他主要是在法律的语境下思考权力，包括国王和议会的权力。"当他提到我们现在所说的政治制度时，总是在法律的语境中谈论"，而不像那些政治哲学家，在政制的语境中思考法律。于是，"如果说，在亚里士多德那里，政制就是整体，它可以解释政治生活中的很多现象，那么，在柯克那里，整体就是法律"。这也就必然意味着，柯克把"政体"（the body politic）视为"法律的一个组成部分，而不能说法律是政体的组成部分或是它的结果"。因而，"柯克肯定不同意亚里士多德关于法律之治是否可以属于一种自成体系的政制的看法"。[36]斯托纳的评论显然符合柯克的主导思想，也是柯克作为法学家的特异之处。

看起来，柯克的学说与政体无关，但其实不然，他是站在法律的立场和视角上对君主政体建筑了两个不可翻越的围墙：不可剥夺和侵犯的基本权利，以及"法律高于国王"的基本原则。柯克的思路和方法可以提示法治政体理论的研究，不仅需要从政体的角度分析法律和法治问题，像亚里士多德、孟德斯鸠等思想家所做的那样；也需要从法律和法治的角度探讨政体问题，而柯克本人就可供借鉴。

注释

1　参见 [美] 爱德华·S. 考文：《美国宪法的"高级法"背景》，第 36—37 页。

2　参见 [美] 威尔·杜兰：《世界文明史》（6），第 1040、776 页。

3　[法] 基佐：《欧洲文明史》，第 22 页。

4　"17 世纪前半叶是英格兰宪制史和法律史的转折点，因为当时已确定，英格兰政府由国王和议会构成，而不像大多数欧洲大陆国家那样，政府由国王单独构成。这是英格兰议会斗争的结果，它逐渐使议会成为这一国家的政府不可分割、永久的一部分，迫使国王承认对其特权进行的限制，并使议会可以自由地行使其通过斗争赢得的权力。"参见 [英] 威廉·塞尔·霍尔斯沃思：《英国法的塑造者》，第 123 页。

5　詹姆斯一世说，朕将"约束自己遵守他的王国的根本法律：一方面是默契的，即既然作为一个国王，就必须保护他的王国的人民和法律，另一方面是在加冕时用誓言明白地表明的。……因此，在一个安定的王国内进行统治的国王，一旦不依照他的法律来进行统治，就不再是一个国王，而堕落成为一个暴君了"。转见 [英] 约翰·洛克：《政府论》（下篇），叶启芳、瞿菊农译，商务印书馆 1964 年版，第 122 页。

6　转见 [美] 威尔·杜兰：《世界文明史》（7），第 187 页。

7　[美] 斯科特·戈登：《控制国家：从古雅典至今的宪政史》，第 264—265 页。

8　[美] 迈克尔·扎科特：《自然权利与新共和主义》，王崇兴译，吉林出版集团有限责任公司 2008 年版，第 37 页。

9　罗伯逊同时也谈道："爱德华·柯克对詹姆斯传奇般的抗争让詹姆斯暴跳如雷，他恼羞成怒地发令：如果谁胆敢再发表君王在法律之下的言论，就是叛国罪。他要让柯克知道他的厉害，这位首席法官当即趴下身子乞求詹姆斯的饶恕。在今天看来，柯克挑战王权的声音虽然转瞬即逝，但也是令人激动的一刻，而在当时，却没有得到任何人的欣赏。君权神授为人民所笃信，也被法官们所认可。国王的统治是上帝的旨意，任何人一旦反抗，就同时犯了死罪和叛国罪。"[英] 杰弗里·罗伯逊：《弑君者：把查理一世送上断头台的人》，徐璇译，新星出版社 2009 年版，第 18 页。

10　[美] 爱德华·S. 考文：《美国宪法的"高级法"背景》，第 41 页。

11　[英] 梅特兰：《英格兰宪政史》，第 175 页。

12　参见 [英] 威廉·塞尔·霍尔斯沃思：《英国法的塑造者》，第 125—129 页。

13　[美] 斯科特·戈登：《控制国家：从古雅典至今的宪政史》，第 271—272 页。

14　转见 [英] 杰弗里·罗伯逊：《弑君者：把查理一世送上断头台的人》，第 18 页。

15　[英] 爱德华·柯克：《禁止国王听审案》，姚中秋译，载毕竞悦、泮伟江主编：《英国革命时期法政文献选编》，清华大学出版社 2016 年版，第 383 页。

16　《英文编者案》，载同上，第 381 页。

17　[英] J. G. A. 波考克：《古代宪法与封建法——英格兰 17 世纪历史思想研究》，翟小波译，译林出版社 2014 年版，第 34 页。

18 [英]爱德华·柯克:《卡尔文案判词》，李栋译，载毕竟悦、泮伟江主编:《英国革命时期法政文献选编》，第 335 页。

19 这一"古代宪法"已经确立了英国人的权利与自由，议会的权力，以及法律高于国王的原则，从而把这种权利、自由、权力和法治定义为古已有之的基本宪章，后世的国王无权取消和予以侵犯。

20 "对于《大宪章》第 21 条（伯爵与男爵，非经其同级贵族陪审，并按照罪行程度，不得科以罚金。伯爵与男爵犯罪者只应由其贵族并视其犯罪之程度科以罚金），他给出一个特别宽泛的解读:"它扩展至所有自由的男人和女人；它保障在所有的刑事审判过程中的正当程序——包括由大陪审团定罪的权利，而非根据控告来定罪名（accusation by information），由陪审团审理的权利，对控告者进行答辩的权利，及申请人身保护令状的特权；它甚至禁止国王授予垄断权，因为'总的说来，一切垄断权都有悖这一大宪章，因为它们不利于臣民的权利和自由（liberty and freedom），有违本王国的法律'。"参见[美]小詹姆斯·R.斯托纳:《普通法与自由主义理论:柯克、霍布斯及美国宪政主义之诸源头》，姚中秋译，北京大学出版社 2005 年版，第 33 页。

21 柯克指出:"由英格兰全体法官、财税法庭大法官（Barons of the Exchequer）见证，并经他们一致同意，国王本人不能裁决任何案件，不管是刑事的，比如叛国罪、重罪等，还是各方当事人之间有关其遗产、动产或货物等的案件。"参见[英]爱德华·柯克:《禁止国王听审案》，姚中秋译，载毕竟悦、泮伟江主编:《英国革命时期法政文献选编》，第 382 页。

22 "国王可以在星室法庭听审案件，但必须就向他们提出的一些问题与大法官们进行商讨，而不能径自作出判决。因而，在王座法庭，国王可以听审案件，但得由该法庭作出判决。"参见同上，第 382 页。

23 转见[美]小詹姆斯·R.斯托纳:《普通法与自由主义理论:柯克、霍布斯及美国宪政主义之诸源头》，第 36 页。柯克还援引拉丁文格言来定义法律: Lex est ratio summa, quae jubet auae sunt utilia et necessaria, et contraria prohibetf（法律乃是理性之完善，它教导有用而必要者，禁止与其相悖者）。在评论利特尔顿的《土地保有法》时，他引用了一句格言，Ratio est anim Legis（理性是法律的灵魂），接着对利特尔顿的文本进行了阐明:"因此，惟有当我们掌握了法律中的理性，也就是说，当我们将法律的理性变成我们自己的理性，从而完美地将它理解清楚，使它成为我们自己的，我们才可以说掌握了法律；在我们拥有这样一种超卓的、不可能分割的财富，成为其所有者之前，我们永远不能说自己已经掌握了法律。"（同前，第 28、27 页）

24 [美]乔治·霍兰·萨拜因著，托马斯·兰敦·索尔森修订:《政治学说史》（下卷），第 130 页。

25 [美]斯科特·戈登:《控制国家:从古雅典至今的宪政史》，第 274 页。

26 在 1610 年著名的邦纳姆医生案件中，柯克明确指出，"从我们的很多历史文献可以看出，在很多情况下，普通法得审查议会的法案，并且有时候可以裁决其为完全无效:因为，当议会的一项法案违背普遍的权利和理性，或者令人反感，或者不可能实施的时候，普通法得审查它，并宣布该法案无效"。参见 [英] 爱德华·柯克：《邦汉姆医生案》，方玺译，载毕竞悦、泮伟江主编：《英国革命时期法政文献选编》，第 378 页。

27 参见 [美] 爱德华·S. 考文：《美国宪法的 "高级法" 背景》，第 48 页。

28 [法] 基佐：《1640 年英国革命史》，伍光建译，商务印书馆 1985 年版，第 24 页。

29 "无可置疑的是，柯克本人将 1628 年《权利请愿书》之通过，视为他在国会取得的最伟大成就。……该请愿书清晰地显示出柯克的影响，它宣告，请愿书中详尽列举的权利，乃是对古老的诸自由权利之确认，而非引入新的自由权利。"参见 [美] 小詹姆斯·R. 斯托纳：《普通法与自由主义理论：柯克、霍布斯及美国宪政主义之诸源头》，第 71 页。

30 转见 [美] 小詹姆斯·R. 斯托纳：《普通法与自由主义理论：柯克、霍布斯及美国宪政主义之诸源头》，第 72 页。

31 [英] 大卫·休谟：《英国史 V：斯图亚特王朝》，刘仲敬译，吉林出版集团有限责任公司 2013 年版，第 14 页。

32 转见 [美] 爱德华·S. 考文：《美国宪法的 "高级法" 背景》，第 54 页。

33 参见 [法] 基佐：《1640 年英国革命史》，第 45 页。

34 [英] 大卫·休谟：《英国史 V：斯图亚特王朝》，第 166 页。

35 [英] A. V. 戴雪：《英宪精义》（上），雷宾南译，商务印书馆 1935 年版，第 118 页。

36 参见 [美] 小詹姆斯·R. 斯托纳：《普通法与自由主义理论：柯克、霍布斯及美国宪政主义之诸源头》，第 104、43—46 页。斯托纳发现，柯克只有一次谈到过政体："尽管柯克熟悉亚里士多德，但他从来没有讨论过不同形态的政体，也没有研究过法律与政治统治之间疑窦重重的关系问题。他曾经提出过这个问题，强调说，在制定新法律的时候，我们必须考虑 '立法者所受制之国家的形态，因为，当政府是君主制的时候，需要一种考虑，而当政府是贵族制的时候，需要另一种考虑，当其为民主制时，则需要另外不同的考虑'。然而，他的评论也就到此为止，而就我自己所知，他对这个问题就只说过这一次。"（同前，第 44 页）

第八章　詹姆士·哈林顿

法律的王国与共和国的政制设计

托马斯·霍布斯（Thomas Hobbes）认为，"所谓在一秩序良好的国度不应当由人而应当由法律统治的主张，正是亚里士多德政治学的另一错误"，而哈林顿[1]（James Harrington）则对霍布斯的观点提出反驳，"市民社会得以建构和维护所依凭的基础乃是共同的权利和利益，而这种观点所依据的恰是亚里士多德和李维的思想，即法律的绝对统治而非人的绝对统治（the empire of law，not of men）"。

——[英]弗里德利希·冯·哈耶克：《自由秩序原理》

詹姆士·哈林顿，英国 17 世纪的共和主义思想家和政治哲学家。"哈林顿所生活的时代是人们作出最英勇的努力，使政治制度经受最严峻考验的时代。人们一旦发现现存制度有缺陷就会创造出新的制度来。"因而，"正如在所有的危难时期那样，许多伟大人物被推上了显著地位。除了詹姆士·哈林顿的杰出观点之外，托马斯·霍布斯、奥利弗·克伦威尔和约翰·弥尔顿的精湛思想也都于最近问世，在这一时期激动着他们同时代人的心灵"。[2]

哈林顿出生于英国北汉普顿郡一个具有古老绅士血统的土地贵族家庭，青年时代先后在剑桥三一学院、牛津大学和中殿律师学院求学，悉心研究古代希腊、罗马的历史。其后，他游历欧洲大陆的荷兰、法国、意大利等国，欣赏荷兰和威尼斯的政治制度，并从中寻找经纶之道。

"到外国去游历对他构想一个理想的政体非常有利，因为旅行使他得以深入洞察各种不同的政府形式。"据哈林顿的热忱的传记作者托兰在《哈林顿的一生》中所言："听说他常说，在他离开英国之前他对君主制度、无政府状态、贵族统治、民主制、寡头政治或其他诸如此类制度的了解，只不过是一些他在字典里学到的难懂的词句而已。"但是，在他周游数国之后，他就能更亲切、更有信心地谈论这些制度和政体。"荷兰和威尼斯都引发了他的想象力，激起了他的热情，但在方式上却各不相同。在荷兰他看到一个民族能做什么，在威尼斯他了解到一种制度可以做出什么。前者使他的兴趣转向政治；后者使他相信政治学。由于他对人民的绝对忠诚和对政治制度的坚信不移，他的思想开始转向共和体制。"[3] 回国后，他曾担任查理一世的侍臣，并与其保持私人友谊。查理一世被俘后，哈林顿被任命为其侍从，直至查理一世被送上断头台。其后，哈林顿转向政治思想研究，其首要的著作乃是 1656 年出版的《大洋共和国》(*The Commonwealth of Oceana*，中译本标明所译英文本为 *Oceana*，所以称为《大洋国》)。1658 年，哈林顿又发表《大众政府的特权》，继续阐述《大洋国》的思想与观点。1659 年出版的《立法的艺术》(*The Art of Lawgiving*)，则是《大洋国》的节本。同年，他还发表了《适合我国当前状况的共和国之原型》。此外，他还撰写了《政治体系》(1661 年) 以及多篇文章。克伦威尔死后，哈林顿反对君主制复辟，在 1659 年组建"罗塔俱乐部"(Rota Club)，宣传共和主义思想，批判君主专制。1661 年 12 月，哈林顿因被凭空指控与共和派人士密谋推翻当时的君主政权而被捕，身陷囹圄，先后被关押于伦敦塔和普利茅斯监狱，备受折磨。因长期监禁，他的身体健康受到严重损害，导致身患坏血病和精神失常。后来经过其家人的努力，查理二世恩准释放哈林顿回家。1677 年，他逝世于威斯敏斯特。

哈林顿最重要的政治著作就是被斯金纳誉为"在所有论述自由国家最新颖和最有影响的论著中最富于论辩性的著作"[4]——《大洋国》。哈林顿所谓"大洋国"，实际上就是指英国。这部著作表面上献给护国公克伦威尔，但所谓献词是"一种反面献词"，实际上充满了对克伦威尔的尖刻批评甚至厌恶之情。[5] 显然，《大洋国》不可能为克伦威尔辩护，它的任务在于通过虚构一个政治乌托邦——但绝非凭空想象，而是主要运用历史的与比较的方法——来"说明什么是共和国"，所以，它提供的是一种构造共和国的"政治建筑术"（political architecture）。

哈林顿在《大洋国》的"结论"部分说："在人类的创物之中，除开秩序良好的共和国的建造设计以外，没有任何东西更像从混乱之中造成美妙秩序的律令。"[6] 这种"政治建筑术"把共和国中的自由、法治与共和政制三者之间的关系视为结构性的关系，并据此阐述共和主义的政治原则，以及详细设计共和国的基本制度体系。所以，哈林顿"是一位具有非凡精力和独立思考能力的政治思想家，也是唯一能从哲学的角度对清教革命背后的社会原因有所把握的评论家。……他证明自己是一位具有头等原创性的政治哲学家，尽管他在理论所涉的范围上远不及霍布斯，但在对政治现实的把握上却大大超过了他"[7]。

在法治与政体思想史上，哈林顿也是一位重要的思想家。本章的主要任务，就在于分析哈林顿关于共和国法治与政制的基本思想。

一　共和国：自由、平等与法治的王国

如同弥尔顿，哈林顿在其代表作《大洋国》中盛赞并且承接亚里士多德的"法治政体"思想。[8] 哈林顿阐述了亚里士多德对政体的分类，即君主政体（一人政府）、贵族政体（贤人政府）和民主政体（全民政府），以及它们的蜕化形式：暴君政体、寡头政体与无政府状态。此外，他还指出，混合政体被亚里士多德视为优良的政体。不仅如此，"哈林顿确是一个文艺复兴运动的产儿。他满脑子的古典学术思想在《大洋国》一书中清晰可见。尽管这些思想有许多是犹太人的、威尼斯人的或英国人的，但更多的还是源于希腊人和罗马人。他很向往斯巴达、雅典和罗马的宪法。他也属意于另一部为克里特岛上想象中的殖民地而制定

的宪法。这就是柏拉图的第二个最好理想国即《法律篇》，这也是一种
切实可行的乌托邦，很像一部精心撰写的宪法"⁹。但是，《大洋国》的
目的，据哈林顿自己所说，并非复古，而是要"遵古人之意，抒一己之
见"¹⁰，即遵照亚里士多德、李维、马基雅维利等先贤的思想，以及求
证于以色列（古代的模范）、威尼斯（近代的样板）等地的共和国制度，
阐述法治共和国的基本原理，并设想法治共和国的制度蓝图——一种
以自由、平等为价值的新政治秩序的共和政体构造。

在《大洋国》"序言"的第一部分"说明政府的原理"中，哈林顿根
据16世纪意大利学者詹诺蒂的观点，将人类有史以来的"经纶之道"——
治理之道统、治理之政制、治理之法度——划分为两个阶段和两种类型：
"法治"与"人治"。他们认为：第一个阶段出现了第一种"经纶之道"，
它随着罗马自由的终结而告终；第二个阶段出现了第二种"经纶之道"，
亦即在罗马帝国崩溃之后，产生了"许多恶劣的政府形式"。

哈林顿认为，第一种"经纶之道"即是"法治"：

> 根据法律或古代经纶之道来给政府下定义，它便是一种艺术。
> 通过这种艺术，人类的世俗社会才能在共同权利或共同利益的基础
> 上组织起来，并且得到保存。根据亚里士多德和李维的说法，这就
> 是法律的王国，而不是人的王国。

而第二种"经纶之道"则为"人治"：

> 根据事实或近代经纶之道来给政府下定义，它也是一种艺术。
> 通过这种艺术，某一种人或某一些人使一个城邦或一个国家隶属于
> 自己，并按他或他们的私利来进行统治。在这种情况下，由于法律
> 是按照一个人或少数家族的利益而制定的，因而就可以说是人的王
> 国，而不是法律的王国。¹¹

因此，在"人的王国"里绝不是没有法律，但是这个法律，不是专制性质的，就是寡头性质的，而非属于自由的共和国的。哈林顿认为，这样的法律，不可能造就出"法律的王国"。

那么，"法律的王国"的真正含义究竟是什么？这个"法律的王国"，其实质是一个自由、平等的共和国。哈林顿说："大洋国的特征，和古意大利的情形有些相像。古意大利一切都是为了共和国。"[12] 而其标志就是"自由"。因而，"大洋国的执政官在公布典章制度时标明了两个大字：自由"。[13] 他吸纳李维的自由与法治观点[14]，认为在这个共和国里，唯有法律才是真正的主人或真正至高无上的统治者。"共和国是法治的政府而不是人治的政府"[15]，这是哈林顿的经典论断。换句话说，自由、平等的共和国就是法治国。这是因为，在这个共和国里，所有自由的人，都有权参与制定法律，并且只服从法律，或者只受法律统治。这些自由的人们，"除了法律之外，不受任何东西约束。法律是由全体平民制定的，目的只是在于保护每一个平民的自由"[16]。在这样的国家里，"统治者应该按照理智去治理；如果治理天下时竟一本情欲之私，那么他们便是倒行逆施"[17]。而"以情欲为本的政府"，是蜕化出来的政府，如暴君政体（或极权君主政体）、寡头政体，这即是亚里士多德所说的变态政体。哈林顿认为：

> 如果一个人的自由存在于他的理智的王国中，那么缺乏理智便会使他成为情欲的奴隶。由此可见，一个共和国的自由存在于法律的王国之中，缺乏法律便会使它遭受暴君的恶政。我认为，亚里士多德和李维所说的"共和国是法律的王国而不是人的王国"就是以这些原则为根据的。[18]

所谓"理智的治理"，即是法律的统治。法律一旦离开了理智，就会如同一座建筑物脱离地基必然要倒塌一样，必然要垮台。[19] 法律即理智或理性，古代先贤早就论断，如柏拉图在第八封书信中所说的："理智者的神是法律，愚蠢者的神是快乐。"（354E）。亚里士多德亦认为，法治的最主要的优点，就是它意味着理性之治。而对于哈林顿来说，与理智的统治相反，"情欲的治理"由于缺乏法律，或者视法律如无物，便是"人的统治"了。

在共和国里，自由是个人的自由，还是共和国的自由？又或者个人的自由就是共和国的自由？在这个问题上，哈林顿对霍布斯在《利维坦》中关于自由的观点提出了批评。霍布斯说："古希腊和罗马人的历史和哲学著作以及政治学方面所有继承上述先贤的人所写的书籍和论述中经常称道的自由，并不是个人的自由，而是共和国的自由。"哈林顿认为这一判定是不对的，因为共和国中"财产的平等就会产生权力的平等，而权力的平等则不仅仅是整个共和国的自由，而且也是每一个人的自由"[20]。在这里，"共和国的自由"与"个人的自由"因为政治上的"权力的平等"粘连在一起了，而不是霍布斯所理解的"个人的自由"与"共和国的自由"的分离。

更进一步，霍布斯认为个人在任何政体中都能有自由，易言之，个人自由并不专属于某一政体下的人们。他举例说："虽然直到今天路迦城的楼阁上还写着'自由'两个大字，可是谁也不能就此推断说，这里的人比君士坦丁堡的人得到了更多的自由或豁免国家劳役的权利。所以不论是君主国家还是民主国家，个人的自由都是一样的。"但是，哈林顿坚决反对这一观点，他指出：

> 这真是虎头蛇尾的说法，使人感到模棱两可。因为"路迦人不受路迦法律约束的自由或豁免权并不比土耳其人不受君士坦丁堡法律约束的自由或豁免权大"乃是一句话；"路迦人根据路迦法律而享有的自由或豁免权并不比土耳其人根据君士坦丁堡法律而享有的自由或豁免权大"又是另一句话，这两句话是完全不同的。第一句可以适用于所有的政府，第二句话则非但不适用于任何两国的政府，而且与下述事实也相去很远。因为大家都了解，土耳其最显

赫的官僚也是个佃农，他本人和他的财产都得听他主子摆布。而拥有土地的最卑贱的路迦人则是人身和土地的自由主人；除了法律之外，不受任何东西约束。[21]

在这段论述中，哈林顿说霍布斯的观点模棱两可，是指霍布斯所言自由到底是指免除法律的自由，还是由法律保障的自由。他着重强调的是，霍布斯所定义的自由，即"免除法律的自由"，无疑是在任何政体之下的人都可以享有的。但是，公共政治领域的自由，政治自由（political liberty），作为自由之主人的自由，则只能出现于共和国之中。这类自由，在君主政体之下是不存在的。如土耳其的显贵们，在君主政体之下，哪里有什么自由？哈林顿对霍布斯的意见无法苟同，"认为君士坦丁堡没有自由，无论苏丹对下人是多么放任自流，或者是多么疏于问政"[22]。他们因为没有政治自由，结果其本人的生命及其财产，都是由君主任意摆布的，都是君主想要收走就可以收走的，因为君主才是立法者。在共和国里，每个人享有的政治自由，是个人自由的发源地和保护伞，因而每个人自己掌握其自由的命运。而在君主国中，统治者（君主）是个人自由的供给者和主宰者，因而统治者掌握每个人的个人自由的命运。显而易见，共和国的自由与君主国的自由并非始终相同。[23]

共和国的自由的根本内涵，就是人人平等的人民拥有立法的权力，就是政治自由，因而每个人才能摆脱奴役的状态。通过这种自由，又可以进而强化和保障诸如财产权、人身安全等个人自由或公民自由（civil liberty）。这就不仅确立了政治自由在共和国中的主宰性地位，而且清晰地界定了个人自由与政治自由的关系：你想要确保个人自由，你就必须享有政治自由。只有真实拥有并享受政治自由的人，才能成为自己的主人，也才能为自己的个人自由当家作主。这是相当重要的深刻洞见。"对于纯正的共和主义之自由概念的拥护者而言，没有政治权利的人仅仅是国民（subject）、奴隶而非自由的公民（citizen）。公民自由并不稳定。它应该牢不可破，然而它可能被取代，掌握至高权力之人的一时兴起会取消它。人只有拥有政治权利——以某种方式参与决定法律会是什么的权利——才能保护公民自由。因此共和主义自由对于一切自由来说都是至关重要的。"[24] 哈林顿在前引那段话之后紧接着说:"法律是由全体平民制定的,目的只是在保护每一个平民的自由。不然,他们就是咎由自取了。通过这个办法,个人的自由便成了共和国的自由。"[25] 这就再一次(在弥尔顿、西德尼等人那里也是如此)在共和主义思想中实现了"自由"与"共和"的共生,"即公共自由和私人自由是共生的关系。正如我们在哈林顿这里所看到的,尽管共和主义是一种颂扬政治的语言,但它并没有因此而与关于私人生活的典型的自由主义观念变得水火不容"。因此,哈林顿是一位"表达了自由主义思想的共和主义理论家"。[26] 与此同时,哈林顿在这里也找到了政治自由与法治之间最重要的一个联结点。依此观之,他也是一位表达法治主义思想的自由主义的共和主义理论家。

共和国不仅是一个自由的王国,也应是一个平等的王国。其最重要的平等,就是土地和政治上的平等:"一个平等的共和国的基础或产权均势和上层建筑都是平等的。换句话说,它在土地法和轮流执政方面都是平等的。"[27] 对这种平等的意义,哈林顿反复强调指出,平等"使共和国诞生,而且是共和国的生命和灵魂"。共和国"如果达到了完全平等的状况,那么它的组织就将具有一种均势。任何人都无法说明,在这种政府内部和统辖下的人们何以会起心或有力量发动叛乱,扰乱共和国。因此,一个平等的共和国是唯一没有缺陷的共和国,也是唯一尽善尽美的政府形式"。[28]

共和国的平等,一方面取决于共和国的自由——人民是立法者。既然人民拥有制定法律的权力,那么人民的政治平等就是其应有之义,否则拥有立法权的那部分人势必压迫、奴役没有立法权的那部分人。另一方面,平等能够确保共和国的长期稳定和长治久安。在平等的状态下,没有什么人会起心或能够有力量挑起冲突,从而扰乱共和国。这是共和国的一个主要优势。"在平等的共和国中,冲突之不可能发生,就像两边重量相等的天平不会偏向一边一样。"哈林顿举例说,在古罗马共和国,人民与贵族或元老院不断发生冲突的原因,就在于他们之间的不平等,导致前者要求实现平等而后者力图维持不平等状况,所以必然发生冲突。也就是说,不平等就会产生纷争,而当纷争无法控制时就会毁灭。相反,"威尼斯共和国由于政体是最平等的,所以人民与元老院之间便从来没发生过冲突"[29]。这也是共和政体优越于君主政体的一个基本表现和原因。而哈林顿所注重的平等,主要是产权均势(特别是土地法)和轮流执政上的平等。前者解决国家的基础问题,后者解决上层建筑的问题。

正是由于哈林顿认为自由和平等对于共和国来说是如此关键,所以,他反复指出法律对于共和国所具有的非凡意义:法律是自由与平等的表达者和守护神。他说:"一个共和国之所以能成为共和国,就在于它的法令。"[30] 而且,国家像所有的圆周运动一样有一个中心,这个中心就是法律:"我们必须找出共和国运动的中心在哪里。每一个政府的基础或中心就是它的基本法律。"[31] 反过来讲,如果共和国的自由人民,"不在法律的统治之下,则没有任何权利可言;不能诉诸正义和司法机构,则无法对错误进行补救"[32]。不仅如此,共和国及其政府的权威性也取决于法律:"政府正是一个国家或城邦的灵魂,因此,在共和国事务的辩论中,由决议体现的理性必然是美德。如果一个国家或城邦的灵魂是主权,那么国家或城邦的美德就必然是法律。但是如果政府的法律就是美德,美德就是法律;那么它所治理的国家就是权威,权威也就是它所治理的国家。"[33] 更重要的是,哈林顿认为,根据理性的法则和历史的经验,"共和国并非不可能是永垂不朽的"。而法治就可以造就共和国的长久稳定与持久的生命力:

> 一个共和国只要法制清明,在内在因素方面是永存不朽的,可以与世界同寿。

他指出，只要法律之间不存在冲突，"就可以形成一个尽善尽美的共和国"，"这种共和国也是万古长青的"。[34] 凡此种种表明，在哈林顿的心中，"大洋国"其实就是一个追求自由、平等且必定长在永续的"法治共和国"。

但是，法治的共和国不等于法律越多、越繁就越好，而是相反，共和国只需要少而简明的法律。而且，从古往今来的历史事实来观察，"目前的各种政府中，法律最少的就要算共和国"[35]。一旦共和国的立法机构和政府天天高喊依法治国，并忙碌于制定和颁布多如牛毛和细密繁杂的法律，恐怕"共和国"也就与人们渐行渐远了。

二 反驳霍布斯：捍卫法治的王国

为了论证自己的法治共和国理想，哈林顿反驳了霍布斯对亚里士多德的无端指责。据哈林顿说，马基雅维利致力于恢复古代的"经纶之道"即法治，而霍布斯则指责亚里士多德犯有所谓"有毒害的错误"，并凭借这种指责来消灭"法治共和国"或者"法治政府"的思想。霍布斯的这一图谋，显然是哈林顿所不能接受的。因此，哈林顿要出手捍卫亚里士多德的法治思想。而法治正是自由所要求的，所以，实际上，从深层的动机上说，他是为了捍卫自由尤其是捍卫共和国的政治自由而反对霍布斯的。无论如何，霍布斯和哈林顿围绕亚里士多德的法治主张，展开了一场富有意味的思想攻防战。

根据《大洋国》所述，在《利维坦》中，霍布斯曾批评亚里士多德："亚里士多德的《政治学》中的另一个错误是，他认为一个秩序良好的共和国，不应该由人来统治，而应该由法律来统治。"[36] 为了证明亚里士多德"法律统治"的观点是错误的，霍布斯提出了两个理由。第一，人永远是统治者。"使法律具有力量和权威的不是空谈和允诺，而是人和武力。"每一个具有知觉的人，即使不能读书和不会写字，"也全都能发现自己是被自己所惧怕的人统治着"，而不是被法律统治着。因为"法律仅仅是白纸上写黑字",如果"不假手于人和刺刀",人们就不会相信会被法律所惩治。而亚里士多德等人不懂得,"法律没有一个人或一群人掌握武力使之见诸实行,就无力保护他们"。[37] 所以,在霍布斯看来,总归是"人"在统治,而不是"法律"在统治。第二,霍布斯指出亚里士多德等人的论证方式不对:"在我们西方世界中,人们关于国家的制度与权利的意见自来就是从亚里士多德、西塞罗和其他希腊、罗马人方面接受过来的;这些人生活在民主国家中,对这些权利不是渊源于自然原理,而是只按照他们自己的民主国家的实际情况将其写入书中;其情形正好像文法学家根据当时的实践描述语言法则,或根据荷马与维琪尔的诗篇记述诗的法则一样。"[38] 这就是说,亚里士多德的观点,只是描述了"自己共和国的实践",是一种历史和经验的表达,而并非从"自然的原则"中推论出来的一般原理或哲学理论,因而不具有普遍的意义。霍布斯相信,从历史的实践与经验中,是无法得出普遍性的原理与结论的。

但是,哈林顿宣布,霍布斯完全错了。他对霍布斯指责亚里士多德的两个理由都进行了辩驳。

对于前一个理由,哈林顿指出,霍布斯的推论很奇怪,也很容易让人迷惑,并由此误入歧路。因为面对着执法者,假如人们表示服从,那么这种服从显然针对的是法律,而不是执法者这个人,不管这个人是否手握刀剑。在法律存在的前提下,人们没有任何义务去服从一个纯粹手握刀剑的人,除非他/她是一个执法者。而执法者只是站在了法律的前面而已。例如,说人们服从法院或法官的一份判决,这是指服从法院或法官根据法律作出的判决,而不是指服从作出这个判决的法院或法官。或者说人们惧怕执法者,但其实不是惧怕这个执法的人,而是他/她所执行的那个法律。如果不是由于法律的权威,人们又有什么理由和怎么可能服从或惧怕他/她呢?如果一个人虽然拥有"警察"或"法官"的公共身份,但下班之后在大街上购物、溜达,并没有在行使执法的职权以执行法律,而人们还可以称此时此地的他/她为"执法者"吗?这时他／她还有法律上的权力要求别人服从吗？如果一个社会的公民，只要见到身穿警服的人，即使他／她不是在"执法"，只是下班后忘记脱掉警服，也会感到害怕和恐惧，这恰恰是"人治"社会的一大表征和病症。

《利维坦》还推论说，"整个一支军队，尽管他们既不能读书，也不能写字，并不会惧怕炮床，因为他们知道那不过是一堆泥土和石头。同时他们也不会惧怕大炮，因为没有人动手去点燃它，就不过是一堆顽铁。因此，整个一支军队所惧怕的只是一个人"。但是，哈林顿认为，霍布斯的这个推论显然是有问题的。在面对炮床和大炮时，任何一支军队绝不会只是将炮床视为"一堆泥土和石头"，也不会只是将大炮视为"一堆顽铁"。哈林顿通过比喻指出，应当说，在战场上，士兵们会惧怕大炮，而不是动手点燃大炮的炮手，尽管大炮需要由炮手来点燃。况且，大炮的威慑力是客观存在的，即使没有炮手去点燃它，否则敌方也不会想尽一切办法和不惜代价摧毁它。谁会惧怕没有大炮的赤手空拳的炮兵呢？依此类比于法治，一方面，对于法律与执法者，人们惧怕的是法律，而不是执法者；另一方面，即使没有执法者的威吓，法律对许多人来说，也同样具有权威性——这些人会自觉遵从法律。根据这一推论，"法律统治"当然必须要有许多人（如"立法者""执法者"）来共图、辅佐其事，但并不因此就变成了"人的统治"（"人治"）。在这种推论之下，实行统治的"人"不过是法律统治的手段与条件而已。[39] 所以，"人"根据"法律"来治国，"人"要受"法律"约束，"法律"的权威高于"人"的权威，总归是"法律"在统治，而不是"人"在统治。

这里要考虑与辨别的核心问题在于，法治并非既有"人"，又有"法律"，而是要看在人们服从与惧怕法律这一问题上，"人"的权威和"法律"的权威，哪一个起着关键的决定性作用：具有最高权威和最终权威的统治者是谁？所谓"法律至上"，是指"不承认更高者"；所谓"最高权威"，是指法律的"排他性的运用"。[40] 这里不可能同时出现两个最高与最终的权威，就如同一个国家不可能有两个"主权"。哈林顿也正是这样解释的。根据哈耶克的理解，古希腊的术语 isonomia（伊索诺米，意指"法律平等适用"），使哈林顿得以区别法治和人治，即"法律的权威和法治，远较人治和人的权威更为强大、更具威力"。[41] 只有在"法律权威"缺席的状况下，才会有"人的权威"来补位。二者必有其一，而且相互反对：或者"人"的权威是最高和最终的，或者"法律"的权威是最高和最终的；"法治"与"人治"只能取其一。

对于霍布斯批评亚里士多德的后一个理由，哈林顿也给予了反驳。第一，他认为，所谓"法律的王国"，正如前面已经讲到的，其核心的原则在于，"一个共和国的自由存在于法律的王国之中"。如果缺乏法律，这种自由便会因"遭受暴君的恶政"而丧失。这无疑是符合"自然原则"的正确结论——法律与法治出自"共和国的自由与平等"这一"自然法则"。实际上，历史上任何重要的政治理论家，都是"从政治的自然之道"中获得其结论的。而亚里士多德所说的"共和国是法律的王国而不是人的王国"，主要就是以"政治的自然之道"为根据的，所以完全符合"自然的原则"。第二，从经验事实中同样可以提出理论，正如英国血液循环的发现者哈维的理论来自人体解剖而非自然原则。第三，即使亚里士多德的上述结论的确吸取了古希腊城邦特别是雅典法治的历史经验，也不能证明这个方法就是完全错误的，或者运用这个方法所得出的一切结论都是错误的。"像明智那样，实验的证明能够向这个世界揭示自然本身内在的普遍原理。在这一点上，哈林顿和霍布斯都羡慕解剖学家哈维。"[42] 这就是说，如果亚里士多德运用了历史的实践经验，即使它"不能得出具有普遍意义的结论"，那么，它至少可以用来"恢复"和"验证"从"自然之道"中获得的原理。而这也是哈林顿在《大洋国》中反复采用的一种论证方法。

哈林顿对亚里士多德的捍卫，具有重大的历史意义。按照哈耶克的说法，现代人所讲的"由法律统治而非由人统治"，直接源出于亚里士多德，而这又不能不部分归功于哈林顿。通过哈林顿，亚里士多德和李维的"法律的绝对统治而非人的绝对统治（the empire of laws, not of men）"思想得以复活，从而传承给了现代的人类。[43]

当然，这还有待于后来者的继续阐发。这个任务首先落在了 18 世纪的启蒙思想家头上。

三　法治与共和国的政制蓝图

哈林顿对于法治问题的思考，并没有仅仅限于宣告和论证共和国是一个法治的王国，而是进一步提出了"怎样"才能建成一个法治的共和国这一至关紧要的问题。他在讨论了自由的问题之后紧接着就提出了这一问题：

> 我们知道，一个共和国之中制定法律的是人。因而主要的问题似乎是：怎样才能使一个共和国成为法律的王国，而不是人的王国？由于一个共和国之中进行辩论并作出决定的也是人，因而问题便是：怎样才能保证一个共和国的辩论是根据理智作出的？理智既然常常与个人冲突，所以个人也常常是和理智冲突的。[44]

为了解决上述问题，在《大洋国》和《政治体系》等著作中，哈林顿阐述了一幅共和国"政治建筑"的相当完整的结构性图景。这意味着哈林顿作为"政治建筑师"将法治问题转到政体问题上。

萨拜因根据《大洋国》"绪言"（中译本第 36—37 页）总结出哈林顿的"平等共和国"的结构性原则：一部土地法、轮流执政、秘密投票和权力分立。又指出："哈林顿并不满足于提出原则。于是，他又着手为大不列颠拟定了一部宪法或一项具体的结构性图景（a constitution），并以一种具体且详尽的方式把他的那些原则逐条应用于其间。"[45]

其实，广义而言，这一图景可以包括结构性原则、结构性政体与结构性典章制度（法律规定）三个层次。前两者属于"共和国的原理"，后者为法规条文及其说明或旁证。而我们分析的重点，在于"结构性政体"这层图景。

结构性原则

在《大洋国》中，共和国的首要原则是土地法原则，即财产或财富特别是土地的"均势"原则。在哈林顿心目中，一个国家及其政体是由土地制度决定的，因为土地是国家的根基，所以"产权的均势或地产的比例是怎样的，国家的性质也就是怎样的"。君主政体是一个人成为一片领土的唯一地主，或者他的土地超过人民所有的土地。混合君主政体，即贵族与君主相混合的政体，是少数人或一个贵族阶级，或者是贵族连同教士一起成为地主，他们所拥有的土地按比例超过人民。而一个共和国或共和政体，则意味着全体人民都是地主。但不论哪种政体，都要以"均势"为原则。"一旦破坏了这项原则，就不能再存在下去了。"或者说，"如果不按均势的原则维系政府，便不是自然的做法，而是暴力的做法"。那么，上述政体就会分别堕落成为暴君政体、寡头政体和无政府状态。他还尤其重视所有权的均势对于一支军队的重要性："正像一座建筑物脱离地基必然要倒塌，法律离开了理智、军队离开了所有权的均势，也必然要垮台。"[46]这就从社会和经济的角度分析了政体的类型及其稳定性的原因，在政治思想史上具有原创性。"在其同时代的政治论者当中，哈林顿乃是唯一洞见到政府无论在结构上还是在运作上都是由那些基础性的社会和经济力量所决定的人。"[47]

对于平等的共和国来说，以平等为原则的土地法尤为重要。这是因为，"一个平等的共和国是在平等的土地法的基础上建立的政府"。而所谓"平等的土地法，便是建立和保持产权均势的永久法"。产权均势，即是指根据平等的土地法，"贵族阶级或少数人的圈子里的某一个人或某一些人就不可能由于拥有大量土地而压倒全体人民"。[48]这一土地法之所以如此重要，就在于它可以通过平衡经济或财产力量来平衡社会和政治力量，以确保共和国所必需的均势或均衡。

与土地法原则同等重要的是轮流执政原则。哈林顿对这一政治原则给出了一个清晰的定义："平等地轮流执政就是政府中平等地轮流交替，或相继担任一种官职，其任期极为利于轮转，并且大家都平等地轮流卸

任，所以便能依次通过各部分将全体都包括在内。"⁴⁹这一制度具有三重
目的：一是防止官员的频繁更换，以保证政权的连续性。二是防止官员
因长时间任职可能发生的对人民的压制，以及妨碍其他人享有同等的执
政权利。所以，官职任期过长，势必"破坏轮流执政的制度，破坏共和
国的生活方式或自然运转状况"⁵⁰。三是人民有更多的机会参与政治和
政府管理，也因此不断有新的官员进入政府而带来新鲜活力。所以，延
长任期的统治者是危险的。哈林顿认为，如果说土地法原则解决的是国
家的基础问题，那么，轮流执政原则就可以解决上层的政权问题。

轮流执政原则又与自由选举、秘密投票原则相关。在共和国中，
"接替他人官职时是由人民自由选举或投票的方式决定的"。⁵¹这种自由
选举或投票，一方面保障政治自由，因为人民选举或投票是最自由的方
式，并且伴随着人们发表意见的自由。另一方面，这种选举方式可以防
止选举人陷入混乱和破坏个人自由，如选举人不会受人情约束，或者不
用害怕失去情面，也不用害怕自己的不友善者乃至敌人，从而最大限度
地维护个人自由。此外，这种自由选举也可防止和杜绝贿选。⁵²为了实
现自由选举，哈林顿在"大洋国的典章制度"部分详尽阐述了秘密投票
的规则。

权力分立是哈林顿的政体结构原则，反映了哈林顿的"均势"思想
在政体结构上的运用。"配置国家权力与配置国家的财产一样，应当遵
循自己的均势原则。于是，他从财产的均势推论出权力的均势。"进而
言之，"在权力的配置原则上，哈林顿认为权力的'均势'可以防止权
力专制或垄断，使共和国不至于成为人的王国。其次是法律对通过'均
势'原则配置的权力进行确定，可以确保共和国成为法律的王国"⁵³。
这一原则，可以进一步由结构性政体这一问题予以透析和展开。

以上四个原则，土地法原则乃是共和国的基础性原则，而轮流执
政、自由选举或投票和权力分立则是共和国的构造特别是政体及其运行
的原则。

结构性政体

根据哈林顿，利益及其分配问题是划分共和国的职能和构造其政体的根本前提。从人性出发，共和国的立法所需要的理智就是利益，但是事实上有各种不同的利益：每个人的利益、国家（统治者）的利益与全体或人类的利益。原则上，"共同权利、自然法则或整体利益比局部权利或利益要优越，各个体也都承认这一点"。因此，"如果理智不是别的东西，只是利益，而全人类的利益又是正确的利益；那么，人类的理智就必然是正确的理智"。按照这一推论，共和国或民主政府的利益最接近全人类的利益，所以其理智也必然接近正确的理智。[54] 以此论之，"怎样建成法治共和国"这一问题，似乎并不难解决。

但是，在哈林顿看来，在共和国或民主政府之下，人们对理智即利益的判断，是以是否有利于自己（每个人都有私利）而非以是否正确为标准的。共和国不可能取消私利，但也不能不追求公共利益。将共和国建成法治国家的根源性难题，也就在此。那么在这种情况下，如何才能确认和实现共同利益？哈林顿认为，要解决这个困难，就必须通过法律"迫使这个或那个人放弃自身特殊的打算，而从共同的福利或利益的角度来打算"。他说："这种法令是可能建立起来的。"于是，问题就变成了"怎么样才可能"制定这样的法律。

针对这一问题，哈林顿引入了"小姑娘"分饼的故事：

> 实现这一切的方式既确实又方便，甚至连小姑娘都知道这不过是她们在不同场合普遍实行的办法而已。比方说，假如有两位姑娘共同接到一块没有分开的饼，两人都应分得一份。这时其中一位对另一位说：你分吧，我来选。要不就我分你选。分法一旦决定下来，问题就解决了。分者如果分得不均，自己是要吃亏的，因为另一位会把好的一块拿走。因此，她就会分得很平均，这样两人都享受权利。[55]

这个故事当然是论证了在分配正义上，"怎么分"与"怎么选"的程序是决定性的。至于一个姑娘所需食量大，而另一姑娘所需食量小，分配结果未必符合她们各自之所需，就不是这个故事能解决的了。而哈林顿设想这个故事，其目的也不仅仅在于解决分配正义的问题，更在于解决共和国的权力划分与政体结构问题。所以，他话锋一转："卓越的哲学家争论不休而无法解决的问题，以至国家的整个奥秘，竟由两位娇憨的姑娘给道破了。"于是，两位小姑娘变成了睿智和公正的政治家。由此，"国家的奥秘就在于均分和选择"。这个"均分"（分饼）和"选择"（选饼），就是政治国家中的"辩论"和"决定"。那么，这两项职能或权力如何行使？

对此，哈林顿设计了一种混合政体的共和国方案：

> 所谓均分和选择，用共和国的词汇来说，就是辩论和决定。凡是元老辩论过的任何事项，得向人民提出。经人民批准之后，就通过长老的权柄和人民的权力加以制定，两方面汇合起来就制成了法律。"利维坦"说，不假手于人和剑，制成的法律不过是白纸上写的黑字而已。共和国中的这两个组织——元老院和人民大会——只是立法机构，因而必须有第三个机构来推行制定的法律，这就是行政机构。行政机构加上其余人为的东西，共和国便包括提议案的元老院、批准议案的人民大会和执行议案的行政机构。[56]

这份共和国的基本方案，既与哈林顿对政体类型的认识有关，也与哈林顿的共和国理想相切。

在政体类型学上，哈林顿继承了亚里士多德对政体的三分法，但又进行了原创性的修正。[57]根据《大洋国》，君主专制政体是像土耳其这样凭武力建立和维持的君主国；混合或封建君主制的范例乃是过去的英国，以贵族为基础；而共和政体则是一种民主政体，"根据理性和经验所证明的看来，共和政府一般是由元老提案，由人民议决，并由官吏执行的政府"[58]。其《政治体系》也论及君主制（专制君主制）、贵族制（混合或封建君主制）和民主制（共和政体）。他认为，本质上，"专制君主制的利益就是君主的绝对性；受规制的君主制的利益就是贵族的巨大性；民主制的利益就是人民的幸福：因为在民主制中，政府是为了人民的利益而存在，而在君主制中，人民是为了政府的利益而存在，也就是为了一个或多个权贵的利益而存在"[59]。但不论上述哪种政体，都有其堕落的或变异的形态，分别是僭主制、寡头制和无政府状态。

哈林顿进一步对各种政体进行了比较分析，以确定理想的、优良的政体。[60]像土耳其这样的君主专制政体，其中危险的漏洞不是凡人的智慧与力量所能补救的。如军队常常萌发野心并有力量发动叛乱，而且盛行暴力恐怖行为，甚至总督和君王也会被凌迟处死。在混合或封建君主制之下，贵族之间、贵族与君主之间战乱不断。所以，它同君主专制政体一样，都不是好的政府。只有共和政体或民主政体才是"完美的政府形式"。哈林顿列举了不少理由来证明民主政体的好处，如民主政体从来没有受到过君主的征服；如果在这种政体下发生了叛乱，其原因在于某个特殊组织的不平等状态，而非政体本身的缺点；最重要的是，民主政体能够建立一个平等的共和国，而平等的共和国是唯一没有缺点且能够维持久远的共和国。

但是，哈林顿心中的理想共和政体，并不是单纯的民主政体，而是一种混合政体。他说："一个平等的共和国是在平等的土地法的基础上建立的政府。其上层建筑分为三个机构：（1）元老院讨论和提议案，（2）人民议决，（3）行政官员执行；官职由人民投票选举，平等地轮流执政。"[61]这段总结既包括了共和国的结构性原则，也包括了共和国的结构性政体。

在上述共和国的结构性政体中，按照哈林顿的设想，元老院（相当于英国的上院）承担"均分"或"论辩"的职能。[62]元老院代表了共和政体中的贵族成分，他们是根据其卓越的治国才能被选举出来的。因此，元老院的存在，一方面可以使共和国在立法时保持对智慧的尊敬，另一方面也有助于提升社会公众的美德与品质。哈林顿把政府的构造视为人的镜像，人民的美德必定影响政府的良法美意。当然，反之也一样。所以，在共和国的政体中，贵族和人民各自保持恰当的分量，是十分重要的。"当贵族或士绅的力量压倒民主政府的时候，他们就会彻底消灭或破坏民主政府。同样的道理……在民主政府中，贵族或士绅的力量如果没有超过民主政府，那么他们便是这个政府的生命和灵魂。"[63] 在这个意义上，"如果说共和国是法治的政府而不是人治的政府，那么这种国家便是以德治理的王国而不是以人治理的王国。当王国在某一人身上失败时，马上就会出现接替的人而中兴"。而"除开平等的共和国以外，其他国家的统治者不可能产生这种习气"。[64] 这里所谓"以德治理"，即是贵族治理，而非人们常说的以道德治国。换言之，这是政体上的一个结构性安排，而不是在法律之外补充以道德的治国规则与方法。

因此，哈林顿警告说，政府不善，立法者不良，就不可能有良善之法："除非政府首先就是健康的，否则说得头头是道的法律改革也是危险的。一个健康的政府就好比是一株健康的树，用不着怎样操心也不会结出坏果实来。要是树本身有病，果实就永远也没法改造了。如果树没有根而又结出外表很好的果实，那就特别值得注意，因为这是极毒的果实。"[65] 这是比喻说，有病的立法者，怎么可能制定出健康无毒的法律？所以，共和国必须在法治的框架内选择善良忠信的执政者和建立健康的政府。哈林顿断言："人民的恶是由统治者造成的；统治者的恶则是由法律或法令造成的。至于法律或法令的恶则是由立法者造成的。"没有良善忠信的执政者和健康的政府，尤其是良善的立法者，就不可能有良善之法和法治。

但是，良善忠信的立法者、执政者和健康的政府又从何而来呢？答案似乎又回到了问题的起点，即"完备的法"：在政治哲学中，"有善良的人则有完备的法"的格言是绝对不可靠的；颠扑不破的真理只能是，"有完备的法则有善良的人"。[66] 由此可见，哈林顿更看重良法而非良人。"哈林顿生活在一个地域广阔的农业社会中，在这里，法律与正义、习惯与保有是至关重要的，并且始终要比个体在政治中行为的逻辑重要得多。在这里，决定政治生活的性质的是制度而不是行为。"[67] 这种制度和法律的主干，就是选举法与官职法。于是，良善忠信的立法者、执政者和健康的政府，必须由法治的宪制或政体构造来养成和选择。

在哈林顿这里，善良忠信的执政者和健康的政府，作为法治的重要条件，只能由法治自身来创造，而不是法治之外的因素（这并不否认好的教育是基础）所能提供的。在这方面，元老院具有至关重要的作用。

能否实行一院制——弥尔顿曾主张一院制方案，让元老院既"均分"也"选择"，或者既"论辩"又"决定"呢？哈林顿否定了这一方案，缘由当然是因为两个"小姑娘"分饼的方式：

> 既然元老已经做了均分的工作，那么究竟谁来选择呢？这事去问分饼的两位姑娘就行了。因为如果均分的人又是选择的人，那么另外一个人的情形就等于是这人根本不分而一起拿走了。这人既自分自选，她就会按照自己的意思来分。由此可见，如果元老除了均分以外还有更多的权力，共和国就决不可能平等。但是在实行单一议会制的共和国里，除了进行均分的机构之外，就没有其他机构进行选择。因此，这种议会就必然会发生争夺，也就是会发生内讧。因为在这种情况下，除了自行把饼瓜分以外，就没有其他分法。[68]

既然如此，唯一的补救办法，就是成立另一个进行"选择"或"决定"的代议制议会（相当于英国的下院）。哈林顿指出："少数人的智慧可以是人类的光明，但是少数人的利益却不是人类的利益，也不是共和国的利益。我们既经承认利益就是理智，所以他们就决不能担任选择的任务，否则就会窒息这种光明。进行分配的议会既然包含着共和国的智慧，所以选择的任务就应当由包含着共和国利益的代表会议或议会担任。共和国的智慧既然在于贵族，所以共和国的利益就在于全体人民。在共和国包括整个民族的情况下，人民本身就必然太大而难于集会。

因而这个担任选择任务的议会就应当由平等的代表会议组成，其中除了全体人民的利益之外，不考虑其他任何利益。"[69] 元老院代表的是智慧，议会代表的则是全体人民的利益，两者不能互相代替，更不能由其中的一个机构来同时代表智慧和利益，否则连两个"小姑娘"都会予以反对。

不过，共和国的法治仅仅有"辩论"和"决定"的机构还不足以组成完整的体系，还缺乏一个"执行"法律的机构，即行政机构。在一个法治的政体之中，行政机构的唯一职责，就是依法办事，执行法律。[70] 按照哈林顿所述，共和国的行政机构必须是一个完全执行法律的"法治政府"，这既是行政机构得以建立和存在的主要理由与目的，也是维护和巩固共和国亦即法律王国的必要条件。

在哈林顿心目中，上述三个机构组成的共和国的政体结构，乃是一种最完美、最优良的混合政体。

> 共和国既通过元老院而具有贵族政体的性质，通过人民大会而具有民主政体的性质，通过行政机构而具有君主政体的性质，所以便是完美无缺的。除了这种人为的或自然的共和国之外，再也没有其他形式的共和国了。马基雅弗利[71]如果说，古人认为这是唯一优良的政府形式，那就不足为奇了。对我来说，如果古人认为此外还有任何其他形式的共和国，那的确是值得奇怪的。[72]

哈林顿认为，在历史上的共和国中，从来就不存在纯君主制、纯贵族制和纯民主制的单纯政体，只有混合君主、贵族和民主三种政权因素而合一的政体。这个政体遵循的是"均势"原则。而"如果不按均势原则来维系政府，便不是自然的做法，而是暴力的做法"[73]。这样，共和国也就难以维系。

显然，上述混合政体中的"君主"，再也不是"国王"，而是"行政机构"（行政官员由选举产生）。因此，这个混合政体不同于任何君主政体的最根本的差异，不仅在于它突出"贵族"的地位，而且在于它具有"民主"的元素。对于民主与贵族这两个元素，哈林顿一方面讲"人民是共和国的主体""人民是共和国的财富"，所以人民"可以决定年景的好坏"。而且，在共和国里"将具有一个民主政府"，是一个民主国家。在这样的国家中，"如果人民能够选举元老，而且不限于选某一个特殊阶级中的人，选出的结果如果是一个主权者，而元老又不是终身任职的话，那么我认为他们在共和国安全的条件下，便在政府中具有自然应有的一份权力，这种共和国由于这一点便成了民主国家"[74]。他甚至提议，由人民掌握最高的审判权和最后的申诉权。[75] 另一方面，他又突出了贵族的地位和力量，说政府结构中"必须有一个良好的贵族"，所以共和国包含着一个贵族阶层或贵族政体的成分；并且断言，"在一个共和政体中，贵族阶级是人民唯一的驱策者和约制者"。[76] 显然，在根本上，哈林顿不是一位民主主义者。[77] 或许可以说，哈林顿理想的共和国，乃是一个贵族式的民主国家，或者民主式的贵族国家。

在上述混合政体的构造中，划分与制约权力是贯穿始终的主要原则。哈林顿讲过一句经典的话：

> 有限制的权力是最稳妥的权力。[78]

例如对主权和主权者，必须有所限制。"主权是一个必不可缺的东西，然而又是十分骇人的东西。这正像火药对于士兵一样，可以使他安全，也可以使他遭受危险。这要看实际上是为你开火还是对你开火而定。"当然，有一些人说，"权力受到限制的人就不能成为主权者"。但是，这一看法是错误的。"试问河流在自己的河岸之间流动，难道不比泛滥成灾、冲毁庄稼（纵使这样是合法的）时安全而有益民生吗？"同样的道理，"权力如果不限制在理性和美德的范围之内，岂不就只能以情欲与邪恶为范围了吗"？[79] 哈林顿以凯撒为例，认为凯撒是凡人中光辉而伟大的、最高的人物，但由于没有法律能够约束他，结果他进行统治的时候，不能用理性而"只能用兽性的部分"。这类言词显然是专门针对克伦威尔发表的。而限制权力和主权的主要方式，即是通过权力的分立结构形成的制约和均衡。

在哈林顿看来，共和国之下的混合政体，无疑是限制和制约权力的最完美、最有成效的政体类型。

结构性典章制度

哈林顿建议，应通过召开立法议会，制定共和国的法律（典章制度），以防止共和国建筑在空想的基础之上。既然共和国是法律的王国，自然首先必须拥有法律。他以以色列共和国、斯巴达和罗马共和国为例，说明制定法律对于共和国的意义：没有这些法律，共和国就会很危险。法律既要奠定共和国的基础，又要确保共和国政体的运行。哈林顿把共和国的法律分为"建制法规"和"通行法规"两大类。"建制法规"涉及按照身份、年龄、财产和居住地址等来划分人民，以确定投票权，以及执政官、保安司令、首席检察官、监察官的选任与职能等。"通行法规"主要是共和国的基本法律，即土地法和选举法。"土地法通过所有权的均势在根本上保持了平等，而选举法通过平等轮流执政的方式把平等带到枝叶上去，也可以就是带到主权的行使中去。"这两种基本法律是紧密联系在一起的："基本法所规定的就是一个人可以称为自己的东西是什么，这就是所谓财产。同时还要规定一个人有什么凭依可以享受自己的财产，这就是所谓保障。前者就是所谓所有权，后者就是所谓统治权或主权。"[80]这些法律制度，乃是对共和国的结构性原则与结构性政体的具体规定和安排。

《大洋国》近似政治乌托邦，但又不完全是政治乌托邦。[81]虽然当时的英国并未接受哈林顿的方案，哈林顿的一些预言也落空了——直到1660年共和国崩溃之际，他仍然相信英国会建立民主政府，而非君主政体。然而，不久之后，君主政体又重回英国。但是《大洋国》对英、美、法等国的政治思想与宪法发展产生了广泛的影响："《大洋国》

对洛克和休谟的思想有巨大影响，休谟称它是共和政体的最有价值的模式。约翰·亚当斯把书中发现权力、政府和财产三者之间的关系比作和哈维（Harvey，英国医师）发现血液循环同样重要。这个乌托邦决定美国有些州宪法中的主要特点，最早的如 1669 年卡罗林纳州[82] 宪法。后来，它又影响了西叶[83] 的思想，通过他又影响及法国大革命时的宪法直到今日。"[84]

哈林顿的共和主义与法治共和国的思想在西方的政制与宪法中留下了身影。

注释

1　[美] 乔·奥·赫茨勒：《乌托邦思想史》，张兆麟等译，商务印书馆 1990 年版，第 164 页。

2　转见同上，第 162—163 页。

3　[英] 昆廷·斯金纳：《自由主义之前的自由》，李宏图译，上海三联书店 2003 年版，第 11 页。

4　参见 [英] 布莱尔·沃登：《哈林顿的〈大洋国〉：起源与后果（1651—1660）》，载 [美] 戴维·伍顿编：《共和主义、自由与商业社会：1649—1776》，盛文沁、左敏译，人民出版社 2014 年版，第 115—116 页。

5　[英] 詹姆士·哈林顿：《大洋国》，何新译，商务印书馆 1963 年版，第 255 页。英国牛津大学的布莱尔·沃登指出："我们会看到，《大洋国》可能是长期思索的成果。哈林顿在其中解释了 1649 年弥尔顿曾解释过的事情：他的同胞必须摆脱古代宪政并学习其他国家的历史和政治，否则就会大难临头。只有如此，他们才会获得哈林顿（一位建筑师的兄长）后面说的'政治建筑术'的技巧。他断言：'任何人如果不先做历史学家和旅行家，就不能成为政治家。'哈林顿二者兼备。"参见 [英] 布莱尔·沃登：《哈林顿与〈大洋国〉（1656）》，载 [美] 戴维·伍顿编：《共和主义、自由与商业社会：1649—1776》，第 77—78 页。商务印书馆在中译本的"出版说明"中称《大洋国》为"一部宪法草案"和"政治纲领"。

6　[美] 乔治·霍兰·萨拜因著，托马斯·兰敦·索尔森修订：《政治学说史》（下卷），第 180 页。

7　参见 [英] 詹姆士·哈林顿：《大洋国》，第 6—9、20 页。美国宪法学家考文指出亚里士多德是哈林顿法治思想的渊源，他说：在《政治学》中，亚里士多德提出人治和法治哪一个更可取的问题，他对自己的问题予以毫不含糊的回答。"看起来，给法律赋予权威就是仅仅给上帝和理性赋予权威；而给人赋予权威就等于引进一个野兽，因为欲望是某种具有兽性的东西，即使是最优秀的人物，一旦大权在握总是倾向于被欲望的激情所腐蚀。因此，我们可以得出这样的结：法律是摒绝了激情的理性，所以比任何个人更可取。"这段话的意思后来凝结为哈林顿的名言："要法治的政府，不要人治的政府。"参见[美]爱德华·S. 考文：《美国宪法的"高级法"背景》，第 3 页。

8 [美]乔·奥·赫茨勒：《乌托邦思想史》，第 165 页。

9 [英]詹姆士·哈林顿：《大洋国》，第 9 页。

10 [英]詹姆士·哈林顿：《大洋国》，第 6—7 页。

11 [英]詹姆士·哈林顿：《大洋国》，第 252 页。

12 [英]詹姆士·哈林顿：《大洋国》，第 3 页。

13 据斯金纳所述："在李维关于罗马史的早期著作中，其主要着眼于描述罗马人民如何使他们自己从早先的国王那里获得解放，以及着手建立一个自由的国家。李维解释道，一个自由的国家是指在这个国家中存在着每年选举产生的行政官，和每个公民都一致服从于法律。所以，这样的国家将被定义为一种自治共同体，在这个共同体中——正像李维所使用而后来引起新罗马法作家们回响的新词——'法律的王国远比人治的王国要伟大。'他的结论是，不仅专制暴君而且所有君主制政府都必定与保有公共自由毫不相容。"参见[英]昆廷·斯金纳：《自由主义之前的自由》，第 31—32 页。

14 [英]詹姆士·哈林顿：《大洋国》，第 38 页。

15 [英]詹姆士·哈林顿：《大洋国》，第 21 页。

16 [英]詹姆士·哈林顿：《大洋国》，第 8 页。

17 [英]詹姆士·哈林顿：《大洋国》，第 20 页。

18 参见[英]詹姆士·哈林顿：《大洋国》，第 15 页。

19 [英]詹姆士·哈林顿：《大洋国》，第 20 页。

20 [英]詹姆士·哈林顿：《大洋国》，第 21 页。

21 [英]阿兰·瑞安：《论政治》（下卷），林华译，中信出版集团 2016 年版，第 120 页。

22 斯金纳对哈林顿的论断作了更简明易懂的重述："如果你是一个苏丹的臣民，你将只会比一个卢卡公民的自由更少。原因很简单，因为在君士坦丁堡，虽然你在很大程度上拥有自由，但你的这种自由将完全依赖于苏丹的善良意志。这也意味着在君士坦丁堡，你将忍受着一种连卢卡最卑微的公民都闻所未闻的强制形式。只要思考一下，你将发现你的所言所为都受到了强制。对此，哈林顿痛心地指出，在君士坦丁堡，即使最为显贵的要人都不能够运用他的理智，只要他的所言所为引起了苏丹的不满，将会很快丧失其自由。换句话说，事实上，法和苏丹的意志是等同的，都有限制你自由的功能。因此，共同体是君主国家还是民主国家，自由并不始终是相同的。"（[英]昆廷·斯金纳：《自由主义之前的自由》，第 60 页）

23 [新西兰]M. M. 戈登斯密斯：《自由、美德与法治：1689—1770》，载[美]戴维·伍顿编：《共和主义、自由与商业社会：1649—1776》，第 186 页。

24 [英]詹姆士·哈林顿:《大洋国》,第 21 页。斯金纳认为,哈林顿阐释的自由观是,"只有在一个自由的国家才有可能是自由的",而"自由国家指法律是由作为整体的全体人民的意志而制定的"。"如果你仅仅作为一个国家的臣民而活着,你只能希望去保持个人受奴役的自由。哈林顿在其《大洋国》的前言中极其简洁地描写了这一断言,只要每个人都能平等地参与法律的制定,那么不仅将可能确保'共和国的自由,而且也能确保每个人的自由'。只要我们生活在这样的状态下,即法律将由每一个个人来制定的话,那么,除了保障每一个人的自由之外就别无其他目的(他们或许会感恩于他们自己)。"参见 [英]昆廷·斯金纳:《自由主义之前的自由》,第 53—54 页。

25 [美]杰弗里·艾萨克:《再思考:共和主义 vs. 自由主义?》,郑红译,载应奇、刘训练编:《共和的黄昏:自由主义、社群主义和共和主义》,吉林出版集团有限责任公司 2007 年版,第 339 页。

26 参见 [英]詹姆士·哈林顿:《大洋国》,第 36 页。

27 [英]詹姆士·哈林顿:《大洋国》,第 228、35 页。

28 [英]詹姆士·哈林顿:《大洋国》,第 36 页。

29 [英]詹姆士·哈林顿:《大洋国》,第 137 页。

30 [英]詹姆士·哈林顿:《大洋国》,第 104 页。

31 James Harrington, "A System of Politics Delineated in Short and Easy", *in The Oceana and Other Works of James Harrington*, edited by John Toland, London: Becket and Cadel, 1771, p. 469.

32 [英]詹姆士·哈林顿:《大洋国》,第 20 页。

33 参见 [英]詹姆士·哈林顿:《大洋国》,第 102、226、76 页。

34 哈林顿指出:"法律的最高普遍准则就是要简明。从西塞罗的说法看来,罗马的政治情况最好的时候,就是根据《十二铜表法》治理的时候。塔西陀也说:'法网日繁,共和国就腐败了。'有人也许会说,法律少的时候,有许多事情就会要用武断的方法决定。但是法律多的时候,要武断决定的事情就更多了。"参见 [英]詹姆士·哈林顿:《大洋国》,第 45—46 页。

35 [英]詹姆士·哈林顿:《大洋国》,第 7 页。对这一段话,中译本《利维坦》译为:"亚里士多德的哲学中另外一个说法便也是错误的,那便是在一个秩序良好的国家中,应当处于统治地位的不是人而是法律。"([英]霍布斯:《利维坦》,黎思复、黎廷弼译,商务印书馆 1985 年版,第 553 页)

36 [英]霍布斯:《利维坦》,第 553、165 页。

37 [英]霍布斯:《利维坦》,第 167 页。

38 哈林顿正是这样说的:"法庭上的法官之于法律;正像炮床上的炮手之于大炮。"而"行政官员的手"就是且只能是"执行法律的力量"。否则的话,"共和国就会解体"。参见 [英]詹姆士·哈林顿:《大洋国》,第 7、26 页。

39　参见 [意] 诺伯特·波比奥:《民主与独裁:国家权力的性质和限度》,梁晓君译,吉林人民出版社 2011 年版,第 72—73 页。

40　参见 [英] 弗里德利希·冯·哈耶克:《自由秩序原理》(上),第 206、209 页,第 11 章注 [33]。

41　"对哈林顿来说,历史真的是如霍布斯所言的明智。'过去时代的经验'是人世上的一种经验,尽管它'不能得出具有普遍意义的结论',但是,它可用来恢复、证实其他方面来源(于自然)的原理。"参见乔纳森·斯科特:《运动之娱悦:詹姆士·哈林顿的共和主义》,载 [英] 尼古拉斯·菲利普森、昆廷·斯金纳主编:《近代英国政治话语》,潘兴明、周保巍等译,华东师范大学出版社 2005 年版,第 138 页。

42　参见 [英] 弗里德利希·冯·哈耶克:《自由秩序原理》(上),第 208 页。

43　[英] 詹姆士·哈林顿:《大洋国》,第 21 页。

44　[美] 乔治·霍兰·萨拜因著,托马斯·兰敦·索尔森修订:《政治学说史》(下卷),第 189 页。

45　参见 [英] 詹姆士·哈林顿:《大洋国》,第 10—15 页。

46　[美] 乔治·霍兰·萨拜因著,托马斯·兰敦·索尔森修订:《政治学说史》(下卷),第 181 页。

47　参见 [英] 詹姆士·哈林顿:《大洋国》,第 36—37 页。

48　[英] 詹姆士·哈林顿:《大洋国》,第 36 页。

49　[英] 詹姆士·哈林顿:《大洋国》,第 36 页。

50　参见 [英] 詹姆士·哈林顿:《大洋国》,第 36 页。

51　"我们大可以确证这种选举法是最纯洁的方法。纯洁的选举即使不是民主政府的生命线,也是它的健康所系,因为主权者的灵魂就是由人民的选举吹到它躯体里面去的。"参见 [英] 詹姆士·哈林顿:《大洋国》,第 123 页。

52　汪太贤:《西方法治主义的源与流》,法律出版社 2001 年版,第 275—276 页。

53　参见 [英] 詹姆士·哈林顿:《大洋国》,第 22 页。

54　参见 [英] 詹姆士·哈林顿:《大洋国》,第 23 页。

55　[英] 詹姆士·哈林顿:《大洋国》,第 45 页。

56　"他的三分法包括了君主专制政体、混合或封建君主制以及共和政体,而每一种政体都取决于土地占有制的独特形式。"参见 [美] 乔治·霍兰·萨拜因著,托马斯·兰敦·索尔森修订:《政治学说史》(下卷),第 184 页。

57　[英] 詹姆士·哈林顿:《大洋国》,第 35 页。

58　[英] 詹姆斯·哈林顿:《政治体系》,毕竞悦译,载毕竞悦、泮伟江主编:《英国革命时期法政文献选编》,第 59—60 页。

59 参见 [英] 詹姆士·哈林顿:《大洋国》,第 34—36 页。

60 [英] 詹姆士·哈林顿:《大洋国》,第 37 页。

61 "元老的职务并不是人民的司令官,而是人民的顾问。顾问的应有职务首先是讨论他们所要参议的事项,然后就他们讨论过的事项提出建议。因此,元老的指示决不是法律,而且也决不能称为法律,它只是元老的建议。在建议酝酿成熟以后,他们就有责任向人民提出。因此,元老只不过是为共和国的事项进行辩论而已。"参见 [英] 詹姆士·哈林顿:《大洋国》,第 24 页。

62 [英] 詹姆士·哈林顿:《大洋国》,第 15 页。

63 [英] 詹姆士·哈林顿:《大洋国》,第 38—39 页。

64 [英] 詹姆士·哈林顿:《大洋国》,第 45 页。

65 参见 [英] 詹姆士·哈林顿:《大洋国》,第 204、69 页。

66 [英]J. G. A. 波考克:《古代宪法与封建法——英格兰 17 世纪历史思想研究》,第 134 页。

67 [英] 詹姆士·哈林顿:《大洋国》,第 24—25 页。

68 [英] 詹姆士·哈林顿:《大洋国》,第 25 页。

69 "行政机构的数目和职能,在各国都有所不同,但有一个条件是一切行政机构都必然相同的;缺乏这个条件,共和国就会解体。也就是说,行政官员的手既是执行法律的力量,那么行政官员的心就必须向人民负责,保证他施政时是按照法律行事的。从这里'利维坦'就可以看出,运用法律的手或剑就在行政机构之中,而不是在行政机构之上。"参见 [英] 詹姆士·哈林顿:《大洋国》,第 25 页。

70 即马基雅维利。

71 [英] 詹姆士·哈林顿:《大洋国》,第 25 页。

72 [英] 詹姆士·哈林顿:《大洋国》,第 10 页。

73 参见 [英] 詹姆士·哈林顿:《大洋国》,第 99、140—141、149 页。

74 哈林顿说:"因为民主政府如果有意要使国祚长久,就必须首先保证使申诉权归人民掌握。李维说:'必须在人民大众之前告发官吏,并将叛国者取斩,将其财产克公。'一个人受托一宗财产之后,如果可以不负责任的话,就会占为己有。同样的道理,官吏从人民手中获得权力后,如果可以不对人民作呈述,就会假公济私,共和国也就会失去自由。因此,一切共和国长期以来的经验都肯定人民应掌握最高审判权(没有这种权力就不可能有民主政存在)。"([英] 詹姆士·哈林顿:《大洋国》,第 178 页)

75 参见 [英] 詹姆士·哈林顿:《大洋国》,第 148 页。

76 "他认为,共和国的领导权可以安全地交由拥有土地的绅士们去掌握,因为这个阶级在力量和能力上的优越性是不证自明的,他的经济因果论排斥了类似于平均派那样的民主理想,亦即把政治权利与财产权分离开来的理想。哈林顿的政治理想乃是一种在贵族卵翼下的古代理想国,因而在这个方面,他同当时所有的共和主义者都是一致的。"参见

[美]乔治·霍兰·萨拜因著，托马斯·兰敦·索尔森修订：《政治学说史》(下卷)，第191页。

78　[英]詹姆士·哈林顿：《大洋国》，第167页。

79　[英]詹姆士·哈林顿：《大洋国》，第103页。

80　[英]詹姆士·哈林顿：《大洋国》，第104页。

81　"把一个关于政府的好理想予以实施，便可建立一个健全的政体。他所寻求的这个美好政府的根本性质，是通过这样一些法律或秩序或制度所导致和维护的民主制度，足以在任何情况下使平民的权利与利益占据上风。他的所有建议都是专门围绕着共和国这一目标而发的。一切工作都要为这一目的服务。而他所提倡的制约和均衡措施，也只是为了保持这种新的政治结构的稳定性。"参见[美]乔·奥·赫茨勒：《乌托邦思想史》，第173页。

82　即卡罗来纳州。

83　即法国的西耶士。

84　[奥]弗里德里希·希尔：《欧洲思想史》，赵复三译，香港中文大学出版社2003年版，第474—475页。

第九章 斯宾诺莎

"政体法制是国家的生命"

在斯宾诺莎的政治学说中，有两个问题尤其重要：（1）在对人性的科学的认知基础上，何为最理想的政体形式（optima respublica）？（2）如何去说服人们改变现有的法律和习俗，以使社会尽可能地接近于最理想的政体模式？《神学政治论》而不是《政治论》的目的就是为了去说服以及去启蒙教育。事实上，《政治论》的主要关注点与其简单地说是最理想的政体，毋宁说是更实践性的问题，即三种主要政体——君主制、贵族制和民主制，哪一个是最好的政体形式。该书把重点放在研究既成法律（成文法）和制度，并首先坦言政治哲学的目的和方法的科学特征，这使它比《神学政治论》更像当今的政治科学理论著作的模式。但斯宾诺莎毕竟不是当代的政治科学家，他认为自己的科学使命的一部分是把人们的行为引导到理论上被证明为正当与公正的道路上，政治哲学首先必须有实用才谈得上是否科学，因此，一本指导人们从事在理论上讲称得上是正确行为的书，才算得上是真正具有浓郁理论色彩的著作。

——[美]列奥·施特劳斯、约瑟夫·克罗波西主编：《政治哲学史》

别涅狄克特·德·斯宾诺莎，荷兰 17 世纪杰出的哲学家和思想家，终生致力于探索真理和追求自由。祖先是犹太人，24 岁时（1656 年）因坚持思想自由、否认天使存在等观点，而被犹太教会永远革除教门。其一生撰写了多本哲学、伦理学与政治学方面的著作，包括《神、人及其幸福简论》（1658—1660）、《知性改进论》（1661—1662）、《笛卡尔哲学原理》（1662—1663）、《伦理学》（1662—1675）、《神学政治论》（1665—1670）、《政治论》（1675—1676）等等。斯宾诺莎在后两部著作中集中阐述了他的法政哲学，其法治与政体思想，正是这一法政哲学的重要部分。

从政治哲学的角度审视之，正如有思想史学者评论，《神学政治论》不仅是斯宾诺莎"关于政治哲学的最完整的理论著作"，亦即是"他的政治学体系的最完整的表述"，而且也是"政治科学的奠基性著作"。它重在分开政治哲学与神学，并倡导思想自由（信仰自由、言论自由）和民主政治。[1] 而对民主政治的拥护和声辩，当然也牵涉到法治政体问题。《政治论》则是斯宾诺莎专门讨论政体与法治问题的一部未完成的著作，论及自然权利、几种主要的政体以及其法律的意义。[2] 就两部著作的关系而论，"从某些方面来看，《政治论》是《神学政治论》的续编。如果说，1670 年出版的那部著作确立国家状态的根本基础和最一般性原理，而不论国家的统治采取什么形式（不论采取君主政体、贵族政体或民主政体），那么，这部新的著作更具体地论述不同政体的国家如何能够良好运行"。[3]

通过考察《神学政治论》和《政治论》，我们可以发现，斯宾诺莎政治学说的中心议题在于探索什么是理想的政体、怎样建立这一政体以及如何防止这类政体的蜕变。例如在《政治论》中，斯宾诺莎要研究切实可行的政体以及公民自由的保障问题，即他自己所声言："本书欲说明君主政体和贵族政体如何组建才不会蜕变为暴政，公民的和平与自由才不会受到损害。"[4] 因而，该书实际上是一种"政体论"。

进一步来看，与《神学政治论》相比，《政治论》更显示出斯宾诺莎面对时局的变化而对理论切于时用的追求与富于客观冷静的分析。一方面，他批评西方政治思想史上的那些乌托邦式的政治构想，是建立在对人性的错误看法基础上的，并反映了一些哲学家的虚幻与不切实际，因而是没什么用处的政治哲学。其《政治论》的第一章第一节就指出：

> 哲学家总是把折磨我们的激情看作是我们由于自己的过失而造成的缺陷或邪恶（vitium）。因此他们惯于嘲笑、叹惋、斥责这些激情，或者为了显得比别人更虔诚，就以神的名义加以诅咒。他们认为这样做就是神圣的行为，并且一旦学会赞扬某些根本不存在的人性，和诋毁某些实际存在的人性，他们就自认为已经达到了智慧的顶峰。实际上，他们没有按照人们本来的面目来看待人，而是按照他们所希望的样子来想象人。结果，他们写出来的通常是讽刺作品，而不是伦理学著作；他们所设想的从来不是有实用价值的政治体系，而是显而易见的幻想，或者是只能在乌托邦或诗人讴歌的黄金时代才能实行的模式，而那里根本不需要这种东西。因此，固然各门应用科学都有理论与实践不符的情况，但是政治学尤其如此；而且，人们认为理论家和哲学家是最不适于治国的人。（《政治论》第 1 章第 1 节）

斯宾诺莎在这里告诉世人，他不是一个幻想家，他不赞同，更不会仿效构建政治乌托邦的柏拉图们，因而也不会去再建造一个政治乌托邦。

另一方面，斯宾诺莎认为，人类的一切政体都已被过去的经验所揭示，而管理公共事务的法律体系也不断在历史过程中被建立起来。在此情形之下，我们无法绕开经验去"设想出完全不违反实践的经验而经验却尚未发现和试验过的任何东西"。所以，其"政治学研究的目的不是为了提出新的或前所未闻的建议，而是通过可靠和无可争辩的推理，并且从人的真正本性去确立和推论最符合实际的原则和制度"。

为了达成这一目标，斯宾诺莎进一步提出了研究政治科学的基本准则，即应当把人们通常在数学研究中所坚持的客观态度运用于政治科学的研究工作之中。这就要求，政治研究应当"十分注意避免对人们的行为加以嘲笑、表示叹惋或给予诅咒，而只是力图取得真正的理解"。故而，"对于人们的诸种激情，如爱、憎、怒、嫉妒、功名心、同情心，以及引起波动的其他各种感觉"，研究者不应将其"视为人性的缺陷或邪恶，而视为人性的诸属性，犹如热、冷、风暴、雷鸣之类是大气本性的诸属性一样。这些现象尽管可能令人不快，然而却是必然的存在，具有一定的原因，我们可以通过这些原因理解这些现象的本性。而且，对这些现象的真正理解给我们带来的心灵上的喜悦，并不亚于对悦人耳目现象的理解"。（参见《政治论》第1章第4节）

以上这些论述，清晰表述了斯宾诺莎所设想的政治学研究的基本纲领，包括其目的、方式和态度。其一，政治科学研究的目的，是"确立和推论最符合实际的原则和制度"，亦即最理性的政体和法律。其二，政治科学研究的出发点，是"人的真正本性"或"人性的诸属性"。在人类生活中，没有哪个领域比政治更能反映人性的重要性、复杂性；也没有哪个领域比政治更能对人心世道造成多重深远的影响。因此，离开人性的探索，就不会有政治科学。其三，政治科学研究的方式，是"可靠和无可争辩的推理"。政治科学追求的是原理，而非事实材料的堆积，所以必须在考察经验的基础上进行推理。其四，政治科学研究的态度，是人们通常在数学研究中所表现的客观态度，从而对政治问题获得"真正的理解"——一种科学的理解。概括而言，斯宾诺莎旨在把政治研究变成一门"科学"。

正是在上述这一政治科学之中，法治获得了政体论上的解释与分析，而政体也得以从法治论上加以思考与筹谋。斯宾诺莎对政体与法治问题的分析和谋划，总归为"政体法制是国家的生命"这一统领性命题。该命题不仅说明了政体法制对国家生命的主宰性，而且说明了在整个法治体系中，政体之于法治的主宰性。政体法治的状态是衡量一国法治之性质与水平的根本尺度。若缺乏政体法治，或者一旦政体法治失守，其他领域的法治也不免会遭到"政体人"的破坏乃至于亡而不存。这是斯宾诺莎法治政体思想的一大贡献。

一　服从法律与政体结构

斯宾诺莎是一位高度强调法治意义的思想家。在《政治论》中，他所关心的主要问题，是在君主政体、贵族政体和民主政体这三种政体之下，掌握最高统治权的人如何最好地实施法律的统治，以创造国家的最佳状态，从而确保公民的和平与自由。他说："有权利耕种一块田地是一回事，耕种得最好是另一回事。有权利自卫、自我保全、作出判断……是一回事，但是以最好的办法自卫、自我保全以及作出判断是另一回事。依此类推，有权利发号施令和治理国事是一回事，以最好的方式发号施令和治理国事却是另一回事。"（《政治论》第5章第1节）这里所谓"以最好的方式发号施令和治理国事"，无疑是包含着"法治"的。斯宾诺莎认为，在自然状态下，人人不受任何法律的约束，但在社会状态下则完全不同，每一个人都受法律的约束。"人类的本性就在于，没有一个共同的法律体系，人就不能生活。"（《政治论》第1章第3节）因为法律是"生活上的一种方策，使生命与国家皆得安全"[5]。他特别指出，服从法律是理性的法则和指令：

> 理性总是教导人们谋求和平。但是，国家一般的法律若不为人所遵守，是不会有和平的。所以，一个人越听理性的指导……他越是自由，他就更加坚定地遵守国家的法律，以国民的身份贯彻执行最高掌权者的命令……由此，我们可以得出结论：一个人如果依据国家的法律要求行事，他决不会违反理性的指令。（《政治论》第3章第6节）[6]

如果说《神学政治论》和《政治论》这两本政治论著的内容是相通的，那么，这种相通就在于斯宾诺莎主张，根据人的真正本性与情感，人类必须服从法律，法律必须出于理性，或者说法治必须奠基于理性。因此，他的法治思想与亚里士多德、西塞罗、柯克大法官等人一样，具有浓烈的理性成色。

斯宾诺莎从人性出发来展开对政治、法律问题的研究，就是从人的真正本性去确立和推论最符合实际的原则和制度。人性中最核心的要素，就是"每个人的自我保全的普遍愿望。这种愿望是人所共有的，不论贤者或愚者都是一样"（《政治论》第3章第18节）。而在实现这一愿望的过程中，人必然受制于各种激情和欲望，譬如对自我保存的欲求，对财富、荣誉、快乐的追逐，对贫穷与痛苦的恐惧，同情失意者而嫉妒得意者，自私性，争强好胜，报复仇恨，以及爱、怜悯、憎恨、厌恶、嘲笑、贪婪、欺骗、忿怒、残忍，等等。人往往在这些激情和欲望的驱使下行动和生活，甚至于"较之受理性的指导，人们更多受盲目的欲望所驱使"。所以，民众的团结、国家状态的维护，往往需要依靠共同的激情与欲望，需要依靠共同的希望、共同的恐惧或者对共同遭到的损害实行报复的要求。（参见《政治论》第2章第5节、《政治论》第6章第1节）激情和欲望乃至于支配人类生活的一切方面和所有过程。

但是，"人必然受制于各种激情和欲望"只是人类生活的一面。人类生活的另一面在于，还必须有最基本的约束，这就是法律。

在斯宾诺莎看来，人的激情和欲望的存在，就证明"人具有自由意志"，这是人的自我存在与自然界其他东西的自我存在的根本区别。然而，人的自由并非那些激情和欲望的恣意放纵。恰恰相反，"自由是一种德性，或一种完善性"。而这种自由，是与理性相关切的。[7]人类的自我存在以及人的激情与欲望，需要依据理性来予以控制。由此，人才能是自由的。虽然说，我们不能奢望"民众或为公共事务而忙碌的人们能完全凭理性的指令生活"，但是必须看到，"理性对于克制和调节激情起很大作用"。（《政治论》第1章第5节）而理性的主要表现形式，就是法律以及法律的统治。如果没有按照理性的规定建立法律以及受到法律统治，那么民众也不可能像国家所要求的那样，宛若受一个头脑的指挥。"治理良好的国家必然把法律建立在理性的规定上面。"（参见《政治论》第2章第21节）

因此，一个人遵从这些法律，就是依据理性行事，从而就可以成为一个真正自由的人。正如其《伦理学》所写："一个受理性指导的人，遵从公共法令在国家中生活。较之他只服从他自己，在孤独中生活，更为自由。……所以一个遵循理性指导的人，为了过一个更自由的生活起见，愿意维持国家的公共法纪。"[8]一旦人们离开法律，就等于离理性而去，其自由也就不存在了。

当然，根据人性，并不是每个人在任何情况下都能服从理性，因而法律也是必要的。[9]一方面，因为人类追求个人利益与欲望的天性，"每一政府的法律之设置，使人循规蹈矩，是因有获得所求的好处之希望，而不是由于恐惧，这样每人才能欣然各尽其职"。另一方面，因恐惧而服从法律也是必要的。经验告诉我们，"只要有人，就会有罪恶"（《政治论》第1章第2节）。面对此种情况，"若无政府、武力和法律以约束压抑人的欲望与无节制的冲动，社会是站不住的"。[10]因为理性不能完全克制情感，更无法消灭欲望，所以"法律的有效施行，不能依靠理性，而须凭借刑罚"[11]。这就是说，对于那些不遵从理性而生活且侵犯法律的人，社会与国家也必须通过法律惩罚的方式加以控制和约束。

由上可知，人必然拥有激情和欲望，这在很大程度上决定了法律具有极为重要的意义。人的激情和欲望是不可能消除的，否则，"人"就不存在了。因此，对激情和欲望，国家及其法律只能加以抑制，并且善于加以利用。在斯宾诺莎的思想中，"政治联合是完全自然而然的，但它的主要功能之一是抑制人们的感情天性。这一功能通过把欲望和恐惧放在首位，可以更好地发挥作用。国家的根本原则就是顺应个人自我保存的欲望，这也正是个人被引向服从国家的原因"。以此为基础，"斯宾诺莎在分析个人和国家的时候都强调了情感这一因素，同时他又主张立法应依据理性，人只有在服从于理性而不是恐惧的时候才是自由的人，他的这种强调做法与他的立法主张之间并不自相矛盾，而是内在和谐一致的。人的权利与人的力量（权力）是相一致的，而人的力量（权力）又受情感的制约。鉴于一个人的情感只能由其他诸情感所控制，所以，在这个基础上建立政治国家来制约情感因素，既合乎理性又有利于自由"。故而，"社会中的个人理当遵守法律"。[12] 在这个意义上，人遵守和服从法律，既是顺应激情和欲望，更是遵从理性的指导与约束。

与此同时，人遵守法律又与自然权利相关切：遵守法律，也就是遵从人的自然权利。人的自然权利，必须依靠法律来保障与实现。斯宾诺莎认为，"并非每个人都有能力经常运用理性和处于自由的最高程度，但是，每个人都总是尽量保全自己的存在，而且，不论智愚，每个人努力做的一切事都是按照最高的自然权利努力去做的；因为个人具有的权利同他的力量一样大"。（《政治论》第 2 章第 8 节）然而，人的自然权利，若取决于每个个人自己的力量，那么就难以存在，也无法实现，所以需要建立社会、共同体、国家等整体的力量以及共同的法律，以摆脱自然状态之下个人的软弱无力或弱肉强食。"只有在人们拥有共同的法律，有力量保卫他们居住和耕种的土地，保护他们自己，排除一切暴力，而且按照全体的共同意志生活下去的情况下，才谈得到人类固有的自然权利。"（《政治论》第 2 章第 15 节）在这样的国家状态下，"除了按照国家的共同法令得到保障的东西以外，每个公民无权从事或占有任何事物"（《政治论》第 3 章第 2 节）。值得注意的是，斯宾诺莎虽然从霍布斯那里借用了自然状态、自然权利、社会契约等概念，但他的目的与霍布斯不同：他运用这些概念，旨在为个人自由和民主制进行论证与辩护。[13]

对于国家与个人的幸福、稳定和保全来说，拥有法律和服从法律也是全关重要的条件与保障。《政治论》认为，国家的最佳状态，就是生活和睦——自由的生活而非奴性般的安静，和平而非因恐惧、暴政而导致的绵羊一般的驯服——以及法律受到遵循，社会与政治秩序良好。反之，一个国家邪风猖獗，经常发生乱纪、违法、犯罪的事情，其最重要的一个原因，就是法律不完善与法治不昌明。《神学政治论》指出：

> 服从律法所得到的后果只是一个独立国家的长久幸福和此生的别的一些福利；反过来说，不服从律法与毁弃誓约就有国家覆亡和

巨大艰苦的危险。这个殊不足怪，因为每一个社会组织和国家的目的
是……安全与舒适；法律有约束一切的力量，只有如此，一个国家才
能存在。若是一个国家的所有分子忽视法律，就足以使国家解体与毁
灭。所以对希伯来人长期服从律法所许的报酬只是安全与其附带的利
益。而不服从律法，其惩罚必是国家毁灭和附带而来的祸患。[14]

斯宾诺莎以希伯来人遵从法律来证明法治对于国家的意义，无疑是
再恰当不过的：他出身于犹太教家庭并学习过犹太法典，对希伯来人长
期服从律法的传统自然深有体会。"在犹太人看来，法律构成上天和下
地。一切对他来说都是法律，他在一生中的角色和工作就是服从法律。"
因此，"在所有的民族当中，犹太人最拘泥于法律"。[15]斯宾诺莎无疑继
承了这种服从法律的传统，并从哲学上予以论证和说明。

在斯宾诺莎那里，服从法律也是正义得以实现的必要条件。"正义
是有赖于当局的法律的，所以凡干犯当局的众所承认的法令的人，不
会是公正的。"服从法律也是一个人的基本义务，以便维持公众的平安
和宁静。"所以一个人与国家的法律相背而行也就是不尽本分的，因为
如果这种做法普通起来，国家必然会随之灭亡。"即使一条法律有悖理
性、自然权利与正义，一个人在提出异议或修改意见的同时，也应予以
遵守。"若是有一个人说，有一条法律是不合理的，所以应该加以修改；
如果他把他的意见呈给当局加以审查（只有当局有制定与修改法律之
权），并且同时绝没有违反那条法律的行动，他很对得起国家，不愧是
一个好国民。"如若未经当局的同意，"他谋乱以图废除这条法律，那他
就是个捣乱分子与叛徒"。[16]无论如何，每一个社会成员都应服从法律，
这样才有可能实现正义。

法治最核心的要义，就是统治者受法律统治。针对最高掌权者是否
受法律约束的问题，斯宾诺莎认为，掌握统治权的人与享有自然权利的
人一样，都必须受制于法律的约束。他在《政治论》第四章第四、五节
里对此进行了阐述，其第四节写道：

人们往往要问，最高掌权者是否受法律约束，从而又引起一个问题，最高掌权者是否有罪过。可是就律法与罪过而言，不仅涉及国家的法律，往往还涉及自然万物的普遍法则，尤其是理性的共同规律，因此，我们不能笼统地说国家不受法律约束和不可能有罪过。其实，没有法律规章就不成其为国家，如果一个国家不受那些法律规章的约束，人们必然不认为它是真正的自然物，而只是凭空想象的事物。……于是，在这个意义上，当国家做了某些违背理性的指令的事情时，我们可以说国家犯了罪过。……对于执政的最高掌权者来说，不可能一方面酗酒狎妓，赤身露体，粉墨登场，公然破坏和蔑视自己颁布的法令，一方面还保持统治者的威严；这就像是与存在同时而又不存在一样不可能。况且，虐杀与掠夺国民，诱拐妇女，以及其他类似的行为会把畏惧化为愤激，从而使国家状态变成战争状态。（《政治论》第 4 章第 4 节）

在斯宾诺莎看来，无法律就不成其为国家，最高掌权者和国家与普通人一样也可能犯下罪过——"罪过就是按照权利所不能做的或者依法禁止的事情"。（《政治论》第 2 章第 19 节）——最高掌权者不循法而为就无以为民表率，而不受法律约束的国家也易于陷入混乱与内战。所以，国家及其最高掌权者，不仅要服从自己所制定、颁布的国法，还要受自然法的约束。

如何才能做到最好的国家治理，包括法治式的治理？或者如何才能让最高掌权者服从法律？斯宾诺莎认为，在这个问题上，人们不免会考虑最高掌权者个人的品德、信义、动机与激情，但实际上这些个人因素与政体结构相比，仅仅居于次要的地位，政制安排才是第一位的，政体结构才是第一位的。《政治论》指出，在确定政体的基本原则时，"必须对于人的激情问题给予最大的考虑。仅仅阐明应该做什么事是不够的，主要的问题是要阐明如何才能做到这样一点：即人们即使在激情的驱使下，仍然可以（像在理性的指引下一样）有一些稳定不变的法律可循"

（《政治论》第 7 章第 2 节）。而要达成这一目标，必须解决的关键问题，就是政府的组织或政体的安排，而不是别的什么东西。[17]

对于国家的治理包括法治来说，领导人的理性或激情都不是关键性的因素，只有优良的政府体制与组织结构，才是最为紧要的。因而，"国家必须得使所有的成员，统治者也好，被统治者也好，不论是否愿意，都按公共利益行事，换句话说，必须使全体成员，不论出自自愿，还是出自强制或必要，都按照理性的指令来生活"。但是，从人的本性上看，要想做到这一点，绝非易事，所以，"国家必须安排得不把关乎公共利益的事情完全取决于任何个人的信义。其实，任何清醒的人都有打盹的时候，任何坚强有力的人也会在最需要意志力的时候栽跟头，蔽于激情不能自拔"。（《政治论》第 6 章第 3 节）一个国家的政体设置，由于不能以理性或激情的动机和政治信义为预设前提，因而必须建立政治正常运作的基本体制和程序，同时亦有一个最紧要的任务，就是在统治者与治理者出现非正常状态时——"打盹的时候""蔽于激情不能自拔"等——能够防止政治秩序及其法律的败坏与崩塌。

根据斯宾诺莎，国家与政府的组织显得十分重要。这样的政治组织体系，核心就是具有至高无上权威和极大稳定性的"政体法制"。既然国家的法律权力都掌握在最高掌权者手中，亦即"制定法律，在具体的案件中对法律的意义有争议时解释法律，以及裁定该案件是否违法犯罪，这些权利都是仅仅属于最高掌权者"（《政治论》第 4 章第 1 节），那么，如何安排最高掌权者及其所握有的权力的政体结构及其法治结构，无疑是法治良窳的根本机枢，亦是法治成败的关键所在。斯宾诺莎在讨论贵族政体时就特别重视"政体法制"的有效性、权威性和稳定性。

显然，任何国家若要长治久安，它的政体法制一旦按正确的原则建立之后，必须绝对不容破坏。政体法制是国家的生命，所以，只要政体法制保持完整有效，国家必然能够维持不坠。（《政治论》第 10 章第 9 节）

这样的政体法制，不仅仅是一个国家正常运行和长治久安的根本保障，而且在一个国家陷入严重危机或出现紧急状态时，也能具有化险为夷的神奇功效，而不需要某个强人超越法律来收拾局面："即使因恐慌而引起国内的混乱，谁也不可能不顾法律规定擅自推举什么人为军政首脑。如果这样做的话，在他与其他人推举出来的候选者之间必然发生纷争。为了解决这种争端，势必回到原来制定的大家承认的法律上去，按照现行的制度办事。"（《政治论》第 10 章第 10 节）

就此而论，优良的"政体法制"，无疑是维护其政体与法治并防止其崩坏、解体最重要的条件。

二　君主政体与法治

以上述观点为基础，斯宾诺莎进而讨论几种主要的统治类型（政体）及其法治问题。在《政治论》中，他认为，不同于自然状态的所谓"国家状态"，是一种"统治状态"，其最显著的特征就在于存在着"统治权"（imperium）。"统治权"这一概念是其政治思想特别是政体学说的一个奠基石，正如弗兰克尔（Steven Frankel）所言："斯宾诺莎讨论的基础是 imperium（命令／统治权）概念，这个词通常译为 government（统治／政府）。"[18] 从性质上讲，这种"统治权"就是管理国家事务的基本权力，包括制定法律、解释法律和废除法律的权力，以及保护城市或国家、决定战争与和平等事务的权力。

根据行使统治权的主体的不同，亦即掌握最高统治权的人数，就可以划分不同的政体。按照斯宾诺莎，如果统治权仅仅被授予一个人，就叫作君主政体；仅仅授予选定的某些人，就叫作贵族政体；授予众人全体，就叫作民主政体。（参见《政治论》第 2 章第 17 节）可见，其政体分类学与柏拉图、亚里士多德以来的政体类型学并无显著的区别。

上述三种政体，都有可能建成为法治的政体。对于这些政体及其法治的研究，斯宾诺莎一方面注意对欧洲各地尤其是威尼斯、荷兰的政制及其实践予以归纳总结，另一方面又进行理性的推理。但是，他不同于那些偏重于从纯理论或哲学上进行论述的思想家，而是在阐述重要观点的同时，立足于提供细密的制度设计与程序安排，亦即可以付诸实行的政制方案或"政体法制"。正如上文所述，他拒绝"政治乌托邦"和政治玄谈。同时，他的一个主要宗旨是探讨如何防止一个政体蜕变为暴政即专制的政体。因此，斯宾诺莎对每一种政体特别是君主、贵族两种政体的设计，贯穿着"混合政体"的观念。这些特点，表达了他在政体与法治学说及其制度构架上的良苦用心和精巧思虑。[19] 研究法治政体的思想史，对此应当给予其应有的关注和重视。

对于君主政治，斯宾诺莎首先强调，君主必须遵从法律尤其是基本法律。对此，《政治论》写下了很重要的一段话：

> 首先应该指出，决不能丝毫违反确立起来的法律惯例，那是连君主本人都不能加以废除的。例如，虽然波斯人把国王敬若神明，但是，《但以理书》第六章讲得很明白，他们的国王也没有权力更改一旦确立的法律。而且，就我所知，没有什么地方不是按照明确规定的条件来选任其君主当政的。其实，这样做既不违反理性，也不妨害人们对君主应有的绝对服从。我们必须将国家的诸项基本原则视为君主的永恒不变的决定，所以，当臣属拒绝执行君主所发出的违反基本原则的任何命令时，实际上他们仍然是服从君主的。……君主们也以尤利西斯[20]为榜样，指示其法官们在办案时不要偏袒任何人，即使在某种特殊场合下君主的旨意违反既定的法律，法官们也不可曲笔枉法，予以袒护。其实，君主并不神，而是常人，往往受到海妖歌声的迷惑。所以，如果一切事情都取决于个人的变幻无常的意愿，那么，就不会有稳定性了。为了长治久安起见，这个政体必须组织得一切只按君主的决定行事，也就是说，一切法律都是君主明文宣布的意志，然而，并非君主的一切意愿都有法律效力。（《政治论》第7章第1节）

在斯宾诺莎看来，对于君主政体而言，"决定性的因素不是君王本人，而是制度的品性"[21]。因此，君主政体的制度结构，必须确保君主不能破坏君主政体的基本原则和法律而施行"绝对的统治"。当然，斯宾诺莎亦针对当时法律屈之于君主之下的那种君主专制政治，说明了君主绝对统治的危害。他认为："安东尼奥·佩雷斯（Antonio Perez）说得好，正如无数先例所表明，行使绝对统治对君主自身来说是最危险的，对国民来说是最可憎的，既不符合神律，也违背人世的法律。"（《政治论》第 7 章第 15 节）这显然是对君主专制主义或暴政君主制的批判和反对。

法治的君主政体要得以建立并得到维持和巩固，就必须牢固确立君主制的诸项基本原则。正是这些原则，构成了君主制的政体结构，亦即君主制的"政体法"[22]，核心是其政制与法治的结构性安排。所以，他在《政治论》的第六、七章中详细列举和分析了这些基本原则，以作为稳定的君主制的基础。而关于君主政体及其法治方面的基本原则，主要包括以下五个方面：

1. 君主行使统治权，应该有多位顾问官相佐——君主臣佐，其中必须有通晓法律的顾问官，且这些顾问官亦为议事会的成员。君主制国家不论大小，作为最高掌权者的君主不可能事必躬亲，或者往往因幼小、生病、年老等原因而无法视事，尤其是君主不能仅凭自己一人就知道什么才是对民众、国家有利之事，所以需要设置若干名顾问官。这些顾问官不仅为君主提供咨询，报告国情，而且有时还代表君主行使职权。

2. 设立议事会。根据斯宾诺莎的设想，议事会的主要任务应该是维护国家的根本法，并且对政务提出建议。在通常情况下，如果未听取议事会的意见，君主不得对任何问题擅自决定。议事会的任务还包括颁布君主的法令和决定，调查法令的执行情况，代表君主监督国家的全部行政，以及教育王子们与肩负监护幼主的责任。另外，议事会还是公民与君主联系的唯一渠道，也就是公民向君主提出的一切要求或请愿书均须通过议事会转呈。总归言之，"君主应该被看作国家的头脑，而议事会就像外部的感觉器官或者像国家的躯体。头脑必须通过后者才能了解国家的情况，采取对自己最有利的措施"（《政治论》第 6 章第 19 节）。而议事会的成员，必须是那些通晓政制、法律和国情的优良人士。[23] 议事会每年至少应该召开四次会议，且只有当全体顾问官都出席时才能对国家政务作出决定。为了处理一日都无法中断的国家事务，必须在议事会设立一个常务委员会，该委员会从议事会中选出 50 名或更多的顾问官在休会期间代理议事会的职能，并应在靠近王宫的会议厅里每天开会，处理议事会职责范围内的日常事务。但是，该委员会无权处理议事会未曾作出决定的新问题。

3. 司法制度。斯宾诺莎认为，应当设立一个完全由法律专家组成的委员会（以下称"法律专家委员会"），其任务是裁决诉讼，量罪科刑。对于法官的设置，他主张应该是如 61 人或者至少 51 人这样人数较多的奇数，因为法官"必须人数众多，以致任何个人无法贿赂收买其中的大多数"。法官不实行终身制，其理由也是有助于防止腐败："任期只有两三年的法官由于对其继任者有所顾忌，所以不敢逞其贪欲。"（《政治论》第 7 章第 21 节）各位法官在表决时均不得公开发表判断或公开表态，而只能秘密投票（实行小石投票法）。最后，只有在全体法官出席时，"法律专家委员会"才能宣布判决。

4. 王位长子继承制。在斯宾诺莎看来，君主制国家的形式要保持不变，其统治权要不可分割，就只能有一个男性君主。这位君主应由人民选举产生，而且随后不能由人民选举或君主自己决定其继位者。如果不断由人民选举其继位者，"必将导致统治权屡屡复归于人民手中，而后者是一种很大的变动，因而极其危险"。如果由君主自己决定其继位者，则难以避免其随心所欲，同样容易使国家处于危险状态。在法治的君主政体之下，君主即使掌握了最高权力，也不应拥有随意决定王位继承人的权力。"所以，虽然君主可以退位，但是，如果没有得到人民或人民中较有势力的那部分的默许，他不能将统治权转让给别人。"（《政治论》第 7 章第 25 节）因而，稳妥的办法是制定法律，确立王位长子继承制。

5. 公民必须守法。每个公民必须服从君主通过议事会颁布的一切法令，即使认为这些法令是完全错误的，也迫于法律规定不得不服从。

在斯宾诺莎所提出的君主制诸项基本原则之下，良好的君主政体及其法治，可以拥有一些制度性保障。一方面，君主不能独享统治权，而必须依靠顾问官、独立且强大的议事会、"法律专家委员会"等机构治理国家，这就在政制上很大程度限制了君主滥用权力并趋向专制的可能性。更重要的是，君主不能违反或废除其政体的各项基本原则。否则，君主政体事实上也就被废除了——任何专制的政制，都是一种不断自我否定的政制。这种否定，不仅需要，而且方便。但是，优良的君主制不会出现这种现象。另一方面，在君主、议事会与"法律专家委员会"之间也存在某种程度上的相互制约。如君主在听取议事会的意见之前，不得擅自作出决定。[24] 同时，君主的法令和决定，须由议事会颁布。而议事会召开会议，又必须听取君主对于要他们在议事会上提出的议案的指示；议事会表决通过的意见之外的其他意见，则由与会的全体通晓法律的顾问官呈交君主，以便君主在听取各方的理由后决定采纳哪种意见。议事会对司法活动也可进行制约，即"法律专家委员会"所作的判决必须得到议事会常务委员会的确认。斯宾诺莎认为，"只有这样的司法程序才符合对国家的良好治理"。[25]

斯宾诺莎所讨论的君主政体，其实是一种有法律限制的君主政体。而他心目中理想的君主政体，乃是由人民同意的自由与法治的君主政体，亦即立宪君主政体。在讨论了基本原则之后，他说："还要提醒读者一点：我在这里所设想的是由自由的人民建立的君主政体，而前述的基本原则只是对这样的人民才有用处。"（《政治论》第 7 章第 26 节）斯宾诺莎特别谈到阿拉贡王国这个例子。这个王国先前建立了选立和废黜君主、享有法律的最高解释权与决定对公民的判决权的议事会，以及每个公民都有权利召君主到法庭之前等自由与法治的法政制度，但后来几经演变，原有的法律与制度渐次销蚀，到菲利浦二世时，君主的权势趋于强盛，其统治就开始具有压迫性和残酷性，人民的自由也就无法保留下来。这类事例，在君主制的历史上并不鲜见。有鉴于此，"我得出这样的结论：如果君主的权力完全依赖人民的力量来决定，只靠人民的支持来维护，那么，人民在君主的统治下就能够拥有充分的自由。这是我制订君主政体的诸项基本原则时所遵循的唯一的一条规律"（《政治论》第7章第31节）。而这也完全符合《政治论》的宗旨——谋求优良的政体，以保障公民的和平与自由。斯宾诺莎认为，如果按照上述各项基本原则以及自由的宗旨来建立君主政体及其法治的种种制度，那么，这个君主国必定是一个最佳的君主国。

三　贵族政体与法治

所谓贵族政体，"指的就是不只由一个人，而由从民众中选出的一批人掌握统治权的国家"，这些被选出的一批人即为"贵族"（Patricius）。（参见《政治论》第8章第1节）与民主政体下的选举不同，贵族的选举并非由人民而是依靠现有贵族的推荐选拔。贵族政体的稳定，需要相当数量的贵族，例如，"估计在一个中等大小的国家里，有一百名可以赋予统治权力的优秀人物（optimi viri）也就够了"。但这一百名才智出众的优秀人物，只能出自至少五千名贵族，所以应该赋予五千名贵族统治权。（参见《政治论》第8章第2节）对于贵族政体，斯宾诺莎划分出两个品种：单一城市掌握统治权的贵族制和由几个城市共同掌握统治权的贵族制。相比较而言，后一种贵族制的国家更具有优越性，也更能长治久安。

贵族政体应是法治的政体品种。斯宾诺莎认为，贵族政体的统治权具体归属于贵族议事会，所以贵族议事会所宣布的一切意愿都具有法律的效力。同时，"全体贵族必须凭借法律的约束形成一个在共同思想指导下的整体"。而且，在最好的贵族政体之下，"对民众来说，除了国家的根本法所必然容许的自由以外，没有其他的自由"。而要维持这个政体，必须制定一些基本的法律。首要且最重要的一项法律，是确定贵族人数与平民人数之间固定的比例（斯宾诺莎建议为1∶50左右），以保证贵族的人数随着人口的增加而按比例增加。国家法律需要规定贵族与平民之间有一定的人数比例，其目的主要在于维护贵族的权利与势力，因为贵族的人数如果太少，就不能统治平民。（参见《政治论》第8章第5、19、39节）其次，贵族只能是选举的，而非世袭的，即只有特地选拔出来的人才能进入贵族行列。其三，必须通过法律规定，只有年满三十岁的人才能被列入贵族候选人名册。其四，法律必须规定全体贵族在一定的日期内到市内的某一地点开会，从而防止一些贵族仅仅致力于私务而不顾及公务。其五，在贵族制国家，统治权不应复归民众，应禁止民众参政、发表政见和参加表决。这些法律规定，也是贵族政体的基本原则。

如何才能确保这些法律的实现？或者说，维护这些法律的政体构架与制度性机制是什么？斯宾诺莎非常明确地提出并力求解决这一问题：

> 法律本身并不具备多大的力量。如果法律的维护者正是可能违法的人，或者只是必须从刑罚中得到教训的人，因而他们不得不惩罚他们的同僚，以便借助于对这种惩罚的畏惧心来抑制他们自己的野心，这是非常矛盾的，法律也容易遭到破坏。所以，在贵族之间尽可能保持平等地位的同时，我们必须寻找适当的手段保证这个最高议事会的秩序和国家法律不受侵犯。（《政治论》第8章第19节）

斯宾诺沙所找到的"适当的手段"，就是建立一个足以护卫法律的政制框架与政体结构。

以下主要以其讨论较多的单一城市掌握统治权的贵族制为例，来看斯宾诺莎的构想，因为在重要的基本原则与制度安排上，由几个城市共同掌握统治权的贵族制与其并无实质性的差别。

1. 设立贵族议事会，其职能是制定、修改与废除各项法律，选拔新的贵族，并且任命全部政府官吏。因此，贵族议事会是贵族制国家的权力机构与立法机构。

2. 建立一个专门保卫法律的议事会,即在最高贵族议事会之下由若干贵族另设一个议事会。该议事会"唯一的任务就是监督维护关于各级议事会及政府官吏的国法,使之不受侵犯。这个议事会的成员应该有权传讯任何犯法渎职的官吏,而且根据现行法律予以定罪"(《政治论》第8章第20节)。该议事会的成员可以称为"护法官"(Syndicus),所以,该议事会可以叫作"护法官议事会"。斯宾诺莎认为"护法官议事会"这一贵族团体承载了崇高的意义与巨大的功能,这就是:"保证国家政体的维系,从而阻止任何人践踏法律和靠犯罪活动渔利。"(《政治论》第10章第4节)可以说,这个"护法官议事会",乃是贵族政体的一个关键性组织。

按照斯宾诺莎的设想,护法官只能从年满六十岁以上的前任元老院议员中选任,并实行终身制,其人数按护法官对贵族的1∶50的比例确定。"护法官议事会"有权召开最高议事会,并且在会议上提出议案以供表决(但无表决投票权)。对于一般性国法(涉及基本原则的法律除外),只有首先获得"护法官议事会"通过,然后经最高议事会四分之三或五分之四票数的赞同,才能予以废除,或者制订新的法律。此外,选任的"护法官议事会"议长,"每天应该同至少十名护法官一起上班视事,听取平民对官吏的不满意见及秘密投诉,必要时可将被告拘留,而且,如果议长或他的同事认为耽搁会发生危险的话,随时都可以召开护法官议事会的非常会议"(《政治论》第8章第28节)。当然,护法官也必须宣誓效忠国法:他们在出席最高议事会会议之前,"必须以最高议事会的安全与公众自由的名义宣誓,尽一切努力捍卫祖国的各项法律,促进共同的福利"(《政治论》第8章第26节)。[26]对国法的宣誓效忠,有助于护法官忠实履行其护法的职责。

3. 在最高议事会下设立元老院(Senatus)。元老院的职责应该是处理政务,如公布国家的各项法律,依法组织各城市的防务,向军队颁发训令,向臣民征税并且决定税款的使用等。为了确保元老院议员中有许多才智与品德出众的人物,以及国家经常处在有才能有经验的人物的治理之下，只有年满五十岁才能出任元老院议员；应该有四百名也就是大约全体贵族的十二分之一当选为元老院议员，任期一年；卸任的议员在间隔两年后可以重新被选任。元老院应该定期召开会议，在休会期间，则必须委任若干元老院议员代表元老院行事。

4. 法院或裁判所。斯宾诺莎指出："法官的职责只是不让任何个人损害他人；因此，他们应该解决个人（不论贵族或平民）之间的纠纷；大家都有义务遵守的各项法律一旦遭到违犯，法官必须惩治犯罪者，即使违法者是贵族、护法官或元老院议员也不例外。"（《政治论》第 8 章第 38 节）这也是对"法律面前人人平等"这一法治原则的宣告。在贵族政体之下，要实现法官的上述职责，特别是坚持贵族与平民在法律面前平等的原则，绝非易事。但斯宾诺莎提出了几种在他看来行之必定有效的办法。首先，可以从法官的薪俸上考虑：在民事诉讼中由败诉一方所涉及诉讼金额的一部分支付；在刑事诉讼中没收的财物与罚金归法官所有。这样，法官就不会轻易宽纵贵族而随意加害平民。其次，"绝不允许使用刑讯逼供"。假若"有了这些规定，便可以防止法官对平民不公正，也可以防止他们由于畏惧而对贵族过于优容"。更重要的是，护法官对法官的监督，也有利于实现"法律面前人人平等"的原则。

> 护法官在法律上有权对法官的审理进行调查，予以判断和裁决，所以，如果允许平民向护法官投诉，平民也可以得到充分的保障。诚然，护法官难免遭到许多贵族的憎恨，但是他们在平民中总是很得人心的，而且，他们将尽可能博得平民的赞扬。为此目的，护法官不会放过任何机会去撤销违法的判决，或去调查各个法官的行为，对其中不能秉公执法者给予惩戒。其实，没有比这样做更能令民众感动的了。（《政治论》第 8 章第 41 节）

关于法官制度，斯宾诺莎的设想包括数量、任期、选任、薪俸等方面。在人数上，贵族政体没有什么特殊的规定，主要的问题就是法官的数量必须多到个人所不能贿买腐蚀的程度。法官不实行终身制，且每年都应该有一部分法官离任。法官只能从立法者中选任，即必须由最高议事会从贵族中选任。

如同君主政体的制度设计一样，上述贵族政体的结构（即贵族政体的基本原则），亦存在相互制约的机制。根据斯宾诺莎，"国家的最高权力属于全体贵族，但是执行权属于护法官议事会及元老院。至于召开元老院会议以及提出、讨论与实施有关公共福利的诸项议案的权利则属于元老院选出的执政官"（《政治论》第8章第44节）。这种政体设计，蕴藏着各种权力、官职之间分工与制约的安排。进一步来看，斯宾诺莎认为，任何人如果在最高议事会上建议修改贵族政体的基本原则，"他就是犯了叛国罪，不仅应判处死刑和没收财产，而且在公共场所勒石铭记对他的刑罚，让人们对他的罪行永志不忘"（《政治论》第8章第25节）。其理由在于，贵族政体的基本原则，乃是其存亡的关键所在。最高议事会对元老院亦有制约，如元老院作出的关于战争与和平的决议必须提交最高议事会批准才能生效。护法官的制约作用更大，如前述护法官对最高议事会废立一般法律的约束，还有，由最高议事会选派的若干名护法官应出席元老院会议（但是没有投票权），其任务是监督有关元老院的各项法律是否得到正常的遵守，而且在元老院要向最高议事会提出提案时准备召开最高议事会。如前所述，护法官对法官的判决也有权予以调查、判断和裁决。此外，法院则有权惩处贵族、护法官或元老院议员的违法犯罪行为。

归纳言之，斯宾诺莎认为，无论哪一种贵族国家，都应当重视"政体法制"的权威性、有效性和稳固性，这既是贵族政体得以维持的根本保障，也是贵族政治下的法治能够得到护卫的结构性力量。"如果国家的自由不是建立在充分稳固的基础上面，维护这种自由难免要冒风险。"（《政治论》第8章第44节）对于贵族制国家的政体与法治的维护，也同样如此，必须拥有稳固的基础。对此，他特别指出：

现在让我们看一下，前述的那两种国家是否会由于内部的原因而垮台。显然，任何国家若要长治久安，它的政体法制一旦按正确的原则建立之后，必须绝对不容破坏。政体法制是国家的生命，所以，只要政体法制保持完整有效，国家必然能够维持不坠。然而，如果不是同时得到理性及人们共有的激情的双重支持，政体法制也不能保持完整有效。这就是说，如果只靠理性单方面支持，政体法制是软弱无力的，容易被推翻。既然上文业已阐明，两种贵族国家的基本原则都是既符合理性又符合人们共有的激情，所以，可以断言，任何长治久安的国家必然是前述那样的国家。那样的国家即使不幸垮台，也不是由于内部的原因，而是由于不可抗拒的灾难。（《政治论》第10章第9节）

这意味着，要想维护法治，要想让维护法治的人们尽量不冒政治与社会风险，最有效的办法，是将法治建立在稳固的政体结构之上，以借助于政体的结构性力量而不是单纯依靠执法者与法官个人的勇气和刚正不阿的精神去护卫法治。如若一种法治及其追求的价值需要有人冒着妻离子散、坐牢乃至杀头的危险去护卫，那么无疑说明其政体结构上出了严重问题。从政体论的角度看，在通常情形下，合理的政体结构比任何个人都更容易化解风险，也更有行动的能力与自我保护的力量。

四　民主政体与法治

英国学者罗斯指出："（《政治论》）第11章首先是关于民主政治的一个说明，它刚刚开个头，虽然我们幸运地从另外的书中知道斯宾诺莎关于民生政治的一般观点。"[27]这就是说，民主政体也是《政治论》讨论的政体类型，但可惜的是，关于民主政体的讨论，因斯宾诺莎去世，只有四小节内容，其中第一、二节辨析民主政体与贵族政体的区别，第三节论述民主政体的性质，第四节说明妇女不得参政。所以，人们无法确知斯宾诺莎对民主政体及其法律的制度建构与运作筹谋，如同他对君主政体与贵族政体所作的详细设计。[28] 不过，其《神学政治论》——罗斯所说的"另外的书"——则在其"序"与第十六至第二十章中对民主政体进行了极为重要的讨论。故而，我们可以结合《神学政治论》与《政治论》的相关论述，把握斯宾诺莎在民主政体及其法治问题上的基本观点。

什么是民主政体？斯宾诺莎定义说：

> 一个社会就可以这样形成而不违犯天赋之权，契约能永远严格地遵守，就是说，若是每个个人把他的权力全部交付给国家，国家就有统御一切事物的天然之权；就是说，国家就有唯一绝对统治之权，每个人必须服从，否则就要受最严厉的处罚。这样的一个政体就是一个民主政体。民主政体的界说可以说是一个社会，这一社会行使其全部的权能。[29]

按照这个定义，第一，民主国家的统治之权，来自每个个人的权力转让或交付，所以民主政体下的统治权是属于人民的权力。"在民主政体，所有的或大部分的人民集体握着权柄。这件事实，人人都能明白。"[30] 第二，民主国家的统治之权，是一种绝对统治之权。斯宾诺莎认为，"如果存在所谓绝对统治的话，实际上必然是依靠全体民众行使的统治"。因而，民主国家是"完全绝对统治的国家"。（《政治论》第8章第3节、第11章第1节）所谓绝对统治，"就是对统治权的任何反对势力也不得考虑的统治状态"。其原因在于，在民主国家中，"统治者与被统治者是同一的，理论上绝对不能考虑对统治权的反对势力"。[31] 从这一观点出发，斯宾诺莎明确说："统治权不受任何法律的限制，但是每个人无论什么事都要服从它。"[32] 第三，每个人都必须遵从和执行统治权的命令，即使该命令多么不合理，也不得违背。

这些主张看来隐藏着一些令人不安的因素，如"民主专制"。但在斯宾诺莎这里，民主政体的主旨在于保障个人自由，每个人将统治权交付国家，是为了自由而非奴役。在民主政体之下，"政府最终的目的不是用恐怖来统治或约束，也不是强制使人服从，恰恰相反，而是使人免于恐惧，这样他的生活才能极有保障；换句话说，加强他生存与工作的天赋之权，而于他个人或别人无损。政治的目的绝不是把人从有理性的动物变成畜牲或傀儡，而是使人有保障地发展他们的心身，没有拘束地运用他们的理智；既不表示憎恨、忿怒或欺骗，也不用嫉妒、不公正的眼加以监视。实在说来，政治的真正目的是自由"[33]。同时，在民主国家，统治者要保持其权力，就必须顾全公众的利益，并按照理智之命令行动，因此，强制推行完全不合理的命令是罕见的。况且，每个人还拥有不能转让的某些自然权利，如思想自由，这是任何政府都不得加以剥夺的。而民主政体恰恰应该保障这种自由。他警告说，如果损害和剥夺了思想自由，那么统治者就是滥用统治之权，并构成暴政。

> 把意见当作罪恶的政府是最暴虐的政府，因为每人都对于他的思想有不可夺取之权。

> 人的心是不可能完全由别一个人处治安排的，因为没有人会愿意或被迫把他的天赋的自由思考判断之权转让与人的。因为这个道理，想法子控制人的心的政府，可以就是暴虐的政府，而且规定什么是真的要接受，什么是不真的不要接受，或者规定什么信仰以激发人民崇拜上帝，这可算是滥用治权与篡夺人民之权。所有这些问题都属于一个人的天赋之权。此天赋之权，即便由于自愿，也是不能割弃的。[34]

统治者也不能用维护和平秩序为借口来削减这种自由，因为，"事实上，真正扰乱和平的人是那些在一个自由的国家中想法削减判断自由的人"[35]。所有这些观点，又给民主政体的统治权施加了一些限制，包括给其立法权施加的限制。

更为关键的是，我们可以根据《政治论》作一个合理的推断。斯宾诺莎在讨论君主政体和贵族政体时，都为这两个政体确立了不能改变和废弃的诸项基本原则，即其政体结构，也就是其"政体法"。这是这两个政体维持其性质及其运行的基本前提，也是规范和约束其统治者行使权力的制度体系。而对于民主政体，因《政治论》未能写完，所以斯宾诺莎没有告诉我们其政体结构或"政体法"是什么。但按照他处理君主政体和贵族政体的逻辑，他应该要设计这样的结构和法律，从而安顿民主国家的统治之权。

在《政治论》中，斯宾诺莎说民主政体可以分成多种形式。但是，他实际上并没有讨论各种品种的民主政体。他重点分析的是这样一种法治的民主政体："在这种民主政体之下，人民只受本国法律的约束，不受任何人的支配，生活体面，有权在最高议事会上投票及担任政府公职。"（《政治论》第11章第3节）据斯宾诺莎解释，说"人民只受本国法律的约束"，是将外国人排除在外；"不受任何人的支配"，则将受丈夫支配的妇女、受主人支配的奴仆和儿童及受监护人管理的未成年人排除在外；"生活体面"，是为了将由于犯罪或操持贱业而声名狼藉者排除在外。因此，这种民主政体的基本特征，就是有限制的公民的投票权与出任国家官职的权利。[36] 例如，斯宾诺莎明确主张，"妇女在本性上没有与男子同样的权利，而且必然不如男子。因此，两性平等掌权是不可能的，而男子受妇女支配则更不可能"（《政治论》第11章第4节）。所以，妇女不得参政。在那个时代，这并不是什么惊世骇俗的丑陋见解。

民主政体，同君主政体、贵族政体一样，应是法治的政体，而且最有基础和条件成为法治政体。在斯宾诺莎看来，"最有可能根据健全的理性颁布法律，而且符合建立政府的各项目的的政体，便是民主制度。因为在民主制度中人民只服从根据这个政体的总体意志颁布的法律，这是源自社会契约的'最自然的'治理形式，而且最不易发生种种滥用权力现象。既然人民大众的多数很不可能同意一项非理性的方案，在民主制度中，当权者的命令之合理性实际上得到保障"[37]。虽然斯宾诺莎说民主国家的"统治权不受任何法律的限制"，但这应该是指其统治权在需要时可以废除旧的法律，以及制定新的法律，而不是说统治权的行使可以任意违背已经制定且正在生效的法律。对于生效的法律，统治权也必须受其限制。更重要的是，民主政体下的自由要求实行法治。在《神学政治论》中，斯宾诺莎论证的主要观点就是"自由比任何事物都为珍贵"。这种自由特别是思想自由，不仅是每个人的自然权利和人之为人的关键性本质，而且它也是社会安宁、和平与国家强盛的首要条件。[38] 这是民主国家的统治之权必须遵循的"高级法"。而从法治的角度看，民主政体中的个人自由与其法治其实是贯通一体的。因为自由需要依靠法治加以保障，同时在这种政体之中，法律是人民同意的，所以，人民遵从法律，就是自由。在通常情况下，"服从就是去做按照法律来说是善的，而且又符合共同的法令的事情这样一种恒常的意志"（《政治论》第2章第19节）。或者说，"服从是遵外来的命令而行"。但是，"在一个民治的国家，其法律之制定是经过全民的同意，服从是不存在的。在这样的社会中，不管法律增加或减少，人民是自由的，因为法律之增减是由于人民之自由认可，而不是外界的权威"。[39] 在这里，斯宾诺莎表达的观点是，人民制定法律，所以遵循这种法律的人民是自由的。就此而论，斯宾诺莎是卢梭自由法治思想的先声。

与此同时，斯宾诺莎认为，只有在民主政体之下，才能够确立法律平等的法治原则。他说："正义在于惯常使每一个人都有其法律上所应得。不义是借合法之名剥夺一个人在法律上之所应得。此二者也叫作公平与不公平，因为执行法律的人必须不顾到一些个人，而是把所有的人都看作平等，对每一个人的权利都一样地加以护卫，不嫉羡富者，也不蔑视穷者。"[40] 否则，社会和法律就会失去平等性。"而一旦失去平等性，普遍的自由必然消亡。"（《政治论》第10章第8节）自由必须是普遍的、平等的。当平等与自由都不存在时，民主政体实际上也就消亡了。

在民主政体之下，法律的权威性更容易得到保障。"在人民当政的时候，法律维持了尊严，严明地为人所遵守。"[41] 这是因为，根据民主的原理，"既然国家的实体必须宛若在一个头脑指挥之下，结果，国家的意志被当作全体公民的意志，而国家确定为公正与善良的东西，应当被视为犹如每个公民都是这样确定的一样。所以，即使国民认为国家的法令是不公正的，他也有加以贯彻执行的义务"(《政治论》第 3 章第 5 节)。在民主制国家，人们遵从法律，主要依靠自愿而非强制。这也是现代的民主理论为法律权威性所提供的基本论证。

五 优良的法治政体：民主政体

既然君主政体、贵族政体和民主政体在正常状态下——没有蜕变为暴政——都是法治的政体，那么，斯宾诺莎心目中理想的法治政体，又是何种政体？尽管他主张要以"人们通常在数学研究中所表现的那种客观态度"来研究政体问题，但这并不意味着他对各种政体的优劣没有判断，从而做出自己的取舍。不妨说，他对理想政体的判断和选择，正是其客观研究的结果。

在欧洲的政治思想史上，斯宾诺莎的《神学政治论》被认为首次大力赞扬和倡导了民主，从而标志着现代民主理论的诞生。[42]西方的学者们如此高度称赞斯宾诺莎的民主思想，不仅是由于他阐述了自由民主的基本原理，而且也因为在他看来，民主政体是优越于君主政体和贵族政体的最佳政体。"在主要的政治哲学家中，斯宾诺莎作为一名直率的民主的维护者而卓然独立。"他看到民主政体最根本的优势，在于"民主能最全面地集中所有公民的集体力量，因而能最有效地促进他们的利益"。[43] 因此，他理所当然地将民主政体视为理想的法治政体。

在斯宾诺莎看来，君主政体并非没有优势，其一大好处，似乎就是有利于确保国家和社会的和平与和谐："经验似乎表明，若把全部权力交给一个人掌握，反而有利于确保和平与和谐。"(《政治论》第 6 章第 4 节)不仅如此，君主政体的动员和统制能力也显而易见，"打起仗

来君主制要得力得多……由此可见，主要在战争中君主才能显示自己的
能力，并且证明自己对民众有利"（《政治论》第7章第5节）。但是，究
其实，君主政体所造就的往往不过"是奴役，而非和平"，除非人们将
"奴役、野蛮和荒芜都冠以和平的美名"。如果奴役、野蛮和荒芜也可以
被称为"和平"，那么，"和平就成了人类所遭受的最大不幸了"。这也
表明，斯宾诺莎将"和平"定义为因自由的保全而带来的和谐与安宁，
而非因奴役所生成的寂静与沉默，从而突出强调了自由的价值。同时，
在君主政体之下，君主必须依靠将相、大臣、心腹才能实施统治权，其
结果，君主政体往往变成了一种隐蔽的因而是最坏的贵族政体。况且，
有些君主处于童稚、病弱、衰老时期，或者怠于朝政，或者荒淫无道，
统治权实际上更是握于重臣或亲信之手。（参见《政治论》第6章第4、5
节）这样看来，君主政体容易导致暴政和奴役，从而严重损害乃至毁灭
斯宾诺莎所十分珍惜的自由与和平。

　　单纯从法治的角度看，君主政治即使是实行法治的，也是难以巩固
与维持的。他在考察希伯来人的成就和历史之后，讲过这样一段话：

　　　　最后我们知道，对于国王不习惯，有一全套法律的一个民族建
　　立一个君主国是多么有害的。人民既不能容忍这样的一个政权，王
　　权也不能服从低于它的任何人所设制的法律与民权。更不能希望一
　　个国王维护这样的法律。因为这样的法律其创制不是为支持他的统
　　治，而是为支持人民的统治，或是为支持什么从前统治过的一个议
　　会，所以保护民权，国王就好像是个奴隶，不是个主人。一个新君
　　主国的代表要极力想法子创制新的法律，为的是夺取统治权以为己
　　用，为的是削减人民，一直到后来人民觉得增加王权比削减王权更
　　为容易。[44]

　　在君主政体之中，保护人民及其民权的法律，即便得以创制出来，
也不大可能完全得到国王的维护。反过来，仅仅为国王的利益而制定

的法律，又往往得不到人民的支持和容忍。在这个两难之间，要实行法治，的确也就不那么容易了。而这一两难及其法治的困境，又岂止存在于君主政体之中！

当然，对于君主政体，斯宾诺莎并非仅仅予以否决，而是有些留恋之情。他颇为意味深长地说："确实，没有一个国家像土耳其人的国家那样历时悠久而无显著变化，反之，也没有什么国家是像人民的或民主的国家那样短暂而易于发生内乱了。"看起来，这是在称道君主政体而担忧民主政体。但是，他紧接着话锋一转："诚然，一般在父母与儿女之间发生的争吵比在主人与奴隶之间发生的更多和更激烈，不过，如果把父亲变成主人，把儿女当作奴隶，对于家庭生活也没有什么好处。所以，若将全部权力赋予一个人，所造成的却是奴役，而非和平。"（《政治论》第6章第4节）这就又义无反顾地坐回到民主政体上去了。他认为，在民主政体中生活，即使充满了争吵甚至有发生内乱的风险，但总能够让人摆脱奴役而当一回主人。而这才是斯宾诺莎所谓"和平与和谐"的真正含义及其永固基础。

贵族政体与君主政体相比，其稳定性更高，也"更适合于维护和平与自由"（《政治论》第8章第7节）。所以，贵族政体显然比君主政体优越。但是，贵族政体也存在严重的弊端，包括导致寡头统治的倾向，以及贵族容易凌驾于法律之上而不受法律约束。斯宾诺莎在讨论民主政体时对此作了阐述："其实，贵族总是将富有者或自己的亲友视为优秀。诚然，如果贵族在遴选同事时能够捐弃一切私情，完全以热心公共利益为标准，那么，任何政体都比不上贵族政体。然而，经验多次证明，实际情况恰好相反。尤其在寡头统治的情况下，因为贵族没有竞争对手，他们的意志完全不受法律的约束。那里的贵族故意将优秀者排除于议事会之外，只是将那些俯首听命者遴选为同事。既然贵族选任官员只凭少数人的武断行事，完全不受法律的约束，贵族政体的实际情况比民主政体差得多。"（《政治论》第11章第2节）这显然也是意在说明，民主政体比贵族政体优越得多。

民主政体则与君主政体和贵族政体大为不同。斯宾诺莎认为，民主政体是最好的政体。正如史蒂文·纳德勒（Steven Nadler）所评述的那样，在斯宾诺莎心目中，"民主政体是最好的国家形式。在民主政体下，构成大众的公民们为他们自己保留最高统治权力。国家的每一成员有权在制定法律和担任公职的机构中投票。'统治权'因而直接掌握在被统治的全体人民之手中。这就在最大的实际程度上，保证最高权力所颁布的法律会反映人民之意志和服务于人民利益。斯宾诺莎在《神学政治论》中指出，民主政体是'最自然的国家形式'。在《政治论》的论民主政体诸章尚未写出很多之前他便逝世，但是没有理由认为，1672 年暴民的行为改变了他的思想"[45]。一方面，斯宾诺莎揭示了民主政体的"自然性"。这是他赞颂民主政体的一个根本理由。另一方面，人们如何对待暴民或多数的专制这一政治现象，往往是他们是否赞同民主政治的一块试金石。历史上有不少思想家，正是由于害怕乃至恐惧这一现象，所以或者反对民主，或者对民主持保留态度，或者主张限制民主。而在斯宾诺莎那里，既然民众的暴乱行为都没有使他改变对民主政体的赞美，那么很显然，他的思想主旨一直是民主政体优先或民主政体第一。

斯宾诺莎也观察到民主政体的一些缺陷，例如，首先，"没有什么国家是像人民的或民主的国家那样短暂而易于发生内乱"（《政治论》第 6 章第 4 节）。的确，人民大众的激情冲动和普遍的权利欲望，加之自由媒体的报道与扩散，使民主国家常常处于乱糟糟的状态，甚至给人以濒临内乱与分裂的印象，虽然往往是乱而不崩、裂而难分。其次，民主政体也可能蜕变为贵族政体："人们从本性上就是互相敌对的。尽管凭借各项法律他们互相结合，受到约束，但是他们的本性未改。据我看来，正是由于这个缘故，民主政体变为贵族政体，而贵族政体终于变为君主政体。我确实相信，大多数贵族政体最初是民主政体。"（《政治论》第 8 章第 12 节）可见，民主政体的形成、巩固和可持续性，从来就是一个重大的问题。

但是，斯宾诺莎认为，民主政体所存在的这些问题，并不是否定民主政体的理由。真正拥护民主的人，会客观对待民主的缺点，并为民主政治实践所犯的种种错误而扼腕叹息与心焦忧伤。而反对民主的人，总是不会放弃任何机会，对民主的错失幸灾乐祸，特别是利用民主的一切缺点嘲笑和攻击民主，甚至将原本与民主完全无关的社会政治问题也归咎于民主，从而对民主拳打脚踢、大加挞伐，以便打倒民主。对于斯宾诺莎来说，无论民主有何缺陷，关键在于，民主政体是符合人性（自我治理与自由）的、比君主政体与贵族政体更为完美的生活方式，"如果一个国家只是企图以恐吓来治理人民，它即使不犯错误，也不能臻于完美。人们实际上应该受到这样一种方式的统治：他们不认为自己被人统治，而认为这是遵循他们自己的志愿，按照他们自己自由选择的生活方式"（《政治论》第10章第8节）。从欧洲的民主思想史上看，这是对民主内在价值的一种典型阐明。在《神学政治论》中，他把民主政体视为是"最自然"且最能保障自由，特别是思想、言论自由的优良政体。

> 如果不把表面的附和认为高于确信，如果政府要握权握得牢，对煽动分子不被迫让步，那就必须得容许有判断的自由，这样人们才能融洽相处，无论他们的意见会有多大的分歧，甚至显然是互相矛盾的。我们深信这是最好的政治制度，最不容易受人攻击，因为这最合于人类的天性。在民主政治中（我们在第十六章中已经说过，这是最自然的政体）[46]，每人听从治权控制他的行动，但不是控制他的判断与理智；就是说，鉴于不能所有的人都有一样的想法，大多数人的意见有法律的效力。如果景况使得意见发生了变更，则把法律加以修改。自由判断之权越受限制，我们离人类的天性愈远，因此政府越变得暴虐。[47]

民主政体首先是对自然状态的模仿。在自然状态中，每个人都是平等的。而民主政体的根基，就在于人人平等的价值；民主政体的运行，也在于人人平等地享有并行使自由、权利。在斯宾诺莎那里，"自然状态的重要特征是其种类的多样性，而并非某个人优越于其他人。人的类型的多样性决不可被压制，正如实体本身的属性不可被压制。个人的欲求必须在政体本身的制度和立法结构中得到反映，否则，社会成员就不会接受自己的意志与国家的意志的等同一致。而民主政体——或者可称为在其结构中忠实地保留了人的类型差别的各类型人的综合体——就是模仿自然状态。但模仿并非完全等同，我们可以说，民主制把自然状态理性化了，也就是说它使自然状态中所固有的东西实现出来"[48]。在这个意义上，说民主政体是最自然的，也就是说它是最人性的。更准确地说，民主政体是最"人民性"的，亦即是所有平等之人的政体。由此亦可见，凡否定人人平等，即是否定民主。

此外，民主政体又最符合人人追求自由、享受自由的要求。斯宾诺莎在《神学政治论》中告诉读者："只有这个政体我说得很详尽，因为这与我说明在一个国家之中享受自由的利益这个目的最为相近。"[49]从其"序"和末尾的总结言之，该书其实是一部自由与民主的宣言书，而且是通过民主政体及其法治保障和实现自由的宣言书。这是斯宾诺莎对民主政体的最高评价和赞许，也是他对民主政体最深刻、最有力的证成和声辩。

对于斯宾诺莎来说，作为唯一最自然的、最合乎人性的、最自由的政体，民主政体不仅成为使个人平等、权利与自由占有并保持更重要地位的最佳政体，而且成为国家的统治权力与个人权利和自由乃至整个国家、社会平衡和谐的最佳政体；亦如前述，民主政体也必定是需要法治且能实现与确保法治的最佳政体。

注释

1　[美]列奥·施特劳斯、约瑟夫·克罗波西主编：《政治哲学史》，第 462—463、455 页。

2　1676 年，斯宾诺莎在写给一位不熟识的朋友的信中，介绍了其写作《政治论》的计划："如果我不是忙于某种我认为更为有益的、我相信也会使您更为高兴的事情，即不久以前在您的敦促下我开始撰写《政治论》，那么我不会错过这个机会。等等。这部论著有六章已经完成。第一章可以说是全书本身的导论，第二章论述自然权利，第三章论述最高统治权，第四章论述归最高政权管辖的政治事务，第五章论述一个社会所能考虑的最终和最高的目的，第六章论述一个君主制政府应以何种方式组织才不致陷于暴政。目前，我正在写第七章，在这一章里，我循序论证前六章中有关组织一个完善的君主政体的所有部分。继而，我将转而论述贵族政体和民主政体，最后，论述法律和有关政治的其他专门问题。"参见《第 84 封·斯宾诺莎致一位不认识的朋友（关于〈政治论〉）》，载《斯宾诺莎书信集》，洪汉鼎译，商务印书馆 1993 年版，第 308 页。

3 "斯宾诺莎还企图——没有完成的企图——证明，在各种政体中，应当选择民主政体。毫不亚于《神学政治论》，《政治论》的构思也是与荷兰共和国当时的政局密切联系。斯宾诺莎根据直接的历史相关性，甚至迫切性来论述许多普遍的政治哲学课题。《政治论》是一部很具体的著作。"参见 [英] 史蒂文·纳德勒：《斯宾诺莎传》，冯炳昆译，商务印书馆 2011 年版，第 503—504 页。

4 [荷] 斯宾诺莎：《题记》，载《政治论》，冯炳昆译，商务印书馆 1999 年版，扉页。本章所引《政治论》，均见该书，下文只标明其所出章节，而不再一一注明。

5 [荷] 斯宾诺莎：《神学政治论》，温锡增译，商务印书馆 1963 年版，第 67 页。

6 《神学政治论》亦有类似的论述："只有完全听从理智的指导的人才是自由的人。……因此之故，最自由的国家是其法律建筑在理智之上，这样国中每一分子才能自由，如果他希求自由，就是说，完全听从理智的指导。"其脚注亦指出："'每一分子才能自由，如果他希求自由。'无论一个人处在什么社会中，他可以是自由的。因为他只要是为理智所引导，他当然是自由的。而理智（虽然霍布斯的想法不同）总是在和平的一面。国家一般的法律若不为人所遵守，是不会有和平的。所以一个人越听理智的指使——换言之，他越自由，他越始终遵守他的国家的法律，服从他所属的统治权的命令。"参见 [荷] 斯宾诺莎：《神学政治论》，第 218 页。

7 "一个人如果不能生存，或者不能运用理性，那么，我们根本不可能说他是自由的……所以，我们把人设想得愈是自由，我们就愈不能说他不会运用理性，情愿以邪恶代替善良。"（《政治论》第 2 章第 7 节）

8 [荷] 斯宾诺莎：《伦理学》，贺麟译，商务印书馆 1983 年版，第 226 页。

9 "若是人生来只听清醒的理智的指挥，社会显然就用不着法律了。"

10 参见 [荷] 斯宾诺莎：《神学政治论》，第 82 页。

11 [荷] 斯宾诺莎：《伦理学》，第 200 页。

12 [美] 列奥·施特劳斯、约瑟夫·克罗波西主编：《政治哲学史》，第 464—465 页。

13 斯宾诺莎在致雅里希·耶勒斯的信中解释说："关于您问的，我的政治学说和霍布斯的政治学说有何差别，我可以回答如下，我永远要让自然权利不受侵犯，因而国家的最高权力只有与它超出臣民的力量相适应的权利，此外对臣民没有更多的权利。这就是自然状态照常有的情况。"（《斯宾诺莎书信集》，第 205 页）

14 [荷] 斯宾诺莎：《神学政治论》，第 54—55 页。

15　[美] 艾伯特·哈伯德：《思想的肖像：历史上的伟大哲学家》，周宇译，金城出版社
　　2009 年版，第 152、153 页。哈伯德指出："犹太教是一部具体的、完整的法律大全。犹
　　太人在东方为法律所束缚，在北方为法律所束缚，在西方为法律所束缚，在南方为法律
　　所束缚。有成文的规章制度来规范起床、就寝、吃饭、饮酒、睡眠、祈祷等活动。人
　　际关系的方方面面都可以在《密西拿》和《革马拉》中找到。精通法律就是精通以适当
　　的方法杀鸡、杀鸭、穿衣、祈祷、在一个胡同里遇到两个基督教徒该说什么等等。如果
　　一个犹太人与邻居吵架去找犹太传教士请教，有学之士就把《塔木德经》拿来找到相关
　　的页码。妻子和丈夫、孩子和父母、兄弟和姐妹、情夫和情妇之间的关系都包括在法律
　　内，清晰明确，不可变更。犹太的有学之士就是精通法律之人，而不是掌握生命科学和
　　渊博知识的人。当这些有学之士相会时，他们要就法律的解释问题展开六天六夜的辩
　　论，内容涉及在安息日生炉子做饭是否合适，如果有一个基督教徒在你家门口要饭，或
　　者如果你必须吃猪肉来挽救你的性命你会怎么样？理性的犹太人做他们认为是该做的
　　事，但正统的犹太人做法律规定所做的事。当基督在安息日摘玉米棒子时，他证明自己
　　是一位理性的犹太人，他认为自己的见解高于法律，因此就遭到驱逐。在犹太法律里对
　　这样的冒犯行为有令人怨恨的咒语。"（同前，第 152 页）

16　参见 [荷] 斯宾诺莎：《神学政治论》，第 272—273 页。

17　"如果国家的安宁取决于某些人的信义，而且国务的正确治理有赖于其统治者愿意采取
　　有信义的行动，这个国家一定是很不稳定的。倒可以说，为了国家能够维持不坠，政府
　　必须组织得不论其领导人出于理性动机还是出于激情因素都无关紧要——决不使其做出
　　违背信义或邪恶的行动来。"（《政治论》第 1 章第 6 节）

18　弗兰克尔：《评斯宾诺莎〈神学 - 政治论〉新译本》，李致远译，载刘小枫、陈少明主编：
　　《阅读的德性》，华夏出版社 2006 年版，第 357 页。

19　罗斯认为："在《政治论》中所阐述的并不是一种幻灭的学说。斯宾诺莎仍然相信政治
　　科学是可能的。但是，他对人类激情的力量有很深的感受。他经历了暴徒撕碎德·维特
　　兄弟的那些日子。这部论著比早期著作更慎重和小心，然而它的特性仍未改变。甚至在
　　它的未完成的和未修改的形式中，值得注意的是它强调政治事务中经验的作用和它的经
　　验说明的很广的范围。在它对原则的完全清楚地掌握和大胆地运用的同时，对细节的密
　　切注意也是值得注意的。它不是一个乌托邦，而是一个实际的计划。如果它是一部完成
　　之作，它就会成为政治家手册了。它的目标是表明'不是应该做些什么，而首先是能够
　　做些什么'。这里我们碰到是斯宾诺莎作为思想家的主要特点。他不是一个梦想家，他
　　也不是为理论而理论。他是一名实际的伦理学家，力求清醒地确定人如何才能生活得
　　最好。"（[英] 罗斯：《斯宾诺莎》，谭鑫田、傅有德译，山东人民出版社 1992 年版，第
　　36—37 页）

20　斯宾诺莎借荷马史诗之《奥德修记》(《奥德赛》) 卷十二所记（中译见杨宪益译《奥德
　　修记》，上海译文出版社 1979 年版）尤利西斯（Ulysses）的故事，说明臣属拒不执行君
　　主违反基本原则的命令，实际上也是服从君主的。因为臣属捍卫了君主所赖以生存的君
　　主政体基本原则。斯宾诺莎说："当捆绑在船桅上的尤利西斯被海妖们的歌声迷住的时
　　候，尽管他百般威胁他的同伴们为他解缚，但是船员们根本不予理会；这倒是执行了他
　　原来的命令。而且，后来他还为他的同伴们贯彻执行了他当初的决心而道谢，人们认为
　　这正是他的良知的表现。"（《政治论》第 7 章第 1 节）

21 [英]G. H. R. 帕金森主编：《文艺复兴和 17 世纪理性主义》（《劳特利奇哲学史》第四卷），田平等译，中国人民大学出版社 2008 年版，第 271 页。

22 斯宾诺莎认为："为了适当地加强君主政体起见，必须使它建立在若干坚固的基本原则之上。"他期待着，"依据这些基本原则，君主得到安全，民众得到和平，从而保证在君主最充分考虑民众的福利时，他也最充分享有自己的权利"。（《政治论》第 6 章第 8 节）

23 斯宾诺莎建议："议事会的候选人应该熟悉本国的政制、基本法规、局势或情况。但是，打算担任法律顾问官的人除了要熟悉本国的政制和情况外，还必须了解与本国有交往的其他国家的政制和情况。只有年满五十岁而且没有犯过罪的人才能列入候选人名册。"（《政治论》第 6 章第 21 节）

24 斯宾诺莎指出："人民的福利就是最高的法则，亦即君主的最高权利，所以，君主的权利是在议事会所呈交的诸项意见中选取一种，而不是违反整个议事会的意见而擅自决定或另作主张。"（《政治论》第 7 章第 5 节）

25 "由常务委员会审查其判决是否符合正规的司法程序和是否公正不偏。如果败诉的一方能够证明法官中有谁接受了对方的贿赂，或者由于某种原因偏袒对方而忌恨己方，或者未遵循正规的司法程序，那么，整个案件就应该重新审理。"（《政治论》第 6 章第 26 节）

26 斯宾诺莎高度评价这种宣誓的效用："对于那些按照法律规定必须宣誓的人们来说，以祖国的安宁和自由的名义，以及以最高议事会的名义宣誓，比以上帝的名义宣誓更能注意避免违背誓言。因为，以上帝的名义宣誓是以自己所评价的私人利益为担保，而以祖国的安宁和自由的名义宣誓则以公共利益为担保，那不是自己所能评价的，而且，如果违背誓言，就等于宣告自己是祖国的敌人。"（《政治论》第 8 章第 48 节）

27 [英] 罗斯：《斯宾诺莎》，第 36 页。

28 对斯宾诺莎未写完的内容，人们做出了不同的推测设想。有的学者认为，从《政治论》一书的目的出发，他"会相应提出避免使这种最佳的民主政体蜕变为'平民专政'的方式"。也有研究证实，斯宾诺莎对于反对"统领"权力的政界人士抱有极大的好感，而且他坚信公民拥有平等的公民权利，并应该能够平静地生活和自由地思想。所以，斯宾诺莎应该会进一步讨论公民权利问题。参见 [意] 萨尔沃·马斯泰罗内：《欧洲政治思想史——从十五世纪到二十世纪》，第 120 页。

29 [荷] 斯宾诺莎：《神学政治论》，第 216—217 页。

30 [荷] 斯宾诺莎：《神学政治论》，第 271 页。

31 《政治论》第 8 章第 3 节，第 92 页注①。

32 [荷] 斯宾诺莎：《神学政治论》，第 217 页。

33 [荷] 斯宾诺莎：《神学政治论》，第 272 页。

34 [荷] 斯宾诺莎：《神学政治论》，第 255、270 页。

35 [荷] 斯宾诺莎：《神学政治论》，第 278 页。

36 斯宾诺莎指出："在这里，凡是父母享有公民权的人，凡是出生于国内的人，凡是对国家有贡献的人，或是由于其他理由依法享有公民权的人，所有这些人，我再说一遍，都有权要求在最高议事会上行使投票权，并且出任国家官职。除非他们是罪犯或声名狼藉者，否则不能拒绝他们行使权利。"（《政治论》第 11 章第 1 节）

37　[英] 史蒂文·纳德勒：《斯宾诺莎传》，第 417 页。

38　参见 [荷] 斯宾诺莎：《神学政治论》，第 12、16 页。罗斯评价说："《神学政治论》被现代的研究者称为'对思想和言论自由比古希腊的最高法院（Areopagitica）本身更富有推理而感情色彩不浓的辩护'。……根据扉页，该书的目的是表明，思想自由与虔诚和公民的安宁不仅是相容的，而且是它们的主要条件。"参见 [英] 罗斯：《斯宾诺莎》，第 29 页。

39　[荷] 斯宾诺莎：《神学政治论》，第 82—83 页。

40　[荷] 斯宾诺莎：《神学政治论》，第 220 页。

41　[荷] 斯宾诺莎：《神学政治论》，第 254 页。

42　斯坦利·罗森指出："斯宾诺莎在哲学界首开先河，写下了一系列为民主声辩的论著。他倡导民主的主张起先出现在他 1670 年出版的《神学政治论》一书中，他对民主持这样的态度并非偶然，而是他的形而上学哲学观以及他对传统政治哲学的强烈反叛所产生的必然结果。"参见 [美] 列奥·施特劳斯、约瑟夫·克罗波西主编：《政治哲学史》，第 455 页。弗兰克尔说该书是"自由民主政治的基本教本"，是民主思想史上"最重要和最有影响的文本之一"。参见弗兰克尔：《评斯宾诺莎〈神学-政治论〉新译本》，第 352 页。马斯泰罗内也认为："斯宾诺莎完全有理由被看作是现代民主的一位理论家，尽管他未能完全阐明自己关于最佳民主政体的思想。"参见 [意] 萨尔沃·马斯泰罗内：《欧洲政治思想史——从十五世纪到二十世纪》，第 122 页。

43　"斯宾诺莎"，载 [英] 戴维·米勒、韦农·波格丹诺编：《布莱克维尔政治学百科全书》，邓正来等译，中国政法大学出版社 1992 年版，第 735 页。

44　[荷] 斯宾诺莎：《神学政治论》，第 256 页。

45　[英] 史蒂文·纳德勒：《斯宾诺莎传》，第 506 页。

46　《神学政治论》第十六章中的那段话为："我特别是立意在此，因为我相信，在所有政体之中，民主政治是最自然，与个人自由最相合的政体。在民主政治中，没人把他的天赋之权绝对地转付于人，以致于对于事务他再不能表示意见。他只是把天赋之权交付给一个社会的大多数。他是那个社会的一分子。这样，所有的人仍然是平等的，与他们在自然状态之中无异。"（[荷] 斯宾诺莎：《神学政治论》，第 219 页）

47　[荷] 斯宾诺莎：《神学政治论》，第 276—277 页。

48　[美] 列奥·施特劳斯、约瑟夫·克罗波西主编：《政治哲学史》，第 467 页。

49　[荷] 斯宾诺莎：《神学政治论》，第 219 页。

第十章 启蒙时代

法治政体思想的哲学建构

传统上，18 世纪被称为启蒙和革命的世纪。这两个概念都注意到了具有明显重要意义的、知识和政治的复杂问题，就此而言，它们都是具有价值的。这一方面的价值毫无疑问，而另一个可以替代它们的名称，理性的时代，也是如此。但是，理性、启蒙和革命这些复杂的问题中体现了许多想法和观念，作为系统性的概念，要充分描述这些想法和观念的本质，它们又没有什么意义。对于这一本质，我们将使用"纪元意识"这个术语。从根本上说，18 世纪的特征是一种新的纪元意识，一种观点，即一个时期到了尽头，西方文明的一个新时期正要开始。

——[美] 沃格林：《政治观念史稿·卷六：革命与新科学》

从政治与法治的角度看，启蒙时代既是一个面对君权神授学说、绝对王权、君主专制和"利维坦"的时代，也是一个开创现代欧洲自由与法治的政治原理和法律哲学的时代。也就是说，一方面，启蒙思想是在种种专制权力及其思想的背景下发展起来的；另一方面，在启蒙运动及其前后，欧美出现了严重的社会政治危机，引发了英、美、法三国的革命，在此前后及其过程中诞生了新的政治哲学与法律学说。

按照普遍的看法，以 17 世纪末期为起点，到 18 世纪末（甚至 19 世纪初），这属于欧美"启蒙运动"时代。[1] 欧洲法治政体思想史的一个重点，就是对启蒙时代法治政体思想进行阐释。但本书不拟囊括这个时期所有的人物及其著述。启蒙时代对法治政体问题进行过探讨和论述的思想家，至少包括英国的约翰·洛克和大卫·休谟，法国的孟德斯鸠、卢梭和保尔·昂利·霍尔巴赫，美国的托马斯·潘恩、托马斯·杰弗逊、《联邦党人文集》的作者亚历山大·汉密尔顿和德国的康德等人。这些杰出的思想家，无疑是整个欧美启蒙时代的中坚力量，因而，他们的思想学说完全足以代表这个时代法治政体思想的基本样态及其贡献。

在本章中，我们先对那些启蒙思想家追求法治政体的意愿与抉择，以及其从哲学上对法治政体所作的理论建构，作一个简要的综观。而接下来的两章，则分别考察孟德斯鸠和休谟的法治政体思想。

众所周知，启蒙运动是西方历史的一个巨大转折。从哲学、思想文化与政治、法律制度的角度看，在这个历史过程中，有一些概念与主题被反复提出并不断加以讨论。如"理性""自然""人性""自然法""自然权利""自由""平等""财产""幸福""进步""民主""分权""法治"等等。法国大革命的主题，也是"自由、平等、博爱"。而《人权宣言》则可以被视为将启蒙思想的核心信念表述为政治、法律信条的一份纲领性文件。美国学者弗朗西斯·薛华（Francis A. Schaeffer）指出了启蒙思想中五个关键性的观念："启蒙运动的乌托邦梦想可用五个观念说明：理性（reason）、自然（nature）、快乐（happiness）、进步（progress）以及自由（liberty）。"[2] 特别是以启蒙运动及启蒙思想为中轴，出现了自由主义、共和主义以及民主政治等思想与制度的蓬勃兴盛。

启蒙时代的政体科学，主要是由这个时代的历史进程及其所面临的基本问题来决定的。那么，启蒙时代有哪些基本问题？

启蒙运动面对的是 17 世纪的王权绝对主义、内战、宗教纷争造成的一系列现实和理论上的政治难题。这些难题集中体现于一些基本的问题：应当如何组织一个国家中的权力？传统的公民美德在 18 世纪的社会是否具备可行性？人们想知道，主权（最高权力）究

竟应该由一个人掌握，还是与其他既定团体共享？君主是凌驾于法
律之上，还是服从于法律？如果君主服从于法律，那么应该服从何
种法律？应该如何界定世俗权力与神权、教会与国家之间的关系？
政治社会的源头何在，又是如何形成的？何为确保政治生活的稳
定、繁荣和进步的最佳社会组成方式？³

这些问题，显然不可能由古典政治哲学与古典思想来代为解答。

新的时代，产生了对新思想、新理论的强烈需求。所以，这个时
代的主要任务之一，就是阐明一种新的社会哲学以及政治与法律的一般
理论，作为新时代建构社会秩序、政治秩序尤其是政体构造的导向和
指引。这个时代，当然与古典世界、中世纪包括文艺复兴运动和宗教改
革，具有复杂的历史连续性和继承性，至少应当说："它的理论可以说
是前一时期种下的种子在这个时候开的花。"⁴但是，承认这一点，并不
能否定其思想的原创性。在这个时代，引人注目的一大特点，仍然是新
的政治哲学的创立，特别是政体理论的新探索。即使是思想先驱们已经
种下了不少思想的种子，然而这些种子经由启蒙时代开出艳丽的思想花
朵，不也是一种突破吗？在这个时代中，正如美国的戈登指出："古代
的传统似乎已经荡然无存了，而许多英国政治思想家试图依靠基本的哲
学原则为构造一种新的政治秩序提供指导。"⁵这当然不仅仅限于英国的
政治思想家，而是还包括欧洲大陆以及美国的政治思想家。

与此相伴随，同时也是这个过程的重要组成部分，法律和法治也成
为人们广泛深入讨论的一个主题。因此，法治政体的思想呈现出百家齐
鸣、百花盛开的灿烂局面。完全可以说，在西方的政治哲学及法治思想
史上，启蒙时代是一个重要的新时代。

启蒙时代树立了一个根本的观念，就是把人视为"受法律支配的"
一种动物：如同亚里士多德说"人天生（在本性上）是政治动物"，人天
生也是"法律动物"。例如洛克在《人类理解论》中就明确指出：从道
德学上说，人是一个有形体、有理性的动物，"就得受法律的支配"。⁶这

表明，在洛克看来，"道德、政治、神学与法律的思想和行动是建立在人'是受法律支配的'动物这一不容置疑的假设（和实践）之上的"。就如我们说，"人是受法律制裁的"，则我们所谓人，只是说他是一个有形体、有理性的生物。[7] 而这可以说是整个启蒙思想的普遍性观念。正是从在这个观念出发，启蒙思想家们对法治和法治政体发出了决定性的召唤。

毫无疑问，启蒙时代的法治政体思想，是在那个时代的政治哲学尤其是政体哲学中进行阐明和论证的。启蒙时代的政体哲学构成了法治政体思想的基本"问题域"。尽管这种阐明和论证的背后，具有深厚的法律或司法的概念及其实践作为背景和基础，然而，在这样的背景和基础上建构法治政体的基本思想，却是由政治哲学而非法学来完成的。这完全是一种对"政治的'法律'表述"[8]，即把对人的"统治权"这一核心政治问题转换成"法律"或"法治"问题。这显然不是抓几个小毛贼、关几个犯罪分子那个层面上的问题，也不是民事契约与结婚生子的法律问题。例如，洛克在界定"政治权力"时指出：

> 我认为政治权力就是为了规定和保护财产而制定法律的权利，判处死刑和一切较轻处分的权利，以及使用共同体的力量来执行这些法律和保卫国家不受外来侵害的权利；而这一切都只是为了公众福利。[9]

卢梭则把政治共同体定义为一种法律体制，也就是立法者、执法者和守法的臣民组成的团体。在那个时代，"统治权"（主权）被理解为不外乎是统治者立法、执法、司法的权力，而且这些权力还要受法律的限制与约束。因此，对人的"统治权"这一最关键的政治问题，无疑就是"法律"的首要问题，或者围绕"法律"问题而展开。以此为出发点，启蒙时代政治哲学的一个中心思想，就是用来解决"统治权"问题的那种政体应当是一个法治体系，或者说法治主要是一种政体架构，而非治理方法或者"治理术"。在这个意义上，启蒙时代的政体科学，亦即法治科学。反之，法治科学实质上就应是政体科学。

首先一个例子就是洛克。洛克所建立的政府哲学，正如《政府论》下篇的副标题所揭示的，是"论政府的真正起源、范围和目的"。或者说主要研究"关于政府的产生、关于政治权力的起源和关于用来安排和明确谁享有这种权力的方式"等问题。[10] 洛克所要解决的政治哲学问题，显然与他的论敌罗伯特·菲尔麦爵士的政治理论紧密相关，同时也受到英格兰立宪史与法治史的深刻启示。但是，《政府论》下篇仍然着力于对政府的一般原理的阐释，而非英国政府和英国革命的描述与分析，从而把"有着突出的历史背景、高度地方性的政治论战中的问题，转化为一般的政治学说"。因此，"阅读洛克给人的感觉是，他对公民政府的真正起源、范围和目的的思考，针对的仿佛是政治的一般原则，而不是在特殊的时刻和英国政治极为独特的背景下，他本人所属派别的高度特殊化的处境。我们把这称为一项成就，一个哲学头脑抵制自己的哲学偏见而写作所取得的成就"。[11] 从特殊的语境中超拔出来，尝试建立一般的原则和理论，这无疑是政治哲学必须完成的超越。或者说，只有完成了这样的超越，才有所谓政治哲学。否则，就只能是没有普遍意义的"地方性知识"。在这个意义上，《政府论》——并非《英国政府论》或《英国革命论》——提出的政府哲学与法治理论，超越了英国革命或启蒙的"地方性知识"。

洛克的同胞、18 世纪的休谟也是如此。在休谟看来，政体是支配人类事务的一个中心问题，因而也是政治哲学的中心问题。他认为：

> 正如许多人做的那样，离开政体去谈统治者问题，那是徒劳的，没有意义的，不值得为之争论，更不值得为之斗争。[12]

因为离开政体谈论"统治者"问题，就只能从统治者（人）来谈统治问题，而这就不可能产生关于统治的政治科学。当人们从统治者的好坏、善恶、良鄙、智愚上来思考政治之道，那么一切就要依赖于"机会""运气"和"偶然性"了。因为正如中国古人所云，圣君贤相不世出，常见多为中才庸主。这样，关于理想政治的所谓研究，不外乎或者是对"哲人王""开明君主"的乌托邦式期待——这当然产生了伟大的政治哲学；或者是把"外王"歌颂、虚饰为"内圣"或"伟大圣主"；或者是表达卜卦式的猜想、臆断与揣测等，唯独没有休谟所主张的政体科学。

那么，应当怎样谈论和谋划政体？在休谟看来，当然是通过政治科学来思考、分析政体问题。他提出，"政治可以析解为科学"，其原因就在于，人类事务取决于政体而非治理者的性格和品德。这与斯宾诺莎关于"政体法制是国家的生命"的认知是颇为一致的。休谟观察到，在人类事务的治理过程中，"法律的力量很大，而政府特定体制的力量也很大，它们对主管这一政府的人们的作风、个性的依赖却很小，以致我们有时可以从它们推断出一些普遍而又肯定的结论，就像数理科学所提供的结论一样"。如果认为所有政体与政府都无差别或是差别不大，其治理的好坏只是或主要取决于治理者的性格和品德的不同，那么也就不可能把政治当作科学来研究了，而"一切政治争论大都可以终止了"。[13] 正是由于政体及其法律的力量很大，所以需要对各种政体及其法律进行比较，并重点探求最佳的政体与优良的法律。所以，休谟满怀信心地说：

> 我们为何不能探索一下究竟何种体制最为完美？这在人类智能可能设想的课题中肯定是最值得探索的了。[14]

这是政治科学的真正使命，也是激发法治思想的强劲动力。

法国的一些启蒙思想家同样不例外。例如孟德斯鸠，无疑是具有强烈历史意识并进行了大量历史考察的思想家，但他并未因此放弃对政治、政体的类型和原则的探讨。法国当代思想家马南（Pierre Manent）断言："《论法的精神》的首要意图是在根本上削弱古人（the

Ancients）的权威，削弱'最佳政体'和'德性'的权威，为的是以现在的深层次权威取而代之。"¹⁵而要确立这一新的权威，就必须完成现代政体论包括政体类型学的理论构造，以及其对古典政体类型学的超越。所以，我们不能被《论法的精神》中大量的历史材料、无数的细节的铺陈所迷惑，也不要被该书广泛运用历史的、社会学的、比较的方法遮挡了眼界与视线，而是要重点关注孟德斯鸠对政体的性质、原则及其法律所进行的思考。

孟德斯鸠在《著者原序》中已经明确地向我们声明了这一点：

> 我建立了一些原则。我看见了：个别的情况是服从这些原则的，仿佛是由原则引申而出的；所有各国的历史都不过是由这些原则而来的结果；每一个个别的法律都和另一个法律联系着，或是依赖于一个更具有一般性的法律。当我回顾古代，我便追寻它的精神之所在，以免把实际不同的情况当作相同，或是看不出外貌相似的情况间的差别。
>
> 我的原则不是从我的成见，而是从事物的性质推演出来的。
>
> ……
>
> 我们越思考到细节，便会越感觉到这些原则的确实性。¹⁶

他在该书的第一卷第一章"一般的法"的末尾，还特别指出：

> 我将首先研究法律同每一种政体的性质和原则的关系。因为政体的原则对法律有最大的影响，所以我将尽力很好地去认识它。当我一旦论证了原则，人们便将看到法律从原则引申出来，如同水从泉源流出一样。然后，我便将进而讨论其他看来比较个别的关系。¹⁷

按照这一设想，《论法的精神》第一卷的余下七章（第二至八章），就开始分析政体的性质、原则以及相关的法律问题。第二卷的五章（第

九至十三章），大部分内容讨论的也是政体及其法律问题，尤其是其第
十一章"规定政治自由的法律和政制的关系"，更是孟德斯鸠对理想政
体的阐明。后面的四卷，同样从不同方面涉及一些政体及其法律的问
题。这样看来，"如果说《论法的精神》一书有什么结构安排的话，那
就是它试图探究适应于每一种政体的法律和制度上的变异形式以及自然
环境和制度条件所要求的每一种政体的差异"[18]。按照这样的设想，"当
我们终于明白，孟德斯鸠撰写的是一部政治学著作，而不是一部气候学
或教会史的著作时，我们就会发现，先为三种政体下定义，然后才论述
三种政体的各种决定因素，这是完全合乎逻辑的"[19]。而这就是《论法
的精神》在被誉为"法学百科全书"的同时，也被视为政治哲学、宪法
哲学经典著作的主要原因。

进一步来看，孟德斯鸠如何建构现代的政体论，特别是优良政体
的理论？这就是"把社会学和政治学的问题改造为一个静力学的问题"。
德国哲学家卡西勒评论说："孟德斯鸠的《论法的精神》把这种改造视
为最重要的任务。"[20] 所谓"静力学"，是研究物体平衡的规律和条件的
学科。在社会科学上，借用这一名称，指研究各种社会构件、政治力量
等的平衡的原理、艺术与状态。英国 19 世纪的哲学家赫伯特·斯宾塞
就曾著有《社会静力学》（1850 年）一书。斯宾塞定义说："社会哲学
可以恰当地被划分为（正如政治经济学曾被划分的那样）静力学和动力
学；前者探讨一个完善社会的平衡状态，后者探讨社会向完善状态发展
所依靠的力量。"[21] 而在孟德斯鸠那里，《论法的精神》的目的就是要建
立一种"政体静力学"，亦即"自由静力学"。

还有卢梭，据《忏悔录》所记，卢梭认为，人类社会的一切事务都
从根本上取决于政治和政体。因此，他毕生最大的愿望是写一部《政治
制度论》，探讨什么是"可能的最好的政府"以及遵从法律的政府。他
在 1767 年 7 月 26 日写给德·米拉波（Marquis de Mirabeau）的信中，
也提出了他所谓政治学的最大问题："找到一个政府的形式，将法置于
人之上。"[22] 这显然清楚明白地点出了卢梭寻找一个法治政府的宗旨。

而他所作的《社会契约论》，就在于从哲学上研究政治和政体："我要根据人类的实际情况和法律可能出现的情况进行探讨，看是否能在社会秩序中找到某种合法的和妥当的政府行为的准则。"[23] 亦即探讨合乎正义的并且切实可行的政权体制及其原则。据《社会契约论》译者何兆武的注解，《社会契约论》曾改为《论政治社会》；其副标题，在《日内瓦手稿》中，"最初是《论国家的体制》，后改为《论政治的形态》，再改为《论共和国的形式》，最后正本确定为《政治权利的原理》"[24]。但无论怎样改变其副标题，其实都锁定于他所关注的政治问题。而卢梭对政治、政体问题的研究，按照他的规划，其基本的立场在于要探究政治或政体的原理，而不是描述和挖掘历史事实。即使卢梭关注到历史事实——如同《社会契约论》中所做的那样——也只是用历史事实为政治原理提供证明材料而已。卢梭在《论人类不平等的起源和基础》中已经指出：

> 首先让我们抛开事实不谈，因为它们与我们探讨的问题毫无关系。切莫把我们在这个问题上阐述的论点看作是历史的真实，而只能把它们看作是假设的和有条件的推论，是用来阐明事物的性质，而不是用来陈述它们真实的来源，这和我们的物理学家在宇宙的形成方面每天所作的推论是相似的。[25]

在《日内瓦手稿》中，卢梭说得更明白："我是探讨权利与理性，而不是争论事实。"[26]

用涅格罗尼的话来说，"卢梭既非暴躁的批判者，也并非不切实际的梦想者"。他根据政治原理的探讨，对"可能的最好的政府"如何在具体的历史背景中加以实现，进行了经验性分析和具体规划，从而解决"实践性政治"问题。因此，卢梭是一位"希望建立政治秩序的哲学家，他以勇气和洞察试图把正当性的严格要求运用于历史环境中"。从理论的连贯性上看，"他一直在他的著作中致力于解决三个问题：为什么十八世纪的社会是腐败的？什么是合法的政治？在什么条件下人们可以改革政体？只有通过讨论对这些不同问题所做出的回答，我们才能够分析一种实践性政治哲学（une philosophie politique appliquée）的内涵及其关键所在"[27]。例如，他的《科西嘉宪政规划》和《关于波兰政体的思考》，就构成了这种"实践性政治哲学"的重要部分。

霍尔巴赫也试图建立一种"治理国家的科学"。他的《自然政治论》的全名，就是《自然政治论或治国的正确原则》，其核心也是阐述政体及其法律的问题。他认为，政治要成为真正的科学，必须要"认真思考人的本性是什么和社会的目的在哪里"，否则，政治就只能"是一门模糊的、有问题的、不确定的科学"。他说：

> 如果从人的本性出发，就能从中推导出政治体系，它是一整套彼此密切联系的真理，一系列比人类知识其他领域中的原则更可靠的原则。[28]

在《自然政治论》的最后一段，霍尔巴赫告诉读者："真理就是上面这些。这些真理应该成为任何政治制度的基础。在本书各章中，这些真理已阐述得十分清楚了。"[29] 他之所以认为"这些真理应该成为任何政治制度的基础"，就在于"这些真理"才是他从人性出发加以确认的真正的治国原则，包括良好法律与法治的原则。

对于美国的潘恩和汉密尔顿等人来说，政治哲学与宪法原理也必须重点研究如何解决"优良政体"这个至关重要的问题。潘恩在《常识》（1776年）中认为，政体比人事重要得多，必须审慎地进行建筑：

> 组织我们自己的政府，乃是我们自然的权利。当一个人认真考虑到人事动荡时，他就会深深地相信，我们尽力以冷静审慎的态度来组织我们自己的政权形式，要比把这样一个重大的问题交给时间和机会去支配，来得无限地聪明和安全。如果我们现在不走这一步，也许以后会出现一个马萨涅洛，他在掌握了民众的动荡情绪以

后，可以纠集亡命和不满之徒，自己攫取政权，最后像洪水一样把北美大陆的各种自由权利一扫而空。[30]

　　在他看来，美国革命真正需要解决的问题，不在于将北美从英国的殖民统治下解放出来——这是必须且势所必然的——而在于提供一种不同于过去所有政体类型的新型政体。"只要我们能够把一个固定的政权形式，一个与众不同的独立的政体留给后代，花任何代价来换取都是便宜的。"[31] 由此，美国革命将开出一个政治与政体史的新纪元，而这才是它最重要的意义。

　　《联邦党人文集》也指出：

　　　　人类社会是否真正能够通过深思熟虑和自由选择来建立一个良好的政府，还是他们永远注定要靠机遇和强力来决定他们的政治组织。[32]

　　上文已述，这也是休谟的政治科学所要研判的关键问题。其道理亦是相通的：一个社会的政体或政权组织，如果仅仅由"机遇和强力"来决定，那就不需要什么政治科学。因为"机遇"（"机会"）只能等待——天赐良机或天降大圣；而"强力"不具有正当性且不可能持久，所以在这两种情形之下，既不可能产生优良政体，也不可能产生政治科学。但是，假如我们想要"建立一个良好的政府"，就必须也只能依靠政治科学的论证、谋划与指引。而汉密尔顿、杰伊和麦迪逊的《联邦党人文集》，正是为了说明美国联邦共和国的基本原则与体制，并且在事实上完成了对他们心目中一个"良好政府"的理论建构与解释。

　　总归而论，启蒙时代的政治哲学具有一个很重要的特点，就是在对政体理论进行探讨时，几乎都把追究政治与政体的性质、原则作为最主要的理论目标，或者说都意图阐明政治与政体的性质、原则，包括政府的起源、政治权力的性质与目的、政府的权限以及政体的结构等论题。[33] 这一政治哲学常常也会涉足和倚重历史：孟德斯鸠、休谟与《联邦党人文集》的作者们，总是反复不断地考察相关的历史事实。孟德斯鸠无疑是一位充满了历史感且非常关注历史向度的思想家。英国剑桥大学研究员希尔瓦纳·托马塞里就指出："孟德斯鸠非常重视历史。他充分认识到，研读历史对于政治理解而言是必不可少的，但是，正如它非常重要一样，它本身可能也是非常危险的。无论如何，它并非一种毫无疑问的追求。孟德斯鸠承认：'当我们考察历史与法律的各种记录时，仿佛置身于浩瀚无际的大海之中。'"[34] 休谟也是如此，他十分强调经验对于人们寻求普遍法则的重要性。作为一位历史学家，他在《英国史》中阐述说，"严格遵循法律的原则"，是英国历史上历经无数抗争而最终确立的一项"崇高的原则"。这一原则"虽会导致某些不便，但因捍卫此一原则所获裨益足以超过那些微小的不便"。所以，哈耶克指出，对于休谟来讲，英国历史的真实意义，就在于"从意志的统治到法律的统治"（a government of will to a government of law）的演化。[35] 但是，他们无论怎样重视历史、描述历史、借鉴历史，却总是"将历史思考与基本的理性需求联系起来"[36]。理性，正是启蒙时代的标志性主题和象征，即使是历史学研究，也笼罩在这个主题之下，受到这个主题的指引，从而成为阐明和论证原理、原则的重要同盟者。无论如何，启蒙思想的一个根本的旨趣，就在于以政治哲学的方式探寻人类秩序包括权力（政治）秩序的基本原理。

在这样的政治哲学看来，法治问题恰恰就是上述政治原理或政体科学的题中必有之义。甚至可以说，法治与政体成为启蒙思想家所构想之政治的一体两面的根本问题。在欧洲的政治哲学中，法治问题原本就不可能是外在于政体的纯粹的法律问题。这自然也是启蒙时代法治政体思想生成与展开的"问题域"或"哲学场域"，从而应当成为我们考察这一思想的一个基本视野和出发点。归纳来看，在政治哲学这个"问题域"或"场域"中，启蒙时代法治政体的思想具有一些基本的问题结构和内容构成，大体上包括：（1）对法治的想望；（2）法治政体分类学，

或者哪些政体是法治政体，哪些政体不是或不可能是法治政体；（3）理
想的法治政体是什么（选择、价值之本与制度构造）；（4）对人治政体
或专制政体的批判；（5）如何造就和巩固法治政体。这也是本书研究法
治政体思想的一个问题框架。

我们已经知道，欧洲政治哲学最主要的问题，就是优良政体或理想
政体问题。政治哲学家们总是试图通过其优良政体的研究与构设，来规
范和指导社会政治制度及其秩序的建造。古典时代是如此，启蒙时代也
是如此。

从柏拉图以降至启蒙时代的政治哲学，提供了一种重要的启示：以
政体为主宰和中心来思考法治问题的政体科学，才是真正排斥人治——
表现为依靠"好运气"、期待"千载机遇"而天降圣王，以及常常伴随
"偶然性"和"任意性"等——确立法治的科学。也就是说，只有科学
的政体理论，才能为安顿法治奠定基础和找到家园。而只要没有从政体
上解决法治问题，人类的政治统治与国家治理，就绝不可能摆脱充满种
种不确定性、偶然性以及恣意性的人治。只有通过政体来定义法治、安
顿法治，进而维护和巩固法治，才是告别人治的真正起点和基础。

注释

1　彼得·赖尔指出："启蒙运动大体上是从 17 世纪末期开始的，通常都以 1688 年为标志。
这一年有两个标志性事件：英国光荣革命和牛顿的《自然哲学的数学原理》发表。这两
个事件对以后的思想发展具有重大影响。启蒙运动的高潮时期是以法国启蒙运动那批伟
人的活动为标志，当然他们在法国之外也有战友和同盟者。伏尔泰、孟德斯鸠、狄德
罗、卢梭、休谟、莱辛和贝卡里亚代表了这个时期，时间大约从 1730 年到 1780 年（囊
括了这些人最有创造力的时期以及美国革命）。启蒙运动晚期是在 18 世纪最后 30 年，
通常都以法国大革命作为结束。但是，也有一些主张'延长的 18 世纪'的学者，认为
启蒙运动结束于 19 世纪之初的 10 年或 20 年。"参见 [美] 彼得·赖尔、艾伦·威尔逊：
《启蒙运动百科全书》，刘北成、王皖强编译，上海人民出版社 2004 年版，"序言"。关
于"延长的 18 世纪"这一说法，2003 年在美国举行的一次"国际十八世纪研究"青年
学者研讨会，就把从 1660 年到 1830 年叫作"启蒙"时期，他们把这段时期称作一个
"长时期的 18 世纪"（the long 18th century）。参见陈乐民：《启蒙札记》，生活·读书·新
知三联书店 2009 年版，第 2 页。

2　[美]薛华:《前车可鉴:西方思想文化的兴衰》,梁祖兴等译,华夏出版社2008年版,第98页。柏林和麦克里兰对启蒙运动的理想作了更详细的列举:"启蒙运动有志将宽容与节制的原则扩充为个人生活及社会、政治生活的通则。说西方自由传统的精华尽出于启蒙运动,并非夸大。启蒙运动到了19世纪的欧洲,可以说已不再是一个运动,已成为文明。启蒙运动信奉制度化与民权;废除奴隶;渐进主义与节制;风俗、道德、政治上的效率;在适当尊重民族与地方传统之下追求社会与经济进步;正义与法治、意见自由与结社自由、制衡政府权力及政治权威分立,以防止个人、团体或多数的专制统治;社会平等但不危及自由;最后,启蒙运动崇奉开明法律制度下的自由,以期自由不至于扰乱有秩序的政府过程。以上是以撒·柏林开列的项目。他指出,到19世纪中叶,上述理想,至少在理论上,已为欧洲的文明政府与民族所公认。"([美]约翰·麦克里兰:《西方政治思想史》,彭淮栋译,海南出版社2003年版,第338页)

3　"政治理论",载[美]彼得·赖尔、艾伦·威尔逊:《启蒙运动百科全书》,第34页。

4　[英]拉斯基:《思想的阐释》,张振成、王亦兵译,贵州人民出版社2001年版,第101页。

5　[美]斯科特·戈登:《控制国家:从古雅典至今的宪政史》,第255页。

6　[英]洛克:《人类理解论》,关文运译,商务印书馆1959年版,第506页。

7　[加]詹姆斯·塔利:《语境中的洛克》,梅雪芹等译,华东师范大学出版社2005年版,第7页。

8　[加]詹姆斯·塔利:《语境中的洛克》。

9　[英]洛克:《政府论》(下篇),叶启芳、瞿菊农译,商务印书馆1964年版,第4页。

10　[英]洛克:《政府论》(下篇),第4页。

11　[英]彼得·拉斯莱特:《洛克〈政府论〉导论》,冯克利译,生活·读书·新知三联书店2007年版,第101、154页。

12　[英]休谟:《关于新教徒的继承问题》,载《休谟政治论文选》,第148页。

13　参见[英]休谟:《谈政治可以解析为科学》,载《休谟政治论文选》,第5—6页。

14　参见[英]休谟:《谈政治可以解析为科学》,第158页。

15　转见吴增定:《有朽者的不朽:现代政治哲学的历史意识》,《现代政治与自然》(《社会与思想》第3辑),上海人民出版社2003年版,第273页。

16　[法]孟德斯鸠:《著者原序》,载《论法的精神》(上册),张雁深译,商务印书馆1961年版。

17　[法]孟德斯鸠:《论法的精神》(上册),第7页。

18　[美]乔治·霍兰·萨拜因著,托马斯·兰敦·索尔森修订:《政治学说史》(下卷),第242页。

19　[法]洛朗·韦尔西尼:《导言》,载[法]孟德斯鸠:《论法的精神》(上册),许明龙译,商务印书馆2009年版,第58页。

20 [德]E.卡西勒：《启蒙哲学》，顾伟铭等译，山东人民出版社 1989 年版，第 18 页。

21 [英]赫伯特·斯宾塞：《社会静力学》，张雄武译，商务印书馆 1996 年版，第 224 页。

22 转见[法]爱弥尔·涂尔干：《孟德斯鸠与卢梭》，李鲁宁等译，上海人民出版社 2003 年版，第 86 页。

23 [法]卢梭：《社会契约论》，载《卢梭全集》(第 4 卷)，李平沤译，商务印书馆 2012 年版，第 15 页。

24 [法]卢梭：《社会契约论》，何兆武译，商务印书馆 2003 年版，第 2 页注①。

25 [法]卢梭：《论人与人之间不平等的起因和基础》，载《卢梭全集》(第 4 卷)，第 231 页。

26 [法]卢梭：《社会契约论》，何兆武译，商务印书馆 1980 年版，第 7 页注①。

27 涅格罗尼：《立法者卢梭》，载[法]卢梭：《政治制度论》，刘小枫编，崇明等译，华夏出版社 2013 年版，第 1—2、31 页。

28 [法]霍尔巴赫：《著者序》，载《自然政治论》，陈太先、眭茂译，商务印书馆 1994 年版。

29 [法]霍尔巴赫：《著者序》，第 418 页。

30 [美]托马斯·潘恩：《潘恩选集》，马清槐等译，商务印书馆 1981 年版，第 36 页。潘恩所讲的马萨涅洛，即托马斯·阿涅洛，是意大利那不勒斯的一位渔夫，他在公共市场上鼓动同胞，怂恿他们起义，以反对当时占有该地的西班牙人的压迫。结果，他在一天内便成了同胞们的国王。

31 [美]托马斯·潘恩：《潘恩选集》，第 39 页。

32 [美]汉密尔顿等：《联邦党人文集》，程逢如等译，商务印书馆 1980 年版，第 3 页。

33 对此特征，美国政治学家加布里尔·阿尔蒙德一语道破："尽管政治科学在启蒙时代取得了一些实质性的进步，但这一时期的学者如霍布斯、洛克、孟德斯鸠、休谟、麦迪逊和汉密尔顿，以及柏拉图、亚里士多德、波利比奥斯、西塞罗、阿奎那、马基雅维利和布丹等人所探讨的主题都是一样的，即：统治的形式及其变化，以及评判这些形式及其变化的标准。"参见[美]加布里尔·阿尔蒙德：《政治科学：学科历史》，载[美]罗伯特·古丁、汉斯-迪特尔·克林格曼主编：《政治科学新手册》(上册)，第 79 页。

34 [英]希尔瓦纳·托马塞里：《各民族的精神》，载[英]马克·戈尔迪、罗伯特·沃克勒主编：《剑桥十八世纪政治思想史》，刘北成等译，商务印书馆 2017 年版，第 37 页。

35 [英]弗里德利希·冯·哈耶克：《自由秩序原理》(上)，第 217 页。

36 [德]约恩·吕森：《历史思考的新途径》，綦甲福、来炯译，上海人民出版社 2005 年版，第 4 页。

第十一章　孟德斯鸠

政体与法治

　　孟德斯鸠在法律研究方面之于我们，恰如笛卡尔在哲学研究方面之于我们一样。他通常都给人以启示，有时也出点错，懂得如何读书的人即使在他出错时依然能够获得教益。

——[法] 达朗贝尔：《孟德斯鸠庭长先生颂词》

　　《论法的精神》表面上是简单而杂乱的，但其内部则是困难而一致的。……它是有一个意图的。它的系统的学说，甚至它那不可理解的标题，仍将继续和我们捉迷藏，直到我们完全理解了那一意图。

——[美] 列奥·施特劳斯、约瑟夫·克罗波西主编：《政治哲学史》

　　在法治政体思想史上，孟德斯鸠是很重要的一位思想家。一方面，他在政体分类学上有自己独到的见解，对每一种政体的分析也不同于前人：在政体的"性质"之外，十分重视政体的"原则"。另一方面，他对法律与政体的关系有着异乎寻常的清晰阐述，并且明确将政体区分为法治政体与人治政体。此外，他也着力挖掘政体、法律与其他种种自然与社会的因素之间的复杂关系。由此，他为世人呈现了一种不同凡响的"法的精神"。

一 孟德斯鸠：生平与著作

夏尔-路易·德·色贡达·孟德斯鸠，18 世纪法国著名的启蒙思想家、政治哲学家、法学家和社会学家[1]，1689 年 1 月 18 日出生于一个贵族家庭。从 1705 年到 1708 年，孟德斯鸠在波尔多大学法律系就读，1708 年 8 月 12 日获得学士学位，两天后在波尔多高等法院就任律师。孟德斯鸠对《提奥多西亚努斯法典》《查士丁尼法典》《法学阶梯》《学说汇纂》以及所有中世纪早期的法律和谕令文集，都了如指掌。自 1711 年至 1721 年，他撰写了题名为《法律篇》的法律学习笔记，共六册。1708 年至 1713 年在巴黎的五年，丰富了他的法学知识，使他了解了司法实践。1713 年，孟德斯鸠因父亲病故回到波尔多。1716 年，他被接受为波尔多科学院成员。从 1714 年起，孟德斯鸠担任波尔多高等法院的审判官，并在 1716 年至 1726 年期间，先后担任波尔多高等法院刑庭的第四、第三和第二庭长。在当法官的 12 年里，孟德斯鸠在刑庭服务了 11 年，这使得他获得了大量关于刑法的经验，也使他开始思考犯罪和刑罚方面的问题。在此期间，孟德斯鸠撰写了《波斯人信札》，该书于 1721 年出版，一时洛阳纸贵。其后，他迁居巴黎，并于 1728 年 1 月 24 日当选为法兰西学士院院士。此后至 1731 年，他游历欧洲大陆的奥地利、匈牙利、德国、意大利、瑞士、荷兰等国。达朗贝尔说孟德斯鸠游历诸国的目的，在于"考察各国的物质和精神，研究各国的法律和体制，拜访著名的学者、作家和艺术家，寻访为数不多的特殊人物，与这些人的交游有时胜过数年的逗留和考察"。如在意大利，他看到了不同的政体，如贵族制和共和制。在 1729 年 11 月初，孟德斯鸠抵达英国，直至 1731 年 4 月回国。在英国，他结交各界朋友，并借此参加英国议会上下两院的会议，以观察议员们的辩论。他发现，"英国是一个供人思考的地方"。

在四年的游历过程中，孟德斯鸠搜集到了所游历诸国大量有关政治体制和风俗习惯的珍贵资料，这"构成了其知识史中至关重要的经验"[2]。这些资料和经验成为他撰写《罗马盛衰原因论》和《论法的精神》的重要基础。前者写成于 1733 年春，出版于 1734 年；后者的写作则起始于 1734 年，并于 1748 年 10 月底出版，至少历时十五年之久。因这些著作，孟德斯鸠引发了人们对他的不同评论。例如，《论法的精神》一度被教皇列入"禁书目录"。1746 年，孟德斯鸠被选为柏林皇家科学院院士。1755 年 2 月 10 日，孟德斯鸠病逝于巴黎。在法国大革命中，孟德斯鸠的坟墓被捣毁，其遗骸则不知去向。

从政治哲学与法律思想的角度看，孟德斯鸠主要有三部著作，即《波斯人信札》（*Persian Letters*）、《罗马盛衰原因论》（*Considerations on the Causes of the Greatness of the Romans and Their Decline*，亦译作《罗马帝国盛衰溯源》）和《论法的精神》（*The Spirit of Laws*）。实际上，无论在材料、思路还是观点上，前两部书都是《论法的精神》的前奏和准备。

《波斯人信札》以书信体的形式，一方面揭露与批判当时法国路易王朝的君主专制，另一方面讨论种种政体、权力的性质和范围、自由与法律的关系，以及温和的治理方式等问题。例如他谈到君主们的权力："欧洲各国君主权力很大，可以说他们想要多大权力就有多大权力。"然而，"使他们陷入绝境，福祸难料的，也是这无限的权力"[3]。在他看来，任何绝对的或不受限制的权力，都不具有正当性，而且无论对国家还是统治者个人都是危险的。所以，他欣赏宽和君主制（moderate monarchy）。

而《罗马盛衰原因论》并非一部有关罗马历史的史书，而是一部政治哲学著作。在该书中，孟德斯鸠否认人类世界是由命运支配的，而将政治与法律制度、道德风俗视为决定罗马盛衰的根本力量。他认为，罗马的兴盛来源于罗马共和国的优良政体、公正的法律以及淳朴的民风。反之，罗马的衰亡则肇因于帝国的专制统治、法律溃败与礼崩乐坏。"因此，我们与其把《罗马盛衰原因论》看作一本历史著作，毋宁把它看作一本政治论著更为切合该书的性质和作者的原意。作者不过是利用罗马的有关史料来阐发他的政治主张，来论证政治制度、法律制度的重要性，来为共和国制度提出历史的、理论的辩护，用以反对当时的专制暴政。"⁴ 上述两书特别是《罗马盛衰原因论》中的许多观察和见解，在其后的《论法的精神》中反复得到重述和提升。

《论法的精神》无疑是孟德斯鸠最重要的著作。在整个政治、法律思想史上，《论法的精神》亦堪称经典之作。⁵ 法国当代学者韦尔西尼教授认为，与伏尔泰、卢梭、狄德罗等同时代的启蒙思想家的著作相比较，"《论法的精神》是所有法国启蒙思想家的著作中最具天赋的一部"⁶。对于今天学习和研究法律的人来说，该书也是一部百科全书式的法学名著，为法理学、比较法学、宪法学、刑法学、民法学、诉讼法学、婚姻家庭法学、法律史、国际法学以及立法学等法学学科提供了丰富广博而富有启发的思想与知识。

但是，对于如何理解《论法的精神》这一重要的著作，却因该书的结构及其写作方式而产生了不少分歧。对于如何发现作者的意图，孟德斯鸠自己就已告诉读者："如果人们想寻找著者的意图的话，他们只有在著作的意图里才能很好地发现它。"⁷ 而一些学者认为，该书有些杂乱无章或混乱，从而影响人们对其主旨和意图的把脉。如伏尔泰就说，《论法的精神》"犹如迷宫"。美国政治学家萨拜因也指出，"我们不能说孟德斯鸠《论法的精神》一书有什么结构安排"，长达十数年写作的书，即便早有计划中的思路和结构，也很容易因时常中断写作而丢失，这使得"人人都可以看出它的各个部分是互不连贯的"。因而，该书所表达的主要观点之间也没有"内在的关联"。⁸ 但是，不少人则持相反的判断，认为《论法的精神》具有清晰的条理性和结构性。同为启蒙思想家的达朗贝尔早已指明这一点，他说，深入思考《论法的精神》的人们会发现，这部著作在大局和细节上都是有条理的，人们"对这部著作的理解越是深刻，对它的条理也就看得越清"。对于一些读者认为该书可能存在混乱之处，他告诉人们，这"只是表面的混乱"，并非"真正的混乱"。⁹ 而韦尔西尼更是强调该书的结构性："《论法的精神》的真正一体性和真正的条理性其实是它的结构性，应该在作者所安排的顺序中得到清晰陈述的是，各种法之间的关系以及各种法与物质和历史因素的关系，最清晰的顺序就是最好的顺序。"[10] 依据达朗贝尔和韦尔西尼的上述判断，我们就有可能把握《论法的精神》的条理性和整体性。

在下文中，我们将根据法治政体与人治政体的类型划分，来讨论这些政体类型的法律以及法治（人治）问题。一种政体是否属于法治政体，取决于政体的性质和原则，而非取决于法律。这是一种政体类型学的探讨。孟德斯鸠是强调法治的："法治和保国不是格格不相入的；不，法治是很有利于保国的；所以没有法治，国家便将腐化堕落。"[11] 而从法治的角度看，无论对于何种政体，孟德斯鸠都重点讨论了三个基本问题：第一，在其政体之下有法律吗？有什么法律？第二，在这些政体之下，人们尤其是掌权者遵循和服从这些法律吗？确保法律的力量是什么？第三，这些政体及其法律会衰败吗？如何防止其衰败？

为此，我们将主要梳理《论法的精神》第一卷的第二章至第八章。在这七章之中，孟德斯鸠首先分析了各种政体的性质，以及直接源自其性质的法律（第二章）。然后，在界定各种政体的原则（第三章）的基础上，他从三个层面来探讨各种政体的原则与法律的关系。

第一个层面，他主张教育法应该与政体的原则相适应（第四章）。为什么先探讨教育法呢？因为"教育的法律是我们最先接受的法律。因为这些法律准备我们做公民"。而教育法的目的，就是政体的原则。所以，教育法在各种政体之下也将会不同。"在君主国里，教育的法律的目的应该是荣誉；在共和国里，应该是品德；在专制国里，应该是恐怖。"[12]

第二个层面，孟德斯鸠认为，一切立法应该与政体的原则相适应（第五章）。在第一卷第五章的第一节中，他对这一主题有一段总结性论述："法律和政体原则的关系加强了政府的一切动力；反过来，政体的原则也因此获得了新的力量。这就像在物理的运动上，动作的后果必然是反应。"[13]

第三个层面，孟德斯鸠分析了各种政体原则的后果和民法、刑法的一些关系（第六章），以及这些原则与节俭法、奢侈和妇女身份的关系（第七章）。最后，他讨论各种政体原则的腐化问题（第八章）；引申而言，也是整个政体及其法律的衰败问题。

此外，本章还有很重要的一个任务，就是探究何为孟德斯鸠心目中的优良法治政体，而这就必须重点分析《论法的精神》第二卷中的两章即第十一、十二章，特别是第十一章。当然，对上述所有问题的阐述，都应包含其他各卷的相关论断；必要时，亦会涉及《波斯人信札》和《罗马盛衰原因论》。

二　政体"决定"法律和法治：一个简要的综观

《论法的精神》一书对于法治政体问题的研究，具有其独特的贡献。"这部著作的重要性在于它的政治学意义和宪法学意义。韦尼埃强调说，政体类型是'该书的首要基因律动'，由此衍生出对各种政体的原则及其腐化的发现；于是，极为重要的'宽和'观念就从'温和政体'这个概念中衍生出来了。"[14] 当我们回到《论法的精神》的文本，就可以发现，孟德斯鸠显然旨在将政体及其法律问题视为一个中心问题，并围绕此问题或以对此问题的分析为基础来探讨"法的精神"。

他所写的《著者原序》反复申说，《论法的精神》就是要探讨原则、分析原因，以观察政体与法律的一切后果，以及建立"法"的各种联系，而不是以随笔之类的形式去讲述多如牛毛的历史材料与描写无数事实的细节。他告诉读者："我建立了一些原则。"更具体点说，"个别的情况是服从这些原则的，仿佛是由原则引申而出的；所有各国的历史都不过是由这些原则而来的结果；每一个个别的法律都和另一个法律联系着，或是依赖于一个更具有一般性的法律"。而这些原则不是主观的想象，也不是个人的成见。因而，"我们越思考到细节，便会越感觉到这些原则的确实性"。由此，"当我一旦发现了我的原则的时候，我所追寻的东西便全都向我源源而来了"。[15]

在所有这些原则中，具有主宰性的原则，即是各种政体的原则。每一种政体，不仅具有各自的性质，而且还有相应的原则。而无论是其性质还是原则，都要求产生相应的法律。所以，孟德斯鸠的一个中心思想是："法律应该同已建立或将要建立的政体的性质和原则有关系，不论这些法律是组成政体的政治法规，或是维持政体的民事法规。"[16]

基于上述本旨，对《论法的精神》的中心主题及其研究路径，孟德斯鸠特别指明：

> 我将首先研究法律同每一种政体的性质和原则的关系。因为政体的原则对法律有最大的影响，所以我将尽力很好地去认识它。当我一旦论证了原则，人们便将看到法律从原则引申出来，如同水从泉源流出一样。然后，我便将进而讨论其他看来比较个别的关系。[17]

由此可以看出，尽管孟德斯鸠认为法律与地理环境、气候、宗教、风俗习惯、财富、贸易、人口之间都有着密切的关系，以及法律相互之间、法律与立法者的目的等之间也有紧密的关系——而且正是这些关系综合起来构成了"法的精神"，因而应当从所有这些关系中去考察和理解法律——但在其所探索的"法的精神"这一论题中，他将法律与政体的关系放在了最首要（"首先研究"）也最重要（"有最大的影响"）的地位，所以要"尽力很好地去认识它"。对于人类来说，"必须存在一种政体，否则人们就无法生存"[18]。对于孟德斯鸠来说，必须首先研究政体与法律的关系，否则就无法把握"法的精神"。而孟德斯鸠揭示那些复杂的关系，在方法论上，"应用的是他自己发明的结构解释法"[19]。因为这些关系显然不是偶然性的、随机性的，而是结构性的。没有结构性的观念，它们只能是一堆杂乱的历史现象与客观事实，何以构成"法的精神"？亦由此，才有《论法的精神》在文本上的卷、章、节的顺序及其逻辑结构上的呈现。

孟德斯鸠分析政体与法律的关系，主要强调政体对于法律所具有的根本性、主宰性，即决定性。这里用"决定"一词，只是对他在表述政体与法律的关系时常常采用的一些说法的概括。比如他说，政体对法律具有"最大的影响"；"法律应与政体相吻合"；"直接从政体的性质中产生的法律"；"教育的法律应该和政体的原则相适应"；"立法应与政体的原则相适应"；他还将政体的原则比喻为物理运动上的"动作"，而法律就是对这一动作的"反应"。从这里，孟德斯鸠还进一步引申出来的一个结论是："民事法规以政治法规为依据，因为它们总是为同一个社会制定的。"[20] 他当然也谈到，一种政体下的法律应维护其政体的性质，保护其政体的原则，并矫正其弊端。但法律对政体的这一意义，仍然取决于政体对法律的决定性影响。正是由于政体对于法律来说乃是最大的支配性力量，法律反过来才能影响政体。按照孟德斯鸠的观点，每一种政体都有自己的性质和原则，法律亦因之而产生和发生力量。因此，一个专制国家不应该有君主国家或民主国家的性质和原则，也就无法有其相应的法律尤其是"基本法"。从民主政体的性质中产生的基本法，怎么可能有利于巩固专制政体？一种培养和激励热爱国家、热爱法律的品德的教育法，如何能够适应专制政体的畏惧原则？反之，亦然。所以，"决定"这一语词，应该可以较为准确地表达孟德斯鸠对于政体与法律的关系的一个根本定位。不过，在下面的行文中，将针对不同问题，尽量回到孟德斯鸠自己的表述。

值得注意的是，在法律与政体的关系问题上，孟德斯鸠为我们提供了几种不同但又互相关联的分析路径。譬如，在《论法的精神》的第一卷第一章中，他明确提到，政治法是"组成"政体的基本法，而民法（公民法）则是"维持"政体的法律。一个政体，首先需要"组成"，然后需要"维持"。这一"组成"与"维持"的区别，颇有意味。其后，他又根据不同的政体类型来分别讨论其法律与政体的关系。此外，他也指出："法律不但要维护各种政制的性质，同时还要矫正从这种政制的性质可能产生的弊端。"[21] 每一种政体，因其性质而必然生成某些弊端，因而需要法律予以矫正。在这里，法律对政体不仅具有"维护"的功能，而且还有"矫正"的功能。如果联系、贯通起来理解，那么对于每一种政体来说，也都有其"组成"与"维持"、"维护"与"矫正"的法律问题；当然，在孟德斯鸠那里，这些思路并非同等程度展开。重要的是，它们都是以政体类型学为前提和基础的。

孟德斯鸠同欧洲历史上的政治哲学家们一样，是将对法律与政体之关系问题以及法治政体问题的思考，奠基于政体类型学。我们已经知道，从柏拉图、亚里士多德以降至 18 世纪，欧洲的政体类型学在不断变迁和修正。而十分明显的一种发展在于，"亚里士多德著作的'古典'政体分类，变得越来越不敷现实之需了"。而实际上，"新的政体分类取代了传统的分类体系，越来越重视政治统治的宪法和制度特点。这在许多方面都是以孟德斯鸠的著作为蓝本的，尤为关注不同政府部门之间的相互关系"[22]。的确，孟德斯鸠的政体类型学，已经不同于古典的政体类型学了。

对于政体的划分，孟德斯鸠是从"性质"和"原则"（严复译为"精神"）两个维度上来界定与解析各种政体的。这是我们首先需要抓住的一条线索。孟德斯鸠指出，"政体的性质和政体的原则的区别是：政体的性质是构成政体的东西；而政体的原则是使政体行动的东西。一个是政体本身的构造；一个是使政体运动的人类的感情"[23]。也就是说，"政体的性质"揭示的是一种政体之所以为该种政体的构成或结构，即"成其所是"；而"政体的原则"则指明一种政体的运行的精神动力，即"行其所是"。在孟德斯鸠看来，从各类政体的性质中，能够找出其原则："这些原则是自然而然地从那里推衍出来的。"[24] 既然政体的原则不是人们在主观上外加给政体的，而是在政体的性质中发现的，那么从其性质出发，每一种政体都应该有其独特的原则。这一看法，同孟德斯鸠在《著者原序》中所说原则"是从事物的性质推演出来的联系时才能被觉察出来的"完全一致。也正因为如此，一个完整的政体类型，必须有其性质和原则两个根本要素，"否则政体就不完全"。[25] 我们不可将"原则"（如共和政体的"品德"）从其政体类型学说中抽离出来，以为孟德斯鸠是在与政体并列或在政体之外讨论"人"的问题。当然，孟德斯鸠常常又将其分开来讨论，以理解与各类政体的性质或者原则相应的法律。为了强调这一区别的重大价值，孟德斯鸠还专门为上述那段定义和区分政体的性质与原则的话作了一条注解，他写道："这个区别是极重要的。我将从此做出许多推论来。这些区别是无数法律的钥匙。"[26] 我们将会看到，对于孟德斯鸠的政体类型学及其与法律的关系而言，这一区别是一大关键。

以上述区别为前提，《论法的精神》第一卷第二章就开始讨论"由政体的性质直接引申出来的法律"：不同性质的政体，自然有不同的法律。为此，孟德斯鸠首先从其性质上来划分政体类型，然后再来分别论述这些具有不同性质的政体所应当具有的种种法律。孟德斯鸠认为，政体有三种，即共和政体、君主政体、专制政体。对这三种政体，他定义说：

> 共和政体是全体人民或仅仅一部分人民握有最高权力的政体；君主政体是由单独一个人执政，不过遵照固定的和确立了的法律；专制政体是既无法律又无规章，由单独一个人按照一己的意志与反复无常的性情领导一切。[27]

其中，共和政体又分为民主政体与贵族政体：共和国的全体人民握有最高权力，为民主政体；共和国的一部分人民握有最高权力，为贵族政体。这样，实际上又有四种政体：民主政体、贵族政体、君主政体和专制政体。孟德斯鸠在此后对许多问题的分析，都是以上述三种政体或者以其四种政体为框架而展开的。在下文中，我们将主要以三种政体的划分框架作为梳理孟德斯鸠的结构，但有时有必要对共和政体内部的两个品种——民主政体与贵族政体——分开处理或作比较性观察。孟德斯鸠这一分类的意义在于："《论法的精神》的发表不仅在新的范围内揭开了绝对君主制与立宪君主制之间的辩论，而且也揭开了君主制与共和制之间的辩论。孟德斯鸠把民主共和国与旧制度相对立，并且为欧洲思想提供了一种宪法政治语言；他以自己的分类法使人们得以用现代的方式来探讨政府形式的问题。"[28] 显而易见的是，孟德斯鸠的政体类型学，在古典的政体类型学之外，为人们思考政体及其法律问题开辟了新的方向。

孟德斯鸠的上述定义及其分类，引起了一些人对其政体类型学的质疑：他有统一的划分标准吗？萨拜因在《政治学说史》中就提出了这样的质疑："我们无法弄清孟德斯鸠的分类法究竟遵循的是什么原则。就统治者的人数而言，君主制与独裁君主制属于一类；就合宪性而言，共和制也可能同独裁君主制一样无法可依。再者，有关独裁君主制没有法律的观点也只是一种虚构而已。"所以，"人们无法设想，他对政体的这种分类究竟有哪一点是根据观察或比较得出的"。[29] 仅仅从孟德斯鸠这里所下的简单定义而言，萨拜因的质疑自然是有理由的：共和政体主要强调握有最高权力的人数，而君主政体与专制政体的区分又取决于它们是否实行法治——从"数人头"的标准看，这两种政体自然并无区别。不过，如果不拘泥于这些定义，而是联系孟德斯鸠其后对这些政体所作的论述来看，其划分标准似乎在某种程度上是交叉和统一的：除开"数人头"，人民的共和政体与一个人的君主政体都是法律统治的政体，而一个人的专制政体则是人治政体。

> 孟德斯鸠把非法治的（或者说是专断之治和独裁之治）专制主义从所有的法治政体中抽离出来，并将法治政体划分为君主政体和共和政体。他坚信，古人不具有这样一种君主政体的观念，即它虽然是法治政体，但是在共和政体的意义上，它却并不是纯粹的立宪政体。[30]

　　这就是说，在孟德斯鸠那里，民主政体、贵族政体和君主政体属于法治政体，专制政体则是人治政体。"孟德斯鸠着意之处不是权力的形式结构（英国例外），而是权力在不同政体里的行使方式。"[31] 这即是法治要解决的问题，但它并非与政体结构无关。此外，孟德斯鸠既然重视不同政体的不同原则，那么显然原则也应是其划分标准。因而，孟德斯鸠对政体进行分类的基本标准，就是"统治者的人数""原则"加上是否实行"法治"。[32]

　　接下来孟德斯鸠所要探究的，乃是不同性质的政体各自产生或者需要什么法律。所以他在对三种政体下定义之后马上说："应该看什么法律是直接从政体的性质产生出来的。"他将这种法律称之为"最初的基本法律"。[33] 这种法律，其核心就是他所谓的"政治法"（规定统治者、治理者与被统治者、被治理者关系的法律）或者说宪法性质的法律。对于孟德斯鸠来说，"根本的政治事实乃是政体——民主政体、寡头政体或者无论何种政体，如果法律想要履行自己的功能，就必须与政体相对应。比如说，如果法律要想维持一个民主政体，它就必须是民主性的法，或者如果法律要想维持一个君主政体，就必须是君主政体的法"。[34] 否则，法律之于政体，犹如持方枘而内圆凿，轻者必定两不相合，重者则两相抗拒。其结果，不仅法律无法施行，而且政体也会丧失稳定性。

　　在论述了从几种政体的性质中生长出来的法律之后，孟德斯鸠将论题转向了研究与政体的原则相适的法律。他认为："法律同各类政体的原则的关系不应少于它们同各类政体的性质的关系。"[35] 实际上，从《论法的精神》一书的结构来看，讨论前者的篇幅远远多于后者：其第一卷共八章，第三章至第八章都是分析政体的原则及其相应的法律，只有第二章专门探讨由政体的性质直接引申出来的法律。虽然在讨论法律同各类政体原则的关系的那些章节中，也有一些论述涉及法律同各类政体性质的关系，然而这无可争辩地显示出各类政体的原则及其法律问题在孟德斯鸠心中占有极其重要的地位。在孟德斯鸠那里，相比于他对法律同各类政体性质之关系的分析，对法律同各类政体原则之关系的探究，则广博丰厚得多。在欧洲的政体类型学或政体哲学的历史上，如此着墨于归纳和分析政体的原则及其相应的法律问题，孟德斯鸠是一个首创者。正是通过原则，他赋予各种政体运转起来的动力。正是相应的法律，使原则富有力量和持久性。政体的原则就是政体的动力而非其目的，正如施特劳斯所说，孟德斯鸠用所谓动力因（efficient cause）取代了亚里士多德政体定义中的"目的"。[36] 政体的"目的"，作为政体所要追求的价值，无疑对政体的构造与运行具有规范和指引作用，但却不足以完全带动政体的运转。甚至可以说，在孟德斯鸠看来，政体的"目的"，亦需要以政体的"原则"为动力才有可能得以实现。

三　法治的共和政体

正如上文所述，孟德斯鸠将共和政体分为民主政体与贵族政体两个品种，为了既标明其"共和"的共性，也显示其各自的特质，可以将前者称为"民主共和政体"，将后者称为"贵族共和政体"。

孟德斯鸠对民主共和政体及其之下的法律进行了较为广泛的讨论。

首先，从民主共和政体的性质中必定产生其民主的基本法，这些基本法也是民主政体结构的法律表达。[37]（1）建立投票权利（选举权）的法律：应有法律规定"应怎样、应由谁、应为谁、应在什么事情上投票"。这一基本法是民主共和政体下最重要的基本法，因为民主共和政体是全体人民握有最高权力的政体，它意味着人民要当家作主，人民是主权者，人民是"君主"。而要符合这一性质，唯有实行选举。选举表现了人民的意志和力量，"只有通过选举，人民才能当君主"。（2）人民需要官吏去做许多自己做不到也做不好的事情，于是民主共和政体就产生了第二条基本法：由人民指派或任命官吏。比如选择（直接选举等）参政院或参议会的成员。对于有人怀疑人民在选择官吏时不具备观察和判断的能力，孟德斯鸠断言，人民具有"辨识才能的天赋"，古代的雅典人和罗马人已经证明了这一点。（3）选举权人的划分是其第三条基本法。在雅典和罗马，选举权人是被划分为不同等级的，且其能够选举的官吏也有差别。（4）第四条基本法，是规定选举方式的法律。孟德斯鸠赞同亚里士多德的观点，认为"用抽签的方式进行选举是属于民主政治的性质"。（5）规定投票方式（秘密还是公开投票）的法律，是民主共和政体的第五条基本法。孟德斯鸠的建议是，投票应该公开，例如雅典用举手方式选举，以预防阴谋秘计。（6）最后，民主共和政体的第六条基本法，就是立法权属于人民："只有人民可以制定法律。"而人民不可能直接制定所有的法律，在许多场合，有必要由参议会制定法律。但孟德斯鸠又对参议会立法进行了限定："参议会决议的法律效力只有一年；这些决议要有人民的同意，才能成为永久性的法律。"上述民主共和政体的六条基本法，有五条是规定选举问题的。由此可见，孟德斯鸠将"人民的选举"这件事视为民主共和政体最本质、最核心的构成元素。

其次，民主共和政体的原则也要求制定相应的法律。根据孟德斯鸠，民主共和政体的原则是品德（美德）。这是政治上的品德，而不是道德上和基督教上的品德。也就是说，这个原则的性质和内容是属于政治的，亦即政治品德，与道德无关。他所定义的品德，就是爱国家（重点是爱政体）、爱平等以及爱法律。"他是爱他的国家的法律的人；他的行动是出于他爱他的国家的法律。"[38]这种爱就是公民（包括一切官员）对国家和法律的感情，它构成了共和政体包括民主政体与贵族政体的动力。民主共和政体之所以是以品德为原则，就在于民主共和政体的维持、民主政府的运作以及民主基本法的施行，都必定依赖于公民的品德。只有由品德滋养的公民，才是积极参与政治且能够自我克制的公民，从而才能撑起民主的天下。正如施特劳斯所分析的，一方面，"我们不妨说民主政体意味着自我管理，而如果没有自我克制，自我管理就不可能，因此，自我克制是一种德性。在那些非民主的政体中，约束由统治者提供，但在民主政体中，约束必须由人民本身提供"。另一方面，"民主政体下的公民热爱民主政体，最终是因为民主政体符合他们的利益"。[39]在民主共和政体中，人民既然当家作主了，就不仅仅拥有民主的权利和自由，而且还应有政治责任和公民精神。"民主制度的存在，有赖于公民不懈的努力。一旦松懈，则民主制度就会陷入危险或被削灭。"[40] 所以，在所有的政体中，只有民主共和政体是全体人民自己的政体，它要求人民必须参与政治，且以其热情来推动政体的运转，因而民主共和政体对公民品德的要求是最高的。

在民主共和政体之下，法律如何与其品德相适呢？孟德斯鸠首先论述的是教育法。就民主共和政体来说，教育法必须有助于品德的形成和巩固。孟德斯鸠在讨论教育法应与政体的原则相适应时，是在"共和政体"（没有区分民主政体与贵族政体）之下论述的，但仍偏重于民主共和政体而言之。他认为，共和政体要求所有公民热爱国家与法律。爱国家主要是爱祖国，爱祖国的共和政体，包括其民主和自由，而这同时也意味着爱其法律。[41] 孟德斯鸠断言："这种爱是民主国家所特有的。"为什么？因为"只有民主国家，政府才由每个公民负责。政府和世界的万物一样：要保存它，就要爱它"。而在君主政体和专制政体之下，公民显然没有对其负责之、保存之因而热爱之的品德与情感。只有在属于全体公民自己的民主共和政体下，才能生长和激发这种热爱——热爱民主共和国及其法律也就是同时热爱自己。因此，既然"一切的关键就在于在共和国里建立对法律与国家的爱"，那么，理所当然，"教育应该注意的就是激发这种爱"。他特别强调，"共和政体是需要教育的全部力量的"，以便于养成民主共和政体的公民精神和公民品德。[42]

不仅教育法应与政体的原则相适应，而且所有的立法都应当适应于政体的原则。对于民主共和政体而言，法律一方面从品德那里获得使命，另一方面也使得品德具有力量。孟德斯鸠进一步解释说，在民主共和政体之下，爱共和国，既包括爱民主政体亦即平等，也包括爱俭朴（限制占有欲和禁止奢侈）。爱平等，是由于平等乃是民主政体的基石和灵魂。乃至可以说，平等的精神是"民主政体原则的另一个定义"。[43] 法律不仅应当保护平等，也需要平等：爱平等才能爱法律。不平等的特权是消灭法律的，因为享有特权的一方不害怕法律，而没有享受特权的一方不再尊重法律。爱俭朴，是因为只有普遍性的俭朴，才能使每个人都应该享有同样的（平等的）幸福、利益、快乐和希望。而且，这两者是具有关联性的。民主共和政体的法律应当确认平等和俭朴，以激励公民对平等和俭朴的爱。不仅如此，还应当制定种种法律规则来落实与保障平等和俭朴。对于平等，孟德斯鸠提到了法定的土地平分制、财产不得任意转移、继承制等。而对于俭朴，他认为财富的均等分配是很重要的，这是共和国减少奢侈的一个良方。孟德斯鸠还重点分析了商业共和国。他认为，在以贸易为基础的民主共和国，俭朴的关键在于养成贸易的精神，而非大家都节省过苦日子。贫穷不是民主共和国的俭朴。[44] 故而，法律应当全力维护这种精神，从而让这种精神在民主共和国占据统治地位。[45] 此外，孟德斯鸠还建议，设立由德高望重的人组成的元老院，以作为养成风俗与品德的典范；像雅典、斯巴达、罗马那样，设置风俗保卫员和法律保护员，从而防止品德的衰败等。

最后，民主共和政体还与不少法律的内容、程序等具有密切的关系。在《论法的精神》第一卷第六、七章中，孟德斯鸠历数许多现象与事实来证实这种关系。[46] 例如他说，民主共和国需要较多的诉讼程序，因为"对公民的荣誉、财富、生命与自由越重视，诉讼程序也就越多"。而且，"一个政体越接近共和政体，裁判的方式也就越确定"："在共和国里，政制的性质要求法官以法律的文字为依据；否则在有关一个公民的财产、荣誉或生命的案件中，就有可能对法律作有害于该公民的解释了。"对于刑罚，他谈论道，共和政体不应当施行残酷的刑罚，也不应有过多的刑罚。一方面，人民有了品德，便不需要那么多的刑罚。否则，就会败坏人民的品德：时常在人民面前挥舞严刑峻法的国家，怎么可能让人民养成爱国家、爱法律的品德？不仅如此，如果一个社会的公民精神逐渐被重刑主义所浸透，要让这个社会变得良善与宽和，那就很困难了。另一方面，过多的刑罚会减少和阻碍自由。他认为，"刑罚的增减和人民距离自由的远近成正比例"。还有控诉方式，孟德斯鸠指出，民主共和国的精神允许一个公民控告另一个公民。所以，当有公民侵犯了国家，别的公民是可以对其进行控告的。但是，这种控告必须公开，而不能采取告密的方式。此外，就妇女的法律地位而言，"在共和国里，妇女在法律上是自由的"。与此同时，共和国优良的立法者还要制定法律，以确保妇女庄重的美德。

孟德斯鸠深知，民主共和政体拥有上述所有这些法律，还不足以成其为法治政体。要建成一个民主共和的法治政体，最为关键的是严格地服从和执行这些法律。孟德斯鸠说：

> 平民政治的国家里执行法律的人觉得本身也要服从法律，并负担责任。由于听信坏的劝告或是由于疏忽以致停止执行法律的君主，能够容易地补救这个过失，这也是显然的。他只要改换枢密院，或改正自己的疏忽就够了。但是平民政治，如果法律被停止执行，这只能是由于共和国的腐化而产生的，所以国家就已经是完蛋了。[47]

这番话是他在论证共和政体的原则即品德的重要性时所讲的。在他看来，君主政体下执行法律的人不像共和政体的执法者那样需要较多的品德。他之所以欣赏古代的共和国，一个重要的原因在于，古代共和国有一个优点，就是人们热爱法律。其《罗马盛衰原因论》写道："在像罗马和拉栖代孟这样的共和国里，人们遵守法律并不是由于恐惧或由于理智，而是由于热爱法律；因此不可能有比这样的共和国更加强大有力的了。"[48] 所以，在孟德斯鸠那里，共和政体下人们热爱国家、热爱政体与热爱法律的品德，正是这个政体能够成为法治政体的情感与精神动力。

但是，在共和国里，仅仅靠品德还无法形成和巩固法治政体。孟德斯鸠认为，对权力的制度安排特别是建立对权力的预防机制，也是至关重要的。他曾明确警告，共和国要特别警惕一个人突然获得过高的权力：

在共和国里，如果一个公民突然取得过高的权力，便将产生
君主政体或者是更甚于君主政体的情况。在君主国里，有满足政制
上需要的法律，或是同政制相适应的法律；君主又受政体原则的控
制。但是在共和国里，当一个公民获得过高的权力时，则滥用权力
的可能也就最大，因为法律未曾预见到这个权力将被滥用，所以未
曾作任何控制的准备。[49]

在这里，孟德斯鸠提出了约束和限制权力的问题。《罗马盛衰原因
论》已经表明，一个公民获取过高的权力，恰恰就是罗马共和国灭亡
的一大原因。"因为他拥有人民的全部权力，而人民则是不能限制自己
的。"[50]这就隐藏着一种风险：这将威胁到共和国及其法律的保存。

孟德斯鸠同古典政治哲学家一样，也思考政体的腐化或衰败问题。
在思想史上，"至少从政治哲学在雅典诞生的公元前五世纪甚至公元前
四世纪开始，政治制度的衰亡——衰败的原因和驱向，就一直深受政
治科学家们关注"[51]。孟德斯鸠是从政体的原则出发来讨论这一问题的。
他说："各种政体的腐化几乎总是由原则的腐化开始的。"[52]随着政体原
则的腐化，法律也开始腐化了。"当国家没有丧失它的原则的时候，法
律就很少是不好的。"但是，"政体的原则一旦腐化，最好的法律也要变
坏，反而对国家有害"。这好比说"腐败的不是酒，而是酒器"。在民主
共和政体之下，原则的腐化是指人们不爱平等、法律以及俭朴了。例
如，不爱平等，包括丧失平等的精神和产生极端平等的精神。"不平等
的精神使一个民主国走向贵族政治或一人执政的政体；极端平等的精神
使一个民主国走向一人独裁的专制主义。"[53]既然平等是民主共和政体的
基石和灵魂，那么当其丧失的时候，民主共和政体自然就不再存在了。
而当极端平等出现时，就如同绝对自由一样，必定滑向专制政体。进而
言之，当人们热爱平等的品德衰败了，适应这一品德的那些法律，也同
样不再被热爱而必定衰败。在此情形之下，无论是民主共和政体，还是
其法治，都将趋向于衰败。

孟德斯鸠的思考显然还不仅限于此。当他说"各种政体的腐化几乎总是由原则的腐化开始的",这句话中的"几乎"这个语词需要注意。施特劳斯认为,这是孟德斯鸠对其命题的自我限定:不能将原则的腐化视为其政体及其法律衰败的唯一原因。"'几乎',这是一个明智的限定。政体的腐化有时也会在不是原则的腐化的情形下发生。最有意思的情形发生在民主政体下,在孟德斯鸠的意义上,以德性为动力的民主政体尽管会腐化,但却不是其原则的腐化。我们必须看一看这究竟意味着什么。换句话说,德性的力量是有限的。在这个世界上还存在着其他东西,不妨称之为 X,这种东西在某种意义上和原则一样重要。"这种东西是什么?那就是对政府的不尊重、不服从,就像在家庭中子女拥有孝道却不一定在任何情况下都能尊重年长者一样。[54] 在政体由其原则的腐化而引起的衰败过程中,其他的因素也会参与进来。孟德斯鸠自己就说过:"公民极端服从官吏,是使法律具有力量的最好的方法。"[55] 而公民服从官吏,并非在任何时候都是由其热爱法律的品德支持的。不仅如此,尤其重要的是,他还数次指出滥用权力对政体的腐化。[56] 所以,一种政体下的权力,不加以限制和约束,就会改变政体的性质和结构,因而这个政体也容易腐化。不论是贵族共和政体,还是民主共和政体与君主政体,都不例外。如果再联系《论法的精神》第十一章揭示的权力容易被滥用的本性,那么因权力的滥用而导致政体的腐化的观点,就变得更清晰了。"原则"的腐化不能完全解释权力的腐化问题。这再一次将人们的视野和思忖引向权力的结构性安排与平衡问题。

那么,有可能防止这样的衰败吗?孟德斯鸠提供了三个方案。

第一个方案是在适当的领土上建立适当的政体。他在《论法的精神》第八章第十六节中提出了一种"小共和国理论":要维持其原则,共和政体适宜于小国或一个城市。大共和国则由于其庞大的财富和不同地区公共福利的千差万别而容易腐化,且容易动荡而不能长存。

第二个方案是在原则腐化之后重新找回原则。"当一个共和国腐化了的时候,除了铲除腐化,恢复已经失掉了的原则而外,是没有其他方法可以补救所滋生的任何弊害的。一切其他纠正方法不但无用，而且有可能成为一个新的弊害。"[57] 这就是说，要拯救民主共和的法治政体于衰败之局，又得回到其衰败的起点——原则的腐化——那里，矫正原则的腐化，从而恢复原则。

第三个方案就是建立权力的分立与制衡的政制；《论法的精神》的第十一章，就是阐释这一方案的。

贵族共和政体的性质是人民中的一部分人握有最高权力，由这些人制定和执行法律。就其性质而论，它也是一种法治政体。对于与贵族共和政体的性质有关的基本法，孟德斯鸠列举了几条。[58] 第一条基本法是，由贵族制定并执行法律，因为贵族共和政体原本就是由共和国的贵族握有最高权力。第二条基本法是，规定设立一个参议会（元老院），以处理贵族团体无法决定的事务，以及筹备由贵族团体决定的事务。贵族共和政体的第三条基本法是，就是在选举方式上不能像民主政体那样实行抽签选举，而是用选择的方式进行选举。这是因为，在贵族共和政体下，人们憎厌贵族而非官吏，抽签选举不仅会造成不便，而且也并不能减少这种憎厌。其第四条基本法是，贵族家庭应尽量平民化，其选举权人的财产资格尽量降低，让更多的贵族参与国家权力，以防止其寡头倾向。所以，孟德斯鸠说："贵族政治越是近于民主政治，便越是完善；越是近于君主政体，便越不完善。"[59]

贵族共和政体作为共和政体的品种之一，自然也以品德为原则，但又与民主共和政体有所不同。孟德斯鸠认为，按照贵族共和政体的性质（贵族握有权力），贵族团体是需要品德的，但贵族共和政体下的人民比民主共和政体下的人民较少需要品德。贵族可以运用法律抑制人民，然而贵族如何自我抑制呢？要维持贵族共和政体，只有依赖于一个较小的品德，即克制，以保证贵族之间的平等。所以，孟德斯鸠说："节制是贵族政治的灵魂。"[60] 但这种节制是以品德为基础的。正如上所述，贵族共和政体的教育法，同民主政体一样，应以品德为目的。贵族共和政体的立法，也应与其原则相适应。

对此，孟德斯鸠侧重于与民主共和政体不同的方面进行讨论。他强调节制、宽和的精神对贵族共和政体的重要性："宽和的精神在贵族政治下就叫做品德；它的地位就像平等的精神在平民政治中的地位一样。"孟德斯鸠看到，在贵族共和政体之下，因财富的不平等，人们不像民主共和政体那样易于保持平等的品德，所以他主张努力恢复平等——国家在体制上所必然会失去的精神，同时他也认为"法律应该尽可能地鼓励宽和的精神"。宽和，恰恰就是贵族的力量之所在：它至少会让平民忘掉自己的贫弱。而尽力恢复平等，最重要的是法律应该预防、压制不平等。法律也应该禁止贵族经营商业，以防止贵族在垄断权力的同时又垄断一切贸易。这一法律有利于平等，因为"贸易是一些平等的人们之间的职业"。更重要的是，法律应压制贵族在权势上的骄横，并且保护平民。[61]孟德斯鸠还认为，通过法律促进贵族家族的平等化，也是有利于平等的。例如，不要让一个贵族家族太富或者太穷；废除贵族的长子继承制，以分散其财产。所有这些法律，都旨在维护平等的精神，防止贵族共和政体滑向寡头统治。

贵族共和政体原则的腐化将严重破坏其法治。在贵族政体之下，人民无疑是受法律的约束的。贵族团体也要受制于法律。"只要有法律，并且在这一方面获得执行，就够了。"但是，问题在于，"贵族团体抑制别人容易，抑制自己却是困难的。这种政制的性质就是这样，所以看来就像是把贵族放在法律权威之下，而又使贵族置身于法律之外"。[62]这就使得贵族共和政体很容易转化成为不守法的专制政体：

> 如果贵族们的权力变成了专横的话，贵族政治就腐化了。因为如果这样，无论是治者或被治者都不会有任何品德可说了。如果进行统治的各家族遵守法律的话，那就等于一个由好几个君主统治的君主国，并且是一个在性质上极为优良的君主国；差不多所有这些君主都受到法律的约束。如果这些家族不受法律约束的话，那就等于一个由许多暴君统治的专制国家。在贵族不守法的场合，只在贵

族关系上，只在贵族与贵族之间，才有共和国可说。国家对于治者
来说是共和国，对于被治者来说则是专制国。[63]

在贵族共和政体之下，最常见的一种情况是，贵族们"对犯罪行为
进行各种庇护，以致连法律也不能执行"，其结果就是"贵族政治趋于
毁灭，而接近了暴政的边缘"。[64]

如何避免或制止法治的贵族共和政体的衰败？孟德斯鸠认为，一方
面，仍然需要找回其原则，特别是其"以品德为基础的节制"；另一方
面，必须在权力的安排上下手："法律应该时时压制权势上的骄横，应
该设立一个临时的或永久性的职官，去威慑贵族。"[65]这个职官类似于
斯巴达的督察官，或者威尼斯的国家检查官。而这类监察官职必须是独
立的。

四　法治的君主政体

孟德斯鸠多次从性质上给君主政体进行定义。比如，"君主政体是
由单独一个人执政，不过遵照固定的和确立了的法律"[66]。"我说君主政
体的性质，指的是由单独一个人依照基本法律治理国家的那种政体的性
质。"[67]他还指出，"君主政体的性质是：君主在那里握有最高的权力，
但是他依据既成的法律行使这一权力"[68]。这些定义的一个共同点，就
是强调君主按照基本的法律（基本法）实行统治和治理。因而，他之所
以如此三番五次定义君主政体，是想让人们明白这一政体与同样由一个
人握有最高权力的专制政体之间的重大区别：君主政体是法治政体，而
专制政体则为人治政体。

君主政体性质的基本法是什么？对这一问题，孟德斯鸠在对君主政
体与专制政体的比较中，重点分析了两条基本法。[69]

第一，君主政体不同于专制政体，它拥有或者需要拥有一个"中
间"的权力去实施已有的"基本法"。按照他的反复界定，一方面，"君

主政体的性质，指的是由单独一个人依照基本法律治理国家的那种政体的性质"。另一方面，"君主政体的性质是'中间的''附属的'和'依赖的'这些权力所构成"。"中间的""附属的"和"依赖的"这些权力，是相对于作为一切政治的与民事的权力之源泉的君主权力而言的。这看起来是两个不同的定义，但其实质只是一种界定："中间的"那个权力的存在亦是"基本法"，是君主依照"基本法"治国的必要组成部分。正如孟德斯鸠自己所解释的："有基本法律，就必定需要有'中间的'途径去施行权力。"[70] 这个"中间的"权力，他首先指的是贵族。贵族在君主政体中十分重要："贵族在一定方式上是君主政体的要素。君主政体的基本准则是：没有君主就没有贵族，没有贵族就没有君主。但是在没有贵族的君主国，君主将成为暴君。"可见，贵族是孟德斯鸠心目中的君主政体的中坚力量。其次，"中间的"权力是僧侣（教会）。他认为，尽管僧侣权力对共和国是危险的，"但是对于君主国却是适当的，尤其是对那些倾向于专制政体的君主国，更是适当"。因为这一权力至少有助于防止君主政体蜕化为可怕的专制政体。故此，一旦一个君主国把贵族、僧侣、显贵人物和都市的特权都废除殆尽，那么君主政体将不复存在，它要么变成平民政体（民主政体），要么变成专制政体。这充分说明："要有一个好的君主制，仅有一个好的君主是不够的。政府只有在它的结构不依赖于一个重要人物的天生的或培养出来的道德能力这种不可靠的条件的情况下才获得其本性或构成。"[71] 其第二条基本法，是在君主政体下"应该有一个法律的保卫机构"。而"担当这个保卫机构的，只能是政治团体"。其基本的职责在于，在法律制定时便颁布法律；在法律被忘掉时则唤起人们的记忆，亦即不断地把法律从将被掩埋的尘土中发掘出来。这政治团体是什么？在孟德斯鸠心目中，应该就是"高等法院"。[72]

这里有必要对"基本法律"与"基本法"这两个译词作一讨论，因为在理解孟德斯鸠的政体——特别是君主政体与专制政体——定义以及分析各政体的法律时，准确把握其含义是很重要的一环。

我们注意到，凡张雁深的译本译作"基本法律"的，许明龙译本均译作"基本法"。也许在孟德斯鸠那里，这两个概念并无不同，但是，作为两个汉语词语，其含义就具有很大的差异：前者主要指国家最高权力机关制定的宪法以外的刑法、民法、诉讼法等法律，后者则属于宪法性质的法律。按照"基本法律"的含义，孟德斯鸠说专制政体之下"没有任何基本法律"，就容易引起误解，以至于有人打抱不平：专制政体之下怎么没有"基本法律"？刑法不是吗？有什么专制政体？

而许明龙译本使用"基本法"一词，则有特定的含义。他对《论法的精神》中的"基本法"有一个译注："对于法国而言，基本法大体上包括以下这些内容：（王位）继承法，国王庄园的不可转让性，贵族、教会和高等法院的特权，贵族和高等法院等中间权力机构的存在等。"[73]这类法律显然就具有宪法性质了。许明龙的解释在夏克尔顿的《孟德斯鸠评传》中也得到佐证。夏克尔顿认为，孟德斯鸠很重视君主政体的结构，"特别强调基本法的作用。在法国，基本法是个古老的概念。其主要原则是：存在着某些借以限制君主权力的法律"。历史资料已经证实，"在中世纪时期，认为存在着这种法律的观点便已出现；在 16 世纪，霍特曼强化并传播了这种观点。在路易十四统治时期，这种观念有所削弱，但并未消失"。例如，"在 1718 年 7 月 2 日巴黎高等法院颁布的《谏书》中，可以发现与孟德斯鸠更为相近的关于基本法的论述。高等法院虽然承认国王是唯一有权立法的人，但是坚持认为有一些法律与君主制本身同样古老，它们是固定不变的，国王本人也应受其约束"。而孟德斯鸠所注重的基本法，除了王位继承顺序之外，就是"中间权力"，也就是贵族、高等法院等。[74]在这个意义上，他认为专制政体是没有以及不遵从"基本法"的政体。由此，采用"基本法"而非"基本法律"这一译词，能够更准确地理解孟德斯鸠的一些观点。因而，下文除引文外将统一采用"基本法"这一概念。

孟德斯鸠认为，君主政体的原则也需要相应的法律。这个原则就是荣誉（荣宠）。[75]在孟德斯鸠看来，君主政体的性质，并不要求人们具有品德——孟德斯鸠所定义的那种品德。因而，他断言："品德绝非君主政体的原则。"从欧洲的情况看，"有君主政体就要有优越地位、品级，甚至高贵的出身"。而荣誉的性质恰恰就是"要求优遇和高名显爵"。因此，"荣誉便在这类政体中获得地位"。君主政体既然是依法治国的君主制，就恰好让荣誉有充分显露力量的机会。因为荣誉有它的法则和规律：它不知道什么是屈服；也不是依从别人的意欲。"所以只有在有固定政制、有一定的法律的国家，方才谈得上荣誉。"[76] 而一个无法无天的国家，或者任由统治者恣意任性的政体，则是无所谓荣誉的。

君主政体的教育法应当以荣誉为目的。在君主国里，荣誉是"众人的教师"，"在那里，无处不为荣誉所浸渍，它渗入到人们各式各样的想法和感觉中，甚至于指导人们的原则"。[77] 而教育的法律，应当根据或适应荣誉的法则维持和强化荣誉。例如，荣誉时常来自礼貌、教养和遵守礼节，教育要培养这些东西。荣誉要求贵族为君主作战，教育要养成贵族的作战能力。荣誉主张我们可以自由寻求或拒绝一种职业，教育要培养这种自由的精神。

在君主政体下，所有的立法都应与荣誉相适应。其最首要的一条法律，就是保护贵族。"法律应该努力支持贵族。"荣誉和贵族是唇齿相依、生死相随的关系。"荣誉可以说就是贵族的产儿，又是贵族的生父。"为此，法律应使贵族世袭，贵族的土地应该和贵族本人同样享有特权。"这一切特权应该是贵族特有的东西，是不得传递到人民手里的，除非是我们有意违背政体的原则，并减少贵族和人民的力量。"其次，法律应该维护同君主政体的原则相符合的一切贸易，以及在征收租税的数量与方式上应建立一定的秩序。[78] 这些法律也有利于维护荣誉。例如，如果赋税繁重且征收手续烦琐，就会使人民受苛政之害而愈益劳苦，进而产生疲倦，又进而产生怠惰之心，怎么可能还有心思去追求荣誉？

根据孟德斯鸠，君主政体相较于专制政体，有较多的法律和程序。他认为，一方面，人民生活在法律之下比没有法律时显然要快乐得多。例如，君主政体同民主共和政体一样，有较多的诉讼程序，以保护公民的荣誉、财富、生命与自由。在君主制国家的法律的保护下，人民是安全而自由的。[79] 另一方面，在国家的基本法下生活的君主，也会比暴君安全和快乐许多。[80] 君主政体的法律，不只是保护人民的，而且也是保护君主的，而"戴着专制王冠的头的确睡难安寝"[81]。此外，还需要有法律来矫正从君主政体的性质中可能产生的弊端。如君主政体因为一君执政，故往往行动迅速，效率很高。但是，这又可能使君主的行动失之于轻率，"所以法律应该让它缓慢一些"。[82]

君主政体拥有良好的司法。这既是君主政体作为法治政体的组成部分，也是其公民的生命和财产以及国家的政制安稳、固定的前提条件。"在君主国里，司法工作不仅判决有关生命和财产的事，而且也判决有关荣誉的事，所以需要极谨慎地查讯。当法官的责任越大，当裁判所涉及的利益越重要的时候，他便要更加细心。"而君主制国家司法审判的一个基本原则是："法律明确时，法官遵照法律；法律不明确时，法官则探求法律的精神。"[83] 这与专制国家的法官本身就是法律有很大的不同。

孟德斯鸠还坚决反对君主政体下的君主充当裁判官，审理和判决案件。他认为，君主审判案件是不公正和弊端无穷无尽的泉源："如果这样的话，政制便将被破坏，附庸的中间权力将被消灭，裁判上的一切程序将不再存在；恐怖将笼罩着一切人的心，每个人都将显出惊慌失措的样子，信任、荣誉、友爱、安全和君主政体，全都不复存在了"，由此君主政体也就败坏了。[84] 这番道理，无疑是从其所定义的君主政体的性质中推论出来的，但也是讲给欧洲的君主们特别是法国的君主听的。其主要的目的，在于维护君主政体下独立的司法权。

在君主政体之下，法治的达成，首先需要君主对法律的遵从。"法律是君主的眼睛"[85]，所以君主理所当然应像保护自己的眼睛一样保护法律。其次，正如上文已述，需要有"中间的"权力或阶层来执行和保卫法律。"依照君主政体的性质，在君主之下，有许多阶层，这些阶层是和政制分不开的，所以国家比较长久，政制比较巩固，进行统治的人们，比较安全。"[86] 这也是孟德斯鸠反复强调的一个重点。

法治的君主政体也面临衰败的问题。根本的问题在于，由于一个君主握有最高权力，所以"君主制永远有坠入专制的倾向"[87]。孟德斯鸠指出了君主政体的原则腐化从而其政体亦衰败的几种情形[88]：第一，君主逐渐地剥夺了团体的或城市的特权，即"中间的"权力的削减。第二，君主任意而为，不遵从事物的秩序和规则。第三，一个君主事必躬亲，将全国所有的事务集中于自己一身。第四，大人物成为专横权力的卑鄙工具。第五，颁发的荣誉名不副实。第六，君主用严酷、恐吓取代了公正。第七，特别卑鄙的人从奴颜婢膝中获得显贵且引以为荣。所有这些情形，都使得人们不再重视"荣誉"，或者直接导致君主政体的崩解。它最大的危险，不是由君主政体转变为共和政体，而是"堕落下来并急转为专制主义"。

五　人治政体：专制政体

孟德斯鸠对专制政体的描述和分析，在其政体类型学中占有重要的地位。[89] 他认为，专制政体几乎是人类已有的历史上最普遍、最自然的政体。孟德斯鸠将君主制和专制分开，要考虑的不是君主是否合法地赢得了王位，或者他是否有德地运用了他的权力，相反，要考虑的是"政制的形式"，它的"性质"或"特殊结构"。[90]

同君主政体的概念一样，孟德斯鸠也反复对专制政体进行定义："专制政体是既无法律又无规章，由单独一个人按照一己的意志与反复无常的性情领导一切。""专制政体的性质是：一个单独的个人依据他的意志和反复无常的爱好在那里治国。"他甚至断言："专制国家是无所谓法律的。""专制的国家没有任何基本法律，也没有法律的保卫机构。"[91] 在这些定义中，孟德斯鸠所着重揭示的专制政体的重点，并不在于由一个人握有最高权力（君主政体也是一个人握有最高权力），而在于不实行法治。在孟德斯鸠那里，专制政体是人治政体的典型样本。"专制主义问题是孟德斯鸠政治思想的一个前提。"[92] 这是一个需要细致辨析的问题。

按照孟德斯鸠，说专制政体没有法律，这无疑是很奇怪的。在他看来，任何政体，与其性质和原则相适应，都应有其法律。在《论法的精神》中，孟德斯鸠也设定和阐述了相关的观点，如论及"与专制政体的性质有关的法律""与专制政体的原则相适应的教育法""法律应如何与专制政体的原则相适应"等。

对与专制政体的性质有关的法律，孟德斯鸠有一个基本认知，那就是在这个政体之下，不仅没有"基本法"，而且没有保卫法律特别是"基本法"的机构。否则，这个政体就不成其为专制政体了。但是，专制政体的性质又必定产生出自己的法律。孟德斯鸠指出的一条基本法，就是设置一个宰相。从专制政体的性质上说，施行专制统治的是单独的个人，然而这个人不可能去管理国家的一切事务，于是就需要有人代替他去行使权力。而这个代替者，也同样是单独的一个人，他就是宰相。

再来看与专制政体的原则相适应的法律。专制政体的原则既不是品德，也不是荣誉，而是恐怖（畏惧）。畏惧是为了使人们不要捣乱、安分守己、平安无事、天下太平。专制政体比其他任何政体都需要使人畏惧。第一，防止革命和夺权是专制政体的第一要务，"所以就要用恐怖去压制人们的一切勇气，去窒息一切野心"。第二，专制君主需要不断地举起他的手臂，需要不断地压制乃至消灭那些居首要地位的显贵们，因而专制君主让人感到深深的畏惧，是专制政体的性质使然。第三，"在专制的国家里，政体的性质要求绝对服从；君主的意志一旦发出，便应确实发生效力"。要做到这一点，也必须让人畏惧，正所谓"违抗君令者斩"。第四，更严重的是，在专制君主国，"人就是一个生物服从另一个发出意志的生物罢了"；"在那里，人的命运和牲畜一样，就是本能、服从与惩罚"。总而言之，"人们谈到这些可怕的政府，不能不战栗"。[93] 因而，畏惧本身不是目的，它旨在让人们安心或看起来真心实意地服从专制统治，以维护专制政体。

孟德斯鸠说:"凡是能够引起恐怖的任何东西都是专制政体最好的动力。"[94]职是之故,专制政体的法律必须适应畏惧原则。

首先,在教育法上,基于畏惧原则,"专制国家的教育所寻求的是降低人们的心志"。因而,"专制国家的教育就必须是奴隶性的",而且,"它只是把恐怖置于人们的心里"。[95]这样,专制国家无法培养好公民——在孟德斯鸠,是指热爱国家、热爱政体、热爱法律的公民。

其次,在专制政体之下,立法应与畏惧这一原则相适应。但是,由于畏惧,"胆怯、愚昧、沮丧的人民是不需要许多法律的"。简化,是这种政体最主要的特点:"政治同它的各种动力和法律,在这种政体之下,必然是有局限性的;政治的治理和民事的治理是一样的简单。一切都简化为:使政治、民事的管理和君主家庭的管理相调和,使国家的官吏和君主后宫的官吏相调和。"[96]凡事简化,就无必要有太多的法律,而且任意性也大为增强。与此同时,在一定意义上说,"专制政体的恐怖是自然而然从威吓和惩罚产生出来的"[97]。这种威吓和惩罚,并不着重于重刑或残酷的刑罚,因为这些东西毕竟施之于少数犯罪的人,尽管为了扩大其效应而常常当众施刑;况且天天送人上法场,并不是让人畏惧的好办法,因为它会激起反抗和暴乱。对于专制政体,无法律、无规则治理的不确定性与任意性,以及将仅有的一些法律时而执行时而束之高阁的状态,就能使臣民形成一种普遍的畏惧心理和"怕"的情绪。那些没有说出来也没有写下来但又时常让人们切身感受到的无规则力量,因其时藏时露、时重时轻而捉摸不定,往往比刑法具有更好的威吓效果,变幻莫测的态势和氛围往往比法律管用。

所以,孟德斯鸠虽然用了五节(第一卷第五章第十四节至第十八节)来分析法律应如何与专制政体的原则相适应的问题,但他并未像前面论法律应适应民主政体、贵族政体、君主政体的原则那样,明确列出几条法律来,而是大量描述专制政体下的种种现象与状况。不过,透过这些描述,我们也可以发现几条与畏惧相适应的法律。其一,保护宗教的法律。"在专制的国家里,宗教的影响比什么都大。它是恐怖之上再加恐怖。"其二,在专制的国家,"法律被减缩到仅仅剩些警察法规而已"。其三,在专制政体的国家,每个官员都是专制者。[98] 这是一种从皇帝到臣下或从上到下的普遍性的专制,也是使人深感畏惧的一种治国体制。

专制政体亦影响到其刑法、民法的内容和特点。[99] 孟德斯鸠提到,专制国家很少有民法;其法律很少关心公民的财产、生命和荣誉;君主可以亲自审判案件;法律力求避免好讼;刑罚比较严酷;常常对罪犯进行拷打讯问;实行株连制度,等等。这些法律都与专制政体的性质和原则密切相关——法律既要保障专制君主的一人之治,也要适应其畏惧的原则。例如在专制政体中,君主的权力使君主可以自己判案,"这一点是自然的,因为在这里,君主是全能的(omnipotent),也是全权的(omni-competent)"[100]。又例如抑制"好讼",这一被一些人视为达致和谐的良好方法,在孟德斯鸠看来却是为了使人畏惧。[101] 好讼的危险,不在于好讼本身,而在于它激发了与畏惧不同甚至抗拒畏惧的情感,从而违背了专制政体的原则,所以应予以抑制。

既然专制政体并非没有法律,那么,孟德斯鸠将专制政体视为人治政体,其理据到底何在?统观他的"政治哲学三书",尤其是《论法的精神》,可以归纳以下四点:

其一,与共和政体与君主政体相比,专制政体的法律较为简单,因而难以依靠这些法律治理国家。"当一个人握有绝对权力的时候,他首先便是想简化法律。在这种国家里,他首先注意的是个别的不便,而不是公民的自由,公民的自由是不受到关怀的。"[102] 正如上文所述,孟德斯鸠看到,专制国家没有保障民权与自由的法律,也缺少民法和贸易的法律。

其二,专制政体缺乏"基本法"。"一个君主政体是否正在沦为专制,一个很好的检测标准是国君承不承认这个国家有不可更易的、我们今天说的宪法法律,或者,至少有君主不得视若无睹的法律。"[103] 对于专制政体的基本法,孟德斯鸠只是提到了设置宰相的法律。这里有一个明显的问题，就是孟德斯鸠一方面说专制政体下没有"基本法"，另一方面又说设立一个宰相是专制政体的一条"基本法"。这似乎是一个矛盾，至少表面上看是如此。这个问题的关键点在于，宰相制是否有可能像上文已经讨论的君主政体的那种"基本法"，可以让君主依照法律治国。如果可以，那么因为宰相制的设立，专制政体的性质就被改变了，即变成了君主政体。但宰相制如果达不到这一目标，那么专制政体就一仍其旧。显然，在孟德斯鸠看来，宰相制不仅不是对专制政体的限制与约束，相反，它恰恰是这个政体的产物，也是这个政体的职能性工具。《论法的精神》中写道，在专制政体的国家，因为代替君主行使权力，"宰相就是专制君主本身"。[104] 因而，即使说孟德斯鸠前后的表述并不完全一致，也并不能否定其专制政体的界定，以及其所描述的专制政体之下法律的基本状况。更何况，孟德斯鸠指称专制政体没有"基本法"，还有另一层含义，即专制政体下的法律缺乏固定性、稳定性。

其三，专制政体的法律因取决于专制君主的任意性而缺乏基本的稳固性。孟德斯鸠认为，在专制政体之中，专制君主似乎就是一切。"诚然，他就是法律，他是国家，又是君主。"而这个政体又"没有任何东西可以约束"专制君主的心。专制君主"不论对什么地方都依照同一的、绝对的意志进行统治。一切都在他的脚下压平了"。[105] 所以，法律也因其恣意任性而变得朝令夕改。孟德斯鸠指出："因为如果一个国家只凭一个个人一时的与反复无常的意志行事的话，那么这个国家便什么也不能固定，结果也就没有任何基本法了。"[106] 为什么专制君主"不能固定"从而就没有任何"基本法"呢？霍尔巴赫有一个解释，认为在专制政体之下，什么事物"都谈不上稳固性，谁也不相信它们是稳固的，因为统治者把一切稳固的东西都看成是他们任意胡行的障碍物"。[107] 既然是障碍物，当然应扫除之而后快。所以，随着"稳固性"的不断毁损与丧失，也就不可能有"任何基本法"。而早于孟德斯鸠和霍尔巴赫，斯宾诺莎就已经阐发过这一观点："如果一切事情都取决于个人的变幻无常的意愿，那么，就不会有稳定性了。"[108] 而且，我们也不妨回忆中国汉代杜周的那句名言："前主所是著为律，后主所是疏为令。"这其实就是揭示了君主随意扫除律、令稳固性的政体本性。

其四，从其性质和原则上看，专制政体具有对抗法律与法治的"自然"的结构性力量。抛开不同国家的专制政体因环境、宗教、思想观念、习惯、风俗等不同而产生的差异不论，究其根本，孟德斯鸠说专制政体没有法律，专制君主凭一己之心、一己之意、一己之情治国理政，主要是从专制政体的本性就在于专制君主拥有超越法律的权力这一点上立论的。他断言："专制政体所欢喜的就是滥用一切权力。"[109] 为什么喜欢滥用权力？这不取决于君主的人性或偏好，而是专制政体的本性使然。因此，在专制政体，法律是被踩在君主脚下的。"法律等于零，或者说，仅仅是君主反复无常的一时的意欲而已。"[110] 而且，专制政体之下权力的任意性还不仅仅限于君主一人。在这个政体中，每个官吏都有专制君主的趋向。"宰相就是专制君主本身；每一个个别的官吏就是宰相本身。"这样，从君主到每一个官吏，都是一个专制者。

> 在专制政体之下，威权总是反复不定的。最低级的官吏的权威也不比专制君主的权威稳定。在政治宽和的国家里，无论在哪里法律都是明智的，并且是家喻户晓的；所以即使是最小的官吏，也能够有所遵循。但是在专制国家里，法律仅仅是君主的意志而已。即使君主是英明的，官吏们也没法遵从一个他们所不知道的意志！那么官吏当然遵从自己的意志了。加之，由于法律只是君主的意志，君主只能按照他所懂的东西表示他的意志，其结果，便需要有无数的人替君主表示意志，并且同君主一样地表示意志。最后，由于法律是君主一时的意志，所以那些替他表示意志的人们就必然也是像君主一样，突然地表示意志。[111]

更进一步，由于君主和官吏都是专制的，结果整个国家都处于专制的网络之中。"在专制的国家，每一个人都是既居人上又居人下，既以专制权力压迫人又受着专制权力的压迫。"[112] 故而，那里的人们蔑视法律而不尊重法律，畏惧法律而不热爱法律。而这正是由专制政体的本性所决定的："这种政体是必然如此的。"而"专制主义自身就具备了一切；在它的周围全是一片空虚"。[113] 极而言之，专制主义是一种摧毁一切的力量，因此，只要它愿意，在它的周围，就没有什么东西能够存活下来。法律当然也一样。孟德斯鸠讲过很经典的一句话：

> 人们曾想使法律和专制主义并行，但是任何东西和专制主义联系在一起，便失掉了自己的力量。[114]

专制君主的力量，常常使法律失掉了自己的力量。孟德斯鸠也看到，专制政体曾试图用锁链束缚自己，但结果却是这个锁链进一步地武装了自己。故而，从其性质上讲，专制主义总是容易或趋向于毁弃法律。当然，没有人会否认，专制君主尤其是开明的专制君主是时常守法的，历史上不乏这样的守法之君。但从政体类型学的角度，人们无法说一个君主守法时为法治君主，不守法时为人治君主。因为这是就"君主"个人而非就"政体"言其专制与否。正如深知孟德斯鸠所言专制政体之本义的严复所云：君主可"以意用法易法，而不为法所拘。夫如是，虽有法，亦适成专制而已矣"。针对君主时不时守法与不守法的情形，严复更是断言："使法立矣，而其循在或然或不然之数，是则专制之尤者耳。"[115] 这显然是就专制政体的性质及其权力逻辑而论的。专制主义与法治是一对天敌。我们将会看到，这一观点在休谟那里再一次得到重述。

六 优良的法治政体："宽和"的共和政体与君主政体

孟德斯鸠对各种政体及其法律的分析，旨在揭示其关系、研究其原因，以观察其后果。这是一种社会学的探讨，所以他被视为一位社会学家。他似乎抱持价值中立的立场，而放弃了批评与选择的权利，就像他自己声明的："我的著作，没有意思非难任何国家已经建立了的东西，每个国家将在这本书里找到自己的准则所以建立的理由。"但是，孟德斯鸠作为政治哲学家，又不可能没有自己的价值标准及其对政体类型的选择。实际上，他是热烈赞颂共和政体的："这种政体似乎是每个国民所最喜爱的。"[116] 所以，"孟德斯鸠在《论法的精神》中关于共和国的讨论，其效果有如一支强烈的针剂，将理想主义注入到这部著作之中。这使后来的拥护共和政体的人把他视为知己"[117]。

　　他的"政治哲学三书"充满了对专制政体的厌恶、批判和抨击。这一点也不令人感到奇怪。"启蒙思想家最关注的事情之一是君主制蜕变为'专制'的倾向，即蜕变成统治者以个人的心血来潮而不是根据法律和人民的利益来行事的国家。"[118] 那么，"一个社会学家能否违背人类天性，肯定一个在某些情况下必然会受人指责的制度呢"？这显然不是孟德斯鸠的态度。显而易见的是，"孟德斯鸠一方面想用因果关系来解释实在法的多样性，一方面还想把握普遍有效的标准，对所研究的各种政治制度作出评价"。[119] 政体的多样性，恰恰使孟德斯鸠可能并有必要对其进行评价。

　　从政体类型上看，孟德斯鸠明确表明了一种优劣良莠的排序——这就已经隐含了价值标准——共和政体最优（其中，民主共和政体优于贵族共和政体），君主政体次之，专制政体最差。虽然瑞安认为，"孟德斯鸠并不提倡民主"[120]，但共和政体居于各种政体之首，却是确定无疑的。而专制政体是最恶劣、最糟糕的政体。[121] 从这里可见，孟德斯鸠将法治视为判断政体优劣的一个重要标准。阿隆也特别强调这一点："在孟德斯鸠看来，关键问题不是最高权力属于一个人或几个人，而是根据法律，有分寸地行使权力，还是专横粗暴地滥用权力。"[122] 但是，应当说，最高权力属于一个人或几个人的问题，同样是一大关键；否则，就无法理解为什么孟德斯鸠认为法治的共和政体优于同样是法治的君主政体。无论如何，政体的性质总是一个前提性和根基性的问题。总之，在孟德斯鸠的心目中，法治的共和政体与君主政体是优良的政体，而人治的专制政体则是劣质的政体。

但是，作为法治政体的共和政体与君主政体，是否就因其是法治的因而必定就是优良的政体？孟德斯鸠可不这样看问题。他对这个问题提出了一个关键词："宽和"。我们看到，《论法的精神》多次使用"宽和"一词，意在标明某种政体的精神、特点，或者表达孟德斯鸠对某种政体的理想期待。在他的论述中，共和政体与君主政体是或应当是宽和的，而专制政体是不宽和的。正如阿隆指出，共和政体与君主政体"都是宽和的，任何人都不能在这两种制度下置法律于不顾而专横独断。反之，第三种政体即专制政体就不是宽和的政体了。孟德斯鸠把这三种政体分为宽和的政体和非宽和的政体。共和政体和君主政体属于宽和的政体，专制政体则不然"。他甚至总结说："区别宽和的政体与不宽和的政体，这可能是孟德斯鸠的中心思想。"[123] 这样，在孟德斯鸠那里，就有几种不同的政体类型学：第一种是按照政体的性质和原则，分为共和政体、君主政体与专制政体；第二种是依据法治标准，将政体分为法治政体与人治政体；第三种就是阿隆所归纳的宽和的政体和不宽和的政体的划分。而如果统而视之，则三种类型学可以合而为一：共和政体和君主政体属于宽和的、法治的政体，专制政体则为不宽和的、人治的政体。

那么，什么是"宽和"？亦即其标准、内容是什么？又如何达成和保障"宽和"？这是孟德斯鸠的优良法治政体所致力于解决的主要问题。在他看来，政体的宽和，一方面包括权利和自由的保障，另一方面包括对权力的限制与制约。

对于一个政体来说，宽和不仅意味着仁德宽厚、王道荡荡的风气和习性，更意味着有一套法律和制度确保公民的种种权利和自由。在一个不宽和的专制政体下，公民的财产、生命、自由和荣誉是很少受到关心的。"但是在政治宽和的国家里，一个人，即使是最卑微的公民的生命也应当受到尊重。他的荣誉和财产，如果没有经过长期的审查，是不得剥夺的；他的生命，除了受国家的控诉之外，是不得剥夺的。——国家控诉他的时候，也必定要给他一切可能的手段为自己辩护。"[124] 而这方面的法治状况，是衡量其政体宽和的一把尺子。

众所周知，孟德斯鸠在《论法的精神》的第十一章给出了自由的经典定义：

> 在一个国家里，也就是说，在一个有法律的社会里，自由仅仅是：一个人能够做他应该做的事情，而不被强迫去做他不应该做的事情……自由是做法律所许可的一切事情的权利；如果一个公民能够做法律所禁止的事情，他就不再有自由了，因为其他的人也同样会有这个权利。[125]

根据上述定义，自由是法律下的自由，法不禁止即自由。[126] 这种自由，应是宽和政体的一大特质。孟德斯鸠指出："在政治宽和的国家，有一种东西去补偿人民所负担的重税，那就是自由。"他以共和政体为例，在这种政体之下，"公民的生活条件是有限制的，是平等的、温和的、适中的"。而这一切，都是"蒙受公共自由的利益"。[127]

孟德斯鸠尤其讨论了政治自由。对于政治自由，孟德斯鸠的定义是独特的，他将其归结为"安全"："政治自由的关键在于人们有安全，或是人们认为自己享有安全。"[128] 这种政治自由被施特劳斯解读为"自我保存""免受压迫"或"个体的安全"。[129] 在《论法的精神》的第十一、十二章中，孟德斯鸠区分了两种政治自由。第十一章分析的是与政制相关联的政治自由，这是政制自由；第十二章则分析与公民相关联的自由，即公民自由。在孟德斯鸠的论述中，政制自由与公民自由的关系是复杂的。他注意到有可能出现的两种情形是，或者政制是自由的，而公民事实上不自由；或者公民事实上是自由的，而在法律上不自由（政制不自由）。前一种情况发生在罗马共和国；后一种情况发生于君主政体，在这种政体之下，公民在事实上而非在权利方面享有自由，因为一个君主随时会改变其想法。

在这两种情形下，政制自由与公民自由出现了分离。"这个问题涉及政制自由和公民自由之间的区分，可以有政制自由，而没有公民自由，这样说对吗？"真正的问题在于，人们能在不享有政制自由的情形下享有公民自由吗？孟德斯鸠显然已经很清楚地看到这两种自由之间的关系。他指出，在政治宽和的国家里，"政治的自由使人感到民事的自由的可贵。一个人被剥夺了民事的自由，也就被剥夺了政治的自由"。[130] 孟德斯鸠想要强调的重点在于"若无政制的自由，则无公民的自由"。[131]

因此，孟德斯鸠对政治自由的思考开辟了两个方向：对政制自由的讨论最终引向权力体制（政体法），而对公民自由的讨论则引向公民法，特别是刑法。

政治自由不仅与法律有关，而且与政体有关。"在自由和政制的关系上，建立自由的仅仅是法律，甚至仅仅是基本的法律。"[132] 而基本法显然解决的是政体问题，所以也是"政体法"。"这里所谓的根本法（fundamental laws），我们可以称之为政制法（constitutional law），确立了政治自由（和）自由的政制。"例如，共和政体和君主政体同"自由有一种特殊联系。这些政体，尤其是共和政体，是一种自我接受的（self-imposed）的政体，并因此是一种基于自由选择出现的政体"。[133] 而政体法不过是要将共和政体和君主政体的性质固定化、结构化而已。

《论法的精神》第十一章的标题为"规定政治自由的法律和政制的关系"。孟德斯鸠先于公民自由而分析这个问题，表明政治自由首先是一个政体的问题，他的结论也明确而简要："政治自由是通过三权的某种分野而建立的。"[134] 在这里，政治自由已经不是一个目标，而是一种结果。孟德斯鸠对这个结论有明确的推论过程：

> 政治自由只在宽和的政府里存在。不过它并不是经常存在于政治宽和的国家里；它只在那样的国家的权力不被滥用的时候才存在。但是一切有权力的人都容易滥用权力，这是万古不易的一条经验。有权力的人们使用权力一直到遇有界限的地方才休止。……从

事物的性质来说，要防止滥用权力，就必须以权力约束权力。我们可以有一种政制，不强迫任何人去做法律所不强制他做的事，也不禁止任何人去做法律所许可的事。[135]

这个推论过程包含着一系列重大的政治哲学观点，而且是一环扣一环地展开。

第一，只有宽和的政体才有政治自由。这既是对宽和的一种界定，也是为政治自由找到了安身立命之所。

第二，政治自由要存在于宽和的政体下，是有前提条件的，那就是这个宽和政体不滥用权力。如果权力被滥用，宽和政体下的政治自由也就不会存在了。因为滥用权力将使公民丧失基本的政治预期和对其政治自由的可预知性。随之，一个无权的公民就会惧怕掌权的公民，低级的掌权者就会惧怕上级的掌权者，整个社会平安的心境也自然消失了。

第三，问题是，权力怎么可能不被滥用？人类的历史经验证明，一切有权力的人都容易滥用权力。从权力人的本性而论，"他越是有权力，就越是拼命想取得权力；正是因为他已经有了许多，所以要求占有一切"[136]。这即使在宽和的政体下也不会有什么例外。这是孟德斯鸠对政治史特别是权力史的一个深刻总结，也是他的上述论证过程的关键环节。在他之前，几乎任何一位对人类历史和人性有深刻洞察力的思想家，如晚年的柏拉图、亚里士多德、西塞罗、哈林顿、洛克等，都观察到了政治权力对掌权者的巨大腐蚀力量。而这样的观察，往往就是他们论证必须实行法治来限制政治权力的必要性的一个重要基点。孟德斯鸠在研究罗马盛衰的原因和面对波旁王朝的暴力统治时，也获得了同样的观察，并进行了同样的论证。

第四，面对滥用权力的危险，怎么办？最直接的办法，就是为行使权力的人设立权力的界限。这个界限对于权力而言，不能被逾越和冲毁。"人性是有足够伸缩性和弹性的，因为其行为在很大程度上是由其所生活的制度决定的。"[137]如若对权力施加了一种界限，那么行使权力的人就会在这个界限内行动。可是，什么才是能够有效限制权力的界限呢？道德？宗教？习惯？人的权利？以及法律？都不是。孟德斯鸠是重视教育和美德的，但他更重视政体安排。

第五，只有以权力约束权力，才能防止权力的滥用或冲出界限，从而政治自由才有真正的保障。这是符合权力的性质的关键制度和有效办法。[138] 于是，孟德斯鸠推出了立法权、行政权和司法权三权分立与制衡的政治方案。在他看来，这样的一种分立与制衡的政治方案，才是政制自由。在这个体制之下，不仅每一种权力都或多或少地接近于政治自由，而且三权总合起来的政制，更能够促成政治自由。

在孟德斯鸠看来，实现和维护政治自由的政治形式，只能是具有均衡性的权力体制，也就是三权分立的政体。而且，这种政体不仅仅是政治自由的外在制度环境，也是政治自由的含义和要求本身。所以，他说："一个公民的政治自由是一种心境的平安状态。这种心境的平安是从人人都认为他本身是安全的这个看法产生的。要享有这种自由，就必须建立一种政府，在它的统治下一个公民不惧怕另一个公民。"[139] 如果不实行三权分立与制衡，那么自由便不复存在了。这不仅仅存在于君主政体，在共和政体之下，也是如此。君主政体若不像英国那样实行三权的分立制衡，或者消除"中间的"阶层及其权力，便会蜕化为专制政体。[140] 他认为，一个宽和的政体，不论是共和政体还是君主政体，都应实行权力的分立与制衡，以享有政治自由。他指出："要形成一个宽和的政体，就必须联合各种权力，加以规范与调节，并使它们行动起来，就像是给一种权力添加重量，使它能够和另一种权力相抗衡。"[141] "经过节制的权力就'犹如太阳神的光辉正在下落时，总是柔和的'。"[142] 这样的权力，才是一种宽和的权力。在这个意义上，宽和的政体与三权的分立制衡并不是分离的。

最后，以权力约束权力的分权制衡，就形成了一种政制，进而诞生了根本法或政制法。这是孟德斯鸠推论的终点。"他以为政治自由的精髓是不受制于人的淫威。要不受制于人的淫威，必只服从法律而不服从人；要只服从法律而不服从人，必使运用政府的各种权力分配得当，互相牵制，毫无被人滥用的危险。"[143] 从法治的角度言之，这一确认权力分立与制衡的根本法或政制法，才是政治自由的要义所在。在这里，政治自由、权力分立与制衡的政制与根本法合三为一。

对于公民自由的保障，孟德斯鸠主要寄希望于良好的刑法。[144] 这是因为，公民的安全和自由在受到控告时会遭遇最大的威胁。"孟德斯鸠还指望着用刑法来建立政治自由，以此与分权相互补充。"[145] 所谓良好的刑法，他认为有一些重要的原则和内容。例如，依据犯罪的性质量刑有利于自由。"如果刑法的每一种刑罚都是依据犯罪的特殊性质去规定的话，便是自由的胜利。"对于大逆罪，必须明确其含义，否则就足以使一个政体堕落成为专制政体。

还有，绝不能将思想定为犯罪。他的一句名言是："法律的责任只是惩罚外部的行动。"此外，孟德斯鸠还提出了一个重要的法律原则，就是必须制定适宜的法律保卫受到控告的无辜的公民。"当公民的无辜得不到保证，自由也就没有保证。"这些重要的刑法思想，在近现代产生了广泛的影响。

总而言之，在孟德斯鸠看来，共和政体和君主政体要成为优良的法治政体，必须建成一种宽和的政制与法律。在这个宽和的政制中，政治自由和公民自由得到保障，法律得到尊重和服从。在这个意义上言之，"孟德斯鸠的法治实际上只有一个目标，即保护被统治者免遭统治者的侵犯。虽然它涵盖了所有人，但它仅实现一个根本的目标即免于恐惧的自由，毫无疑问，这个目标在孟德斯鸠看来是至关重要的"[146]。而这些又都取决于任何权力都不是无限制和无约束的，于是需要有一种政体法来配置与制约权力。

故而，本章以阿隆的话作为结束："他认为好的政体都是温和的，只有当一种权力能够牵制另一种权力，任何公民都无须惧怕别人时，才可能有温和的政体。"[147]

注释

1　以下孟德斯鸠的生平简介，参见 [英] 罗伯特·夏克尔顿：《孟德斯鸠评传》，刘明臣等
　　译，中国社会科学出版社 1991 年版；[法] 路易·戴格拉夫：《孟德斯鸠传》，许明龙、
　　赵克非译，商务印书馆 1997 年版；[法] 达朗贝尔：《孟德斯鸠庭长先生颂词》，以及
　　洛朗·韦尔西尼：《导言》，均载 [法] 孟德斯鸠：《论法的精神》（上卷），许明龙译，
　　商务印书馆 2009 年版；许明龙：《孟德斯鸠究竟做过什么官？》，《中华读书报》2011 年
　　3 月 9 日。

2　[美] 乔治·霍兰·萨拜因著，托马斯·兰敦·索尔森修订：《政治学说史》（下卷），
　　第 239 页。

3　[法] 孟德斯鸠：《波斯人信札》，罗同林译，学林出版社 2000 年版，第 125 页。

4　[法] 孟德斯鸠：《罗马盛衰原因论》，婉玲译，商务印书馆 1962 年版。

5　就 18 世纪的政治理论而言，该书 "是最具思想挑战性和启发性的文献之一。该书的恢
　　弘视野、历久弥新的思考、对遍及欧洲的社会和政治争论的冲击，以及经久不衰的影
　　响力，使之成为一部非凡的作品"。参见 [英] 马克·戈尔迪、罗伯特·沃克勒主编：
　　《剑桥十八世纪政治思想史》，第 15 页。

6　[法] 洛朗·韦尔西尼：《导言》，载 [法] 孟德斯鸠：《论法的精神》（上卷），许明龙译，
　　商务印书馆 2009 年版。

7　[法] 孟德斯鸠：《著者原序》，载《论法的精神》（上册），张雁深译，商务印书馆 1961
　　年版。

8　参见 [美] 乔治·霍兰·萨拜因著，托马斯·兰敦·索尔森修订：《政治学说史》（下
　　卷），第 238—239 页。

9　[法] 达朗贝尔：《孟德斯鸠庭长先生颂词》，载 [法] 孟德斯鸠：《论法的精神》（上卷），
　　许明龙译，商务印书馆 2009 年版。

10　[法] 洛朗·韦尔西尼：《导言》，载 [法] 孟德斯鸠：《论法的精神》（上卷），许明龙译，
　　商务印书馆 2009 年版。

11　[法] 孟德斯鸠：《论法的精神》（上册），张雁深译，商务印书馆 1961 年版，第 278 页。

12　在此，笔者觉得有必要作一个可能是多余的说明：本书对于《论法的精神》一书汉译
　　本的引用，仍然是张雁深译本，而非最新的许明龙译本。这完全出自个人的一份留念：
　　张雁深所译《论法的精神》（上、下册），是我在西南政法学院读书时（1979 年 5 月 2
　　日）于校门外烈士墓街上一个很小的书店购买的书籍，也是我一生中所购买的第一本
　　书。该书是商务印书馆 1961 年的版本，于 1978 年 3 月第 2 次印刷。定价两元人民币，
　　是那时国家每个月发给我的零用钱（三元）的三分之二，故而的确让我感到弥足珍贵，
　　也永生难忘。但我对许明龙译本也多有借重，包括充分利用其前后所收录的达朗贝尔
　　的 "颂词" 与 "解析"、韦尔西尼的 "导言"，以及 "附录" 中收录的珍贵资料。对一
　　些语词，在行文时也采用许明龙的译词，如对专制政体的原则，除引文外，不用 "恐
　　怖" 一词，而用 "畏惧" 一词。更重要的是，对孟德斯鸠一些关键性观点的理解，以
　　许明龙的译文为准。

13　[法]孟德斯鸠:《论法的精神》(上册),张雁深译,第40—41页。

14　[法]洛朗·韦尔西尼:《导言》,载[法]孟德斯鸠:《论法的精神》(上卷),许明龙译。孟德斯鸠自己称:"《论法的精神》是一部纯政治学和纯法学著作。"参见[法]孟德斯鸠:《为〈论法的精神〉辩护》,载《论法的精神》(下卷),许明龙译,第842页。

15　[法]孟德斯鸠:《著者原序》,载《论法的精神》(上册),张雁深译。

16　[法]孟德斯鸠:《论法的精神》(上册),张雁深译,第6—7页。

17　同上。施特劳斯对这一段话解释说:"那么,接下来他将首先考察法律与每一政府的性质和原则之间的关系。这一原则对法律产生了至为深刻的影响,我们在此要努力对之加以考察。换句话说,法的首要关系是同政府形式之间的关系,也就是政治性的关系。但政治性的关系不是唯一的关系。气候、宗教等都十分重要。法的精神意味着要根据非法律的现象,根据(在最宽泛的意义上)政治的和非政治的现象,来理解法律,我们可以说,这就接近于法律社会学想要做的事情。"参见[美]施特劳斯讲疏:《从德性到自由——孟德斯鸠〈论法的精神〉讲疏》,[美]潘戈整理,黄涛译,华东师范大学出版社2016年版,第112页。

18　[美]施特劳斯讲疏:《从德性到自由——孟德斯鸠〈论法的精神〉讲疏》,第137页。

19　[法]洛朗·韦尔西尼:《导言》,载[法]孟德斯鸠:《论法的精神》(上卷),许明龙译。

20　[法]孟德斯鸠:《论法的精神》(下册),张雁深译,第295页。

21　[法]孟德斯鸠:《论法的精神》(上册),张雁深译,第56页。他在《罗马盛衰原因论》中讲道:"一个自由的政府,也就是说经常动荡的政府,如果它自己没有法律来纠正自己的错误,它是无法维持下去的。"参见[法]孟德斯鸠:《罗马盛衰原因论》,第48页。

22　[英]安德鲁·海伍德:《政治学》,张立鹏译,中国人民大学出版社2006年版,第34页。

23　[法]孟德斯鸠:《论法的精神》(上册),张雁深译,第19页。严复对孟德斯鸠在正文中的论述所作的汉译,颇为精彩传神,可供参阅:"治制有形质,有精神。所谓形质,乃其物之所由立;所谓精神,乃其物所由行。形质以言其体,精神以著其用,体立而后制度形,用明而后人情著。"参见[法]孟德斯鸠:《孟德斯鸠法意》,严复译,商务印书馆1981年版,第28页。

24　[法]孟德斯鸠:《论法的精神》(上册),张雁深译,第19页。

25　参见[法]孟德斯鸠:《论法的精神》(上册),张雁深译,第29页。

26　[法]孟德斯鸠:《论法的精神》(上册),张雁深译,第19页注①。

27　[法]孟德斯鸠:《论法的精神》(上册),张雁深译,第8页。

28　[意]萨尔沃·马斯泰罗内:《欧洲民主史——从孟德斯鸠到凯尔森》,社会科学文献出版社1998年版,第8页。

29　[美]乔治·霍兰·萨拜因著,托马斯·兰敦·索尔森修订:《政治学说史》(下卷),第242页。

30 "宪法"，载 [美] 不列颠百科全书出版公司编：《西方大观念》，陈嘉映等译，华夏出版社 2008 年版，第 189 页。

31 [美] 约翰·麦克里兰：《西方政治思想史》，彭淮栋译，海南出版社 2003 年版，第 368 页。

32 法国著名学者阿隆已经指出："但是这些定义立即可以使人看出一个政体的性质不仅仅取决于掌握最高权力的人数多寡，而且也取决于行使这种权力的方式。君主政体和专制政体都是由一个人掌握最高权力的制度，但在君主政体下，掌握最高权力的这个人是按照既定的法律治理国家的，而在专制政体下，他可以不凭法律、不照规章行事。因此，确定政体性质的标准，或者用现代术语来说，政体的可变参数有二：最高权力掌握在谁的手中？行使这种最高权力的方式是什么？此外，还应当加上第三个标准，即政体的原则是什么？只有掌握最高权力这一几乎是法律上的特征，还不足以确定一个政体的类型。各种类型的政体还可用感情说明其特征，没有这种感情，一个政体是无法持久和兴旺的。"参见 [法] 雷蒙·阿隆：《社会学主要思潮》，葛智强等译，华夏出版社 2000 年版，第 16 页。

33 [法] 孟德斯鸠：《论法的精神》（上册），张雁深译，第 8 页。许明龙译本译作"最重要的基本法"，这一问题后面再行讨论。

34 参见 [美] 施特劳斯讲疏：《从德性到自由——孟德斯鸠〈论法的精神〉讲疏》，第 115 页。

35 [法] 孟德斯鸠：《论法的精神》（上册），张雁深译，第 19 页。

36 [美] 施特劳斯讲疏：《从德性到自由——孟德斯鸠〈论法的精神〉讲疏》，第 115 页。

37 参见 [法] 孟德斯鸠：《论法的精神》（上册），张雁深译，第 8—12 页。施特劳斯认为，孟德斯鸠"常举的民主政体的例子，全都是属于古代世界，他在此提出，重要的是要记得这些要点与某些现代的民主批判者相对立，即根据孟德斯鸠，人们通过选举选出来的人要比君主选出来的人更优秀。换句话说，他可能会说，只要看一下那些杰出政治家的名单——比如普鲁塔克撰写传记的各章的名称——你能够在国王中，尤其是现代的国王中，找出这样一个名单来吗？因此，从这个角度出发，可以说，孟德斯鸠相较柏拉图和亚里士多德要更民主一些。但是，从那一章有关民主政体的讨论中可以清晰地看出，孟德斯鸠偏爱的民主制是一种有限民主制"。参见 [美] 施特劳斯讲疏：《从德性到自由——孟德斯鸠〈论法的精神〉讲疏》，第 117 页。

38 [法] 孟德斯鸠：《著者的几点说明》，载《论法的精神》（上册），张雁深译。另外参见其第一卷第四章第五节（同前，第 34 页）。

39 [美] 施特劳斯讲疏：《从德性到自由——孟德斯鸠〈论法的精神〉讲疏》，第 129、151 页。

40 [法] 库朗热：《古代城邦——古希腊罗马祭祀、权利和政制研究》，谭立铸等译，华东师范大学出版社 2005 年版，第 312 页。

41 原编者为了让人们理解孟德斯鸠，在这里作了一个注，引用了博雪在《万国史论》中所说的一段话："罗马人的素质就是爱自由和爱祖国。爱其一即爱其二，因为，由于他爱自由，他也就爱祖国，像爱母亲一样。母亲就在又宽宏豁达又自由的感情中把他培育了起来。自由这个名字，在罗马人和希腊人的想象里，就是这样一个国家，那里的人只受法律的约束，那里的法律比人还要有权力。"参见[法]孟德斯鸠:《论法的精神》（上册），张雁深译，第371页，"原编者注"。

42　参见[法]孟德斯鸠:《论法的精神》（上册），张雁深译，第34页。

43　[美]施特劳斯讲疏:《从德性到自由——孟德斯鸠〈论法的精神〉讲疏》，第164页。"在民主政体中我们可以合理期待的是法律上的平等。自然平等随着自然状态的消失也从这个世界消失了。可以说，这就是法律面前的平等。……这一点可以在现代民主理论的如下表达中找到，这就是'机会平等'（equality of opportunity），也就是说，不平等的人有同等的机会开发他们的不平等的天赋，并且有同等的机会从中获得不平等的利益。"（同前，第232—233页）

44　"这是因为贸易的精神自然带着俭朴、节约、节制、勤劳、谨慎、安分、秩序和纪律的特质。这种精神存在一天，它所获致的财富就一天不会产生坏的效果。当过多的财富破坏了这个贸易精神的时候，害处便来了；一向没人感觉到的不平等的纷乱，便产生出来，并立即为人们所看到。"参见同上，第46—47页。

45　"这些法律应该随着贸易的增加，进行财富的分配，使每一个贫穷的公民获得相当宽裕的生活，可以和别人同样地工作。这些法律又应该使每个有钱的公民的生活维持中等水平，使他不能不用劳动去保持或取得财富。"参见[法]孟德斯鸠:《论法的精神》（上册），张雁深译，第47页。

46　参见[法]孟德斯鸠:《论法的精神》（上册），张雁深译，第76、82—83、104—105页。

47　[法]孟德斯鸠:《论法的精神》（上册），张雁深译，第20页。

48　[法]孟德斯鸠:《罗马盛衰原因论》第17页。

49　[法]孟德斯鸠:《论法的精神》（上册），张雁深译，第13—14页。

50　[法]孟德斯鸠:《罗马盛衰原因论》，第82页。

51　克劳斯:《孟德斯鸠论政制衰败》，曹天鹏译，载娄林主编:《孟德斯鸠论政制衰败》，华夏出版社2015年版，第90页。

52　[法]孟德斯鸠:《论法的精神》（上册），张雁深译，第45页。

53　参见[法]孟德斯鸠:《论法的精神》（上册），张雁深译，第113—121页。

54　参见[美]施特劳斯讲疏:《从德性到自由——孟德斯鸠〈论法的精神〉讲疏》，第231页。

55　[法]孟德斯鸠:《论法的精神》（上册），张雁深译，第49页。

56　"如果贵族们的权力变成了专横的话，贵族政治就腐化了。""当人民夺去了元老院、官吏和法官的职权的时候，民主政治便归灭亡；当君主逐渐地剥夺了团体的或城市的特权的时候，君主政体也就腐败了。前一种情况导向'多人的专制主义'；后一种情况导向'一人的专制主义'。"参见同上，第115—116页。

57　[法]孟德斯鸠：《论法的精神》（上册），张雁深译，第 121 页。

58　参见 [法] 孟德斯鸠：《论法的精神》（上册），张雁深译，第 13—15 页。

59　[法]孟德斯鸠：《论法的精神》（上册），张雁深译，第 15 页。

60　[法]孟德斯鸠：《论法的精神》（上册），张雁深译，第 23 页。

61　"法律应该使用最有效的手段，使贵族以公道对待人民。如果法律尚未建立护民官的
　　话，法律自己就应该是护民官。"参见 [法] 孟德斯鸠：《论法的精神》（上册），张雁深
　　译，第 53 页。

62　[法]孟德斯鸠：《论法的精神》（上册），张雁深译，第 22 页。

63　[法]孟德斯鸠：《论法的精神》（上册），张雁深译，第 115 页。

64　[法]孟德斯鸠：《论法的精神》（上册），张雁深译，第 53 页。

65　参见 [法] 孟德斯鸠：《论法的精神》（上册），张雁深译，第 53 页。

66　[法]孟德斯鸠：《论法的精神》（上册），张雁深译，第 8 页。

67　[法]孟德斯鸠：《论法的精神》（上册），张雁深译，第 15 页。

68　[法]孟德斯鸠：《论法的精神》（上册），张雁深译，第 19 页。

69　参见 [法] 孟德斯鸠：《论法的精神》（上册），张雁深译，第 15—18 页。

70　[法]孟德斯鸠：《论法的精神》（上册），张雁深译，第 15 页。

71　[美]列奥·施特劳斯、约瑟夫·克罗波西主编：《政治哲学史》，第 518—519 页。

72　夏克尔顿解释说："法国高等法院不仅把自己视为王国基本法的保卫机构，而且坚持认
　　为基本法包括他们拒绝登记君主制定的法律的权利，以及当他们对君主的政策持异议
　　时向君主陈情和劝谏的权利。在孟德斯鸠生活的时代很久以前的 1616 年，波尔多高等
　　法院就曾提出谏书，申述他们不愿登记一项国王敕令的理由，并且宣称他们有'国家
　　的基本法'，'国家最神圣的法律'的支持。"（[英]罗伯特·夏克尔顿：《孟德斯鸠评
　　传》，刘明臣等译，中国社会科学出版社 1991 年版，第 346 页）

73　[法]孟德斯鸠：《论法的精神》（上卷），许明龙译，商务印书馆 2009 年版，第 22 页，
　　译者注①。

74　参见 [英] 罗伯特·夏克尔顿：《孟德斯鸠评传》，第 343—345 页。

75　作为君主政体的动力，"在君主国里，它鼓舞最优美的行动；它和法律的力量相结合，
　　能够和品德本身一样，达成政府的目的"。荣誉对于君主政体是极其重要的，它"统治
　　着君主国家；在那里，它给整个政治机体、给法律甚至给品德本身以生命。"参见 [法]
　　孟德斯鸠：《论法的精神》（上册），张雁深译，第 24、26 页。

76　[法]孟德斯鸠：《论法的精神》（上册），张雁深译，第 24、26 页。

77　参见 [法] 孟德斯鸠：《论法的精神》（上册），张雁深译，第 29、31 页。

78 参见 [法] 孟德斯鸠：《论法的精神》（上册），张雁深译，第 54—55 页。

79 "一个人遵守法律，他就已经尽了对君主的义务。至少，他的住宅应该是他的庇护所，而他的其他行为也应该得到安全保障。"参见 [法] 孟德斯鸠：《论法的精神》（上册），张雁深译，第 207 页。

80 "如果君主看到法律一般发生效力，受到尊重，他就可以认为自己是安全了。"参见 [法] 孟德斯鸠：《论法的精神》（上册），张雁深译，第 58 页。

81 [美] 约翰·麦克里兰：《西方政治思想史》，第 370 页。

82 参见 [法] 孟德斯鸠：《论法的精神》（上册），张雁深译，第 56 页。

83 [法] 孟德斯鸠：《论法的精神》（上册），张雁深译，第 72、76 页。

84 [法] 孟德斯鸠：《论法的精神》（上册），张雁深译，第 79 页。

85 [法] 孟德斯鸠：《论法的精神》（上册），张雁深译，第 81 页。

86 [法] 孟德斯鸠：《论法的精神》（上册），张雁深译，第 56 页。

87 [美] 约翰·麦克里兰：《西方政治思想史》，第 373 页。

88 参见 [法] 孟德斯鸠：《论法的精神》（上册），张雁深译，第 116—118 页。

89 施特劳斯分析了"专制政体"这个术语与古典政治哲学的联系和区别。"这个术语在亚里士多德笔下没有出现过。在亚里士多德那里讨论的是僭政（tyranny）。现代的译者们通常用'专制'（despotism）一词来迻译柏拉图和亚里士多德笔下的'僭政'，但这是因为他们的现代偏见。'专制政体'在古典的含义上讲，是指主人针对奴隶的统治，是领主针对农奴的统治。但现代的译文却是这样：政治统治不应该是专制统治，并因此针对自由人的专制统治本身就是坏的。这就为将专制同僭政的等同起来开放了道路。但这两者其实不是一回事。"参见 [美] 施特劳斯讲疏：《从德性到自由——孟德斯鸠〈论法的精神〉讲疏》，第 127 页。

90 参见 [美] 潘戈：《孟德斯鸠的自由主义哲学：〈论法的精神〉疏证》，胡兴建、郑凡译，华夏出版社 2016 年版，第 55 页。

91 [法] 孟德斯鸠：《论法的精神》（上册），张雁深译，第 8、17、19、76 页。

92 [意] 萨尔沃·马斯泰罗内：《欧洲政治思想史——从十五世纪到二十世纪》，第 153 页。

93 参见 [法] 孟德斯鸠：《论法的精神》（上册），张雁深译，第 26—27 页。

94 [法] 孟德斯鸠：《论法的精神》（上册），张雁深译，第 93 页。

95 参见 [法] 孟德斯鸠：《论法的精神》（上册），张雁深译，第 33 页。"恐惧是最卑微的理解力也能理解的东西。一个人一定要非常鲁钝，在受威胁时才不知道自己受到威胁，因此专制与无知是两两相连的。"（[美] 约翰·麦克里兰：《西方政治思想史》，第 371 页）

96 参见 [法] 孟德斯鸠：《论法的精神》（上册），张雁深译，第 58、60 页。

97　[法]孟德斯鸠:《论法的精神》(上册),张雁深译,第 34 页。

98　参见[法]孟德斯鸠:《论法的精神》(上册),张雁深译,第 58—65 页。

99　参见[法]孟德斯鸠:《论法的精神》(上册),张雁深译,第 74—94 页。

100　[美]施特劳斯讲疏:《从德性到自由——孟德斯鸠〈论法的精神〉讲疏》,第 189 页。

101　他解释道:"在这种国家里,好讼的性情是很危险的。好讼就一定有获得公平处理的强
　　　烈愿望,有憎恨的心情,有灵活的头脑和追求目的的决心。所有这些东西都是这种政
　　　体之下所应避免的。在这种政体之下,除了畏惧而外,是不应该有其他感情的。"参见
　　　[法]孟德斯鸠:《论法的精神》(上册),张雁深译,第 75 页。

102　[法]孟德斯鸠:《论法的精神》(上册),张雁深译,第 76 页。

103　[美]约翰·麦克里兰:《西方政治思想史》,第 373—374 页。

104　参见[法]孟德斯鸠:《论法的精神》(上册),张雁深译,第 65 页。

105　[法]孟德斯鸠:《论法的精神》(上册),张雁深译,第 58—59、73 页。

106　[法]孟德斯鸠:《论法的精神》(上册),张雁深译,第 15—16 页。

107　参见[法]霍尔巴赫:《自然政治论》,陈太先、眭茂译,商务印书馆 1994 年版,第 209
　　　页。

108　[荷]斯宾诺莎:《政治论》,第 64 页。

109　[法]孟德斯鸠:《论法的精神》(上册),张雁深译,第 265 页。

110　[法]孟德斯鸠:《论法的精神》(下册),张雁深译,第 174 页。

111　参见[法]孟德斯鸠:《论法的精神》(上册),张雁深译,第 65—67 页。

112　[法]孟德斯鸠:《论法的精神》(上册),张雁深译,第 309 页。

113　[法]孟德斯鸠:《论法的精神》(上册),张雁深译,第 74 页。

114　[法]孟德斯鸠:《论法的精神》(上册),张雁深译,第 129 页。严复的译文亦可参考:
　　　"彼之所欲至者,宪法与专制之柄,得合而并施,不知既专制矣,则德礼刑名所附益
　　　者,皆空名而无实。"参见[法]孟德斯鸠:《孟德斯鸠法意》,严复译,商务印书馆
　　　1981 年版,第 180 页。

115　[法]孟德斯鸠:《孟德斯鸠法意》,严复译,第 26—27 页。

116　[法]孟德斯鸠:《论法的精神》(上册),张雁深译,第 64 页。

117　[英]罗伯特·夏克尔顿:《孟德斯鸠评传》,第 341 页。

118　[美]罗宾·W. 温克、托马斯·E. 凯泽:《牛津欧洲史》(第 2 卷),赵闯译,吉林出版
　　　集团有限责任公司 2009 年版,第 158 页。

119　参见[法]雷蒙·阿隆:《社会学主要思潮》,葛智强等译,华夏出版社 2000 年版,第
　　　32 页。

120 [英] 阿兰·瑞安:《论政治》(下卷),第 145 页。

121 "孟德斯鸠最不喜欢的政体是专制。专制政府其实是没有正当性的政府,因为它不按任何固定可循的法律原则运作,而且运作每每难谓顺利。"参见 [美] 约翰·麦克里兰:《西方政治思想史》,第 369 页。

122 [法] 雷蒙·阿隆:《社会学主要思潮》,葛智强等译,华夏出版社 2000 年版,第 20 页。

123 参见同上,第 18—20 页。

124 [法] 孟德斯鸠:《论法的精神》(上册),张雁深译,第 75—76 页。

125 [法] 孟德斯鸠:《论法的精神》(上册),张雁深译,第 154 页。

126 "法律是评价自由的准则。在国民被禁止享有其合法权利,或他们被专断地强迫做违法之事的地方,自由不会存在。自由等同于法律规则性。"参见 [美] 戴维·伍顿编:《共和主义、自由与商业社会:1649—1776》,第 209 页。

127 [法] 孟德斯鸠:《论法的精神》(上册),张雁深译,第 220、264 页。

128 [法] 孟德斯鸠:《论法的精神》(上册),张雁深译,第 187 页。

129 参见 [美] 施特劳斯讲疏:《从德性到自由——孟德斯鸠〈论法的精神〉讲疏》,第 119、182、272、291、591 页。

130 [法] 孟德斯鸠:《论法的精神》(上册),张雁深译,第 251 页。

131 参见 [美] 施特劳斯讲疏:《从德性到自由——孟德斯鸠〈论法的精神〉讲疏》,第 321—322、344 页。

132 [法] 孟德斯鸠:《论法的精神》(上册),张雁深译,第 187 页。

133 [美] 施特劳斯讲疏:《从德性到自由——孟德斯鸠〈论法的精神〉讲疏》,第 326、182 页。

134 [法] 孟德斯鸠:《论法的精神》(上册),张雁深译,第 187 页。麦克里兰将孟德斯鸠的自由观概括为:"所有政府权力不集中于同一双手,自由就有保障。"参见 [英] 约翰·麦克里兰:《西方政治思想史》,第 375 页。

135 [法] 孟德斯鸠:《论法的精神》(上册),张雁深译,第 154 页。

136 [法] 孟德斯鸠:《罗马盛衰原因论》,第 61 页。

137 [法] 皮埃尔·莫内:《自由主义思想文化史》,曹海军译,吉林人民出版社 2004 年版,第 72 页。

138 孟德斯鸠对分权政制的设计,集中记录在《论法的精神》第二卷第十一章"规定政治自由的法律和政制的关系"的第六节中。该节的标题是"英格兰政制"。这表明他是以英国的基本政制为基础并继承洛克的分权学说而进行设计的。这种设计的基本理念和制度框架,主要包含在下列著名的论述之中:"当立法权和行政权集中在同一个人或同一个机关之手,自由便不复存在了;因为人们将要害怕这个国王或议会制定暴虐的法律,并暴虐地执行这些法律。如果司法权不同立法权和行政权分立,自由也就不存在了。如果司法权同立法权合而为一,则将对公民的生命和自由施行专断的权力,因为法官就是立法者。如果司法权同行政权合而为一，法官便握有压迫者的力量。如果同一个人或是由重要人物、贵族和平民组成的同一个机关行使这三种权力，即制定法律权、执行公共决议权和裁判私人犯罪或争讼权，则一切便都完了。"把政府权力划分为三种权力，实际上是为了给每一种权力设置必要的限制，以防止权力的滥用。所以，孟德斯鸠在论述了三权的结构和目的之后，又进一步探讨了三权相互的制约。例如，他指出："如果行政权没有制止立法机关越权行为的权利，立法机关将要变成专制；因为它会把它所能想象到的一切权力都授予自己，而把其余二权毁灭。"而立法权也"有权利并应该有权力审查它所制定的法律的实施情况"，但立法机关不应参与行政，否则行政同样要丧失它的应有权力。参见 [法] 孟德斯鸠：《论法的精神》（上册），张雁深译，第 156、161—163 页。

139 [法] 孟德斯鸠：《论法的精神》（上册），张雁深译，第 155—156 页。

140 孟德斯鸠指出，民主共和政体和贵族共和政体在性质上并不是自由的。所以，他谈到意大利的一些城市共和国，说在这些共和国中，"同一个机关，既是法律执行者，又享有立法者的全部权力。它可以用它的'一般的意志'去蹂躏全国；因为它还有司法权，它又可以用它的'个别的意志'去毁灭每一个公民。在那里，一切权力合而为一，虽然没有专制君主的外观，但人们却时时感到君主专制的存在"。参见同上，第156—157 页。

141 [法] 孟德斯鸠：《论法的精神》（上册），张雁深译，第 63—64 页。

142 [法] 孟德斯鸠：《论法的精神》（上册），张雁深译，第 66 页注①。

143 [美] 威廉·邓宁：《政治学说史》（下册），谢义伟译，吉林出版集团有限责任公司2009 年版，第 216 页。

144 [法] 孟德斯鸠：《论法的精神》（上册），张雁深译，第 188—197 页。

145 [英] 马克·戈尔迪、罗伯特·沃克勒主编：《剑桥十八世纪政治思想史》，第 528—529 页。

146 [美] 茱迪·史珂拉：《政治思想与政治思想家》，第 26 页。

147 [法] 雷蒙·阿隆：《社会学主要思潮》，第 23 页。

第十二章 大卫·休谟

政治科学与法治政体

> 休谟认为，在英明地设计的政治制度中，"每个人都必须被设想成无赖"，也就是说，他总是追逐自己的利益。与此假设相对照，还有另一种假设可供选择，即依赖统治者的好意来保全财产和自由；换言之，依赖机遇并且毫无安全可言。好的体制将不依赖伟大的私人美德的存在，它们将确保人们（甚至坏人）的私人利益受到控制和指导以便服务于并且产生公共利益，这便是被休谟称为"最幸福的"社会的自由政府的目的。
>
> ——[美] 列奥·施特劳斯、约瑟夫·克罗波西主编：《政治哲学史》

大卫·休谟，英国哲学家、政治思想家、法律哲学家、历史学家和经济学家。1711 年 4 月 26 日出生于爱丁堡，其父亲从事法律职业，其岳父则是法学院院长大卫·法尔科内爵士。他在 1723 年（即 12 岁时）进入爱丁堡大学，学习希腊文、逻辑、形而上学、自然哲学等必修科目，以及数学、伦理学等选修科目，但他并未能得到学位。三年后，他在回到家乡时曾试图致力于法律研究，但很快放弃了这种尝试，而热情地投入历史与哲学。休谟在《自传》中解释说："我除了追求哲学和普遍知识以外，对任何事都有无法克制的憎恶。"1751—1757 年，他在爱丁堡任苏格兰律师公会图书馆管理员。1763 年，休谟受邀出任英国驻法国大使的秘书，并在 1765 年短暂代理公使职务。在巴黎期间，他与狄德罗、达朗贝尔、霍尔巴赫等法国哲学家交好。1766 年休谟回国时，卢梭与之同行到了英国，随后两人出现不快。1767—1768 年，他担任英国副国务大臣。1776 年 8 月 25 日，休谟病逝于爱丁堡。

休谟一生著述丰盛，在多个思想领域都颇有建树。1734 年移居法国时，他就开始写作旨在建立人性科学的《人性论》。1739—1740 年，《人性论》出版。其后两年，休谟的《道德和政治论文集》在爱丁堡出版，并获得好评。该文集共有 27 篇论文，包括《出版自由》《政府的首要原则》等政治方面的名篇。1745 年前后，身为家庭教师的休谟，着手撰写《人类理解论》以及《道德和政治论文三篇》（该书于 1748 年出版）。这些著作的出版使休谟的声望迅速升高，并深深打动了法国思想家孟德斯鸠——后者将《论法的精神》一书赠给休谟，并在其最后的七年中一直同休谟保持通信联系。1751 年，休谟完成了《道德原则研究》。休谟自认为该书在其"所有的哲学、历史、文学作品"中"最为出色，无与伦比"。第二年，他发表了《政治论》——休谟称此书是"我的唯一一部第一次出版即获成功的作品"。在此期间，他制订了写作《英国史》的计划。其后几年，休谟的英国史研究取得了重大成就。从 1754 年至 1762 年，他撰写的六卷本《英国史》陆续出版。该书最初出版之时受到多方抨击，但正是这部书使休谟作为历史学家的声望超过了作为哲学家的声望。有人在评价休谟的《英国史》时说，"像如此卓越和有分量的著作应该归入哲学探究，而不是历史叙述"。撰写《休谟》的英国哲学家艾耶尔认为，"这是较为接近实际的评价"。[1] 这一"哲学探究"，应是指政治哲学。

休谟是 18 世纪苏格兰启蒙运动的领袖人物，也是有着重要影响的政治理论家。他虽然对启蒙运动中广泛传播的"社会契约论"和"同意说"予以批驳，但这并没有妨碍他对自由政府、立宪政体和法治问题进行思考。从政治哲学上看，"休谟自己就是一个内容丰富的政治学说的作者，这个学说旨在探讨关于下述主题的真理：自然法、正义、公民服从的义务以及最好的政府"[2]。此外，休谟的人性论、道德情感论、政治德性论和正义论为政治法律制度及其社会秩序提供了独特的论证。[3] 同时，在政治与法治思想上，休谟提出了建立政治科学的目标，重点探讨政体与法治的一般原理和制度构成，并对自然法学说进行强烈的质疑。

而本章主要围绕政体与法治问题，来阐释休谟的法治政体思想及其"政体法"的构想。

一　政治科学：探究政体与法律的恒常法则

研究休谟的政治法律思想，尤其是其法治政体思想，首先必须弄清楚他是如何理解政治和如何探究政治科学的。

在《谈政治可以析解为科学》（*That Politics May Be Reduced to a Science*）这篇奠基性、统领性的政治论文中，休谟提出了一个十分重要的问题：政治可否成为一门科学？又如何使之成为一门科学？休谟运用 politics 一词，意在表达双重含义：政治学应当成为科学，即实现政治学的"科学化"；政治也应是"科学"的，亦即实现政治的"科学化"。

休谟提出这个问题，完全符合 18 世纪的思想学术潮流。在牛顿的科学——发现自然法则与探求因果——的巨大影响下，牛顿版的哲学与社会科学纷纷崛起，特别是在苏格兰，弗朗西斯·哈奇森（Francis Hustchson）、亚当·斯密、亚当·弗格森（Adam Ferguson）等哲学家、经济学家的论著，涵盖历史、伦理、政治、经济、心理和法理，构成了一个解释自然因果的体系。而在"18 世纪中叶，欧洲各国的大多思想家都试图以牛顿式风格来推进政治、经济、法律、社会诸领域知识的进步"。法国的孟德斯鸠也是这么做的。

休谟，作为苏格兰学派的代表性人物，当然也尝试仿效牛顿，建立自己的政治科学。他更多地采用比较与历史相结合的方法，观察和研究世界各地不同人类的行为规则与制度。他的目的在于："以比较历史方法研究社会中的人将有助于永恒普遍的人性原则的发掘，从而进一步促成一些关于立法结果的安全预测（就像数学那样普遍而确定性地服务于我们）。"⁴这样，政治的"科学化"以及政治科学就有可能产生。

而更重要的是，休谟显然又是针对欧洲历史上以及同时代的一种政治思想而发问的。在思想史上，有一些人认为，政治统治与政府治理的好坏，关键不在于政府体制或政体本身的好坏，而是取决于掌权者与治理者的性格和品德。就像稍早于休谟的英国启蒙运动时期的诗人蒲柏（Alexander Pope）在《人论》中所写："政府的体制让傻子们去争论吧，管理得最好的政府便是最好的。"在蒲柏看来，一个政府要管理得好，不在于政体的优劣良莠，而在于管理者的管理能力和水平，亦即"政府的优越全在于管理得好的人"。身兼历史学家的休谟也观察到，在英国和外国的历史上，同一种政府体制在不同的人手中被管理得有好有坏，甚至大不相同。譬如在同一王朝之下，两位帝王的脾气和品格不同，也会带来不同的朝政风格与社会气象，乃至较为巨大的变化。所以，能够证明蒲柏这一派观点的事例，在古今各国的历史中多如牛毛、数不胜数。

但是，休谟却对蒲柏所代表的一派观点不以为然，并且予以谴责，他说，"如果人类事务只不过是由特定人物偶然具有的性格和品德所决定的，别无更多的稳定性可言"，则不禁让人为人类感到惋惜和哀伤！人类的理性与智识只配生活在具有偶然性因素的特定人物之下吗？若是这样，政治以及政治科学自然也就不需要了。

休谟的潜台词，或许可以反借蒲柏的话语来说："政府管理得好坏让傻子们去争论吧，好的政府体制便是最好的。"

休谟高度关注的乃是政体及其好坏的问题，他指出：

> 假若人们一旦承认所有政府都是一样的，唯一差别在于治理者的性格和品德有所不同，那么一切政治争论大都可以终止了。⁵

> 正如许多人做的那样，离开政体去谈统治者问题，那是徒劳的，没有意义的，不值得为之争论，更不值得为之斗争。⁶

休谟所定义和期待的政治科学，显然是要探寻政治上具有稳定性的东西，以形成关于政治的普遍法则或某种政治定理。的确，休谟认为人们要"确定普遍的政治准则，应当慎之又慎"[7]。在他看来，人类历史还太年轻，"难于确立许多放之四海而皆准、传之万代仍适用的政治真理。我们至今仅有不足三千年的经验，因此在这门科学中，如同在别门科学中一样，不仅推理的艺术还很不完善，甚至缺乏足够的可供思索的资料"[8]。所以，人们必须警惕充满理性主义的高调与狂妄的政治学。但强调这一点，正是人类理性有限性的表现，也是政治科学所应有的审慎，而不是否认普遍政治法则的存在，更不是否认建立政治科学的可能性。

在休谟看来，至关重要的问题在于，政治科学不应去捉摸不同统治者、治理者各异的脾气、性格、品行和有时飘忽不定的作风与做派，因为这类偶然性的因素缺乏稳定性与恒常性，也缺乏可观察的普遍法则，这就让政治变得变幻莫测、无从把握，从而完全无法据此建立科学的政治理论。

那么，休谟的政治科学主要研究什么呢？简言之，研究政体与法律的恒常性结构及其力量。对此，休谟讲了很重要的一段话：

> 法律的力量很大，而政府特定体制的力量也很大，它们对主管这一政府的人们的作风、个性的依赖却很小，以致我们有时可以从它们推断出一些普遍而又肯定的结论，就像数理科学所提供的结论一样。[9]

在段论述中，休谟将政治科学比喻为"数理科学"，可以得出一些"普遍而又肯定的结论"——这同荷兰思想家斯宾诺莎的主张是一致的。但其前提是，这些结论只能从法律与政体的结构以及其可观察的恒常事实中推断出来，而不可能出自对统治者的品性、作风、个性、教养与能力的把脉。休谟反复强调，这种对统治者个人因素的把脉，不仅在政

科学上毫无意义，而且绝不可能产生或属于政治科学。无论如何，对于
"科学化"的政治与政治科学来说，政体与法律是无比重要的，而不断
变化的统治者与管理者的个人因素则无关紧要。

进一步而论，政治科学对法律与政体的研究，重中之重在于法律与
政体的结构性构成，亦即恒常性、普遍性法则。《谈政治可以析解为科
学》一文特别分析道：

> 在最小的法庭和机关中，人们发现，按照固定的形式和方法
> 处理事务较能防止人性的自然蜕化。为什么公共事务不能照此办
> 理呢？威尼斯政府历经许多世代仍然稳定贤明，除了由于其政府形
> 式好，还能归之于别的什么原因呢？雅典和罗马政府之所以动荡不
> 安，最后这两个有名的共和国竟然覆亡，其根源实在于原有体制存
> 在这些缺陷，这难道不易指明吗？这种事情很少决定于特定人物的
> 脾性和教养，故同一共和国由同一些人治理，结果可能这一部分管
> 得好而另一部分管得差，而这仅只是由于管理这些部分的政府体制
> 和机构有所不同。[10]

休谟在讲到英国时就指出："一个文明的君主国，君主无须具备
特殊才能，政府仅凭法律与制度的力量，就足以保障境内的秩序和稳
定。"[11] 他还进一步以共和与自由的政府为例来阐释这一观点：在这样的
政府体制之下，一方面，其宪法所规定的特定约束和控制，实际上得到
遵守，并发挥其作用；另一方面，能够使人们甚至坏人在为公益尽责办
事时都能得到实际利益。之所以能产生如此的实际效果，就在于其政体
的结构有合理之处。[12] 仅仅从法治的层面上讲，共和国对其宪法的遵守，
以及该宪法发挥其立宪时所设定的作用，主要取决于政体结构的合理安
排。他还谈到民法等法律，认为"这些法律与各个社会的政治制度、习
俗、气候、宗教、商业、境况都有或应当有一种恒常的关联"[13]。政治
科学恰恰就是要发现和解释这些合理的政体结构，以及法律与其他因素

之间的恒常关联性。

休谟对政治科学的定义和设想，无疑与其哲学直接相关。在哲学上，休谟虽然是一位非常重视经验、时间与习俗惯例且强调理性有限性的哲学家和历史学家，但是，他并不否认必然性学说和普遍法则的真实存在。在他看来，"在探索人类事务时，没有什么事情比确切区分何者为偶然事件、何者为事出有因要求更精确了"。对于学术研究者而言，不可能说任何事件都出于偶然。否则，也就等于"排除了进一步探索的必要，并使作者和别人一样，对它处于无知状态"。而"假定该事的发生具有肯定的和稳定的原因"，那么研究者就应当"列出这些因果关系"。这样，就可以防止"将一些不过是偶然的因素析解为稳定和普遍的原因"。[14]而针对政治的恒常法则与因果性关系，他在《人类理解研究》一书中专门指出："如果法律和政府形式对于社会没有恒常一律的影响，那政治学将如何能成为科学呢？"他由此推论说："我们不论从事于一种科学或一种行为，我们都不能不承认必然的学说。"[15]所以，就休谟的政治科学而论，在一个政体与法律体系运行的过程中，当权者的脾气、性格、品性、作风、个性与教养之类的个人因素，显然是偶然的因素；而其政体与制度的结构性的恒常力量，以及其体制性的硬约束，才是值得注意和探究的真正决定性因素。

需要注意的是，休谟的政治科学，并不是从先验原则出发进行纯理性推理的产物。"我们如果先验地来推论，那任何事物都可以产生任何别的事物。"所以，人们应当高度重视经验。"只有经验可以把因果的本性和范围教给我们，使我们可以根据一件事物的存在，来推测另一件事物的存在。"[16]从根本上讲，"我们的理性如果不借助于经验，则它关于真正存在和实际事情也不能推得什么结论。我们可以说'因果之被人发现不是凭借于理性，乃是凭借于经验'"[17]。休谟主张，普遍的政治法则和政治真理，更多地来自历史经验和客观事实，而非理性建构。但是，这并不意味着休谟认定各种政体类型都是由偶然因素而形成和构成的。实际上，休谟总是力求在纷繁复杂的政体形式及其变迁的背后，去寻找某些因果关系和政治真理。因此，无论休谟怎样强调政体的历史性与流变性，寻求其普遍的法则和原理，仍然是他的政治科学的基本宗旨和主要任务。

职是之故，休谟对历史给予异乎寻常的重视，其意义不在于历史学，而在于哲学（人性科学）和政治科学。他告诉我们："人类在一切时间和地方都是十分相仿的。"无论历史上的希腊人、罗马人、英格兰人、德意志人和中国人具有何种多样性，在人性科学的探究下，他们都具有相同或相似的人性。因而，"历史的主要功用只在于给我们发现出人性中恒常的普遍的原则来，它指示出人类在各种环境和情形下是什么样的，并且供给我们以材料，使我们从事观察，并且使我们熟悉人类动作和行为的有规则的动机"。也就是说，"长时间的经验给我们所贮存的概括的观察，可以给我们以人性的线索，可以教我们解开人性中一切错综的情节"。[18] 在休谟看来，恰恰是历史的多样性和变动性，才使得哲学家们可以发现和把握人性的一般原则和普遍性的规则。在政体与法治的问题上也是如此。休谟的政体研究，没有离开对古雅典、古罗马、威尼斯、法国特别是英国政体史的探索。他的《英国史》，可以被看作一部《英国政体史》，而且重点是把握其演变的轨迹与法则。从这部历史中，休谟亦发现或呈现了英国从人治逐渐转向法治的进程和某种规律性的变迁。[19]

由以上所述看来，在根本上，休谟所追求的政治科学，旨在通过政治学的"科学化"而将政治"科学化"，亦即突强政治的客观化、规则化、体制化、结构化。"休谟所追求的'科学化的政治'，其实就是不为神与人之恣意所左右的客观、自然成长的秩序，亦即是'法所支配的政治'是以'经验科学的社会法则为准据的政治'。如果说社会是从人类的历史经验当中自然产生的客观秩序，那么人类在政治的做法也不能够是主观的、恣意的，而应该是客观的、科学的。"休谟对"把政治还原到担任统治者的问题的想法"加以严厉批评，认为这是非科学的庸俗论调。这是因为，"他认为政治的好坏并不是被偶然的因素所左右的为政者之质量、性格与能力的问题，而是客观制度好坏的问题"。[20]

这样的政治科学，核心就是政体科学与法治科学。也只有依靠这样的政治科学，才能建立"科学化的政治"与"科学化的法治"。

二 法治："法律的力量很大"

休谟坚持法治而非人治，是一位坚定的法治论者。为什么他如此推崇法治？因为在他心目中，"法律的力量很大"。

他主要从保障自由与规范和约束权力两个方面来论证法律的巨大力量。

法律是自由的保障

休谟将自由视为极其重要的价值，他断言，对于每个人而言，"自由乃是一种不可估量的福惠"[21]。在确定自由的价值时，他还常常将自由与权威（authority）（专制 [despotism]、奴役 [slavery]）相互对应而论之，认为任何政府都是这两个因素的结合或混合；例如君主制，结合少许自由即为野蛮的专制君主制，结合较多自由（自由居支配地位）则为文明的自由君主制。不仅如此，在所有政府体制之下，始终存在着权威与自由之间的公开或隐蔽的斗争。而在每个政府体制之下，平衡两者的关系都至关重要。"自由都必须作出重大牺牲，然而那限制自由的权威绝不能，而且或许也绝不应在任何体制中成为全面专制，不受控制。"所以，在休谟看来，文明社会在"必须承认权威乃其生存之必需"且"需要人们多加维护"的同时，也"必须承认自由乃是文明社会的尽善化"。[22]"尽善化"（perfection）即完善完美或尽善尽美，它既指过程，又指状态。就过程言之，自由必须贯通于文明社会演变的全程之中，须臾不可缺席。而就状态言之，作为一种理想，文明社会为一个自由的社会，自由成为其基本的标尺。

为了证明自由的价值，休谟专门撰写了《论公民自由》《谈艺术和科学的起源与发展》等论文，讨论自由对学术、艺术和商业的意义。[23]
他认为，在专制的法国，尽管在历史上几乎从未有法定自由，学术与艺术却也发展得近乎完善，但更多的事例说明，"一切艺术和科学都兴起于自由之邦"。例如古希腊和古罗马，在自由的沃土上，艺术与学术得到茁壮成长，又在国家自由衰亡时而衰亡。"这两个事例中的每一个事例都具有双重性，既显示了学术在专制政府下的衰落，又显示了学术在民治政府下的兴起。"[24]休谟特别追溯到艺术和科学的起源，认为只有自由政体提供的安全与幸福，才能让一个民族最初产生出艺术和科学。这是因为，在享有法定自由的国家里，"法律提供安全，安全产生好奇之心，好奇之心求得知识。这一前进过程的后二阶段可能带有更多的偶然性，但前一阶段则是完全必然的"。这样，科学就可以兴起和繁荣了。与此相反，"在野蛮的君主制所必然产生的压迫和奴役之下，科学绝不可能成长。在这种君主制下，唯独人民受到官吏权力的约束，而官吏却不受任何法律或法规的约束。这种性质的无限专制，当其存在的时候，它扼杀了一切进步，阻碍人们获得知识，这种知识是在由于更好的政策和更加节制权力而产生的有利条件下教育人们必不可少的"。所以，"艺术和科学的最初发展绝不可能在专制政府治理的国家中"。[25]没有法律提供的安全，人们就会处于压抑、惊悚甚至恐惧的状态之下，哪还有什么探求科学与知识的好奇心？再从商业上看，观察欧洲的商业史，虽然专制的法国也出现了商业繁荣，不过人们普遍发现，"商业中心总是在自由政府的所在地"，如古雅典、威尼斯、伦敦、阿姆斯特丹和汉堡，而专制政府因其性质和特点——等级制、不公正、信息封锁等——总是不可避免地存在着损害商业的因素。此外，休谟还发现，新闻自由作为英国式混合政体的产物，同时亦是英国防止专权现象和皇室专制独裁的有效手段。

　　自由必须由政体与法律加以界定、表达、保障和护卫。休谟在罗马共和国的历史中看到，"为了保障自由，最终必然会出现约束官吏们的必要，从而促使制定普遍遵行的法律和法规"。这些法律和法规"足以保障公民的生命和财产，免除了此一人受另一人统治的现象，保护每一个人免受他的公民一同胞的侵犯或暴虐"[26]。而在英国，自由的一项根本原则，就是政府和公民"必须同等遵守一般的法律"[27]。不仅如此，自由还是政体化与法治化的。"权威和自由一样，是政体必不可少的成分，甚至维护自由本身，也不能缺少权威。只有法律才能规范自由、保护自由，只有权威才能维护法律。"[28] 他还说：自由政府对于那些分享自由的人，"常常是最大的福惠"[29]。比如他谈到英国的混合政府，与罗马帝制下的专制不同，"英国政府虽然与君主制混合，但共和制部分居于优势；为了保存自己，它不能不对行政官员保持戒备、猜忌，排除一切专断之权，并以通用而又固定的法律，保障人人生命财产的安全"[30]。他还提到英国为确保自由而建立的一些重要原则与制度，包括法无明文不为罪；除了依据提交给法官的法定证据外，不得以任何罪名加之于人；法官必须是出于本身利益，自觉监视大臣们有无违法乱纪行为的本国国民。

法律对权力的规范与约束

在如何对待政府的权威或权力问题上，休谟一方面认为必须尊重和维护政府的权威，以巩固社会秩序与个人生活的安全，另一方面又一直对权力保持警戒之心。基于此警戒之心，他坚持不懈地论证和宣称法律在规范与约束权力上所具有的巨大力量。

休谟对权力无可匹敌的能量及其伴随的诱惑力和腐蚀性有着深刻的洞察。他说："在人类一切身外之物中，权力是最令人渴羡的，甚至名誉、恩惠和财富与之相比，都是不足道的。"[31] 他认为，历史上当然也有人惺惺作态地告诉世人，坐在权力的宝座上挥动权力之手是一件很累的活。但是，他们在登上权力宝座之前可不这么想；而且，他们也不会在没有任何外部压力的情况下甩手不干、辞官回家。所以休谟带着嘲笑追问他们，权力是什么时候曾经被人视为不值得追逐并成为额外负担的？他尤其对专断的权力深恶痛绝，认为这种"专断之权在一切情况下都多少带有压制性和贬抑性，而在一个小范围内实施则危害更大，令人完全无法忍受"。手握专断权力的人"可以全权治理属民，好像他们是属于他个人所有的；但又漠不关心，甚至横施暴虐，好像他们是属于别人的"。故而，"受到如此统治的人民，是十足的名副其实的奴隶"。[32]

与此同时，休谟也同柏拉图、亚里士多德等法治理论家一样，在人性之中去寻求运用法律规范与约束权力的理论证成。休谟认为："显然，一切科学对于人性总是或多或少地有些关系，任何学科不论似乎与人性离得多远，它们总是会通过这样或那样的途径回到人性。"[33] 政治科学就更是需要考察人性，并奠基于人性。在他看来，人性有许多弱点，如由于"人类在很大程度上是被利益所支配的"[34]，故而容易追逐眼前利益而放弃长远利益。而且，"自私之心在人类天性中根深蒂固"[35]。休谟对人性尤其是政治人性的幽暗看法，使他比前辈们更直截了当地用明快易懂的语言表达了一种对政治上"无赖之徒"予以约束和监督的政治思考。这种思考的精华，即"必须把每个人都设想为无赖之徒确实是条正确的政治格言"。这主要不是来自对人性和政治权威的本性的逻辑推论，而是来自对历史和政治现实的体验与拷问。换而言之，这样"设想"的基础不是逻辑，而是历史的经验和事实。

他观察到：

> 许多政论家已将下述主张定为一条格言：在设计任何政府体制和确定该体制中的若干制约、监控机构时，必须把每个成员都设想为无赖之徒，并设想他的一切作为都是为了谋求私利，别无其他目标。我们必须利用这种个人利害来控制他，并使他与公益合作，尽管他本来贪得无厌，野心很大。不这样的话，他们就会说，夸耀任何政府体制的优越性都会成为无益空谈，而且最终会发现我们的自由或财产除了依靠统治者的善心，别无保障，也就是说根本没有什么保障。因此，必须把每个人都设想为无赖之徒确实是条正确的政治格言。虽然，这同时看来有些令人奇怪：箴言在政治上是真理，

在现实中则是谬误。[36]

   这一政治格言之所以在现实中是荒谬的，是因为在任何一种政体之下的政治实践中，不可能每一位成员都真的是无赖之徒；而它之所以在政治上是正确的格言，就在于政体的设计和安排，需要根据人性的复杂性而设立引导性、预防性和控制性机制，从而使每个官员都能促进公共利益。休谟认为，对人性深有体验的人不难明白，人性中总是有难以克服的弱点，容易受到各种诱惑的引诱，包括个人私利的影响。特别是在面对权力或身为掌权者时，"人们天生野心很大，他们的权欲永远不能满足"。[37]如果事先预设每个官员都是善人，不受任何权力的腐蚀，一心一意只追求公共利益，那么政体的设计将留下许多漏洞，从而酿成重大的制度风险。实在地说，假设政权总是由一位或一群纯粹良善和品德高尚的政治人物来掌控，那么，还需要什么防范性和约束性制度呢？但这个"假设"不仅很不可靠，而且还具有巨大的政治风险。所以，一种良好的政体，就是根据上述政治格言，综合考虑、平衡和协调政府及其成员的利益与公共利益，将政体的结构建造得周到完善。由此，国家和社会"依靠这些体制、机构，自由得以确保，公益得到考虑，特殊人物的野心和贪欲受到限制和惩罚"[38]。从这个意义上讲，政体的构造必须着眼于复杂的人性与人心，着眼于不可能完全同一的私人利益与公共利益的协调，从而进行规范性、预防性的制度安排。

   在这样的权力观念与制度的人性预设前提之下，休谟主张，文明社会必须将权力塑造成为法律化的权力。其首要的招数，就是通过法律授予权力从而将政府的权力法定化。这种法定化，不仅是规范政府权力运行的重要方式，而且是防止政府滥用权力的重要手段。他反复阐发这样的智识：

     政治上有一条大家认为是无可争议和普遍适用的箴言：通过法律授予高级官员的权力，不论这种权力多么大，它对于自由的危险，总是小于强夺和篡夺的权力，即使这种权力很小。因为法律总是对所授予的每种权力给予限制，而且同意接受所授权力这个事实的本身就树立了授权者的权威，保持了该体制的协调一致。而不经法律手续获得一项特权之后，又可以要求另一项权力，而且要求一次比一次便利；第一次篡夺的权力既可成为以后篡权的先例，又可成为继续篡权的力量。……这就是为什么所有的英国爱国者均十分警惕防止王室初次侵犯法制。[39]

所以，他警告英国人：如果不认真防止篡权、专权现象的出现和发展，专制独裁就会不知不觉地凌驾于英国头上。

休谟特别强调最高位的统治者与治理者应受制于法律。如在一个君主制国家，君王显然不可能"亲自在全国各地行使君主的各项职责，必然会让下级官员代行他的权力，由他们保持各地区内的安宁和秩序"。在此格局之下，如若君主本人不受任何约束，他对其代行权力的大臣和各级官员的约束势必松懈。"因此，不能设想一个野蛮的、不受任何约束和未受任何教育的君主，竟能成为一个立法者，或者竟能考虑到要约束他在每个省的傲慢的官吏，或者甚至他在每个村庄的裁判官。"[40] 这一看法，与孟德斯鸠关于君主专制政体之下每个官员都是一个专制者的观点，是颇为相似的。

法律对于权力的规范与约束，还在于在制度上设立针对滥用权力的补救机制。休谟说："法律必然会提供限制滥用权力的补救办法。"[41] 不仅如此，"一种体制之所以好仅仅在于它能提供反对弊政的补救办法"。这样一种好的政体，其本质就是要能够让该政体结构的每个部分做到保护自己免遭破坏——良好的政体，必须是其各个部分能够自我保护的制度体系，从而在整体上保护与巩固该政体的基本结构和功能发挥。同时，良好的政体能够防止管理机构发生无法无天的情况。[42] 反之，如果政体"对于一种权力竟然无法补救"，那无疑是"荒谬的事"。[43] 据此而论，法治其实主要是通过适当的法律和政体而对人性的一种"设防"。

这具体到政治领域，就是依靠适当的法律和政体对政府及其成员的一种"设防"。所以，法治对于政府及其成员来说，其首要的功能是消极的，即首先在于预防、约束和控制。

除上述两个方面之外，休谟认为，法律亦是"安全和幸福之源"。[44]人若要生活下去，就必须有安全。人若要安全，就必须有法律。"如果没有法律、行政长官和法官一起阻止强者侵犯弱者，阻止狂暴者欺凌公正讲理者，那么人们在社会中，至少在文明社会，根本活不下去。"[45]这是显而易见、不言而喻的道理。同时，法律还有助于形成良好的道德。休谟指出，一个国家的公众幸福，必须以社会道德和良好风气为前提，但良好的道德和风气绝不可能来自最美好的哲理箴言，譬如心灵鸡汤，甚至也不能来自最严格的宗教戒律；"它必然只能来自对青年的道德教育，来自于明智的法律和政治体制"[46]。

在法治理论史上，柏拉图、亚里士多德等人都曾谈到法治的一种弊端，就是所有的法律都是一般性的抽象规则，要应用于各种特殊的案件，常有不便之处，如操作上的困难。这也同样包括法律对政府及其成员的约束，可能给其应付许多复杂情况造成不便。但是休谟认为，这种不便不能成为摒弃法治或政府应该高于法律的理由。他说："这就需要有很强的洞察力和很多的经验，才能发觉这种不便比起每个官员任意决断的权力所造成的后果是微不足道的，并且也认识到一般法律不方便之处基本甚少。"[47]这是对上述法治弊端的更为清醒和明智的看法。

正是因为看到法律具有如此巨大的力量，所以休谟指出：

> 立法者不应将一个国家未来的政体完全寄托于机会，而应提供一种控制公共事务管理机构的法律体系，传之子孙万代。种何因必得何果，贤明的律令在任何共和国中都是足以留传后代的最可宝贵的遗产。[48]

显而易见，休谟将一个国家的命运与前途交给了贤明的法律，尤其是一种控制公共权力的法律体系。而这就意味着，在一个国家中，真正最宝贵的历史遗产，就是祖先们创制的贤明的法律。因此，休谟极为赞赏创制、立法的杰出人物，认为他们应当享有首要的荣誉并且受到人们的高度崇敬。[49]

对于休谟来说，对立法者的颂扬和褒奖，也就是对法律与法治的颂扬和褒奖。依此，贤明的立法者在一个国家的地位及其历史评价，亦是观察其法律与法治是否居于重要地位且受到尊重的一个指标。

三　法治与非法治的政体类型

在休谟的政治科学中，政体与法律是同等重要的两大论题。这一方面表明休谟所关注的"政治"，核心是政体与法律。另一方面，休谟又总是在两者的关系包括结构性关系中去认识和设想政体或者法律。他讲过很经典的一句话："在最佳的政治体制中，每个人都受到严格的法律约束。"[50] 这是将一定的政体与法治视为一个统一的结构体，而非政体与法治元素两分的一种并存状态。在这个意义上，休谟的政治科学，亦是法治科学。这是我们理解休谟法治政体思想的关键所在。

法治政体的认知与考察，首先当然涉及政体的类型划分。"他区分了绝对君主制和自由政府，以及有序的政府和专横的政府。"[51] 但是，休谟在讨论政体时，并没有如同柏拉图、亚里士多德、孟德斯鸠那样，提出明确、清晰的政体类型学，而是在行文时反复提到许多种政体名称，以及剖析和归纳一些政体的性质和特点。

根据《人性论》《休谟政治论文选》等书，休谟提及的政体或政府形式主要有以下几类：

1. 君主制、有限君主制、文明君主制、文明化的君主国、立宪君主国、王国、帝系政府；

2. 民主共和国、代议制的民主、民主共和制、共和政体、共和国、共和国政府、纯粹的共和国、自由的政府、自由的政体、民众政府、最自由和最民主的政府；

3. 纯粹君主制、专制政府、专制政权、纯粹专制制度、君主专制、专制独裁、君主专制政体、野蛮君主国、野蛮的君主制、最专制和军事化的政府；

4. 混合政府、混合政府体制、混合体制的政府、混合（立宪）政府、宪制政体等。

这使得人们在把握休谟的政体学说时，遭遇到其真实的政体划分问题。

以法治的标准衡量，则不难发现，休谟将一些政体归入法治政体（《人性论》使用了"法治政府"一词[52]），而将有的政体定性为人治政体。

在休谟看来，"法治政体"主要有两种：一种是"共和政体"，另一种是"文明君主制"。他在《论公民自由》一文中非常明确而郑重其事地宣布：

> 现在可以将过去仅仅授予共和国的赞语同时授予文明君主制。可以说：它们是法治政府，而不是人治政府。[53]

首先来看作为法治政体的共和政体。"它们是法治政府，而不是人治政府。"这是哈林顿在《大洋国》一书中极力推崇并授予共和国的一句赞语。（参见本书第八章）休谟认为，共和国完全配得上这一赞语。因为对于共和国来说，法律是至关重要的，"一个共和国没有法律就决不能长存"[54]。因此，在一个共和政体之下，"如果其宪法所规定的特定约束和控制实际上不起什么作用……那么这种政府便会成为显然的笑柄"[55]。他从罗马共和国的历史中看到，初创时期的共和国只有很少几种法律，但其后法律逐渐增多，以约束官员们的行为，保护公民的安全、财产与自由，以及巩固共和国的政治秩序。而且，"一个共和国即使处于野蛮状态，但由于绝对正确的行动，也必然会制定法律，甚至当人类在其他学科方面尚未取得重大进展时，也是如此"[56]。可见，建立了共和政体的国家必定实行法治，也就是说，法治对于共和国来说，既是可欲的，实际上也是必然如此的。

其次，"文明君主制"也同共和政体一样，属于法治政体。在休谟那里，"文明"意味着自由、正义与法律，以及政体各部分之间的平衡性。正如佛波斯指出，"对于休谟来说，'文明'本质上是一个政治或法律的概念：'文明'的进步是'法律与自由'的发展，是'有益的法律约束与正义'的发展（没有法律自由仅仅意味着无所顾忌），也是在休谟的政治哲学中作为政府职责的'正义'在历史中的实现"[57]。是否实行法治，关乎一种君主制是"文明君主制"还是"野蛮君主制"。"文明君主制"无疑是实行法治的。

从政体的角度看，休谟常常把英国的君主制视为文明君主制的样本。而英式君主制的一个主要特色，就是混合政体，即混合了君主、贵族与人民三种主要的政治力量，因而它既不是纯粹君主制，也不是贵族制与共和制。休谟十分明确地指出："英国政体是君主政治、贵族政治和民主政治的混合。当权者由贵族和商人组成。人民中间各种各样的教派都有。"[58]不过，其中民主制或共和制的成分占有明显的优势："下议院乃是英国民选政府的支柱。"[59]详而言之，"我们的体制分配给下议院的那份权力很大，使它可以绝对控制政府的其他一切部门。国王的立法权显然对它起不了正常的制约作用。因为国王虽然有权不公布法律，但这种权柄事实上作用很小。两院表决通过的一切，总是可以成为法令，王室的同意不过形式而已。国王的力量主要在于行政权，但在每个政府中行政权总是从属于立法"[60]。同时，由于在这个混合式的君主制中，自由占据了支配地位，故而它又被休谟称为"自由的政体"。更进一步，混合的、自由的特征，又使得这个君主制成为"有限君主制"，并进而成为"法治君主制"。虽然休谟深刻认识到，"在君主制政体下，法律并不是这种政体的必然产物"[61]，但是，一个混合的、自由的、有限的君主制，则必定是一个文明且法治的立宪君主制。英国式的自由君主制，即是允许其中若干成员分享权力的政府。"但他们在其日常治理程序中，必须同等遵守一般的法律；这些法律，政府所有成员及其臣民事先都是知晓的。"[62] 例如，英国的这种君主制，一方面，要求国君的违法责任由其大臣承担[63]；另一方面，"每个大臣和地方官吏，不论地位如何显赫，都需遵循治理整个社会的一般法律，按照规定方式实施委托给他代行的职权"[64]。总而言之，如果抛离法治，那么，"文明君主制"就会蜕化为"人治政体"或"野蛮君主制"。

休谟所讲的"野蛮君主制"，也就是"专制君主制"。他的《谈艺术和科学的起源与发展》一文，在重点分析法律对于艺术繁荣和科学发展所具有的决定性作用时，认为君主专制政体对艺术与科学的阻碍，就在于它的反法治。更重要的是，休谟揭示出专制君主制具有排斥法律的特性和力量。他说："专制君主制本身包含着某些排斥法律的东西。"[65] 因为在专制君主政体之下，一方面，君主是不受约束的，这个君主往往也难以约束他的官吏和法官；另一方面，唯独人民受到官吏权力的约束，而官吏却不受任何法律或法规的约束。

这一精辟见解，不仅是高度认同前述孟德斯鸠关于专制政体天然拥有破坏法律的能量的观点，而且是对君主专制政体反法治特性的决然宣判。

四　混合政体与共和政体：优良的法治政体

休谟对何为优良的法治政体这一问题，开出了两份方案，一是混合政体，二是共和政体。这两份方案都是通过比较而加以选择和确定的。他认为："我们判断对象，多半是通过比较，很少依据其本身的价值；当任何东西与同一类中较高级的东西对比起来时，我们就把那种东西看作低劣的。"[66] 而正如上文已述，这两种政体都是法治政体。

休谟欣赏和推崇的优良政体，首先是混合政体。在他看来，混合政体是无价之宝、天佑之福。[67] 在他心目中，这种混合政体的样本，就是英国式的"文明君主制"或立宪君主制。在进行政体研究与分析时，休谟主要关注和聚焦于母国的君主制。不论是对这种君主制的历史描述、特点刻画，还是评价其优劣，他都将重点锁定其混合性或平衡性。休谟认为，这种混合与平衡包括精神与制度结构两个层面。在精神层面上，在于权威与自由的混合与平衡。按照他的话说："政府中的两种极端，自由与奴役，常常相互最为接近；而且，如果不走极端，而是将少许的君主制和自由掺和，政府就会变得更为自由；另一方面，若是将少许自由和君主制结合，则政治枷锁总是变得更为沉重和难以忍受。"英国的君主制显然是前者，法国的专制君主制则为后者。[68] 在制度结构上，所谓混合与平衡，即是君主、贵族与人民的结合。休谟反复申说和强调英国式君主制在政体结构上的混合性与平衡性，认为这才是这一君主制的真正优点。在《英国政体究竟更倾向于君主专制，还是更倾向于民主共和国？》的文章中，他虽然鉴于英国的历史，说宁愿要一个君主专制政体而不是一个共和政体，但他更坚定地表达的主张，则是混合政体；因而不论坚持君主专制，还是坚持民主共和制，都是不妥当的。他说："如果由于当前迫近的危险来自君主制，我们有理由对它更为戒备，我们同时也有理由提防建立民众政府，因为那种危险更为可怕。这种情况可以教育我们在一切政治争论中保持审慎。"[69] 建立纯粹君主制或君主专制，显然不符合休谟对自由与文明的肯定和期待。他热切期待，"我们政府的共和部分能够持续抵制君权"[70]。但是，人民在民众政府中完全的主宰地位，无疑也让休谟颇为忧虑和忌惮。他认为，一旦人民对政府产生狂热而愤怒的情绪，后果将不堪设想。"一种最盲目、最固执而又最无法控制的信念最能激励人的本性。人民的愤怒不论起源如何总是可怕的，特别是当这种愤怒来自一种摒弃一切法制、理性和权力约束的信念时，必然产生最为有害的后果。"[71] 休谟所青睐的君主政体，仍然是英国混合性的"文明君主制"。

与此同时，休谟还打开广阔的历史视野，从罗马和威尼斯等地的政治实践中观察到，在一个政体结构中，人民、贵族与君主任何一方的力量过于强大或过于弱小，对邦国和公众都是有害的。如罗马共和国的政体将立法权授予人民，贵族与执政官无权限制。这种没有代议制的民主产生的恶果，就是凯撒式的专制权力。同样，如果贵族拥有控制法律的足够权力，也是有害的。而一个君王的适当权力，可以"与政权的立法部分形成恰当平衡或与之匹配"。据此，就可以确立政治上的一条普遍真理，这就是君主、贵族与人民构成最佳的君主制、贵族制与民主制。[72] 所以，休谟认为，混合政体是适宜的政体。这个混合政体，可以叫作温和的政府、自由的政体、自由君主制或者文明君主制。但总之，它是实行法治的。

共和政体，是休谟心目中另一种优良的法治政体。毋庸置疑，休谟对英国式的混合政体充满了赞美之语，并大加推崇。但是，他也并非没有看到君主制的缺点和民众政府的因素对君主制的渗透："无论如何，必须承认，君主制政府虽已向民众政府接近，日渐温和和稳定，但仍然是低级的。现代的教育和风俗较之古代的灌输仁慈和温和主义更多，但并未完全消除君主制政府的缺点。"[73] 另外，他对共和国或共和政体也多有颂扬之词。甚至有学者断言："共和主义观念树立了大卫·休谟之政治思想的结构。"[74] 这一判断，不仅意指休谟在分析英国的混合式君主制结构时总是谈到其中的"共和"构成，而且还指休谟最终怀揣着一份理想共和国及其"政体法"的方案。而其于 1752 年发表的《关于理想共和国的设想》(Idea of a Perfect Commonwealth) 一文，的确让我们有兴趣且必须对休谟提出的一个理想的（完美的）"共和制"进行一番透视。

作为一位抱持理性有限性思想的哲学家和长期浸润于英国乃至欧洲政治史的历史学家，休谟对政体与法律的分析，往往呈现出强烈的历史感与现实感，而不热衷于构思乌托邦式的政治理想图景。所以他批评柏拉图、莫尔："一切假定人类生活方式要进行巨大变革的政府设计方案，显然都是幻想性的，柏拉图的《理想国》、托马斯·莫尔的《乌托邦》都属于这种性质。"[75] 但是，休谟也不愿意轻易放弃将人类从偶然性统治中拯救出来的奢望和努力。其政治科学之所以汲汲于探索政体与法律的结构性力量及其恒常法则，正是这一苦心孤诣的哲学表达。故而，他在推崇混合式的立宪君主制之后，又开始雄心勃发，在《关于理想共和国的设想》一文中重新思考一个理想共和国的政体与制度方案。

为此，他写下了很值得在这里引录并予以解析的一段话：

> 尽管通常拼拼凑凑、组织不好的政府似乎也能服务于社会的目的，尽管建立一套新的政府制度并不像建造一艘新型结构的船只那么容易，然而，作为一个政体，应该比另一个政体更为完美，要不受其特定人物的作风和个性的影响，那么我们为何不能探索一下究竟何种政体最为完美？这在人类智能可能设想的课题中肯定是最值得探索的了。如果这种争论现在竟由明智和有识之士一致同意而得到解决，谁知道将来某个时代不会有机会将此理论付诸实践呢？这种实践既可能是解散某些旧有的政府，也可能是在世界某个遥远的地方将人们组织起来，建立一个全新的政府。在一切情况下，了解一下哪种政体最为完美，使得我们只需通过温和的改变和革新便能将现有的一些政治结构或体制变得与之甚为近似而又不致引起过大的社会动荡，这毕竟是有益无害的事。[76]

这一段话足以构成休谟构思与设想理想共和国的一个总纲，它包含了休谟在政体问题乃至整个政治科学上的若干重要观点：

第一，人类历史中已经出现的各种政体，作为一种"人造发明物"，不可能像机器一样可以经过反复试验而建成，所以不免有种种缺陷。但无论其有何种缺点和不完善之处，总是拥有达成某种目的的基本功能，以及民众的习惯性服从。它们已经是历史文化的重要部分。因而，任何现有政体的改革，都无不受制于其历史的约束，并且要求应有审慎的态度。

但是，第二，休谟热切期待出现比任何现实——历史上已经出现过的和当下正在运转的——政体更加完美或者最为完美的新型政体，从而通过其制度体系及其合理结构真正避免人类受偶然性因素的统治。

这自然是对人类的智识与理性最大的一个挑战，然而这却是关乎人类和任何一个共同体下每个人根本命运的关键性大问题，所以休谟说"这在人类智能可能设想的课题中肯定是最值得探索的了"。我们已经知道，欧洲历史上的任何一位政治哲学家，从柏拉图到孟德斯鸠，几乎无不对这一问题深有兴趣，甚至就是围绕这一问题而竭思尽智，著书立说，从而提供各种优良政体的方案或草图。一个没有任何优良政体理想与方案的政治学者，根本就不能叫作政治哲学家。而休谟很明白地揭示这一点，无异于夫子自道：自己身为政治哲学家，怎么能够不在这个最值得探索的课题上一展其才智、思虑与想象力？

第三，虽然无法准确地预测时间和地点，但是，经过明智和有识之士思考、论证、争论以及审慎的设计而形成的一个完美的政体方案，在未来是有很大的机会实现的，只要它不是幻想性的乌托邦——休谟自认为他设计的理想共和国的政府方案是实际可行的。这一理想方案的实践，可能主要有两条道路。第一条道路是按照这个理想方案建立一个全新的政体结构及其制度体系，以替换旧的政体。这无疑是一条革命的道路。第二条道路则是通过温和的改革，使现有的政体尽量吸纳这一理想方案，从而接近或甚为近似于这一理想方案。这是渐变改良、渐进发展的道路。休谟是偏好于第二条道路的，因为他认为它不致引起过大的政治变动和社会动荡。故而，他在详细想象其理想共和国的方案之后，话锋转向英国的君主制。他主张英国的君主政体应作出一些增强"共和"成分的变革，从而使其成为有限君主制国家的一个典范。

在构思理想共和国的图景时，休谟公开批评柏拉图与莫尔描画的乌托邦，但却毫不掩饰地借鉴哈林顿的《大洋国》。他当然也谈到《大洋国》存在一些缺点，不过，在他看来，"只有《大洋国》是迄今为止提供给公众的唯一有价值的共和国模型"[77]。应当可以说，不仅《大洋国》的共和主义观念强烈影响了休谟，而且哈林顿的"政治建筑术"也为休谟提供了一个样板——他对理想共和国政体与制度的设想，亦是一种"政治建筑术"。

休谟对理想共和国方案的设想——其实就是他的理想共和国的
"政体法"——是相当细致和具体的。本文对此不展开，但是，有几个
要点则值得疏解。

其一，在共和国适合于何种国家的问题上，休谟提出了不同于孟
德斯鸠的观点。孟德斯鸠在《论法的精神》中提出了一种"小共和国"
理论："共和国从性质来说，领土应该狭小；要不这样，就不能长久存
在。"也就是说，一个大共和国会产生许多弊端而容易败亡[78]；这样，只
有一个城市或一个小国可以建立共和国。而休谟要考虑的问题在于，像
法国或英国等欧洲大国能否被塑造成为共和国？如果不能，他设想的理
想共和国方案，其意义就极为有限。而我们看到，休谟完全纠正或消解
了孟德斯鸠的"小共和国"理论，认为大国也能建成为一个好的、长久
存在的共和国。他比较而论之："在幅员广阔的国家中建立一个共和政
府虽然比在一个城市中建立这样的政府更为困难，但这样的政府一旦建
立却更易于保持稳定和统一，不易发生混乱和分裂。"更重要的是，在
大型的共和国里，还拥有"改进民主制的充分空间"。而且，其广阔的
地理空间，也使得各地区的人们难以因为阴谋、成见或激情而联合起来
反对公共利益。[79] 与此不同，小共和国容易建立但却不易稳定。一个城
市有利于建立共和国的优势，在于民众"欣然赞同相同的政府概念，产
权的自然平等就会有利于自由，而居住的邻近就会使公民可以互相帮
助"。但是，这一优势同时"也使得其体制脆弱和不稳"，因为其民众易
于相互感染而集中骚动，因而政体的稳定性就会遭到动摇或破坏。[80] 正
是由于认识到人类建成大型共和国的可能性，所以休谟在设想其政体方
案时，力求"兼有大小共和国的一切优点"[81]。休谟的大共和国思想，
深刻影响了美国的共和国建造。一个重要的例证是，"在费城制宪会议
上，苏格兰政治科学学派最具创造性和哲学性的门徒是詹姆斯·麦迪
逊"，而"休谟已为麦迪逊在费城制宪会议之前的政治哲学做了主要贡
献"。[82] 美国共和国的建立，又进一步深刻影响了 18 世纪末期以来的世
界政治史：从这个时期至今，大型共和国不断面世，且大都存而不衰。

其二，休谟为共和国设计了间接民主的制度。在其一生的政治思考中，休谟对直接民主或民众单独支配政权的民主制度一向保持高度警戒。他看到，罗马共和国时期的人民，因为没有实行代议制，结果产生了凯撒式的专制权力。《关于理想共和国的设想》一文也特别明确指出："民主制总是骚动不安的。"小共和国的一大问题就在于："不管人民在表决或选举时分成许多部分，他们在一城的邻近居住总是使民众的力量成为最易感受的潮流。"[83] 即使在大型共和国里，民众的力量也需要适当的制度与机制加以调节与控制。他还认为，下层人民和小业主"愚昧无知，易受显贵欺哄"。所以，他们不适合于参加郡级会议和选任共和国的高级职务。[84] 总之，"休谟是通过阅读罗马历史以及对每个公民直接参与民主政府造成历史证实恶性事件的思考中得出分区选举（fragmentizing election districts）的思想的。这个苏格兰人并未使用'纯粹共和'，也就是说，直接民主"。这使得"休谟小心翼翼地致力于令国民在上千个人为划分的选区投票"。[85] 为此，休谟设计了一套间接选举的办法。在他的共和国中——例如大不列颠和爱尔兰或任何相等的国土——全国被分成一百个郡，每个郡又分为一百个教区（小行政区），这样整个国家就有一万个教区。以此为基础，就可以选举郡代表（每个郡有一百名教区代表）。休谟对选民和被选举人都设置了财产限制：选民是所有年收入有二十英镑的不动产所有人和拥有五百英镑财产的户主，而被选举人必须是有地产的人。然后，由一百个郡的代表在郡城开会，从他们自己中选出十个治安官（行政官）和一个参议员。由此，一个共和国就共有一百名参议员、一千名治安官和一万名郡代表。再进一步，由参议院选举行政长官：护国公（代表共和国，主持参议院工作），以及两个国务秘书。所有这些人，构成了整个共和国的基本政权成员。

其三，共和国的政体是一个相互平衡和制约的政制体系。上文已经多次论及，政体的混合性以及权力各个部分的平衡与相互约束，一直是休谟关于理想政治或政体的核心原则。在设计其理想共和国的"政体法"时，他同样贯彻了这一原则。从共和政体的混合性上看，休谟扩展了民众的政治参与，尽管主要是间接选举制。他赋予参议院以类似于英国国王的权力，即共和国的全部行政权。他又认为，"贵族政治最适于安定和秩序"[86]。再从权力各个部分的平衡与相互约束来看，休谟让郡代表行使共和国的全部立法权且每个郡的权利平等，让参议院行使全部行政权，让治安官任命各郡的财税官员和选举市长、郡长、市镇法院法官等，而让郡代表拥有类似于英国地方司法机关的权力，以及让郡官和陪审团审讯各郡内的所有犯罪案件。同时，这些权力之间，存在着复杂的制约关系。例如，参议院和治安官参与立法的过程，参议院有权任命大法官和所有司法官员，接受下级法庭的一切申诉，可以停止各郡犯罪案件的审讯且拿来自己处理。

其四，共和国的法制问题。根据休谟的设计，共和国的立法有一套复杂的程序。其全部立法权由郡代表拥有，而每一项新的法律必须先在参议院内辩论，如果被否决了，即使只有十个参议员坚持原案和提出抗议，这个法案也须送交各郡讨论。当然，鉴于召集全体郡代表讨论过于麻烦费事，参议院也可自行决定，将该法案或发给治安官讨论或发给郡代表们讨论。休谟还建议，每个郡的郡代表可以制定本郡的地方法规，但须上报参议院并转送其他各郡，而参议院或任何一个郡都可随时宣告其他郡的任何地方法规无效。此外，休谟还设置了一个由参议院选举且由参议员组成的法制委员会（参议院下共有六个委员会）。这个法制委员会有两项任务，一是检查下级官吏所有滥用法律的行为，二是考察城镇法制可以做出哪些改进和完善。这就提供了一个制度安排，可以使法律的权威性得到一定的保障。

休谟在《关于理想共和国的设想》的结尾处写道："如果这样的政府可以兴旺许多世代，这就足以促使人们孜孜以求，根本用不着妄称它可以永存。"[87]对于本书以上所探究的各位哲学家与法学家提出的任何优良而又具有可行性的政体方案，我们大概都可以此态度和心愿而观之吧。

注释

1　参见《休谟自传》，载 [英] 休谟：《人类理解研究》，关文运译，商务印书馆 1957 年版；[英]A. J. 艾耶尔：《休谟》，曾扶星、郑莹译，中国社会科学出版社 1990 年版，第 1—18 页。

2　[美] 列奥·施特劳斯、约瑟夫·克罗波西主编：《政治哲学史》，第 534 页。

3　参见高全喜：《休谟的政治哲学》，北京大学出版社 2004 年版，第 2—3 页。

4　参见 [美] 道格拉斯·阿代尔：《"政治或可化约为一种科学"——大卫·休谟、詹姆斯·麦迪逊和〈联邦主义文集〉第十篇》，陈舒婕、韩亚栋译，《政治思想史》2010 年第 4 期。

5　[英] 休谟：《谈政治可以析解为科学》，载《休谟政治论文选》，张若衡译，商务印书馆 1993 年版，第 5 页。

6　[英] 休谟：《关于新教徒的继承问题》，载同上，第 148 页。

7　[英] 休谟：《关于某些异常惯例》，载同上，第 109 页。

8　[英] 休谟：《谈公民自由》，载同上，53 页。

9　[英] 休谟：《谈政治可以析解为科学》，载同上，第 6 页。

10　[英] 休谟：《谈政治可以析解为科学》，载同上，第 13—14 页。

11　[英] 大卫·休谟：《英国史 Ⅲ：都铎王朝早期》，刘仲敬译，吉林出版集团有限责任公司 2012 年版，第 19 页。

12　参见 [英] 休谟：《谈政治可以析解为科学》，载《休谟政治论文选》，第 6 页。

13　[英] 休谟：《道德原则研究》，曾晓平译，商务印书馆 2001 年版，第 48 页。

14　参见 [英] 休谟：《谈艺术和科学的起源与发展》，载《休谟政治论文选》，第 62—64 页。

15　[英] 休谟：《人类理解研究》，第 81 页。

16　[英] 休谟：《人类理解研究》，第 144—145 页。

17　[英] 休谟：《人类理解研究》，第 28 页。

18　参见 [英] 休谟：《人类理解研究》，第 76—77 页。

19　哈耶克认为，弗里德里克·曼纳克（Friedrich Meinecke）明确地指出了"英国历史从人治到法治的转变对于休谟所具有的意义。当然，这一进程极其艰辛，甚至令人感到憎厌，但结果却是有益的。向世人昭示这一进程中的每一个阶段及其间的全部复杂性，曾是或逐渐成了休谟的主要工作。于是，一个政治上的根本问题（主要问题）成了休谟工作的主题。只是自休谟以降，人们才开始就其整体形态和具体资料渐渐理解这一直到那时一直被忽视的论题"。参见 [英] 哈耶克：《大卫·休谟的法律哲学和政治哲学》，载《哈耶克论文集》，邓正来译，首都经济贸易大学出版社 2001 年版，第 489 页。哈耶克还指出，休谟在《英国史》一书中，以一个历史学家的眼光观察到：英国历史的真实意义，在于"从意志的统治到法律的统治"（a government of will to a government of law）的演化。参见 [英] 弗里德利希·冯·哈耶克：《自由秩序原理》，第 217 页。

20 张正修：《西洋政治思想史与法思想史》（第二篇），新学林出版股份有限公司 2007 年版，第 186 页。

21 [英] 休谟：《谈政党的联合》，载《休谟政治论文选》，第 142 页。

22 参见 [英] 休谟：《论政府的起源》，载同上，第 26 页。

23 参见《休谟政治论文选》，第 53—84 页。

24 [英] 休谟：《谈公民自由》，载《休谟政治论文选》，第 55 页。

25 参见 [英] 休谟：《谈艺术和科学的起源与发展》，载同上，第 68 页。

26 同上。

27 [英] 休谟：《论政府的起源》，载同上，第 26 页。

28 [英] 大卫·休谟：《英国史 Ⅴ：斯图亚特王朝》，刘仲敬译，吉林出版集团有限责任公司 2013 年版，第 289 页。

29 参见 [英] 休谟：《谈政治可以析解为科学》，载《休谟政治论文选》，第 8—9 页。

30 [英] 休谟：《关于新闻自由》，载同上，第 3 页。

31 [英] 休谟：《谈政党的联合》，载同上，第 145 页。

32 [英] 休谟：《谈艺术和科学的起源与发展》，载同上，第 66—67 页。

33 [英] 休谟：《人性论》（上册），关文运译，商务印书馆 1980 年版，第 6 页。

34 [英] 休谟：《人性论》（下册），第 574 页。

35 [英] 休谟：《概论党派》，载《休谟政治论文选》，第 41 页。

36 [英] 休谟：《论议会的独立性》，载同上，第 27 页。

37 [英] 休谟：《论议会的独立性》，载同上，第 28 页。

38 [英] 休谟：《谈政治可以析解为科学》，载同上，第 15 页。

39 [英] 休谟：《关于某些异常惯例》，载同上，第 115 页。他在另一处也说："一种不正常的，不为法律所承认的权力较之法律授予的更大权力还要危险。一个人拥有篡得的权力之后，更会贪得无厌；……与此相反，法定的权力，即使很大，总是有限度的。这就限制了享权之人的希冀和奢望。法律必然会提供限制滥用权力的补救办法。如是，尊贵的首脑对于进一步篡夺权力可惧者甚多，而可希冀者甚少。而且由于他的法定权力已经平静地为人民所服从，很少还有什么可以诱惑他，也很少有机会给他进一步扩大这种权力。"（[英] 休谟：《英国政体究竟更倾向于君主专制，还是更倾向于民主共和制？》，载《休谟政治论文选》，第 34—35 页）

40 [英] 休谟：《谈艺术和科学的起源与发展》，载《休谟政治论文选》，第 67 页。

41 [英]休谟:《英国政体究竟更倾向于君主专制，还是更倾向于民主共和制?》，载《休谟政治论文选》，第34页。

42 参见[英]休谟:《谈政治可以析解为科学》，载同上，第17页。

43 参见[英]休谟:《论唯命是从》，载同上，第139—140页。

44 [英]休谟:《谈艺术和科学的起源与发展》，载同上，第73页。

45 [英]休谟:《论原始契约》，载同上，第131页。

46 [英]休谟:《概论党派》，载同上，第38页。

47 [英]休谟:《谈艺术和科学的起源与发展》，载同上，第66页。

48 [英]休谟:《谈政治可以析解为科学》，载同上，第13页。

49 他说:"在所有杰出的留有难忘成就的人物中，首要荣誉看来应属于立法者和国家的缔造者，因为他们为保障后代的安宁、幸福和自由，留下了法律制度和政治体制，技艺和科学上的有益发明较之明智的法律影响或许更为深远，因为法律的作用受到时间和地域的限制，但前者造福于人不如后者那样易于察觉。理论科学确能提高智能，但这种好处仅及于少数有闲钻研它们的人。至于那些实用技艺，它们确能增加商品，提高生活享受。不过，大家知道，人们的幸福与其说在于这些物品的丰裕，不如说在于能否在安宁和安全中享有这些物品，而安宁和安全只能来自于好的政体。"参见[英]休谟:《概论党派》，载同上，第38页。

50 [英]休谟:《谈政治可以解析为科学》，载同上，第18页。

51 "休谟自视为超越地方偏见的客观观察者和欧洲公民，力图提出一套新的政治分类。这项任务是在一系列论文和历史著作（而不是专论）中完成的。"参见[英]马克·戈尔迪、罗伯特·沃克勒主编:《剑桥十八世纪政治思想史》，第161页。

52 [英]休谟:《人性论》(下册)，第608页。

53 [英]休谟:《谈公民自由》，载《休谟政治论文选》，第59页。

54 [英]休谟:《谈艺术和科学的起源与发展》，载同上，第68页。

55 [英]休谟:《关于新闻自由》，载同上，第6页。

56 参见[英]休谟:《谈艺术和科学的起源与发展》，载同上，第67—68页。

57 转见高全喜:《休谟的政治哲学》，北京大学出版社2004年版，第236页。

58 [英]休谟:《谈民族性》，载《休谟政治论文选》，第93页。

59 [英]休谟:《论技艺的日新月异》，载《休谟经济论文选》，陈玮译，商务印书馆1984年版，第26页。

60 [英]休谟:《论议会的独立性》，载《休谟政治论文选》，第28页。

61 [英]休谟:《谈艺术和科学的起源与发展》，载同上，第68页。

62　[英]休谟:《论政府的起源》,载《休谟政治论文选》,第 26 页。

63　休谟认为,这一规则并不会导致对宪法和法律的破坏:"树立具有无上权威和尊严的首脑几乎是我国政治体制独有的特点。这种权威和尊严虽受法律限制,然而首脑本人,在某些方面,又是高于法律的,不论做了什么错事,伤害了什么人,都不能对他进行审问,更不能进行惩罚。只有对他的大臣或执行他的指令的人,始可绳之以法纪。这样,国王看到本身安全有保障,就不会去干扰法律,而任其自行其是;人民由于次要违法者受到惩处实际上也获得了同等的安全保障,同时还避免了常常直接攻击君主而必然会产生的内战。不过宪法虽然给予君主这种礼仪上的敬意,却绝不能由此推论这项原则破坏了宪法本身,或者是树立了唯命是从的精神,使得君主能够袒护大臣,多行不义,并篡夺整个共和国的大权。"参见[英]休谟:《论唯命是从》,载同上,第 139 页。

64　[英]休谟:《谈艺术和科学的起源与发展》,载同上,第 74 页。

65　他说:"在野蛮的君主制所必然产生的压迫和奴役之下,科学决不能成长。在这种君主制下,唯独人民受到官吏权力的约束,而官吏却不受任何法律或法规的约束。这种性质的无限专制,当其存在的时候,它扼杀了一切进步,阻碍人们获得知识……专制政府还有些别的方面阻碍完美的艺术的产生。不过,我认为缺少法律和把全部权力交给每一小吏去执行乃是主要原因。"参见[英]休谟:《谈艺术和科学的起源与发展》,载同上,第 68—69 页。

66　[英]休谟:《人性论》(下册),第 636 页。

67　[英]大卫·休谟:《英国史 V:斯图亚特王朝》,第 78 页。

68　参见[英]休谟:《关于新闻自由》,载《休谟政治论文选》,第 1 页。

69　[英]休谟:《英国政体究竟更倾向于君主专制,还是更倾向于民主共和国?》,载同上,第 37 页。

70　[英]休谟:《关于新闻自由》,载同上,第 4 页。

71　[英]休谟:《谈政党的联合》,载同上,第 146 页。

72　参见[英]休谟:《谈政治可以析解为科学》,载同上,第 8 页。高全喜已经提醒,中译本将"贵族制"译作了"专制",可能是笔误或误译。参见高全喜:《休谟的政治哲学》,第 260 页,注②。经查原文,被中译本译作"专制"的英文词,确为 aristocracy(贵族制)。参见 *Hume: Political Essays*,剑桥政治思想史原著系列(影印本),第 7 页。

73　[英]休谟:《谈公民自由》,载《休谟政治论文选》,第 59 页。

74　[新西兰]M. M.戈登斯密斯:《自由、美德与法治:1689—1770》,载[美]戴维·伍顿编:《共和主义、自由与商业社会:1649—1776》,第 202 页。

75　[英]休谟:《关于理想共和国的设想》,载《休谟政治论文选》,第 158 页。

76　[英]休谟:《关于理想共和国的设想》,载同上,第 157—158 页。

77　[英]休谟:《关于理想共和国的设想》,载同上,第 158 页。休谟在《英国史》中还写道:"哈林顿的《大洋国》非常符合时代精神,那时人们每天都在争论和交流想象的共和国政体。即使在我们的时代，读者还是有充分理由赞美这部天才和创新之作。"参见 [英] 大卫·休谟：《英国史Ⅵ：克伦威尔到光荣革命》，刘仲敬译，吉林出版集团有限责任公司 2013 年版，第 114 页。

78　参见 [法] 孟德斯鸠：《论法的精神》(上册)，张雁深译，第 124 页。

79　美国学者阿代尔认为，"休谟此处的分析将小型共和国的理论颠倒了：一个自由国家若能建立于一个大的领土范围内，它将是稳定且远离派系争端之害的。休谟为孟德斯鸠的问题找到了答案，并形成了其扩展的联邦共和国理论的雏形"。参见 [美] 道格拉斯·阿代尔：《"政治或可化约为一种科学"——大卫·休谟、詹姆斯·麦迪逊和〈联邦主义文集〉第十篇》，陈舒婕、韩亚栋译，《政治思想史》2010 年第 4 期。

80　参见 [英] 休谟：《关于理想共和国的设想》，载《休谟政治论文选》，第 169—170 页。

81　[英] 休谟：《关于理想共和国的设想》，载同上，第 168 页。

82　参见 [美] 道格拉斯·阿代尔：《"政治或可化约为一种科学"——大卫·休谟、詹姆斯·麦迪逊和〈联邦主义文集〉第十篇》，陈舒婕、韩亚栋译，载《政治思想史》2010年第 4 期。

83　[英] 休谟：《关于理想共和国的设想》，载《休谟政治论文选》，第 170 页。

84　参见 [英] 休谟：《关于理想共和国的设想》，载同上，第 164—165 页。

85　参见 [美] 道格拉斯·阿代尔：《"政治或可化约为一种科学"——大卫·休谟、詹姆斯·麦迪逊和〈联邦主义文集〉第十篇》，陈舒婕、韩亚栋译，《政治思想史》2010 年第 4 期。

86　[英] 休谟：《关于理想共和国的设想》，载《休谟政治论文选》，第 170 页。

87　[英] 休谟：《关于理想共和国的设想》，载同上，第 171 页。

结语

法治政体思想史的基本脉络

> 在思想史上，连续性比我们想象的要多，而革命比我们想象的
> 要少。
>
> ——[美] 罗兰德·斯特罗姆伯格：《西洋思想史》

从古典时代到启蒙运动的法治政体思想史，至少呈现了这样一个观念：对法治问题需要且必须从政体上加以认知和安排。在政体哲学的语境中，法治并非如我们所理解的那样，是与人治对立的。或者说，如果将法治与人治对立而观，那么这里的人治也是一个政体问题。直到19世纪之前，对于欧洲而言，离开政体而论法治或人治，或者离开政体的性质和结构而争议法治与人治的关系（对立或结合），是不可思议的。

启蒙时代以及稍早的17世纪中叶，其法治政体思想一个基本特点，就在于它承接古典政治哲学和法治思想而生长与发展。古希腊柏拉图、亚里士多德的法治与政体理论的一个关键性的思路，就是在政体学说中思考法治问题，其主旨在于指引人类创建稳固与持久的政治结构和制度体系，从而使人类的政治统治和国家治理，一方面摆脱肆意妄为与任性无忌的苦难，另一方面摆脱对"好运气"、"偶尔的机会"（"机遇"）的热烈期待和严重依赖，并克服"偶然性"的支配。如亚里士多德认为："真想解除一国的内忧，应该依靠良好的立法，不能依靠偶尔的机会。"所以，"在我们今日，谁都承认法律是最优良的统治者"。（《政治学》，

1273b，22—23；1287b，6）[1] 其后，希腊化时代的波利比阿，古罗马的西塞罗，中世纪的迈蒙尼德、布雷克顿、托马斯·阿奎那、福蒂斯丘等人的政治思想，以及欧洲中世纪的"法在王上"（"法律统治"或"法律至上"）的观念，也延续了这样的思想线索。所以，到了启蒙时代，其法治思想在根本上是从属于政体科学的，或者说法治科学的内核与枢纽在于政体问题。启蒙时代的思想家们将法治视作一个政体问题来加以思考，导致法治政体的思想观点获得了政治哲学上广泛的论证和阐述。这是一条一脉相承的思想演变轨迹。

在这条思想演变之路的背后，则是对一个更重要问题的思考：人类的那些美好的价值——公正、自由、安全、民主、法治、幸福等——何以在一个社会或国家生活中得到实现？

从古至今，思想家、哲学家、政治家们乃至普通大众，对一种优良社会总是有无数的构想和设计。由此，各种价值观念与价值体系，成为各个民族或国家最重要的追求。但是，这些价值既不可能完全一致，也不可能自动落实。于是，人们争论的不仅是这些价值的内涵是什么，有什么衡量其价值的标准，如何认识价值冲突，能否达成价值共识等，而且，人们"所争论的是必须有什么样的制度结构和程序，这些价值才能在实践中实现并相互和谐"。而政治、政体和法律在这后一个方面的争论中占据着中心地位："自古以来人们一直关注着政治体系的制度性系统阐述，关心在多大程度上制度促进了这些被认为是政体（polity）之核心的价值。权力行使是实现西方制度理论家的社会价值的关键；他们所关心的是这样一个问题，即要保证政府的权力行使受到控制，以便政府的权力行使不致摧毁政府权力有意促进的价值。"[2] 法治，作为一种价值，当然除了政治宣言中的宣告与法条上的宣示之外，也必须依靠一套制度体系特别是政体结构来体现和保障。

政治哲学家、思想家们如此重视在政体中安顿和巩固法治，与他们对人性与权力本性的认知紧密相关。概而言之，他们反复阐发了"双重原罪"的观念。

第一重原罪是指人性。不论他们认定人是性恶的还是性善的，有一点非常明确：人性之中总有弱点，人容易受到各种利益、情欲的诱惑，完美无缺的人，从未出现过。就连温和的孟德斯鸠也都禁不住写道："当我们从历史读到苏丹的司法残暴的例证时，不禁以一种痛苦的心情感到人类的邪恶。"[3]因此，法治一方面是应对这种人性的，另一方面要利用这种人性，同时又对人性充满了猜忌和不信任。

第二重原罪是指权力。他们几乎都认为权力当然是人类所必需的，但权力具有强制力、侵蚀性、腐化性等特征。欧洲自古以来，各种政体纷纷崛起，各种权力及其掌权者也是轮流登场。譬如，"近代欧洲给了我们一切政体、一切社会组织实验的样本。纯粹的或混合的君主政治政体、神权政治政体、共和政体、或多或少的贵族政治政体，曾这样同时繁荣昌盛地存在着"[4]。每一位了解权力史的人，都深知权力的巨大能量及其具有的负面性。他们期待看到有界限的、有约束的、宽和的权力。例如，哈林顿认为："有限制的权力是最稳妥的权力。"孟德斯鸠说："经过节制的权力就'犹如太阳神的光辉正在下落时，总是柔和的'。"所以，法治一方面是限制和约束权力的，另一方面要依靠权力加以保障，同时又对权力保持警惕和防范。

而当这两重原罪合二为一，即由不完善的人来执掌和行使易于侵蚀扩张的权力时，那些美好的价值包括法治本身，都面临着被贬损、伤害和毁坏的威胁。在思想家们的心目中，除了构思优良的政制体系与政体结构，以便合理、正当且有效地安顿权力，还能有什么别的法子可以解决这一问题？这份构思，在本书各章之中均可一见。

所以，我们看到，法治政体思想史的主线，就是立基于政体类型学，以法治为标准，分析各种政体下的法治或人治问题。简言之，政体类型先有一阶划分，将政体分为法治政体与非法治政体（人治政体）。然后有二阶划分，即法治政体与非法治政体之内各有哪些政体品种。甚至还可以像亚里士多德那样，有三阶划分，也就是在某一种法治政体或非法治政体内部还有不同的品种。[5]在这样的一种划分体系之下，有两个问题值得一提。

第一个问题是法治政体与非法治政体的划分。我们知道，在比较政体学说的视野中，法治一词"成为专制主义的对称"[6]。而且，"人治"在欧洲常常是用"专制"来代表的——这在政体类型学上是一种必然。17、18 世纪是一个政体学说昌明和政体类型更替的时代，而这一简单的两分法（两分—对立）渗透到了启蒙运动、启蒙思想之中。这些思想、理论对专制政体进行法治论视角上的解读与批判，就是对法治政体的一种定义、阐释与确信。因此，这种解读与批判成为欧洲思想史上认识专制政体以及证成法治政体的基本方式。欧洲的政体理论，主要立基于政体的核心，即最高权力的归属、边界、运行状态及其与法律的关系。一个政体中的下层官员在法律上的权限体制及其对待法律的态度，并不能决定或改变这个政体的性质。孟德斯鸠说："专制政体是既无法律又无规章，由单独一个人按照一己的意志与反复无常的性情领导一切。"这里"单独一个人"指的就是最高统治者。戴雪也说，法治与一人或数人行使武断、专横或随意的权力的政制恰好对立，即"国法的至尊适与武断权力相违反"[7]。牛津大学的学者蒂莫西·恩迪科特（Timothy A. O. Endicott）在《论法治的不可能性》一文中更详细地解释说：法治与专制统治相对立。"专制统治是非理性统治的具体形式。它排斥了理性的约束，通常只执行统治者的个人意志。专制统治的一个手段就是完全废弃法律。而更为常见的是虽然留有一个法律体系，但不是将它束之高阁，就是置若罔闻，或者为了统治的便利就践踏法治的基本要件。"[8] 在这个意义上，专制政体就是人治的政体，其关键性的含义之一，就是在制度的逻辑与趋势上，专制君主独享立法权，并主宰法律的命运，因而在根本上是可以不守法的，也能够在不守法之后不受到法律上的追究。

法治政体与非法治政体的区别不是事实上的与否，而是制度上的与否。在法治政体之中，统治者从法，不是主观的选择，不是圣贤的表现，而是客观的义务与责任。而在非法治政体之中，最高的统治者"可以"超越法律，而非事实上总是超越法律的。其关键在于制度的逻辑趋向与终极的允准性，即法律、制度的强制。"若夫同一专制政体而有开明有黑暗，则非其政体使之然，其专制之人实使之然耳。"⁹法治政体总是伴随限制和约束权力以及追究违法者（不论是谁）的制度安排与程序设置。在一个政体之中没有这样一些东西，这个政体就不是法治政体，即使其统治者并未违背其法律。如果这样的东西也不被遵守，那就意味着法治遭遇危机或遭到破坏。但法治政体自身会对此予以矫正与纠错。

　　第二个问题是法治与某些政体是否有必然的联系。这个问题出自徐祥民。在分析了亚里士多德关于政体与法治的种种复杂情形之后，徐祥民认为："亚里士多德的政体论告诉我们，一个国家是否实行法治与采取哪种政体没有必然的联系，君主政体不必然与法治相抵触，平民政体不必然与法治相容；正宗政体不必然一定实行法治，变态政体不必然一定排斥法治；一人执政不必一定推翻法治，少数人或者群众掌握政权不必一定维护法治。"¹⁰这些看法，基本上都是以《政治学》所述的材料和所作的判断为根据的。但是，即使从亚里士多德出发，这些看法也还有商讨的必要。更何况，我们还必须就整个欧洲法治政体的思想史来思考这一问题。

　　我们可以先从亚里士多德政体类型学的三个层面上看：（1）在政体的类型上，尽管"正宗政体"大多是实行法治的，但它们并不必然与法治相联。（2）在政体的种类上，即"正宗政体"的三种与"变态政体"的三种，作为"正宗政体"的"贵族政体"与"共和政体"，都是法治的政体，这不意味着这两种政体与法治具有必然联系吗？因为对于这两种政体，亚里士多德并没有说它们有什么"非法治"的品种和情形。徐祥民认为"正宗政体不必然一定实行法治"，这没有错；但如果说其中的"贵族政体"与"共和政体"必然是法治的，那么也应该正确。（3）在政体的种属（品种）上，如君主政体的五个品种、平民政体的五个品种等，大部分品种是法治的，少数品种不是法治的。在这些政体的具体品种与法治之间，也没有必然联系吗？那些属于法治的品种，难道不是因为其政体的品种而使得它必定是法治的，或者不可避免地是法治的？同样，那些非法治的品种，难道不也是因为其政体的品种而必定不是法治的？或者不可能是法治的？所谓法治与政体的必然联系，并不纯粹是指法治只能与某一特定种类或某一特定品种的政体之间理当如此的联系。有一些政体种类和若干政体品种必定是法治的；而另一些政体种类和若干政体品种必定不是法治的。就这些政体品种而言，其联系正是必然的联系。

因此，法治政体的研究显然不是在"政体"与"法治"这个层级上，对两者的关系得出一个简单的肯定性或否定性结论；而是要论定哪些政体必然是法治的，哪些政体必然不是法治的。比如在西塞罗那里，混合政体肯定是法治的；对于孟德斯鸠来说，共和政体与君主政体从其性质而言就必然是法治的，专制政体则必然是人治政体；而在今天的欧洲人看来，"从法律上看，法治一词则是民主政治体制在法律上的表述"[11]。因此，法治与民主政治体制之间恐怕不可能只是一种偶然的关系。这些亚里士多德之后的见解，进一步认清了某种"政体"与某种"法治"的真实关系，并能够给种种流行天下的"法治"观念祛魅，只要我们不做"乱点鸳鸯谱"的乔太守就行。不妨说，亚里士多德如此精巧细致地划分十数个政体品种，看其中哪些是法治的或不是法治的，正是给我们提供了这样的启示。

从事实上观察，各种政体总是复杂的。"无论在何种政府，君主、贵族政治、民主制度，总有些时候理想占上风，有些时候感情占上风。任何制度都不能消除人性的弱处及缺点。"[12]对于法治政体，亦可作如是观。在任何一种法治政体之下，坚持法治与侵害法治的斗争永远不会停止，有时甚至法治的力量处于劣势。就如同休谟说："也许最精良的政治机器可能生锈而运转不灵。"[13]

休谟是在设计其理想共和国方案的最后一段讲这番话的。他的意思是，我们还是先来建造"最精良的政治机器"吧，而不要在这台机器未建造之前就抱怨它可能生锈而运转不灵。

注释

1   美国学者尼柯尔斯对此指出:"亚里士多德强调现实政体发展中偶然性的作用。但是,
     强调偶然因素并非仅仅为了说明政治技艺的局限,他还要借此继续批评历史中的政治技
     艺。人类事务之所以被偶然性控制,部分原因是,这些事务未能得到人类远见卓识的指
     引。亚里士多德的政治学,旨在教导人们如何维护和改进政体,将偶然性对人类事务的
     影响降到最低。例如,他解释不同类型的寡头政制和民主政制,说明如何才能通过吸纳
     彼一政体的要素而此政体更加稳定、更加公正。"参见 [美] 尼柯尔斯:《苏格拉底与政
     治共同体——〈王制〉义疏:一场古老的论争》,王双洪译,华夏出版社 2007 年版,第
     209 页。

2   参见 [英] M. J .C. 维尔:《宪政与分权》,苏力译,生活·读书·新知三联书店 1997 年版,
     第 1 页。

3   [法] 孟德斯鸠:《论法的精神》(上册),张雁深译,第 83 页。

4   [法] 基佐:《欧洲文明史》,第 23 页。

5   这里借用的是高全喜的说法。他在《休谟的政治哲学》一书中认为,休谟首先对野蛮
     政体与文明政体进行的划分,是政体的一阶划分;其次,有二阶形态的政体区分。(参
     见《休谟的政治哲学》,第 232—243 页)考察从柏拉图至今的西方政体科学,这种二阶
     划分方法的运用,是极其普遍的。不过,政治哲学家与政治科学家们并未使用"二阶划
     分"这一提法。

6   [法] 米海依·戴尔马斯-玛蒂:《当代中国的依法治国进程:进展与阻力》,石佳友译,
     《中外法学》2003 年第 2 期。

7   [英] 戴雪:《英宪精义》,雷宾南译,中国法制出版社 2001 年,第 244 页。

8   [英] T. A. O. 恩迪科特:《论法治的不可能性》,陈林林、傅蔚冈译,《比较法研究》2004
     年第 3 期。

9   《民报》第 12 号,1907 年第 3 号,第 26 页。

10   徐祥民、刘惠荣等:《政体学说史》,第 98 页。

11   [法] 米海依·戴尔马斯-玛蒂:《当代中国的依法治国进程:进展与阻力》,石佳友译,
     《中外法学》2003 年第 2 期。

12   [法] 库朗热:《古代城邦——古希腊罗马祭祀、权利和政制研究》,谭立铸等译,华东
     师范大学出版社 2005 年版,第 311 页。

13   [英] 休谟:《关于理想共和国的设想》,载《休谟政论文选》,第 170 页。

主要参考文献 [1]

序言

[法] 皮埃尔·布迪厄、[美] 华康德:《实践与反思——反思社会学导引》,李猛、李康译,中央编译出版社 1998 年版。

[英] 埃德蒙·柏克:《论当前之不满情绪的根源》,载《美洲三书》,缪哲选译,商务印书馆 2003 年版。

[美] 罗伊·F. 鲍迈斯特尔:《恶——在人类暴力与残酷之中》,崔洪建等译,东方出版社 1998 年版。

[美] 福山:《政治秩序的起源:从前人类时代到法国大革命》,毛俊杰译,广西师范大学出版社 2012 年版。

[美] 卡尔·科恩:《论民主》,聂崇信、朱秀贤译,商务印书馆 1988 年版。

[美] 詹姆斯·W. 凯塞:《重建政治科学》,载 [美] 斯蒂芬·L. 埃尔金、卡罗尔·爱德华·索乌坦编:《新宪政论》,周叶谦译,生活·读书·新知三联书店 1997 年版。

[德] 哈贝马斯:《在事实与规范之间:关于法律和民主法治国的商谈理论》,童世骏译,生活·读书·新知三联书店 2014 年版。

[美] 布鲁斯·布尔诺·德·梅斯奎塔、阿拉斯泰尔·史密斯:《独裁者手册:为什么坏行为几乎总是好政治》,骆伟阳译,江苏文艺出版社 2014 年版。

[新加坡] 许通美:《美国与东亚冲突与合作》,李小刚译,中央编译出版社 1999 年版。

[美]布雷恩·Z.塔玛纳哈:《论法治——历史政治和理论》,李桂林译,武汉大学出版社 2010 年版。

[英]路德维希·维特根斯坦:《杂评》(1914—1951),载涂纪亮主编:《维特根斯坦全集》第 11 卷,涂纪亮译,河北教育出版社 2002 年版。

费巩:《比较宪法》,载《费巩文集》,浙江大学出版社 2005 年版。

《法治与人治问题讨论集》编辑组:《法治与人治问题讨论集》,群众出版社 1980 年版。

康有为:《法兰西游记》,载《康有为全集》第 8 集,姜义华、张荣华编校,中国人民大学出版社 2007 年版。

梁治平:《法辨:法律文化论集》,广西师范大学出版社 2015 年版。

林来梵:《宪法学讲义》,法律出版社 2011 年版。

王惠岩主编:《政治学原理》,高等教育出版社 1999 年版。

王浦劬等:《政治学基础》,北京大学出版社 2006 年版。

〔东汉〕王充:《论衡·实知篇》,载黄晖:《论衡校释》(四),中华书局 1990 年版。

周叶中主编:《宪法》(第二版),高等教育出版社 2005 年版。

〔清〕章学诚:《内篇二·原道下》,载章学诚著,叶瑛校注:《文史通义校注》,中华书局 1985 年版。

引言

[美]富兰克林·包默:《西方近代思想史:1600—1950》,李日章译,台湾联经出版事业公司 1988 年版。

[英]梅尔茨:《十九世纪欧洲思想史》(第 1 卷),周昌忠译,商务印书馆 1999 年版。

[美]罗兰德·斯特罗姆伯格:《西洋思想史》,李小群、宋绍远译,台湾五南图书出版公司 1990 年版。

[美]施特劳斯:《如何研读斯宾诺莎的〈神学-政治论〉》,张宪译,载刘小枫、陈少明主编:《经典与解释(12)·阅读的德性》,华夏出版社 2006 年版。

顾肃:《西方政治法律思想史》,南京大学出版社 1994 年。

劳思光:《新编中国哲学史》(卷二),广西师范大学出版社 2005 年版。

《列宁全集》(第 20 卷),人民出版社 1958 年版。

王乐理主编:《西方政治思想史》(第 1 卷),天津人民出版社 2005 年版。

王彩波主编:《西方政治思想史——从柏拉图到约翰·密尔》,中国社会科学出版社 2004 年版。

汪子嵩等:《希腊哲学史》第 2 卷,人民出版社 1993 年版。

徐大同主编:《西方政治思想史》,天津教育出版社 2000 年版。

姚介厚:《古代希腊与罗马哲学》(上),凤凰出版社、江苏人民出版社 2005 年版。

严存生主编:《西方法律思想史》,法律出版社 2004 年版。

张汝伦:《现代中国思想研究》,上海人民出版社 2001 年版。

方江山:《试论亚里士多德划分政体类型的第三个标准》,《政治学研究》1998 年第 3 期。

徐爱国:《政体与法治:一个思想史的检讨》,《法学研究》2006 年第 2 期。

徐祥明、陈冬:《法治——孟德斯鸠政体思想的基本精神》,《中国海洋大学学报》(社会科学版)2004 年第 6 期。

第一章

[英]A. 安德鲁斯:《希腊僭主》,钟嵩译,商务印书馆 1997 年版。

[美] 艾伦·布卢姆:《美国精神的封闭》,战旭英译,译林出版社 2011 年版。

[美] 戴维斯:《哲学的政治——亚里士多德〈政治学〉疏证》,郭振华译,华夏出版社 2012 年版。

[英]M. I. 芬利主编:《希腊的遗产》,张强等译,上海人民出版社 2016 年版。

[英] 保罗·卡特莱奇:《实践中的古希腊政治思想》,陶力行译,华夏出版社 2016 年版。

[古希腊] 第欧根尼·拉尔修:《名哲言行录》(上、下册),马永翔等译,

吉林人民出版社 2003 年版。

[法] 雅克琳娜·德·罗米伊:《希腊民主的问题》,高煜译,译林出版社 2015 年版。

[法] 雅克利娜·德·罗米伊:《探求自由的古希腊》,张竝译,华东师范大学出版社 2015 年版。

[古希腊] 普鲁塔克:《希腊罗马名人传》(上),席代岳译,吉林出版集团有限责任公司 2009 年版。

[美] 特伦斯·欧文:《古典思想》,覃方明译,辽宁教育出版社、牛津大学出版社 1998 年版。

[古希腊] 色诺芬:《居鲁士的教育》,沈默译,华夏出版社 2007 年版。

[古希腊] 色诺芬:《回忆苏格拉底》,吴永泉译,商务印书馆 1984 年版。

[美] 施特劳斯:《什么是政治哲学》,李世祥译,华夏出版社 2011 年版。

[美] 施特劳斯:《古典政治理性主义的重生——施特劳斯思想入门》,郭振华等译,华夏出版社 2011 年版。

刘小枫编:《苏格拉底问题与现代性——施特劳斯讲演与论文集》(卷二),华夏出版社 2008 年版。

[古希腊] 希罗多德:《历史:波斯希腊战争史》(上册),王以铸译,商务印书馆 1959 年版。

[古希腊] 修昔底德:《伯罗奔尼撒战争史》(上册),谢德风译,商务印书馆 1960 年版。

[古希腊] 亚里士多德:《雅典政制》,日知、力野译,商务印书馆 1959 年版。

[美] 埃里克·沃格林:《城邦的世界:秩序与历史·卷二》,陈周旺译,译林出版社 2008 年版。

[法] 让-皮埃尔·韦尔南:《希腊思想的起源》,秦海鹰译,生活·读书·新知三联书店 1996 年版。

顾准:《希腊城邦制度》,中国社会科学出版社 1982 年版。

周辅成编:《西方伦理学名著选辑》(上卷),商务印书馆 1964 年版。

第二章

《柏拉图全集》，王晓朝译，人民出版社 2003 年版。

[古希腊] 柏拉图：《理想国》，郭斌和、张竹明译，商务印书馆 1986 年版。

[古希腊] 柏拉图：《政治家》，洪涛译，上海人民出版社 2006 年版。

[古希腊] 柏拉图：《米诺斯》，林志猛译，华夏出版社 2010 年版。

[法] 卡斯代尔·布舒奇：《〈法义〉导读》，谭立铸译，华夏出版社 2006 年版。

[德] 汉·诺·福根：《柏拉图》，刘建军译，河北教育出版社 2000 年版。

[法] 普拉多：《柏拉图与城邦——柏拉图政治理论导论》，陈宁馨译，华东师范大学出版社 2016 年版。

[英]A. E. 泰勒：《柏拉图——生平及其著作》，谢随知等译，山东人民出版社 1991 年版。

程志敏、方旭选编：《哲人与立法——柏拉图〈法义〉探义》，华东师范大学出版社 2013 年版。

程志敏：《宫墙之门——柏拉图政治哲学发凡》，华夏出版社 2005 年版。

第三章

[古希腊] 亚里士多德：《尼各马可伦理学》，廖申白译注，商务印书馆 2003 年版。

[古希腊] 亚里士多德：《政治学》，吴寿彭译，商务印书馆 1965 年版。

[古希腊] 亚里士多德：《修辞术》，颜一译，载《亚里士多德全集》（第 9 卷），中国人民大学出版社 1994 年版。

颜一编：《亚里士多德选集》（政治学卷），中国人民大学出版社 1999 年版。

[美] 大卫·福莱主编：《从亚里士多德到奥古斯丁》（《劳特利奇哲学史》第二卷），冯俊等译，中国人民大学出版社 2004 年版。

[英]W. D. 罗斯：《亚里士多德》，王路译，商务印书馆 1997 年版。

[美] 加勒特·汤姆森、马歇尔·米斯纳：《亚里士多德》，张晓林译，中华书局 2002 年版。

[美]列奥·施特劳斯：《自然权利与历史》，彭刚译，生活·读书·新知三联书店 2003 年版。

[美]理查德·塔纳斯《西方思想史——对形成西方世界观的各种观念的理解》，吴象婴等译，上海社会科学院出版社 2007 年版。

刘小枫、陈少明主编：《政治生活的限度与满足》，华夏出版社 2007 年版。

刘玮：《亚里士多德的灵魂城邦类比》，《政治思想史》2013 年第 1 期。

吴恩裕：《论亚里士多德的〈政治学〉》，1964 年。

第四章

《西塞罗文集》（政治学卷），王焕生译，中央编译出版社 2009 年版。

[古罗马]西塞罗：《国家篇 法律篇》，沈叔平、苏力译，商务印书馆 1999 年版。

[古罗马]西塞罗：《论演说家》，王焕生译，中国政法大学出版社 2003 年版。

《西塞罗全集·演说词卷》，王晓朝译，人民出版社 2008 年版。

[古罗马]西塞罗：《论老年 论友谊 论责任》，徐奕春译，商务印书馆 1998 年版。

[英]汤姆·霍兰：《卢比孔河：罗马共和国的胜利与悲剧》，杨军译，上海远东出版社 2006 年版。

[法]皮埃尔·格里马尔：《西塞罗》，董茂永译，商务印书馆 1997 年版。

[英]安德鲁·林托特：《罗马共和国政制》，晏绍祥译，商务印书馆 2014 年版。

[法]菲利普-内莫：《罗马法与帝国的遗产——古罗马政治思想史讲稿》，张竝译，华东师范大学出版社 2011 年版。

[美]施特劳斯讲疏，尼科尔斯编订：《西塞罗的政治哲学》，于璐译，华东师范大学出版社 2018 年版。

[英]沃格林：《政治观念史稿·卷一：希腊化、罗马和早期基督教》，谢华育译，华东师范大学出版社 2007 年版。

[意] 桑德罗·斯奇巴尼:《关于西塞罗的〈论共和国·论法律〉中译本》,王焕生译,《比较法研究》1998 年第 2 期。

[英] 克林顿·沃克·凯斯:《英译本导言》,转见 [古罗马] 西塞罗:《国家篇 法律篇》,沈叔平、苏力译,商务印书馆 1999 年版。

[英] 安德鲁·海伍德:《共和主义》,载《政治学核心概念》,吴勇译,天津人民出版社 2008 年版。

刘训练:《共和主义:从古典到当代》,人民出版社 2013 年版。

萧高彦:《西方共和主义思想史论》,商务印书馆 2016 年版。

王焕生:《〈论共和国〉导读》,四川教育出版社 2002 年版。

唐士其:《西方政治思想史》,北京大学出版社 2002 年版。

第五章

John of Salisbury, *Policraticus: of the Frivolities of Courtiers and the Footprints of the Philosophers*, "剑桥政治思想史原著系列"(影印本),中国政法大学出版社 2003 年版。

A. Sharp, *Political Ideas of the English Civil War, 1641—1649*, Longman, 1983.

[英] 约翰·福蒂斯丘爵士著,[英] 谢利·洛克伍德编:《论英格兰的法律与政制》,袁瑜珍译,北京大学出版社 2008 年版。

[美] 哈罗德·J. 伯尔曼:《法律与革命——西方法律传统的形成》,贺卫方等译,中国大百科全书出版社 1993 年版。

[英] 布莱克斯通:《英国法释义》(第 1 卷),游云庭、缪苗译,上海人民出版社 2006 年版。

[英] 沃尔特·厄尔曼:《中世纪政治思想史》,夏洞奇译,译林出版社 2011 年版。

[法] 伏尔泰:《风俗论》,梁守锵等译,商务印书馆 1997 年版。

[英] 威廉·塞尔·霍尔斯沃思:《英国法的塑造者》,陈锐等译,法律出版社 2018 年版。

［英］詹姆斯·C.霍尔特：《大宪章》（第二版），毕竞悦、李红海、苗文龙译，北京大学出版社 2010 年版。

［英］约翰·弥尔顿：《为英国人民声辩》，何宁译，商务印书馆 1958 年版。

［英］威廉·夏普·麦克奇尼：《大宪章的历史导读》，李红海编译，中国政法大学出版社 2016 年版。

［英］梅特兰：《英格兰宪政史》，李红海译，中国政法大学出版社 2010 年版。

［英］温斯顿·丘吉尔：《丘吉尔论民主国家：大不列颠的诞生》，刘会梁译，上海三联书店 2017 年版。

［美］沃格林：《政治观念史稿·卷二：中世纪（至阿奎那）》，叶颖译，华东师范大学出版社 2009 年版。

［美］沃格林：《政治观念史稿·卷三：中世纪晚期》，段保良译，华东师范大学出版社 2009 年版。

［美］迈克尔·V.C.亚历山大：《英国早期历史中的三次危机：诺曼征服、约翰治下及玫瑰战争时期的人物与政治》，林达丰译，北京大学出版社 2008 年版。

陈思贤：《西洋政治思想史·近代英国篇》，吉林出版集团有限责任公司 2008 年版。

程汉大：《英国政治制度史》，中国社会科学出版社 1995 年版。

丛日云主编：《西方政治思想史·第二卷：中世纪》，天津人民出版社 2005 年版。

谷延方、黄秋迪：《英国王室史纲——从诺曼征服到副维多利亚时代》，黑龙江人民出版社 2004 年版。

刘新成：《英国都铎王朝议会研究》，首都师范大学出版社 1995 年版。

孟广林：《英国封建王权论稿——从诺曼征服到大宪章》，人民出版社 2002 年版。

沈汉、刘新成：《英国议会政治史》，南京大学出版社 1991 年版。

吴于廑：《从中世纪前期西欧的法律和君权说到日耳曼马克公社的残存》，《历史研究》1957 年第 6 期。

赵卓然：《索尔兹伯里的约翰"诛杀暴君"理论探析》，《东岳论丛》2015

年第 5 期。

第六章

[法] 布鲁图斯:《为反抗暴君的自由辩护》,载 [法] 拉博埃西、布鲁图斯:《反暴君论》,曹帅译,译林出版社 2012 年版。

[法] 让·博丹著,[美] 朱利安·H. 富兰克林编:《主权论》,李卫海、钱俊文译,北京大学出版社 2008 年版。

[法] F. 基佐:《欧洲文明史:自罗马帝国败落起到法国革命》,程洪逵、沉芷译,商务印书馆 1998 年版。

[美] 爱德华·麦克诺尔·伯恩斯、菲利普·李·拉尔夫:《世界文明史》(第 2 卷),罗经国等译,商务印书馆 1987 年版。

[法] 菲利普·内莫:《教会法与神圣帝国的兴衰——中世纪政治思想史讲稿》,张竝译,华东师范大学出版社 2011 年版。

[美] R. R. 帕尔默等:《现代世界史》(插图第 10 版),何兆武等译,世界图书出版公司北京公司 2008 年版。

[英] 沃格林:《政治观念史稿·卷五:宗教与现代性的兴起》,霍伟岸译,华东师范大学出版社 2009 年版。

[美] 伊曼纽尔·沃勒斯坦:《现代世界体系》(第 1 卷),尤来寅等译,高等教育出版社 1998 年版。

[英] R. B. 沃纳姆编:《新编剑桥世界近代史》(第 3 卷),中国社会科学院世界历史研究所组译,中国社会科学出版社 1999 年版。

孟广林:《英国封建王权论稿——从诺曼征服到大宪章》,人民出版社 2002 年版。

第七章

毕竞悦、泮伟江主编:《英国革命时期法政文献选编》,清华大学出版社 2016 年版。

[英] J. G. A. 波考克:《古代宪法与封建法——英格兰 17 世纪历史思想研

究》，翟小波译，译林出版社 2014 年版。

[英] A. V. 戴雪：《英宪精义》，雷宾南译，商务印书馆 1935 年版。

[英] 杰弗里·罗伯逊：《弑君者：把查理一世送上断头台的人》，徐璇译，新星出版社 2009 年版。

[美] 小詹姆斯·R. 斯托纳：《普通法与自由主义理论：柯克、霍布斯及美国宪政主义之诸源头》，姚中秋译，北京大学出版社 2005 年版。

[英] 大卫·休谟：《英国史 V：斯图亚特王朝》，刘仲敬译，吉林出版集团有限责任公司 2013 年版。

[美] 迈克尔·扎科特：《自然权利与新共和主义》，王崇兴译，吉林出版集团有限责任公司 2008 年版。

[法] 基佐：《1640 年英国革命史》，伍光建译，商务印书馆 1985 年版。

第八章

James Harrington，"A System of Politics Delineated in Short and Easy"，in *The Oceana and Other Works of James Harrington*, edited by John Toland，London: Becket and Cadell，1771.

[英] 詹姆士·哈林顿：《大洋国》，何新译，商务印书馆 1963 年版。

[英] 詹姆斯·哈林顿：《政治体系》，毕竞悦译，载毕竞悦、泮伟江主编：《英国革命时期法政文献选编》，清华大学出版社 2016 年版。

[美] 杰弗里·艾萨克：《再思考：共和主义 vs. 自由主义？》，郑红译，载应奇、刘训练编：《共和国的黄昏：自由主义、社群主义和共和主义》，吉林出版集团有限责任公司 2007 年版。

[意] 诺伯特·波比奥：《民主与独裁：国家权力的性质和限度》，梁晓君译，吉林人民出版社 2011 年版。

[新西兰]M. M. 戈登斯密斯：《自由、美德与法治：1689—1770》，载 [美] 戴维·伍顿编：《共和主义、自由与商业社会：1649—1776》，盛文沁、左敏译，人民出版社 2014 年版。

[英] 霍布斯：《利维坦》，黎思复、黎廷弼译，商务印书馆 1985 年版。

[美]乔·奥·赫茨勒:《乌托邦思想史》,张兆麟等译,商务印书馆 1990 年版。

[英]阿兰·瑞安:《论政治》(下卷),林华译,中信出版集团 2016 年版。

[英]乔纳森·斯科特:《运动之娱悦:詹姆士·哈林顿的共和主义》,载 [英]尼古拉斯·菲利普森、昆廷·斯金纳主编:《近代英国政治话语》,潘兴明、周保巍等译,华东师范大学出版社 2005 年版。

[英]昆廷·斯金纳:《自由主义之前的自由》,李宏图译,上海三联书店 2003 年版。

[英]布莱尔·沃登:《哈林顿与〈大洋国〉(1656)》,载 [美]戴维·伍顿 编:《共和主义、自由与商业社会:1649—1776》,盛文沁、左敏译,人民出版 社 2014 年版。

[英]布莱尔·沃登:《哈林顿的〈大洋国〉:起源与后果(1651—1660)》,载 [美]戴维·伍顿编:《共和主义、自由与商业社会:1649—1776》,盛文沁、左敏译,人民出版社 2014 年版。

[奥]弗里德里希·希尔:《欧洲思想史》,赵复三译,香港中文大学出版 社 2003 年版。

第九章

[荷]斯宾诺莎:《神学政治论》,温锡增译,商务印书馆 1963 年版。

[荷]斯宾诺莎:《政治论》,冯炳昆译,商务印书馆 1999 年版。

[荷]斯宾诺莎:《伦理学》,贺麟译,商务印书馆 1983 年版。

《斯宾诺莎书信集》,洪汉鼎译,商务印书馆 1996 年版。

[法]吉尔·德勒兹:《斯宾诺莎的实践哲学》,冯炳昆译,商务印书馆 2004 年版。

弗兰克尔:《评斯宾诺莎〈神学-政治论〉新译本》,李致远译,载刘小枫、陈少明主编:《经典与解释(12)·阅读的德性》,华夏出版社 2006 年版。

[美]哈伯德:《思想的肖像:历史上的伟大哲学家》,周宇译,金城出版 社 2009 年版。

［英］罗斯：《斯宾诺莎》，谭鑫田、傅有德译，山东人民出版社 1992 年版。

［英］戴维·米勒、韦农·波格丹诺编：《布莱克维尔政治学百科全书》，邓正来等译，中国政法大学出版社 1992 年版。

［英］史蒂文·纳德勒：《斯宾诺莎传》，冯炳昆译，商务印书馆 2011 年版。

［英］G. H. R. 帕金森主编：《文艺复兴和 17 世纪理性主义》（《劳特利奇哲学史》第四卷），田平等译，中国人民大学出版社 2008 年版。

洪汉鼎：《斯宾诺莎哲学研究》，人民出版社 1993 年版。

吴增定：《斯宾诺莎的理性启蒙》，上海人民出版社 2012 年版。

第十章

［美］加布里尔·阿尔蒙德：《政治科学：学科历史》，载［美］罗伯特·古丁、汉斯–迪特尔·克林格曼主编：《政治科学新手册》（上册），钟开斌等译，生活·读书·新知三联书店 2006 年版。

［法］霍尔巴赫：《自然政治论》，陈太先、眭茂译，商务印书馆 1994 年版。

［美］汉密尔顿等：《联邦党人文集》，程逢如等译，商务印书馆 1980 年版。

［德］E. 卡西勒：《启蒙哲学》，顾伟铭等译，山东人民出版社 1989 年版。

［美］彼得·赖尔、艾伦·威尔逊：《启蒙运动百科全书》，刘北成、王皖强编译，上海人民出版社 2004 年版。

［英］洛克：《人类理解论》（下篇），关文运译，商务印书馆 1959 年版。

［英］洛克：《政府论》（下篇），叶启芳、瞿菊农译，商务印书馆 1964 年版。

［法］卢梭：《社会契约论》，载《卢梭全集》（第 4 卷），李平沤译，商务印书馆 2012 年版。

［法］卢梭：《社会契约论》，何兆武译，商务印书馆 1980 年版。

［法］卢梭：《论人类不平等的起源和基础》，载《卢梭全集》（第 4 卷），李平沤译，商务印书馆 2012 年版。

［法］卢梭：《政治制度论》，刘小枫编，崇明等译，华夏出版社 2013 年版。

［英］彼得·拉斯莱特：《洛克〈政府论〉导论》，冯克利译，生活·读书·新知三联书店 2007 年版。

［英］拉斯基：《思想的阐释》，张振成、王亦兵译，贵州人民出版社 2001 年版。

［德］约恩·吕森：《历史思考的新途径》，綦甲福、来炯译，上海人民出版社 2005 年版。

［美］托马斯·潘恩：《潘恩选集》，马清槐等译，商务印书馆 1981 年版。

［英］赫伯特·斯宾塞：《社会静力学》，张雄武译，商务印书馆 1996 年版。

［加拿大］詹姆斯·塔利：《语境中的洛克》，梅雪芹等译，华东师范大学出版社 2005 年版。

［英］希尔瓦纳·托马塞里：《各民族的精神》，载［英］马克·戈尔迪、罗伯特·沃克勒主编：《剑桥十八世纪政治思想史》，刘北成等译，商务印书馆 2017 年版。

［法］洛朗·韦尔西尼：《导言》，载［法］孟德斯鸠：《论法的精神》（上册），许明龙译，商务印书馆 2009 年版。

［美］薛华：《前车可鉴：西方思想文化的兴衰》，梁祖兴等译，华夏出版社 2008 年版。

陈乐民：《启蒙札记》，生活·读书·新知三联书店 2009 年版。

吴增定：《有朽者的不朽：现代政治哲学的历史意识》，《现代政治与自然》（《社会与思想》第 3 辑），上海人民出版社 2003 年版。

第十一章

［法］孟德斯鸠：《论法的精神》，张雁深译，商务印书馆 1961 年版。

［法］孟德斯鸠：《论法的精神》，许明龙译，商务印书馆 2009 年版。

［法］孟德斯鸠：《孟德斯鸠法意》，严复译，商务印书馆 1981 年版。

［法］孟德斯鸠：《波斯人信札》，罗同林译，学林出版社 2000 年版。

［法］孟德斯鸠：《罗马盛衰原因论》，婉玲译，商务印书馆 1962 年版。

［法］爱弥尔·涂尔干：《孟德斯鸠与卢梭》，李鲁宁等译，上海人民出版社 2003 年版。

［法］路易·戴格拉夫：《孟德斯鸠传》，许明龙、赵克非译，商务印书馆

1997 年版。

[英]罗伯特·夏克尔顿:《孟德斯鸠评传》,刘明臣等译,中国社会科学出版社 1991 年版。

[法]雷蒙·阿隆:《社会学主要思潮》,葛智强等译,华夏出版社 2000年版。

[美]不列颠百科全书出版公司编:《西方大观念》,陈嘉映等译,华夏出版社 2007 年版。

[美]潘戈:《孟德斯鸠的自由主义哲学:〈论法的精神〉疏证》,胡兴建、郑凡译,华夏出版社 2016 年版。

克劳斯:《孟德斯鸠论政制衰败》,曹天鹏译,载娄林主编:《孟德斯鸠论政制衰败》,华夏出版社 2015 年版。

[法]皮埃尔·莫内:《自由主义思想文化史》,曹海军译,吉林人民出版社 2004 年版。

[意]萨尔沃·马斯泰罗内:《欧洲民主史——从孟德斯鸠到凯尔森》,社会科学文献出版社 1998 年版。

[美]施特劳斯讲疏:《从德性到自由——孟德斯鸠〈论法的精神〉讲疏》,[美]潘戈整理,黄涛译,华东师范大学出版社 2016 年版。

[美]罗宾·W. 温克、托马斯·E. 凯泽:《牛津欧洲史》(第 2 卷),赵闯译,吉林出版集团有限责任公司 2009 年版。

第十二章

[英]休谟:《休谟自传》,载[英]休谟:《人类理解研究》,关文运译,商务印书馆 1957 年版。

[英]休谟:《人类理解研究》,关文运译,商务印书馆 1957 年版。

[英]休谟:《休谟政治论文选》,张若衡译,商务印书馆 1993 年版。

[英]休谟:《道德原则研究》,曾晓平译,商务印书馆 2001 年版。

[英]休谟:《人性论》(上、下册),关文运译,商务印书馆 1980 年版。

[英]休谟:《休谟经济论文选》,陈玮译,商务印书馆 1984 年版。

[英]休谟:《英国史 Ⅲ:都铎王朝早期》,刘仲敬译,吉林出版集团有限责任公司 2012 年版。

[英]休谟:《英国史 Ⅴ:斯图亚特王朝》,刘仲敬译,吉林出版集团有限责任公司 2013 年版。

[英]休谟:《英国史 Ⅵ:克伦威尔到光荣革命》,刘仲敬译,吉林出版集团有限责任公司 2013 年版。

[英]阿尔弗雷德·艾耶尔:《休谟》,曾扶星、郑莹译,中国社会科学出版社 1990 年版。

[美]道格拉斯·阿代尔:《"政治或可化约为一种科学"——大卫·休谟、詹姆斯·麦迪逊和〈联邦主义文集〉第十篇》,陈舒婕、韩亚栋译,《政治思想史》2010 年第 4 期。

[新西兰]M. M. 戈登斯密斯:《自由、美德与法治:1689—1770》,载[美]戴维·伍顿编:《共和主义、自由与商业社会:1649—1776》,盛文沁、左敏译,人民出版社 2014 年版。

[英]哈耶克:《大卫·休谟的法律哲学和政治哲学》,载《哈耶克论文集》,邓正来译,首都经济贸易大学出版社 2001 年版。

张正修:《西洋政治思想史与法思想史》(第二篇),新学林出版股份有限公司 2007 年版。

结语

[法]米海依·戴尔马斯-玛蒂:《当代中国的依法治国进程:进展与阻力》,石佳友译,《中外法学》2003 年第 2 期。

[英]T. A. O. 恩迪科特:《论法治的不可能性》,陈林林、傅蔚冈译,《比较法研究》2004 年第 3 期。

综合性文献

[英]G. R. 埃尔顿编:《新编剑桥世界近代史》(第 2 卷),中国社会科学院世界历史研究所组译,中国社会科学出版社 2003 年版。

[英] 厄奈斯特·巴克:《希腊政治理论——柏拉图及其前人》，卢华萍译，吉林人民出版社 2003 年版。

[美] 威尔·杜兰:《世界文明史》，幼狮文化公司译，东方出版社 1998 年版。

[美] 威廉·邓宁:《政治学说史》（上、中、下），谢义伟译，吉林出版集团有限责任公司 2009 年版。

[英] 马克·戈尔迪、罗伯特·沃克勒主编:《剑桥十八世纪政治思想史》，刘北成等译，商务印书馆 2017 年版。

[美] 罗伯特·古丁、汉斯-迪特尔·克林格曼主编:《政治科学新手册》（上册），钟开斌等译，生活·读书·新知三联书店 2006 年版。

[美] 斯科特·戈登:《控制国家:从古雅典至今的宪政史》，应奇等译，江苏人民出版社 20082 年版。

[英] 安德鲁·海伍德:《政治学》，张立鹏译，中国人民大学出版社 2006 年版。

[英] 弗里德利希·冯·哈耶克:《自由秩序原理》，邓正来译，生活·读书·新知三联书店 1997 年版。

[法] 库朗热:《古代城邦——古希腊罗马祭祀、权利和政制研究》，谭立铸等译，华东师范大学出版社 2005 年版。

[英] 肯尼编:《牛津西方哲学史》，韩东晖译，中国人民大学出版社 2006 年版。

[美] 爱德华·S. 考文:《美国宪法的"高级法"背景》，强世功译，生活·读书·新知三联书店 1996 年版。

[英] 克里斯托弗·罗、马尔科姆·斯科菲尔德主编:《剑桥希腊罗马政治思想史》，晏绍祥译，商务印书馆 2016 年版。

[美] 约翰·麦克里兰:《西方政治思想史》，彭淮栋译，海南出版社 2003 年版。

[英] 戴维·米勒、韦农·波格丹诺编:《布莱克维尔政治学百科全书》，邓正来等译，中国政法大学出版社 1992 年版。

[意] 萨尔沃·马斯泰罗内:《欧洲政治思想史——从十五世纪到二十世

纪》，黄华光译，社会科学文献出版社 1992 年版。

[美] 尼柯尔斯：《苏格拉底与政治共同体——〈王制〉义疏：一场古老的论争》，王双洪译，华夏出版社 2007 年版。

[法] 菲利普·内莫：《民主与城邦的衰落——古希腊政治思想史讲稿》，张竝译，华东师范大学出版社 2011 年版。

[英] 阿兰·瑞安：《论政治》（下卷），林华译，中信出版集团 2016 年版。

[美] 乔治·霍兰·萨拜因著，托马斯·兰敦·索尔森修订：《政治学说史》（上、下卷），邓正来译，上海人民出版社 2008 年版。

[美] 乔治·霍兰·萨拜因著，托马斯·兰敦·索尔森修订：《政治学说史》（上、下），盛葵阳、崔妙因译，商务印书馆 1986 年版。

[美] 茱迪·史珂拉：《政治思想与政治思想家》，左高山等译，上海人民出版社 2009 年版。

[美] 史蒂芬·B. 斯密什：《耶鲁大学公开课：政治哲学》，贺晴川译，北京联合出版公司 2015 年版。

[奥] 弗里德里希·希尔：《欧洲思想史》，赵复三译，香港中文大学出版社 2003 年版。

[挪威]G. 希尔贝克、N. 伊耶：《西方哲学史——从古希腊到二十世纪》，童世骏等译，上海译文出版社 2004 年版。

[美] 列奥·施特劳斯、约瑟夫·克罗波西主编：《政治哲学史》，李洪润等译，法律出版社 2009 年版。

[英]M. J. C. 维尔：《宪政与分权》，苏力译，生活·读书·新知三联书店 1997 年版。

[法] 基佐：《欧洲文明史：自罗马帝国败落起到法国革命》，程洪逵、沅芷译，商务印书馆 1998 年版。

陈思贤：《西洋政治思想史·古典世界篇》，吉林出版集团有限责任公司 2008 年版。

高全喜：《休谟的政治哲学》，北京大学出版社 2004 年版。

刘训练：《共和主义：从古典到当代》，人民出版社 2013 年版。

徐祥民、刘惠荣等:《政体学说史》,北京大学出版社 2002 年版。

汪太贤:《西方法治主义的源与流》,法律出版社 2001 年版。

注释

1　参考文献的排列,大致按下列方式:各章单独参考的中英文文献,按各章顺序由著作而
　论文编列;然后是全书参考的综合性文献。

图书在版编目 (CIP) 数据

法治新论：重述两千年法治思想史 / 程燎原著 . —
北京：商务印书馆，2021
ISBN 978-7-100-20351-7

Ⅰ . ①法… Ⅱ . ①程… Ⅲ . ①法制史—研究—欧洲
Ⅳ . ① D950.9

中国版本图书馆 CIP 数据核字（2021）第 183294 号

法治新论

重述两千年法治思想史

程燎原　著

商 务 印 书 馆 出 版
（北京王府井大街 36 号　邮政编码 100710）
商 务 印 书 馆 发 行
南京新洲印刷有限公司印刷
ISBN　978-7-100-20351-7

2021 年 11 月第 1 版　　开本 787×960　1/16
2021 年 11 月第 1 次印刷　　印张 28

定价：128.00 元